另眼人文系列

笑阳 著

偷窥历史学家的书桌（中国卷）

全国百佳出版社
中央编译出版社
Central Compilation & Translation Press

自　序

自从人类诞生在这个星球上，探索未知的一切就成了人类必修的功课。而这种探索自然而然地分成了两个方向，一是指向人以外的一切自然万物的自然科学，一是指向人内心的人文社会科学。在人类几千年文明发展史上，这两种探索并行不悖，甚至对人类内心的探索还要更引人注目一些，无数的宗教人士、哲学家、伦理学家成为一时一世的英雄。

但是 18 世纪工业革命之后，自然科学技术突飞猛进，成为世界的主宰，普通人的内心也就被悄然地遗忘了。是的，我们知道透过天文望远镜可以洞悉亿万光年以外的太空奇观，我们知道钻进潜水球可以拜访深不可测的海沟居民，我们知道正负电子对撞机可以把原子核轰得四分五裂，我们知道通过在基因上做手脚就可以像上帝般创造生命。我们的科学可以无所畏惧地驰骋在宇宙的边缘、原子的狭缝间，从亿万年前的洪水到人类灭绝后的生物无不了然于胸。唯有一样却始终难以触及，那就是探索这宇宙万物的人。

我们不知道自己来自哪里，去向何方；我们不知道自己为何而生，凭何而死；我们不知道自己除了有血有肉，与飞禽走兽还有什么区别；我们不知道将会对彼此做出些什么，也不知道为什么这样做；我们不知道情感和思想究竟能够走多远。自然科学无法解释我们对自己的疑问，能帮助我们的只有人文社会科学。

我们需要哲学、历史、文学、法学、社会学、经济学、心理学等研究“人”——这个地球上最伟大、最复杂，也是最难以理解的生物——的学问。

也许你会不以为然，因为早已有成百上千的人文社会学科的学者孜孜不倦地在各自的领域耕耘，学术成果百花齐放，汗牛充栋。但遗憾的是，我们的学者们使用的似乎是一种普罗大众无法听懂的论文式语言。长久以来，学术界以各种各样讳莫如深的学术术语和写作规范筑起了一道难以逾越的隔离墙，将好奇的大众挡在外面。

学者们这样做也许有他们的理由，因为这种规范和术语有助于他们彼此交流和促进。渐渐地，他们也忘记了如何用大众语言讲故事，尽管他们的研究有很多非常有趣的心得，却根本无法讲给父老乡亲们听。而群众们则伤透了心，既然你不能告诉我你研究了些什么，那我只能认为你什么也没做，白白浪费时间和金钱。于是，我们的社会就发生了断裂，一边是学者们自说自话，一边是普罗大众嗤之以鼻。

近几年来兴起的“草根史学”尤其令人不安。不少非历史学专业人士对历史学研究非常傲慢，有些人以为用嬉笑怒骂的文学语言讲述历史故事就是历史学，钻研深入一些的人以为通读了二十五史和几本古人笔记就能还原历史真面貌。于是在公众面前，殿堂里的历史学和历史学家都被“草根史学”所颠覆，甚至是骂倒。

不可否认，“草根史学”在向大众普及历史知识方面作出了很大贡献，甚至对于目前社会文化水平的提高都有很大作用。然而，“草根史学”的先天不足在于，它只能告诉读者们历史是怎样发生的，却说不出历史为什么是这样发生的。而后者才是真正的历史学研究要做的。

笔者自揣能够读懂专家学者们的学术语言，碰巧又比较喜欢为普罗大众讲故事，愿做一名论文语言和大众语言之间的翻译，架设一座学术界和普罗大众之间的桥梁。笔者希望告诉普通读者，学术界其实有很多很有趣的成果，大学课堂上教授们也讲过很多奇妙的故事，同时也希望能够提醒学术界，学术成果也可以写得很华丽，很好看，很有可读性，让普通读者喜欢。愿笔者的努力能够改变公众对学术界的不良印象。

本书由一系列短篇科普文章组成，绝不就事论事，或者仅仅描述奇谈怪事，通常的谋篇布局是提出一个读者熟悉却又常常忽视的问题，引起思考，然后讲述一段历史或者社会现象，最后用历史学、哲学、社会学、经济学、人类学、心理学原理解答为什么。

每一篇文章基本上都会提出一个令读者感到震撼或者颠覆性的观点。其实这些观点很可能在学术界内已经不算新鲜，但是对普通读者来说仍然具有强烈的新鲜感。大多数文章的观点、说法都来自于某一位或者某一群专家学者多年严肃治学的成果，绝非轻言戏说。

出于对学术规范的敬畏，笔者在此郑重声明：本书文章并非学术论文，而是向中等教育程度以上的读者介绍人文社会学科研究成果的科普作品，为保证可读性，有些地方或许不够严谨，希望诸君勿以论文规范苛求。本书所论均非本人研究成果，本人所做工作仅限文字传达，为免著作权纠纷，已尽可能地在文中对论点引自何人加以说明，若仍有遗漏、不妥和冒犯之处，本人在此致以歉意。

目 录

第一章 纵观历史

象形文字与中国统一 …… 3
喝开水救了中国人 …… 4
骑马民族与严寒携手而来 …… 7
长城与400毫米等降水线——神奇的巧合 …… 11
小麦与水稻的中国历史接力赛 …… 12
大运河掌握中国古代王朝的命运 …… 18
工业革命为什么没有发生在中国? …… 24
郑和为什么输给哥伦布? …… 28
回到古代找工作 …… 31
古代中国人如何救荒? …… 36
揭开“东突恐怖”的老底 …… 40
西域争霸之虎穴龙潭 …… 45
西域争霸之“三国演义” …… 50
西域争霸之抬着棺材守卫国土的将军 …… 55
从远古走来的雪域传说 …… 59
谁断送了松赞干布的帝国 …… 62
换种眼光看中国历史 …… 67

第二章 神话时代

我们都是青蛙的传人 …… 75
王母娘娘是一台织布机？ …… 78
破解夸父逐日之谜 …… 80
后羿为什么射日？ …… 86
哪吒为什么被抛弃？ …… 91
二郎神与独眼巨人 …… 93
“大禹治水”神话的真相 …… 96
“麒麟”帮你种水稻 …… 101

第三章 先秦故事

夏朝根本不存在？ …… 107
商朝——中国古代的神鬼奇航 …… 111
吴国、越国为何势不两立？ …… 116
楚国与印度的不解之缘 …… 119
揭秘长平之战 …… 123
荆轲是靠不住的 …… 128

第四章 秦汉风云

秦始皇不是暴君 …… 135
秦始皇是被谋杀的 …… 139
复仇的六国掀翻秦朝 …… 141
不懂地理学害惨了项羽 …… 145
汉武帝为何灭自己三族？ …… 150
一个好人毁掉了西汉帝国 …… 154

第五章 三国旧事

三国英豪斗地主之曹阿瞒的奋斗史 …… 163
三国英豪斗地主之三顾茅庐为哪般 …… 166
三国英豪斗地主之外来户的创业 …… 170
曹操无奈小虫何 …… 173
关羽为什么放走了曹操？ …… 177
魏晋名士吃春药与匈奴细菌战 …… 181

第六章 隋唐演义

隋炀帝：一个雄才英主的穷途末路 …… 189
来自突厥的骏马与“天可汗”李世民 …… 195
玄武门之变——揭开1 400年前的阴谋 …… 198
在焦虑中挣扎的唐太宗 …… 203
大肚弥勒佛将武则天推上女皇宝座 …… 207
古代宫廷乱伦的背后 …… 210
狐狸精与种族歧视 …… 213

第七章 宋元真相

斧声烛影下的轮回 …… 219
王安石变傻 …… 223
中国的名字叫契丹 …… 227
岳飞因何而死？ …… 230
成吉思汗与今日世界 …… 234
纸币毁灭三大王朝 …… 238

第八章　大明风雨

不受欢迎的清官 …… 245
倭寇为何敲响明朝大门? …… 248
明朝是被骂垮的 …… 253
明王朝自己毁掉的长城 …… 258

第九章　大清兴衰

鲁宾逊漂流记与大清帝国的经济革命 …… 267
美洲农作物与中国人口大爆炸 …… 272
谁动了“康乾盛世”的奶酪? …… 275
库克船长之死与马戛尔尼使华 …… 281
鸦片战争时我们的武器不算差 …… 287
难道林则徐错了吗? …… 291
太平天国的摧心掌 …… 296
太平天国宝藏引发的奇案 …… 300
谁毁掉了圆明园? …… 305
大清帝国曾经很有希望 …… 310
牵制与反牵制的中法战争 …… 315
破解北洋舰队覆灭的谜团 …… 319
大炮巨舰的制胜秘诀 …… 323
义和团的魔法战争 …… 325
百变义和团 …… 328
慈禧太后立功了 …… 333
奇异的维新领袖——康有为 …… 338
大清海关的洋管家 …… 343

◈ 第十章　民国谈往 ◈

袁世凯的奋斗 …………………………………………………… 351
“袁大总统”的乐与怒 ………………………………………… 355
袁世凯为什么要当皇帝? ……………………………………… 359
讨人喜欢的军阀 ………………………………………………… 363
“五四”运动前的狂欢 ………………………………………… 368
狂印钞票辅助打赢抗日战争 …………………………………… 372
中国远征军血战缅甸 …………………………………………… 377
蒋介石:“台独分子”的噩梦 ………………………………… 386

第一章 纵观千年

象形文字与中国统一

山东人听不懂四川话却能看得懂四川人写的字；广东人和东北人也可以用笔交流。历代王朝一个个地崩溃，可是总会奇迹般地还原，原因何在？

古代中国在世界历史上可以说是一个特例。没有哪个幅员如此辽阔的帝国在一次又一次分裂动乱之后，一次又一次地回到统一的状态。能够与中华帝国相提并论的马其顿帝国、罗马帝国、蒙古帝国、阿拉伯帝国都曾经显赫一时，但是分崩离析之后就再也没有转世还阳的机会。是什么让中国一而再，再而三地统一？

有人说是我们使用的象形文字——汉字保证了中国人的统一。

对于一个幅员辽阔的地域来说，因为彼此距离遥远，相互隔绝，各地区的人们很容易发生分化，渐渐地连语言都不相通了。语言不通的民族往往会演化出不同的文化，变成不同的民族。欧洲各国就是这样，罗马帝国灭亡后，法兰克帝国一度统一欧洲，但是公元9世纪瓦解后，就再也没有统一过。法兰克帝国统治的地区逐渐演变成今天的法国、德国、意大利和其他一些小国家，完全是不同的民族。

如果用耳朵听的语言不通了，那么能供人们彼此交流的就剩下用眼睛看的文字了。可是欧洲人用的文字是拼音文字，嘴里发什么音，字母就怎么拼。语言不同了，文字也就跟着变了。结果德国人听不懂法语，也同样看不懂法国人写的字。变成两个国家也就是自然而然的了。

中国其实也存在这种问题。各地方言土语差别非常大，往往谁也听不懂谁，各自发展成不同的民族可能性是很大的。所幸的是，中国的文字是象形文字，字形和读音没有必然联系，比如说“吃”，各地方言有的念“七”，有的念“恰”，还有的念“夹”、“塞”、“噎”、“携”，可是写出来都是一个“吃”字。自从秦始皇统一文字之后，所有的中国人，不管你说的是什么方言，都在使用同一种文字。山东人听不懂四川话，可是能看得懂四川人写的字；广东人和东北人也可以用笔交流。中国的文化就这样一直没有分裂，历代王朝一个个地崩溃，可是总是会奇迹般地还原。

所以说，中国几千年的统一多亏了我们使用的是原始的象形文字，而不是字母。

喝开水救了中国人

中国人喝了几千年开水，西方人则喝了几千年生水，当瘟疫来袭时，古代中国人远比欧洲人强大，这一点不同居然就改变了各自的历史。

中国人到了欧美国家，生活上有一点最大的不方便就是，热水随时有，可是仅供洗澡，要喝只能喝生水。说来有趣，中国人喝了几千年开水，西方人则喝了几千年的生水，就这一点不同，居然就改变了各自的历史。

欧洲人的厄运

在欧美，人们千百年来的习惯就是直接喝生水。据说随便一个土耳其人就可以轻易辨别出各种水的细微差别，不管是泉水、河水、井水。在卫生措施难以保证的时代，欧洲由于饮水不洁造成的种种瘟疫，尤其是霍乱，层出不穷。

在欧洲人引以为豪的古罗马文明时代，整个古罗马城都没有完善的排水设施，所有的城市生活污水和垃圾都排入一条大排水沟中。于是这个流动的大垃圾箱成了各种病原体的携带者，它流到哪里，就把疾病带到哪里。于是罗马就成了瘟疫流行病的多发区。公元前 33 年、公元 65 年、公元 79 年和公元 162 年，瘟疫反复光顾这座文明之都，死者无数。当时的罗马远郊专门挖了埋葬瘟疫罹难者的万人坑。瘟疫过后，鼎盛时期一度拥有 100 万居民的罗马城，人口锐减到 20 多万，几乎变成一个小城镇。

为了抵抗病菌，欧洲人尽可能地少喝水，渴了的话就喝酒，因为酒精毕竟可以起到一定的杀菌作用。于是各种葡萄酒、啤酒成了中世纪欧洲人生活的必需品，如今法国葡萄酒、德国啤酒都成了这些国家的文化象征，不知缘由的中国人把洋酒看得颇为高尚，殊不知当年欧洲人之所以喝酒主要还是为了保命。

不过即便如此，欧洲人还是难逃厄运，有些病菌，比如霍乱菌在酒精中仍可以存活。因为饮水不洁，整个欧洲一次又一次地遭受瘟疫的袭击，人口一次又一次地削减到 6 000 万以下，近一半的土地常常渺无人烟，许多城市横尸遍野，十室九空。

这种情况一直到 19 世纪仍在延续。比如在英国，随着沿岸城市居民的增加，以及造纸厂、肥皂厂、制革厂的建立，生活污水、工业废水和其他污染物源源不断地进入泰晤士河，各种动物的尸体也顺流而下，直至腐烂而成垃圾。泰晤士河无可阻挡地成了藏污纳垢之所，同样是这一河水，在受到如此严重的污染之后，却又被抽取，用沙过滤后输入伦敦，供家庭使用。水公司通常用瓶从泰晤士河装水供应到酒馆、酿酒厂或其他企业。

结果，从 1831 年到 1854 年，英国共发生过 4 次霍乱大流行，其中 1953 年到 1954 年爆发的霍乱疫症，导致 1 万多人死亡。1892 年，德国的汉堡也同样由于河水污染严重，引发霍乱大流行，1.6 万人患病，8 000 人死亡。刚刚工业化的城市在一次次传染病浪潮中受到巨大打击。

聪明的中国人

在现代卫生防疫体系建立起来之前，人类似乎只能在致命的干渴和疫病之间徘徊了。就没有别的办法了吗？聪明的古代中国人早就发明了最为简单有效的办法——喝开水。当西方人用水载着各种细菌喝进肚里，再顺着肠道侵入体内的时候，中国人正烧了一壶开水，坐在庭院里品着飘溢的茶香。作为中国传统的一部分，喝开水有利于消毒防病，实为民生之福。虽然中国历史上也不是没有发生过大规模的瘟疫，但是危害程度比欧洲要轻得多。

中国人喝开水有4 000多年的历史，《孟子》中说："冬日则饮汤。""汤"便是热水或开水。这个习惯是怎么养成的呢？很可能与茶有关。中国是茶的原生地。《诗经》中已有"荼（茶）"的记载，汉代典籍中多见"烹茶"，可见饮茶必烹，必烧开水，这个习惯的形成至少不会晚于汉代。

要烧开水还得有锅，这一点中国人也有优势。英国史学家李约瑟在《中国科学技术史》中说："中国化铁为水的浇铸技术比欧洲早发明10个世纪。"传说中治水的大禹就曾经让人铸造了9个称为"鼎"的大锅，可以炖肉，当然也可以烧水。别看这些容器简单，当时可是堪称高科技产品。欧洲游牧人那时候还玩不了这一套，只能习惯于烧烤，面包也好、牛排也好，架在火上烧一把了事。既然没有锅和水壶，没有合用的加温消毒设备，到喝水的时候，恐怕也就想不起烧开了喝这回事。

就靠这简简单单的办法，当瘟疫来袭的时候，古代中国人远比欧洲人强大，人口不断增长，最多时甚至占到全世界人口的35%。有了这样雄厚的基础，才有了中华大地上一个又一个辉煌强盛的帝国。

骑马民族与严寒携手而来

> 古代人类曾经遭遇过四次全球范围的气候变冷，分别出现在公元前 1000 年、公元 400 年、公元 1200 年和 1700 年，在时间上恰好与我国北方游牧民族的几次南下相吻合。难道是气候将他们逐出了草原？

在我国历史上，骑马的游牧民族多次离开北方草原，南下中原，对手握锄头的农耕民族大举征伐。这种马鞭对镰刀的较量曾经几番改变中国古代的历史。翻开厚重的史书，你会发现，每隔几百年，来自北方的铁蹄就会像洪流一般倾泻而下，将中原的歌舞升平、诗书礼教轻松击溃。随后，中原要么改朝换代，要么陷入一片分裂和动乱之中。

那些无所畏惧、崇尚武力的骑马民族为什么要离开他们的草原，争先恐后、前赴后继地涌入中原？难道仅仅是对财富的贪婪和对杀戮的嗜好吗？历史学家众说纷纭。

有些人翻开人类历史上的气候变迁记录，惊讶地发现了一个奇怪的现象：

古代人类曾经遭遇过四次全球范围的气候变冷，分别出现在公元前 1000 年、公元 400 年、公元 1200 年和公元 1700 年，在时间上恰好与我国北方游牧民族的几次南下相吻合。难道是气候将他们逐出了草原？

脆弱的征服者

提起农业，我们过去常常提到“靠天吃饭”。其实，比较起来，畜牧业对气候的依赖比农业要大得多。在气候温暖，水草丰美的时期，游牧部落蓄养的马、牛、羊快速繁殖，牧民们完全可以生活得非常富足。然而一旦风云突变，一场暴雪或者是干旱，就可以让数以万计的牲畜死亡。牧民们的财富瞬间化为乌有，生存条件急剧恶化。

这种时候，一贫如洗的游牧部落无法向南方的农耕民族购买粮食，为了免于饥荒，于是纵马扬鞭，箭指中原，用劫掠的方式来摆脱自己的困境。

历史上，北方游牧民族在中原地区建立的区域性或全国性政权多出现在寒冷期。在温暖期，气温较高，降水丰沛，有利于农业生产，中原地区社会经济比较繁荣，政治稳定，北方游牧民族既没有大规模南下的必要，又没有大规模南下的可能。而在气候寒冷期，气温要比温暖期低1℃—2℃，降水明显减少，温带草原要向南移动200千米左右，北方游牧民族为了生存，必然随草原的南移而大规模南下。干冷的气候也使中原的种植业遭到破坏，常常是赤野千里，颗粒无收，加上统治阶级的横征暴敛，内部战乱烽起，大大降低了抗御游牧民族南下的能力。后方的压力陡增，前方的阻力削弱，使北方游牧民族入主中原成为现实。

“五胡十六国”

公元200—300年，正值东汉王朝的统治后期，一次全球性的气候转寒开始了。欧亚大草原的一些城镇消失了，丝绸之路南线因此湮没。2 000年来最严重的干旱席卷大漠南北，草木凋零，牛羊锐减。一部分匈奴部落西迁欧洲，剩下来的匈奴残部和其他少数民族纷纷南下攻城略地。西晋王朝恰在此时陷入混乱之中，民生凋敝，国力空虚。一个名叫刘聪的匈奴首领夺取了洛阳，另一个匈奴首领刘曜攻陷了长安。整个中原地区开始了中国历史上罕见的长达130多年的分裂割据、互相混战的动荡时期——五胡十六国。

大唐王朝与突厥

唐代是中国封建社会最强盛的一个王朝。气象学家认为它幸运地赶上了一个温暖湿润的时代，也因此获得了一个发展农业经济的大好时机。可惜的是，这个温暖期到唐朝中期就结束了，盘踞北方的游牧民族没有放过这个机会。

唐代前期北方最有影响的游牧民族是突厥。虽然唐代前期突厥也多次南侵入唐，但由于自己本身潜在的南下压力并不大，而唐代又处强盛时期，多次主动进攻，突厥并没有威胁到唐代的根本。

到了唐玄宗统治的后期，天气开始变得又冷又湿。这种寒冷气候使生活在大唐帝国边境之外的北方游牧民族面临着严重的生存危机，被迫不断南迁。同时由于这种气候，大唐帝国内部也遭遇了农业减产、民生困苦、水土流失、黄河泛滥等祸患，无力应付游牧民族对边境的骚扰，只得采取“以夷制夷”的办法，利用一个带有突厥血统的少数民族将领安禄山维持安宁。可惜这种策略反而养虎为患。安禄山后来掀起一场长达八年的叛乱。大唐帝国从此由盛转衰，一蹶不振。

唐王朝灭亡之后，北方游牧民族纷纷入主中原，建立政权，如916年耶律阿保机建立契丹国，923年沙陀人李存勖建立后唐，936年沙陀人石敬瑭建立后晋，947年沙陀人刘知远建立后汉。

蒙古帝国

南宋时期，我国北方的年平均气温比现在至少低15℃，气候干冷，丝绸之路中路也消失了。北方少数民族因此也不断地南迁。契丹族建立的辽国和女真族建立的金国对宋朝不断紧逼，很大程度上就是因为这个原因。

在这个寒冷期中，内蒙古地区300年间发生了13次特大冻灾，旱灾也十分频繁。流离失所的蒙古族人不得不几万、几十万人地前往南方。在这场争夺生存空间的搏斗中，蒙古人战胜了女真人、汉人，甚至也向西战胜了欧洲的许多民族，最终建立起一个庞大的蒙古帝国。

清军入关

明朝末年的时候，全世界遭受了有史以来最冷的一段时期，称做“小冰河期”。一直生活在山海关以外的满族在恶劣的气候驱使下，从黑龙江流域逐渐南迁，进入到辽东的明朝边界地区。原本狩猎为生的他们并不善于农耕，在严寒的打击下不断陷入饥荒的境地。为了维持生存，满族人开始借助武力手段，从周围的农耕地区获取粮食。他们向东攻打朝鲜，向南袭扰明朝。

而这个时候的明朝也同样受到严重自然灾害的影响。全国各地几乎连年遭灾。从万历中叶开始，旱灾竟持续了70年之久!! 这对于一个以农业为本的国家来说，绝对是致命的打击。农民流离失所，于是有了李自成、张献忠等人领导的起义。明王朝不堪重负，终于颓然倒地。一直觊觎中原的清军抓住机会，进入山海关，成为中国新的统治者。

幸运的是，清兵入关的第二年，华北的气候便转为风调雨顺，大范围的饥荒也已熄灭。社会开始复苏。可怕的小冰河期结束了。新兴的清王朝站稳了脚跟。

不只是中国

如果我们放开视野，到欧亚大陆的西端看一看，就会发现，欧洲的居民们几乎总是与我们同时遇到北方游牧民族的“拜访”。

当西晋王朝被“五胡十六国”所取代的时候，另一支向西迁徙的匈奴部落也来到了欧洲。它的到来推动了日耳曼民族整部落整部落的南迁，他们纷纷在罗马帝国的领土上建立自己的国家，最终导致了罗马帝国的灭亡。

当金国和南宋的人民拼死抵抗蒙古骑兵的铁蹄的时候，奥地利和波希米亚的王公们也在为成吉思汗子孙的西征而瑟瑟发抖。当明王朝为东北满族势力日益强大而惴惴不安的时候，突厥人的后裔——奥斯曼土耳其帝国也攻占了贝尔格莱德，打到维也纳，德意志神圣罗马帝国不得不殊死抵抗才遏制住它的扩张。

如此看来，人类文明在自然环境面前实在是不堪一击。全球气温仅仅上升或者下降几度，就可以让一个个宏伟的帝国称雄一时，或者一败涂地。人类历史就这样轻易地被自然界所摆布，任何叱咤风云的英雄豪杰也无法扭转。当寒风乍起，守望城墙的农民们只能眼睁睁地看着北方狼烟再起，骑马的邻居很快又要来“拜访”了。

长城与 400 毫米等降水线——神奇的巧合

为了抵御游牧民族的侵略，中原人民历经千辛万苦修筑了宏伟的防御工事——长城，而基址正是双方的分界线——400 毫米等降水线。

绵延万里的长城是中华民族五千年文明的象征。历代中原王朝耗费大量的人力物力，修建起这座举世闻名的防御工事，来抵御北方游牧民族的铁蹄。当现代的人们怀着复杂的情感瞻仰列祖列宗建筑的这一庞大工程的时候，有的人发自肺腑地赞美中华文明的伟大，有的人则将其视做中原政权封闭、保守、缺乏扩张性的象征。无论人们如何看待长城，长城在中国人精神中所占的分量永远也不会削减。否则，人们也不会为“太空里能否用肉眼看到长城”这样的问题争论不休。

其实，太空里能否用肉眼看到长城并不重要。重要的是，为什么长城是在它现在矗立的位置修建的？我们的祖先根据什么选择了长城的基址，使之如同一条巨龙横亘中国的北方？

从普通的地图上来看，长城是一条并不起眼的线。可是如果你记住这条线的位置，再看看全国的降水分布图，你就会发现一条几乎与长城完全吻合的线条斜穿过中国北部，从东北的大兴安岭，经过呼和浩特一直延伸到西北的兰州、拉萨。这就是 400 毫米等降水线。为什么是 400 毫米等降水线？这条线有什么意义吗？

从地理学上讲，400 毫米等降水线，是中国半湿润和半干旱的地区分界线。400 毫米等降水量线的东南，是受太平洋及印度洋季风气候影响的湿润地区，适宜农业发展。400 毫米等降水线西北部，虽然也有少量的内陆河与地下水灌溉的绿洲农业，但在这里占压倒优势的是游牧经济。在中国古代，中原的农耕生产方式向北最远只能扩展到这条线，而北方的草原游牧部落如果向南突破了这条自然环境划定的界线，也会感到自己的畜牧生产不合时宜。于是400毫米等降水线就成为农耕民族和游牧民族的边际线。

两种不同的生产方式孕育出不同的文明，自然而然地在自然界安排的这条线上相遇了，和平时期贸易往来，战争时期兵戎相见。中原文化是以土地为依靠的农耕文化，安土重迁，一般不借助外力即可维持自身的生存和发展。游牧民族的情况恰恰相反。迁徙不定的游牧生活使他们难以抵御自然灾害的打击，当出现灾荒的时候便南下劫掠，给中原农耕文明造成很大的威胁。

为了抵御游牧民族的侵略，中原人民历经千辛万苦修筑了宏伟的防御工事——长城，而基址正是双方的边界——400毫米等降水线。虽然古代的人们还没有我们现在的地理知识，没有等降水线的概念，但是两种生产方式在自然环境的限制下，形成自发的边界，恰巧与400毫米等降水线吻合。长城因此成了我国湿润区与干燥区的分界线，也成了我国古代游牧区与农耕文化区之间的一道屏障。

修建长城的漫长历史，几乎就伴随着中华民族的发展史。地理条件和生存环境如此深刻地影响着这个古老帝国的悠久历史，而长城的不断修建似乎就是为了维护农耕和游牧这两个不同经济区的平衡，以确保这个东方大国的长期统一。

小麦与水稻的中国历史接力赛

从北宋开始，中国古代王朝的经济重心便正式从黄河流域转移到长江流域，与小麦农业一同衰落的中华文明也在水稻农业中重获生机，避免了重蹈古埃及和两河文明覆辙的命运。

熟悉中国古代历史的人们都知道，华夏文明发源于黄河流域，但是在秦统一中国之后，历代王朝却出现了不断向长江流域倾斜的趋势。隋炀帝开运河，下江南的举动，公开宣布了定都北方的统治者对南方的看重。从北宋开始，中国古代王朝的经济重心彻底地从黄河流域移到了长江流域。到了明清时期，整个国家的经济几乎完全依赖于长江流域以南地区的钱粮赋税。以至于清朝晚期当负责南粮北运的大运河被太平天国运动切断之后，清朝政府立即摇摇欲坠，岌岌可危。

为什么出现这种情况？难道是历代统治者集体陶醉于江南春色之中？这样的解释显然不能令人满意。很多历史学家说，这是因为北方频繁出现战乱，经济遭到了破坏，所以历代政权不得不把经济重心逐步南移。可是这个说法也不是圆满：北方出现战乱，那么南方为什么没有？

贵州民族学院的童中心副教授对中国古代的农业经济进行了认真的思考之后，提出了一个猜想：也许这两千年从北向南的变迁，不过是小麦和水稻这两种农作物的一次接力而已。

小麦与农民起义

如果我们一手拿着《简明中国通史》，一手拿着农业区域经济地图对照着看，会发现一个很有趣的现象，小麦种植农业与古代社会动乱似乎存在着某种因果关系。

我们先看看中国历史上几次导致王朝覆灭的重大农民起义：秦朝末年的陈胜吴广起义爆发于安徽大泽乡；西汉末年的绿林赤眉起义爆发于山东莒县；东汉末年的黄巾大起义爆发于河南洛阳；北魏末年的六镇起义爆发于河套地区；隋末的农民起义爆发于山东、河北、河南；唐末的黄巢起义爆发于山东；元朝末年的红巾军起义爆发于安徽；明末的李自成起义爆发于陕西米脂。

农民起义的爆发地几乎全都集中在安徽、河南、山东、陕西等地。而这些地区恰好是处于黄河中下游流域，是中国小麦种植历史最悠久的地区。安徽尤其特别，淮北地区属于北方干旱性气候，习惯种植小麦，而淮南地区属于南方水热性气候，宋代以后主要种植水稻，结果发生在安徽的农民起义也主要集中在淮北。

怎么会这样？难道小麦跟农民起义军有仇吗？让我们先看看小麦这种作物有什么特别之处。

中国的小麦种植历史非常久远，主要集中在黄河流域地区。在这些地区种植的其他主要粮食作物小米、高粱等也都属于麦类，都是旱地种植作物。这些作物都是大量消耗土地肥力的作物，不宜在同一地块上连续种植，通常种一季就得休耕一两年。这就意味着在这些地区每年大约只有1/3到1/2的土地能够收获粮食。因此自秦朝统一以来，立足于黄河流域的王朝承受着巨大的粮食供给压力。

更糟的是，由于黄河流域气候干燥，降雨不足，农业生产主要依靠灌溉。但是干燥的环境使水分蒸发得非常快。碱性的黄土失去水分之后容易产生结晶，造成土地盐碱化，土壤肥力大幅度降低，一年比一年贫瘠，以至于不能耕种。

原本产量就不高的耕地不断减少，土地兼并的矛盾便越来越尖锐，最终导致了激烈的社会政治冲突——农民起义。在经过多年的战火狼烟之后，土地经过休息得到了恢复，社会才能再次安定下来，开始新一轮消耗地力的循环。但是总体上，土地的肥力还是在逐步下降。

古文明在麦田中衰亡

人类最早的农业文明古埃及、古巴比伦、古印度和我们中国都在大河流域附近诞生。其中古埃及、古巴比伦的人们像我们的祖先一样，在孕育自己文明的母亲河流域内广种小麦。可以说，这些辉煌的古代文明就是建筑在麦田之中。可惜，它们都没能逃过小麦农业衰落的命运。

在今天埃及的尼罗河两岸，只要看一看那些曾经繁荣的地区普遍沙漠化的景象，你就知道这里早已失去了古埃及文明存在的条件。而在伊拉克的美索不达米亚平原上，昔日孕育了辉煌的两河文明的千里沃野现今已变成一片寸草难生、板结得硬邦邦的盐碱地。它们衰落的原因很大程度上在于，当地的人们在自然环境的限制下采取了种植小麦的灌溉农业。

中国的黄河文明也没能逃过这个命运。

在秦统一六国之前的2 000年里，中国的农业开发程度不高，规模也不太大。当时黄河流域的生态情况良好，土地仍然保持着较好的肥力，农业生产还没有因为严重盐碱化而衰退。中国社会政治动荡基本上是由于诸侯国争夺霸权而战争，很少出现农民起义或者民变这样的事情。象征着国家统治秩序的夏商周三个王朝显得相当稳定，延续了很长的时间。

随着统一国家的产生，国家的财政需求大幅度增加，国家组织和协调能力也迅速提高，黄河流域农业生产的大规模开发随即展开。于是，小麦种植导致的土地贫瘠问题开始成为一个又一个王朝的心腹之患。土地兼并愈演愈烈，直接危及农民的生存，人地矛盾演化成严重的社会政治矛盾，于是一个显赫的王朝颓然倒下，经过一番动乱，新的王朝在恢复肥效的土地上重新崛起，再次循环。到了唐朝，黄河流域的农业生产终于走到了衰竭的一天。

大唐帝国留下的危机

我们引以为骄傲的大唐王朝是在汉朝长期社会政治动乱的基础上兴起的。从东汉末期的黄巾大起义开始，中国先后经历了三国、两晋、南北朝的分裂战乱时期。长达400余年的动荡使黄河流域的土地得到了充分的休复，为唐朝前期的农业大发展和经济繁荣打下了一个良好的基础。

只可惜，这是黄河流域迸发的最后一次辉煌。为了维持梦幻般的“盛唐气象”，唐王朝制定出了非常出色的土地政策和赋税制度，在黄河流域的土地上创造出了前所未有的农业奇迹。唐朝土地开发的规模超过了以往历朝历代，当时的人口不到今天的1/25，而耕地规模接近今天的1/3。

自夏商以来，历经三千年的农业开发，黄河中下游地区终于在唐朝的大规模开发下达到了地力的极限。唐朝中期开始，统一安定的局面再次不复存在，帝国陷入激烈的秩序动荡，农民起义和藩镇割据成了唐帝国下半生的主题。直到唐王朝的最后一个皇帝被一个军阀废黜，中国百姓还要经历50余年的五代十国大分裂时期，才能再次回到统一安定的局面。

看起来，黄河文明似乎已经危机重重。在这个时候，尼罗河流域和两河流域早已被并入阿拉伯帝国的版图。但是，为什么中国的文明没有像古埃及和古巴比伦那样彻底衰亡，而是薪尽火传，一直延续至今呢？庆幸吧，因为我们还有另一条大河——长江，在它的怀抱里有另一种粮食作物——水稻在等待我们的祖先。

它能挽救中华文明

水稻种植，在中国作为一种大规模的农业，大约在北宋的时候兴起。在北宋以前，中国的经济重心主要在黄河流域，小麦是农业生产的主角。水稻种植虽然早有记载，但是一直没有成为主要粮食作物。自从宋朝从越南引进优质品种的占城稻之后，水稻真正担当起了承载中华文明的重任。

水稻是一种喜爱水热性气候、需要大量水资源的作物，非常适合长江中下游和珠江三角洲种植。这种作物产量非常高，农民撒下去的种子通常可以收获20倍左右的稻谷。这与小麦4倍于种子的产量相比显然是非常可观。再加上长江流域以南地区气候温暖湿润，一年可以种植两季甚至三季，这意味着同样面积的土地，可以种植的水稻要比小麦多出好几倍。这对于因为粮食危机不断陷入动乱的古代中国人来说简直是天大的福音。

更重要的是，种植水稻的土地不需要休耕，只需要每年适当补充养料就可以持续不断地耕种，产量也不会降低。比起种一季就得休耕一两年的小麦来说，更是大大缓解了人地之间的矛盾。再加上水稻常年浸泡在几十厘米深的水中生长，避免了麦田反复灌溉使水分大量蒸发造成的盐碱化问题，地力衰老的周期大大延长，无形中也延长了农业生产衰落的周期。

从北宋开始，中国古代王朝的经济重心便正式从黄河流域转移到了长江流域，与小麦农业一同衰落的中华文明也在水稻农业中重获生机，避免了重蹈古埃及和两河文明覆辙的命运。

1 000 年前的分水岭

如果把宋朝看做是小麦经济和水稻经济的分水岭，我们会发现，水稻接掌中国农业之后，中国统一王朝的更迭周期要比过去延长了。

从秦始皇建立中央集权的统一王朝开始算起，到北宋建立之前，中国一共经历了秦、西汉、东汉、三国、西晋、东晋、南北朝、隋、唐、五代十国等 10 个时代更迭，历时 1 180 余年，平均每个时代只有 100 多年的时间。如果把南北朝和五代十国那几个短命王朝分开计算的话，这个数字还要更小。

而从北宋到清朝灭亡，一共有北宋、南宋、元、明、清 5 个王朝，历时 950 余年，平均每个王朝接近 200 年。可见北宋以前朝代更迭非常频繁，这与黄河流域的小麦农业不无关系。而北宋以后以长江流域的水稻生产作为帝国生存的基础，显然大大改善了帝国的健康状态。

值得一提的是，在北宋之后的 5 个王朝中，元朝存在时间最短，只有 70 年，这一方面与蒙元统治者实行民族压迫政策有关，另一方面很可能也因为元朝统治者来自草原，将统治的重心放在了北方，而忽略了转移到了南方的经济中心。

从历史上的人口数据来看，北宋以前中国人口从未超过 6 000 万，但是北宋以后人口急剧增加，达到 1 亿，到清朝末年达到了 4 亿。作为人口增长的基础，主要粮食作物发生变化无疑具有决定性意义。

从小麦到水稻的转移给中国政治的格局也带来深刻的变化。北宋以前的 3 000 余年间，中国的人口、经济集中在黄河流域，中原地区社会经济繁荣，相对于北方游牧民族具有相当大的优势，因此游牧民族虽然屡次南侵，却始终不能深入到帝国的纵深地带，从来没能在中原站稳脚跟，很快就被赶回北方草原。

北宋以后，由于经济重心转移到了长江流域，黄河流域的人口大量南迁，使中原地区变得空虚起来。统治者要想从南方调遣人力物力到遥远的北方建立起有效的抵抗相当困难，从此给了游牧民族入主中原的机会。北宋与辽，南宋与金的恩怨就是这种状况的写照。随后，蒙古和满族也都先后成为中国的统治者。这在北宋以前是从来没有过的。

我们也错过了机会

在世界历史上，一个时代的危机，往往可以成为开启下一个时代的契机。古代西欧的人们与北宋以前的中国人一样，常常面对粮食供应不足的危机。自从罗马帝国衰亡之后，欧洲分裂成为大大小小的民族国家，长期缺粮使他们内乱频繁，战争不断。他们并没有水稻来救急，于是便采取各种各样的方式解决生存问题，包括大力发展工商业。饥饿让欧洲脚踏实地地走向了世界，并最终找到了工业化的道路。

相比之下，我们似乎很幸运，在我们的文明面临生存危机的时候，在我们的祖先面临饥饿的时候，我们利用水稻这种植物成功地应付下来，使历史发展回到了原来的轨道上。从此我们仍然待在家里继续着自己的生活，祖祖辈辈守着一亩二分地，因为我们相信，只要想尽办法精耕细作，这块土地上的植物就能够生长出养活我们的果实。无论是商业还是工业都显得没什么必要，甚至是不务正业，我们始终守着最让人感觉踏实的农业。于是，机会在贫瘠的小麦田陇中到来，很快又从肥沃的水稻沟渠中流走了。

大运河掌握中国古代王朝的命运

历史上的京杭大运河是中国南粮北运的大动脉。这正是隋唐以后的宋、元、明、清王朝赖以生存的命脉所在。

在谈到中国古代文明的时候，人们总是不忘提起黄河和长江，认为这两大河流孕育了中国5 000年的悠久文化，养育了在两岸繁衍生息的华夏子孙。也许你不知道，在长江和黄河之外，还有第三条河流在2 000多年的悠悠岁月中，掌握着中国历代王朝的兴衰命运，直接影响着历史的走向。这不是大自然刀劈斧凿开辟的河流，而是靠中国人的双手挖掘出来的一条运河——京杭大运河。

京杭大运河全长1794千米，是世界上最长的一条人工运河，是苏伊士运河的16倍，巴拿马运河的33倍，纵贯南北，是我国重要的一条南北水上干线。它北起北京，南至杭州，经过北京、天津、河北、山东、江苏、浙江六省市，沟通了海河、黄河、淮河、长江、钱塘江五大水系。在历史上，它成了很多王朝的生死命脉。

“暴君”蒙受的不白之冤

京杭大运河开凿历史久远，为这条运河挖第一锹土的人我们很熟悉，就是春秋时期跟卧薪尝胆的勾践作对的那个吴王夫差。当时吴国战胜楚国、越国以后，夫差雄心勃勃，企图北上中原争做霸主，便开凿了一条运河，称为邗沟。这条运河为吴国运兵北上打败齐国帮了大忙，后来成为京杭大运河的重要组成部分，一直沿用至今。

真正使大运河连通长江和黄河两大流域的是历史上著名的暴君——隋炀帝杨广。从史书的记载来看，这个人充满了浪漫主义情趣。他痴迷于江南的秀丽风景，同时也喜爱江南的奇花异石和美女，可是他住在洛阳，怎么办呢？于是在他的一声令下，几百万民工手起锄落，挖出这么一条专供旅游的运河。于是，隋炀帝乘坐着装修异常豪华，足有四层的大龙船，后面跟着载有三宫六院和文武百官的上万条船，乐颠颠地到江南去赏琼花了。

成千上万的民工惨死在运河工地上，无数的金银珠宝和珍馐美味被隋炀帝的豪华旅游所糟蹋。隋炀帝因此蒙上了千古骂名。然而隋炀帝动用几百万人挖一条河就是为了去江南玩一趟吗？其实在这个所谓“暴君”的眼里，开凿运河是为了将江南的粮食和人力物力运到北方，保卫边疆。

用一条运河保卫边疆？是的。在隋炀帝的诸多罪状中，除了开凿运河，还有一点就是好大喜功，动用国力三次征讨高丽。征讨高丽使隋帝国元气大伤，为什么隋炀帝还要连续三次去讨伐这个邻国，甚至不惜开凿一条运河？隋炀帝实在有自己的苦衷。

如果看看挂在隋炀帝房中的地图，你会发现，在隋帝国的北面有两支强大的力量：西北是突厥，东北则是高句丽。虽然当时隋帝国的实力非常强大，无论是突厥还是高句丽都无法单独对隋帝国构成威胁。可是，根据隋炀帝的情报，这两个心怀鬼胎的敌人却有联手对付自己的危险。如果突厥和高句丽合起伙来大举入侵，隋炀帝就会陷入两线作战的境地，双拳难敌四手，辉煌的隋帝国就岌岌可危了。刚刚从魏晋南北朝的大动乱中重新统一的中华大地也会陷入一片腥风血雨之中。于是，隋炀帝决定先动手，截断突厥和高句丽的联系，然后攻打高丽。

就一场两大强国之间的战争而言，隋炀帝必须想方设法把足够多的人马和粮食运到战场上，所以修建一条南北交通大动脉就是重中之重。大运河就是在这种思路下开工的。而隋炀帝泛舟江南，沿途2 000余里，历时两个月之久，对于一次旅游来说未免太过辛苦，真实情况很有可能是想直接体验一下运河的运输效率和作用。

随着大运河的全线贯通，政府从淮南、江南、岭南等地所征调的部队及战争物资，就通过运河源源不断地输送到涿郡前线。在运河上运输船队绵延不断上千里，装满了军粮、刀箭、铠甲和攻城用具。后来隋炀帝在高句丽城外久攻不下，国内发生叛乱，不得不匆忙撤军，丢在高句丽国境内的军械物资堆积得像小山一样。可见大运河为这场战争提供了多么重大的运力支持。只可惜，隋炀帝视为心腹大患的高句丽还没攻打下来，隋王朝就被国内的叛乱所颠覆。大运河没能完成隋炀帝赋予的第一个使命，但是在后来的历史上，它却屡屡成为给历代王朝补血的大动脉。

大唐王朝的救命仙丹

自从隋朝以洛阳为中心完成开凿大运河的惊世伟业之后，经过唐宋的极度繁盛，到了元代，大运河又被截弯取直，形成今天贯通南北的京杭大运河。这条人工建造的南北水路，在很长的一段时期里成为中国南粮北运的大动脉。而这正是隋唐以后的宋、元、明、清王朝赖以生存的命脉所在。

继隋而起的大唐王朝，是中国历史上最强大、最富庶的王朝之一。它之所以如此强盛，除了唐太宗、武则天、唐玄宗这几个杰出领袖的英明领导之外，很大程度上得益于对大运河的充分利用。

在唐朝统治时期，首都长安所在的关中地区人口不断增长，但是当地的粮食生产却日渐衰退，根本不能满足长安居民的生活需要，甚至连给官员发工资都不够。利用运河从南方调运粮食就成了养活偌大的朝廷的最佳办法。武则天甚至干脆长期住在洛阳，就为了离运河近一些。唐朝初年，大运河每年运送的粮食不过 20 万石，但到了唐玄宗开元年间，粮食的运输量迅速增加，最高达到一年 700 万石。不仅有粮食，各地运来的其他土产也是应有尽有，堆积出一个帝国鼎盛时期的“盛唐气象”。

安史之乱爆发后，由于藩镇割据，河北、山东的地方军阀不把朝廷当一回事，财政上大搞独立，北方的财源因此断绝，唐王朝财政收入更是依靠转运东南地区的粮食、物资。江淮地区差不多负担封建王朝赋税来源的 9/10，那么多财富几乎全靠大运河转运。所以历史学家们认为，经历了安史之乱这样大规模的内乱，唐朝在大部分国土失去控制后，还能够维持 150 年之久，多亏它还掌握着这么一条大运河。

两宋围着运河转

北宋开国之初，宋太祖赵匡胤和群臣商议建都地点时，曾发生过激烈的争论，最终他们选择了战国之后从未成为国家政治中心的开封。从战略角度看，开封并不适合作为都城，当时北方的辽国已经深入到长城以内，开封地处中原，无险可守，一旦发生危机，就会赤裸裸地暴露在强敌面前，陷入重围之中。但是为什么赵匡胤和他的大臣们要选择这里呢？主要是因为京杭大运河的开挖，开封已经一跃成为全国的水运中心，以这里为都城可以方便地享用大运河运来的粮食和物资。

北宋的统治者每年通过大运河由江南运到开封的粮食，一般都在五六百万石左右，多时还曾达到800万石，超过了唐朝的漕运量。至于金银、布帛、香药、茶叶和其他土特产品就更是不计其数。东京开封也因此成为北宋商业城市极其繁荣的典型代表。

像大运河的开创者隋炀帝一样，北宋的统治者也不仅仅是靠这条运河来满足自己的奢侈享受，更让大运河承担了很多军事任务。从立国之日始，北宋便一直面临着严峻的边境形势，辽、西夏、金等少数民族政权相继发动不下几十次侵宋战争。面临这种危险的局面，北宋政权不得不加以重兵驻守在西北三路，每年要消耗巨额军粮。这种战备运输全都仰仗大运河。

可以说大运河提供了非常坚实的物质基础，对于北宋王朝的发展繁荣有着非常重要的意义。可是到了北宋后期，爱好艺术的宋徽宗硬让人从江南搜集大量奇花异石，利用大运河运回开封，严重影响了运河粮食物资的正常运输，以蔡京为首的一帮奸臣也为了自己的私欲，胡作非为，破坏了河运的正常制度，结果导致朝廷的财政出现严重的危机。等到宋徽宗的儿子宋钦宗将河运的秩序恢复过来的时候，为时已晚，金国的大军已经直逼城下，北宋灭亡了。

在一片混乱的大逃亡中，宋高宗赵构在临安（现在的杭州）建立了南宋。为什么把都城建在杭州？因为杭州是运河的另一个集散中心。于是北宋时通过运河向北运往开封的江淮米粮，现在调转方向，都运到了大运河的最南端杭州。运河仍然是只剩下半壁江山的赵宋王朝的经济基础，源源不断地将各地上供的财富运往临安。

占领了半个中国的金国人也没有忘记利用掌握在手中的半条运河，他们学着宋人的样子，把淮北的粮食运回了北京。于是好端端的一条大运河被南北对立的两个王朝拦腰截为两段，虽然仍然被视为不可或缺的经济命脉，但是已经失去了沟通南北的作用，再也不能将全国的经济中心与政治、军事中心紧密联结。所以，无论是金国还是南宋都无力抵御蒙古骑兵的猛烈冲击，相继陷入崩溃灭亡的命运。元朝统一中国之后，断裂的大运河被重新缝合起来。

运河断，朝代亡

元朝对大运河做了一次大手术，将隋朝开掘的运河航线拉直，航程缩短，全面开通了京杭大运河的航路，把海河、黄河、淮河、长江、钱塘江这五条大河连接起来，空前有力地发挥了沟通南北经济的作用。当时江浙、江西、湖广三个行省交纳的田赋占了全国的大半，仅江浙就占据了全国总额的三分之一，南方的粮食通过运河源源不断地运到北方大都。

元朝的统治者们太倚仗大运河的输血功能了，然而他们万万没想到的是，运河竟然成了自己的命门。元末，黄河泛滥成灾，洪水退去之后，厚厚的淤泥造成了大运河堵塞。这就如同动脉出现了血栓，朝廷慌了手脚，征调大量民工疏浚河道，没想到劳工们却掀起了起义的风暴。江淮地区陷入战乱，出现了各支农民起义军和元朝军阀割据的局面。当南北河运的枢纽东平路被起义军攻克后，河运粮食完全中断。元王朝没了粮食，再也没有力量去镇压农民起义，只能坐视朱元璋、陈友谅等人你争我夺，最后终于覆灭了。

明、清两朝，相继建都北京。虽然长江、珠江和黑龙江等大河及其支流的航运有所发展，但是在大约五六百年的时间里，大运河仍然是我国南北交通的主要通道，大批的粮食和货物主要是通过大运河运往京城。当时，运河里船只往来如梭，运输粮食的船最多的时候曾经达到 12 000 多只，船工最多时超过 12 万人。除了粮船以外，航行在运河上的还有许多官船、商船和民船。南方生产的丝绸、茶叶、瓷器和北方生产的豆、麦、梨、枣等土特产，都通过大运河进行交流。这一时期，我国出现了 30 多座新兴的商业城市，十分之八九都分布在大运河沿线。

然而，大运河同样也成为这两个王朝的要害。明朝末年的农民起义军领袖都深知运河对明朝政权的重要性，所以都十分重视对运河运输的打击，屡屡致使官员告急，明廷震惊。运河不畅加速了明朝的灭亡。

清朝时期，大运河更是成了清廷的死穴。第一次鸦片战争期间，当英军攻陷上海时，清王朝急派人谈判，而英军则认为在沿海地区的胜利不足以震撼清廷，于是又发动了扬子江战役。果然，当扼守在长江与运河交汇处的镇江一失陷，清王朝便如同被对手点中了命门一般，整个瘫软下来。英国驻上海领事阿礼国说："每当早春时节，北京仰赖漕船通过大运河供应当年的食粮，我们开一支小小的舰队到运河口去就可以达到目的了。这种要挟手段比毁灭20个沿海或边疆上的城市还要有效。"

太平天国运动兴起后，南京附近地区成为太平军和清军交战的主战场。受到战火影响，京杭大运河运输中断。清朝政府因此可过了一段苦日子。为了避开战火，清朝不得不改由经海上运输粮食。太平天国运动结束以后，部分官员曾经打算重开河运，无奈京杭大运河河道淤塞严重，已经无法通航。

在一次次的打击下，京杭大运河的运粮功能彻底瘫痪了。尽管清朝曾经改用海运和铁路来代替，但是大伤元气的清王朝已经病入膏肓，再也逃不过灭亡的命运。

工业革命为什么没有发生在中国？

迄至14世纪，中国已到达通向爆发全面科学和工业革命的大门，可是工业革命却令人失望地并没有发生在中国。是因为人口？专制？还是缺乏生产分工？

曾经并驾齐驱

在世界各民族的文明竞争中，我们的祖国有一个非常辉煌灿烂的开端。它的创造力一直保持了好几千年，在很多方面都一直处于世界前列。

在11世纪初，中国政府开办的兵工厂就能在一年之内生产1 600万个标准铁箭头，实行了大规模生产。后来，在13世纪，中国人又开始用以水车作为动力的机器把粗糙的麻纤维捻成细纱，把单丝变成双丝，实行了机械化。

宋朝时，中国东南部的河道和运河以及沿海繁忙的水上运输网迅猛发展，全国性的市场业已形成，对外贸易迅猛发展，以至于外贸税收成为南宋政府的主要财政收入。政府开始尝试通过多种手段，包括银票和信贷，来调整经济的发展。

到了近古时代，中国和西欧这两大文明把地球上曾经出现过的其他文明都远远地抛在了后面，成为并驾齐驱的两位冠军选手。一直到 18 世纪，大清帝国在农业、手工业、收入及消费等方面与大英帝国并无明显的差异。然而就在这个时候，大英帝国忽然爆发了一场影响到人类社会方方面面的技术变革——工业革命，从此一骑绝尘，并且带动了西欧各国的飞跃发展，只留下懵懵懂懂的大清帝国沦落为“东亚病夫”。

许多历史学家都承认，那些被经济学家和历史学家们认做是产生了 18 世纪末英国工业革命的所有主要条件，中国提前 400 年就都已具备了。迄至 14 世纪，中国已到达通向爆发全面科学和工业革命的大门，可是工业革命却令人失望地并没有发生在中国。这是为什么呢？

人口太多惹的祸

有些学者认为，无论中国古代科学技术的成功，还是近代科学技术的落后，都是由于中国庞大的人口数量。

在古代，大多数技术发明基本上源自于工匠和农夫的经验。人口愈多，自然意味着工匠、思想家、农夫愈多，从而实践的次数愈多，“试错和改错”的次数也就愈多，经验就愈多，则出现技术创新的可能性越大。这就是古代中国能够一直在科学技术上处于领先地位的原因。

然而当科学技术达到一定程度之后，光靠农夫、工匠们对科技发明的业余爱好就无法让科技发展更上一层楼了，必须由工程师和科学家通过理论思考和科学实验才能获得进步。那么究竟是什么驱使这些专业人士努力钻研科学技术呢？是需求。

科学技术可以大大提高人们征服自然、改造自然的能力，可以说，凡追求事半功倍的人，没有不需要科技的。14 世纪肆虐欧洲的黑死病杀死了几乎半数的欧洲人，大批工场和农田都极度缺乏人手，地主和工场主们甚至得四处央求工人和农民到他们那里工作。发明纺纱机和蒸汽机的直接目的都是为了最大限度地弥补劳动力的不足。大英帝国就是这样走上了技术变革的道路。

可惜我们的大清帝国恰恰对事半功倍没有兴趣，当时它的人口已经达到了 4 亿之多，根本用不着节约人力。如果想要生产出更多的粮食，只要在有限的肥沃土地上投入更多的劳动力，靠精耕细作来提高产量就可以了。所以，当瓦特为了解决空荡荡的工厂里人手不足的问题，绞尽脑汁发明蒸汽机的时候，中国人全都弯腰驼背，密密麻麻站在水稻田里插秧。

古代中国农民的辛勤劳动生产出的粮食养育了更多的人口，于是更多的劳动力被投入到农田里，生产出的更多的粮食又养活更多的人口。如此往复，中国在较高的农业水平上维持了巨大的人口。人多地少，土地的价值必然增加。高额的土地回报诱使人们投资农业，工业因此缺少资金，根本无法发展起来。到了 18 世纪末，大清帝国便进入了一个“高农业水平、高人口增长和低工业水平”的高水平陷阱之中，无法取得发展。这就是工业革命在中国不可能发生的原因。

专制帝国拖后腿

采用什么样的政治制度对一个国家的前途命运常常起到决定性的作用。工业革命之所以在大英帝国诞生恐怕也是托了政治制度的福。

1688—1689 年的光荣革命使大英帝国的君主统治受到了很大的限制。人们普遍认识到，国家应该保护人们天生的自由权利和他们享受财产的权利。在这个思想的驱动下，英国撤销了干预自由竞争的旧法律，奉行重商主义的原则，消除各种各样的国内商业限制，工业主的利益得到有效的制度保护。有这样的制度环境，工业革命不爆发都难。

而中国呢，自从秦始皇时候起，历代中央王朝在专制集权方面一个比一个高。大清帝国则登峰造极地将全部国家权力都攥在皇帝一个人手里。君王和官绅们无需靠生产力的提高来获得收益，特权和掠夺才是他们收益的真正保障。所有的财富最终都流向官僚的口袋，当官便成了大多数人的人生理想，也无怪乎没有人从事科学发明了。

大英帝国在走向民主政治的过程中还形成了一种特殊的产权制度。这种制度激励人们把科学技术研究当做一种可以获得巨大收益的产业，保证他们可以从自己的发明创造中获得大量的回报。人们不再仅仅出于兴趣爱好，而是在利益的驱使下投身于科技研究。托马斯·爱迪生组织了一个专业研究机构，雇用许多不同专业的技术人员进行发明活动。瓦特则成立一个企业并雇佣了许多人来发明蒸汽机。他们都靠自己的技术发明发了大财。

与西方国家在近代普遍建立较为完善的知识产权保护制度相比，大清帝国仍然固守着传统的国家社会和宗族家庭本位，藐视个人自由和权利的法律观念和制度。人们将发明创造视为“奇技淫巧”而为士大夫阶层所蔑视，更谈不上用专门的知识产权法律制度来保障发明创造的活动和成果。从事科技研究的人从自己的成果中什么也得不到，在这种情况下，中国的科技发展停滞不前也是自然而然的事情。

不讲分工就没有工业革命?

此外，中国人和西欧人在劳动分工上的不同，也导致了近代一个脱胎换骨，另一个停滞不前。西欧人主食是肉、奶，气候湿润的环境使古代西欧形成以牧业为主的混合型农业。各地生产的产品区别非常大，造成了中世纪西欧各地商品交换的兴盛。人们根据市场需求及时调整生产，逐步形成了专业化的生产中心，刺激了生产中的分工。

羊毛织品是当时西欧主要的制造品，其制造过程可以分解为许多细小的工序，精细的分工使人们只需要重复简单的操作，从而将人们天生的发明欲集中在有限的一些难题上，促使人们考虑用机械代替手工，用水力和风力代替人力和畜力。大英帝国的工业革命就在这一点一滴的积累中诞生了。

中国在商代时其实也是以牧业为主的混合型农业，但是经过周代寒冷的气候环境，牧业经济式微。春秋时期气候变暖，人口增长之后，中国经济逐渐演变为一种以种粮食为主的单一小农经济，一直延续到清朝时期。在这种经济形态中，一个农民所需要的大部分必需品都可以自己生产。像西欧那样大规模的商品交换无从谈起，大清帝国也就一直也没有出现精细的分工，与工业革命无缘。

18 世纪末的某一天，大英帝国以一个漂亮的飞跃将昔日平起平坐的大清帝国抛在后面。找出中国为什么没有出现工业革命的原因，只是为了让我们的民族将来不要再错过新的历史机遇。

郑和为什么输给哥伦布？

郑和与哥伦布同是远航，产生的结果却迥然不同？有学者认为，郑和之所以输给哥伦布，是中国人和西欧人分家产的方式不同导致的。

15 世纪初，郑和率领着大明帝国的庞大舰队在 28 年间七下西洋，多次往返于印度洋、波斯湾和红海沿岸的阿拉伯港口。舰队规模最大时，拥有船只 200 多艘，人员达 27 000 多人，主要航线多达 40 多条，总计航程 16 万海里，是世界古代航海史上人数最多、行动范围最广的远洋航行活动。然而当郑和死后，这场威武显赫的远航便很快从海面上销声匿迹了，仿佛从未发生过一样。

59 年之后，一个名叫哥伦布的意大利人，率领着 3 艘百十来吨的破旧小帆船，从西班牙出发向西航行，最后发现了美洲新大陆。这个事件改变了世界历史的进程。从那以后，西方终于走出了中世纪的黑暗，开始以不可阻挡之势崛起于世界，并在之后的几个世纪中成就海上霸业。

郑和与哥伦布同是远航，为什么产生如此不同的结果？中国学者苦苦寻找着答案。这个答案不仅可以用来解释郑和的遗憾，更可以回答明清以后中国为什么落后于西方这个令中国人着魔的问题。有学者认为，郑和之所以输给哥伦布，其实是因为中国人和西欧人分家产的方式不同导致的。分家产影响航海？这是不是有点驴唇不对马嘴？且听慢慢道来。

冒险精神的起源

老头子咽气了，留下儿子七八个，家财万贯。遗产怎么分配绝对是个让人头疼的事情。要是没个规矩，几个儿子肯定会拼个昏天黑地，鸡犬不宁。对此，古代的中国人和西欧人各自琢磨了一套办法。中国人的办法比较温情，有几个兄弟就把家产平均分为几份，各拿一份，大伙都挺高兴。西欧人显得很冷酷，所有的家产全归老大所有，其余的小弟弟们对不起了，打个包袱卷自谋生路去吧。

古代的中国人和西欧人一定想不到，他们这种遗产分配的差异居然会给他们的社会文化带来巨大的影响。平分后的财产虽然远远比不上老头子在的时候那么辉煌，省着点花也够了。于是中国儿子们高高兴兴地回到祖屋里，过起了悠闲的生活。而可怜的西欧儿子们被无情的大哥逐出家门，他们必须远赴他乡，为自己的生存闯出一番事业来，寻找属于自己的财富和土地。于是，冒险和扩张成了西欧人的精神特质。

西欧历史上的多次对外扩张很大程度上都是那些没有继承权的儿子们推动的，比如前后持续近 200 年的十字军东征。哥伦布简陋寒酸的远航为那些缺乏土地的小儿子们带来了希望，他们沿着哥伦布开辟的航线，蜂拥到新大陆开辟新天地。而这个时候，辉煌壮丽的郑和舰队却丝毫吸引不了躲在祖屋里过安稳日子的中国儿子们。郑和就这样输给了哥伦布。

分家分不出资本主义

如果平分遗产导致的仅仅是不喜欢冒险，我们还无所谓，不过是文化的差异而已，我们中国人不喜欢冒险又不是罪过。但不幸的是，这种“和谐”的遗产分配方式决定了中国很难产生让我们艳羡不已的资本主义。

中国有句俗话叫做“富不过三代”。其中原因，用简单的数学方法就可以解释：祖父富有，良田百亩，却有五子。每子继承二十亩。子再生五子，每子只得四亩。土地越来越少，日子越过越穷，几代之后就都沦为小农家庭了。这种小家庭虽然让大家都能吃上饭，但是不可能积累一笔财富去扩大再生产，或者从事工商业，只能永远重复那种小规模的简单劳作。于是中国很少出现大资产者，也很少出现大规模的作坊和商铺。资本主义当然也就难产了。

而西欧人把财产集中起来单传给长子，有利于家庭财富的积累。到了圈地运动兴起的时候，世代占有大量土地的封建贵族们顺理成章地赶走土地上的佃户，搞起了资本主义式的土地经营，还顺带着为工业发展创造了原始资本，提供了大量自由劳动力。

国王也得低头

分财产还影响到古代中国人与西欧人的政治生活。在西欧的封建制度下，国王实际上是众多封建领主中的一个，他是一个总封建主而已；而各级贵族则拥有自治权。只要贵族们占有的土地和财产世世代代只增不减地继承下去，一直拥有不容忽视的实力，他们在国王面前的发言权就始终不会削弱，甚至还可以对国王的所作所为加以约束。例如，1215 年，英国贵族不满国王肆意加税，没收他们的财产，随意逮捕他们，便以武力逼迫国王签订《自由大宪章》，限制国王的权力。

最终，贵族反对王权的斗争促使了西欧国家议会的产生。议会成为国家机构的一个组成部分。国王的权力只有在议会才能得到最好的体现，同时王权的野性在议会也受到约束。起初，国王权力较大，议会权力较弱，之后逐渐形成均势，最后议会权力取代王权，国王只成为一种象征。逐渐壮大的新兴资产阶级和新贵族日后正是借助议会夺取了政权，迎来了民主。

再说中国。西周时候天子与诸侯的关系也跟中世纪欧洲差不多，可是到了西汉时期汉武帝聪明地颁布了一项推恩令，要求诸侯们把封地分给子弟们。傻呵呵的诸侯们都挺高兴，觉得汉武帝有人情味儿。结果不出几代，公爵变成了侯爵，侯爵变成了伯爵，越来越小。等到了东汉末年，很多贵族早已没落成了平民。最著名的没落贵族刘备，在发迹之前只能靠打草鞋为生，哪里还有资格去跟皇帝讲理。所以中国古代皇帝的独裁和胡作非为基本上不受约束。

分家，可以说是一种风俗，也可以说是一种文化。看起来似乎是非常私人的一件事，但是却影响到了东西方两大文明的发展方向。中国在无数次和谐美满的兄弟分家中落到了西欧的后面。

回到古代找工作

时代在变化，吃香的职业也在变化。实在不行，咱们干脆造一台时光穿梭机，到古代去找工作得了。

大学毕业之前最重要的一件事就是找工作。同样 4 年辛苦读下来，却是几家欢喜几家愁。有的专业明明刚入学的时候还热得发烫，如今却身价大跌，有些冷门专业却反而跃上枝头。时代在变化，吃香的职业也在变化。实在不行，咱们干脆造一台时光穿梭机，到古代去找工作得了。

光荣的历史学家

历史系在大学里一向是可怜巴巴的冷门。可是在 5 000 年以前，学历史可是大大地有前途。

最老资格的历史学家要数原始社会里的巫师了。因为他们除了祭祀占卜、驱邪避鬼之外，还负责保存部族传说和历史知识。他们几乎参与每一项重大的活动，影响着社会生活的各个领域，实际上是充满神权色彩的王朝执政者。那个时代最著名的史官是黄帝助手仓颉，据说汉字就是他发明的。发明汉字当晚天上落下无数的谷米，鬼神也哭泣呻吟，可见影响有多大。商朝的历史学家仍然如此。他们为商王的每一项活动进行占卜，以鬼神的名义指导他的行为，并且把结果刻在龟甲兽骨上。可以说，我们今天发掘出来的甲骨文残片，就是最早的史册。

可惜到了西周时期，人们不再崇信鬼神，历史学家们的地位便急剧降低。到春秋战国时期，更是跟档案管理员相差无几。不过他们还凭着一项优良传统维持着自己的尊严——秉笔直书，而且写过什么当朝皇帝不能看。皇帝们当然非常想有一个身后之美名，所以他们对史官也还比较客气。

到了唐朝，唐太宗厚着脸皮非要看看史官们给他写了点啥，看过之后提了不少修改意见。从此，历史学家们这最后一点尊严也维持不下去了。到了宋朝，他们中的很多人干脆投身娱乐界，在瓦肆里说书去了。北宋的明星说书艺人近20人、南宋有一百二三十人。他们不计春夏，不分秋冬，从早至晚长年累月地在瓦肆中讲说史书，无论市民村夫、男女老幼，只要有兴趣，都能听秦汉鼎革、三国历史、五代史事。有时候这些民间历史学家还会被皇帝召进宫中讲史。

受重用的水利工程师

如果你是学水利工程专业的，那就恭喜了，因为不管在哪个朝代，你都会受到重用的。

大禹是中国古代第一个成功的水利工程师。在治理洪水的过程中，许多原始部落逐渐联合起来，将权力集中到禹的手中，禹死后，他的儿子启就顺理成章地建立起中国历史上第一个国家——夏。

春秋战国时期，在各个诸侯国主政的大夫们，最重要的工作之一就是兴修水利。楚国名相孙叔敖主持兴建了我国最早的蓄水灌溉工程——芍陂，魏国大夫西门豹在漳河上开凿了12道水渠灌溉农田，吴国大夫伍子胥开凿了我国历史上第一条运河胥河。

秦汉以后的水利专家都被朝廷视为不可多得的人才。主持修建水利工程也是一条晋升的捷径。东汉水利家王景就因为改造汴渠有功，连升三级。明代的潘季驯因为是治理黄河的水利专家，几次在党争中罢官，又几次官复原职，甚至更上一层。

西汉的水利工程师多以钦差大臣身份主持大规模工程，叫河堤使者，后来的朝代也有类似的官职。清朝有八大总督，分管直隶、两江、两广等省军政大事，是最高级的封疆大吏。另有两个总督不管辖任何省份，一个专管治理黄河，叫河道总督，一个专管运河，叫漕运总督。可见水利工程师被提到了多么高的地位上。

坏名声的法律人

法律大概是如今大学里最热门的专业之一了。考生和家长们总是想象成为一名法官或者律师是多么光彩的事。可是在古代，如果不幸学了法律，身家性命都难以保障。

中国古代法学起源于春秋战国时期的法家学派。当时诸侯各国为了富国强兵，都纷纷任用法家人士进行变法，收效很大。可是这些主张“以法治国”的政治家，下场往往很惨。吴起被楚国贵族乱箭射死，商鞅被秦王处以车裂之刑，韩非子被毒死在狱中，李斯则被秦二世腰斩。

秦朝灭亡以后，法家思想的统治地位很快被儒家所取代。但是在汉武帝和武则天时期，曾经有一群被称为“酷吏”的法官非常引人注目。他们信仰严刑峻法，不论豪门贵戚，只要皇帝有意，便一概采取有罪推定，严刑拷打，杀人动辄上百上千。靠这种血腥、恐怖的高压手段，他们可以在短期内实现社会的太平安定，也因此官运亨通，甚至位及三公九卿，但是最终自己也不免悲惨的下场。汉代酷吏张汤最后自己遭诬陷被迫自杀，武则天的酷吏来俊臣被斩首后百姓剖心割肉，践踏其骨。

在民间，还有一种像现在的律师一样，通过唆使和帮助别人打官司来谋取个人利益的人——讼师。他们多是科举失败的秀才，仕途落魄的举人，精通法律，更洞悉官场倾轧，世态炎凉，当地、邻近地方官员之贤愚、作风，甚至具备一些狱案现场、尸体检验知识，常常以其知识、智慧、经验，或脱无辜者于无罪，或代人申冤排屈，为当事人争得应得利益。当然也有很多讼师为从中牟利不惜无中生有，夸大其词，颠倒黑白，为当事人开脱罪状，或诬陷对方。但是讼师远没有今天的律师那样风光。历朝历代都明令禁止讼师包揽诉讼，很多讼师被革去功名，脸上刺“讼棍”二字，打一百棍子，流放三千里。

如果不想受讼师这份气，你也可以考虑当个刑名师爷。古代负责审案的县官们普遍不熟悉法律，于是明清时期出现了受雇帮老爷处理案件的刑名师爷。可是明清两代，官员法定的收入原本就偏低，清官根本雇不起师爷，碰上贪赃枉法的官员，师爷如果主持公道，就不易为幕主所容，只能卷起铺盖另谋馆地。一个正直的师爷往往要不断地在一个又一个衙门间颠沛流离，穷困潦倒。

这样劣胜优汰之下，刑名师爷中就剩不下几个好人了。在不少小说和戏剧中，师爷也被派为反角，是冤假错案的始作俑者。

富甲天下的金融家

金融专业的大学生毕业之后收入普遍比其他专业高一大截。在古代也同样如此。

春秋战国时期，出现了有记载的民间高利贷活动。齐国的孟尝君就是放高利贷的高手，一年的利息收入超过十万钱。当时高利贷年息十分，一年就翻一倍，常常有逼死人命的事情发生。就连很多没落贵族也饱尝高利贷之苦，东周最后一个天子周赧王就被高利贷者逼得上高台躲避。

西汉高利贷进一步发展，长安甚至出现了一个专门的金融市场。七国之乱爆发时，准备从军的贵族们向长安的高利贷商人借钱。多数商人因为胜负未定，不敢出借。只有一个叫无盐氏的投机分子决定赌一把，借出千金。三个月之后七国之乱平定，无盐氏一年就收回十倍的利息，成为关中首富。因为高利贷收益丰厚，魏晋以后很多官僚、贵族也都涉足其中，强迫付不起利息的百姓出卖田宅，聚敛大量钱财。

不过有钱无权也麻烦，东汉时期的贵族官员们常常借债千万，不肯偿付，甚至仗势欺人，殴打债主致死。唐朝和五代时期，也都发生过官府强行借贷的事情，令“金融界”叫苦不迭。政府常常要求高利贷的利率不能太高，有时候还慷他人之慨，宣布免除私人债务。

在南北朝时，有些富裕的寺庙经营起了典当业务。唐代则有了类似今天的“汇兑”业务。到了宋代，政府更是学会了如何发行纸币。明朝的有些当铺还吸收存款，经营货币兑换业务，也出现了专门兑换货币的钱铺和钱庄。在《金瓶梅》里，西门庆就开过当铺，不算房产，财产总值将近10万两白银，相当于今天的2 000万元人民币。

今天金融专业的大学生都想在上海和北京工作，如果在清朝，他们最好去山西。清代出现了办理国内外汇兑和存放款业务的山西票号。这是中国古代最为接近现代银行的金融机构，后来业务逐渐发展到替清政府汇解饷银，收存中央和各省官款，吸收官僚存款、给予借垫款，等等。时人戏称票号为清政府的“财政部”。

当时在全国各地中等以上的城市几乎都有山西人开设的票号。存款动则上千万两白银，自身资本也达六七十万两。巨额利润源源不断流回山西。光绪时晋南亢氏家族的财产相当于当时全国财政收入的三分之一，换算成人民币达20亿元。今天山西省祁县的乔家大院，就是当年的票号巨头留下的宅第。

各领风骚数百年

如果你学的是文艺表演，很不幸，在中国古代的大部分时候都会处于供人娱乐玩弄的贱民地位。不过在唐朝和五代时期，你倒有机会飞黄腾达。

唐高祖曾经封一名舞伎为散骑侍郎（一种高级荣誉虚职），唐太宗、中宗也曾经授予优伶以过分的爵位和品秩，引起官僚士大夫的不满。唐玄宗生性好乐，优伶自然更备受恩宠，不少著名的乐工都在洛阳大建豪宅。

五代时期，伶人受宠更甚。特别是后唐庄宗李存勖，热衷于看戏，整天和优伶们打成一片，对伶人们有求必应，甚至封以高官，结果形成了中国历史上独特的伶人专权的局面。优伶们作威作福、侮辱戏弄朝臣，强抢民女入宫，有一次，竟抢了驻守将士们的妻女1 000多人。唐庄宗最后也在伶人的哗变中被射杀。

学畜牧养殖专业的学生如果回到春秋战国时期以前，很有可能成为富翁。商朝人的祖先王亥就是一个畜养牛马的大商人。商部落也正是在他的时代发展壮大起来的。春秋时期鲁国的猗顿，原本穷困潦倒，后来到山西西南部畜养牛羊，十年之内就富比王侯。战国末年秦国乌氏倮养了大量的牛羊，他将牛羊换成珍奇异宝，献给游牧部落的戎王，换回十倍牛羊，多到要用山谷为单位来计算数量。秦始皇闻讯后，给他"封君"一样的待遇，可以和朝臣一块儿朝觐皇帝。当时凡牧马二百，养牛、羊、猪多达一千者，地位就相当于千户侯。

如果你学的是采矿，不如到秦朝时的四川去碰碰运气。秦灭六国后，将赵、魏、楚等国的富商大贾迁往蜀地。赵国卓氏见临邛山中多产铁矿，便大量开采炼铸，生产的铁器极受蜀地百姓欢迎。几年下来，卓氏富甲天下，仅家中仆僮就有千人之多。鲁国程郑也靠在临邛铸铁发家。在巴地还有一个名叫清的寡妇，家族世代开采丹砂（硫化汞，是当时流行的炼丹原料），积聚了数不清的资财，前来投靠打工的人更是成千上万，其实力足以与万乘公卿分庭抗礼。她曾经为秦始皇修长城捐助巨资，还为秦始皇陵提供大量水银拟作海洋。秦始皇尊其为"贞妇"，并在其死后筑台表彰。

我们可以选择职业，却选择不了时代。回到古代去找工作是不可能的，但是却让我们看到了几千年中各行各业的富贵兴衰、挣扎沉浮。在历史的大潮之下，个人的命运也许只是偶然。

古代中国人如何救荒？

> 在过去的 2 200 多年间，中国共计有 1 600 多次大水灾，1 300多次大旱灾，在官方和民间充满智慧和真诚的救灾措施之下，中国人顽强地活了过来。

中国是一个灾害频繁的国度：每 6 年有一次农业失收，每 12 年有一次大饥荒。在过去的2 200多年间，中国共计有1 600多次大水灾，1 300多次大旱灾，很多时候旱灾及水灾在不同地区同时出现，因而饥荒也被视为“中国的一大特色”。那么几千年来，古代中国人又是如何活下来的呢？

皇帝的自我检讨

我们常常以为，帝王专制时代的朝廷总是草菅人命，不知民间疾苦，遇到大灾大难即使不是漠不关心，恐怕也束手无策。其实恐怕并非如此。

在科学技术不发达的古代，人们无法了解自然界的真相，常常认为灾害是上天对统治者不良行为的惩罚，也就是“天谴”。于是每当出现天灾的时候，帝王们都会产生巨大的思想压力，纷纷下诏自责，进行自我检讨，自我批判，以示对上天责罚的回应。据统计，历史上共有79位皇帝下过罪己诏，其中不少相当有诚意，并非“政治秀”。

商朝开国之君商汤就曾经因为一场大旱向上天祈祷，说我一个人有罪不要牵连万民，万民有罪都由我一个人承担，不要因为我一个人不敬天神而伤害人民。西汉的时候，遇到事情就发布罪己诏开始成为皇帝们的时尚，最著名的要数汉武帝。而在古代皇帝中，罪己次数最多的要算是清世祖顺治皇帝了。这位少年天子亲政后，自然灾害很多，水旱地震都不少。他不断自我反省，屡屡下诏罪己，甚至临终之际还留下了一道罪己遗诏，淋漓尽致地为自己列举了14条罪状，条条都是原则问题，十分全面和深刻。

天下粮仓！

追究引发天灾的责任问题之外，各朝各代政府都有许多具体有效的措施来救济灾民，常常是全局动员，雷厉风行。

灾变发生后，灾民通常面临的是衣食无着的状况，因此赈济，即无偿给予灾民钱、粮、物、土地等帮助饥民渡过难关，是直接有效的临灾救济措施。周代就有天子命令发放粮食、钱款、衣物对贫民进行救济的记载，《晏子春秋》也记载了晏子使齐景公赈济灾民谷物的事。

西汉时，国家对山林川泽都实行封禁，平时不许百姓砍伐和狩猎，到了这种时候，也允许灾民进去采捕，度过灾年。如果受灾地区的地方仓储不足，政府便从一个地方调运谷物，有时甚至动用军备粮储，或者干脆把灾民迁移到其他粮储富裕的地方安置。

古代王朝很注重丰年时将余粮存储起来以备饥馑。这种制度开始于春秋时期，至汉代施行在边地，至唐代推行至整个北方，宋代遍行天下。灾荒时，开仓放粮通常都有严格的制度。一般先是地方官将灾情上报，朝廷再派人调查核实，皇帝下诏许可之后，再由朝廷使者前来主持赈事，同时还必须在有关人员的监督之下方可开仓。同时对灾民进行造册登记。

不过这整个程序走下来，起码得一至两个月左右。人命关天，有作为的官员大多能相机处置，果敢赈灾。据《史记》记载，汉武帝时汲黯奉命出使途经河南，恰遇河南遭遇水旱之灾，以致出现了父子相食的惨剧。汲黯便行使自己“便宜持节”的权力，当即调拨河南仓粟赈济灾民。归朝复命时，汲黯主动请求汉武帝处他矫制之罪。汉武帝不但没有处分他，反而赞赏他处置得宜。

经济学的智慧

古代政府所采取的救灾措施常常体现出经济学的智慧。

有时候因为粮食不便于运输，政府便直接发放银钱来代替，让灾民自行买粮。还有一种隐性的赈济，即招募饥民兴修水利等工程，也叫工赈，此法既赈济了灾民又减轻了国家的负担。灾情稳定之后，国家还会有条件地向灾民贷借粮种、生产工具乃至田地，以便让灾民们恢复生产，自力更生，通常还会免除灾区小民几年的赋税钱粮。

除了免费发放粮食之外，中央和地方还常常在灾荒之年打开仓库将粮食低价卖给灾民。你可能会觉得老百姓受灾那么苦，怎么还让人家花钱买粮食呢？其实这正是一种高明的救灾方式。明代的时候，曾经有一个富商在大灾之年粮价高企的时候想要将自己家储备的米免费发放给本乡的饥民，却被自己的母亲阻止，说这么做貌似慈善，可是那点粮食发完就没了，之后饥民还得饿死。于是富商听从母命，到外地富庶的地方购回大批粮食，半价出售。他的那点粮食虽然不足以填饱所有饥民的肚子，却像一个杠杆一样，撬动了当地的粮食市场，使粮价渐渐平稳，灾民们因此能够获得充足的粮食。最后在这场灾害中，富商的家乡饿死的人很少。

宋代的越州知州赵抃也是一个深谙经济学原理的官员。当年，浙东、浙西发生大面积的旱蝗灾害，米价居高不下，饿死者十之五六。各地纷纷发布文告，禁止米商涨价，而唯独越州发布命令：有米之家可任意提高米价。结果周边各地的米商都跑到越州来了，米价反而下跌，百姓几乎没有饿死的。赵抃还下令大修城池，给饥民提供就业机会。这一做法非常类似于现代经济学的扩张性财政政策。

民间救助显威力

灾害严重的时候，中央王朝积蓄的钱财难以支持，于是常常以免税或捐官等方式鼓励私家富豪济贫救灾。

东汉安帝时，朝廷许诺贡献粮食的富人可获得一定官职和爵位。不过授官过多易造成官员的泛滥，实有饮鸩止渴之嫌。宋代时，富人如果用自己的私人财产救灾，就可以获得度牒。度牒原本是政府发给出家人的证明文件，因为拿着它就可以免税，因此具有极强的诱惑力。不过如果度牒持有者太多，大量纳税户口消失，也会进一步导致政府财政恶化。

宋元以后的政府逐渐认识到这些措施的恶劣后果，改而以道德名望的表扬来鼓励民间救灾，比如贡献30石粮食可以立碑留名，100石可以获得省级长官亲手题写的匾额，500石政府就为你树立一个牌坊。明代大力发展这种荣誉制度，虽然物质奖励并不多，仍能鼓励许许多多的民间富户捐粮救荒，地方志中记载的赈灾捐粮千石以上的比比皆是。

当然也有很多不图名利的慈善家在灾难到来的时候施放粥饭，免费提供棺材坟地，施药送医，至少也会减免自己佃户的租子。不过在大多数朝代，救灾都还是以政府力量为主。到了晚清，民间慈善事业蓬勃发展，甚至超过了政府的作用。光绪初年，北方旱荒奇重，江南的几名富商首次倡导组织义赈，受到社会各界的广泛关注与支持。各地纷纷效法，一时间，协赈公所、筹赈公所、协赈处、赈捐处、赈捐收解处等名目繁多的义赈组织星罗棋布，几乎遍及大半个中国。

这种义赈已经由纯个人的“义举”发展成为全社会性的公益活动，赈济对象、募捐范围往往都面向全国。它比政府赈灾的组织更加严密，工作程序简捷有效。遇有重大灾情发生，义赈发起者往往网罗社会各界名流，充分利用报刊传媒，募捐劝赈，一旦筹得赈款后，便委派得力人员亲赴灾区放赈，赈务完结后，为做到账务明晰，向社会公开赈款用途及去向。每次救灾活动中，募款、解款、放款等各个环节都有专人负责，专款专用，而且从来不通过政府的渠道，防止官员借机贪污中饱。义赈人员为避免占用有限的赈银，往往连薪水都不要。

中华民族几千年来饱经磨难，可是却从来没有被灾难击垮。智慧、勇气以及悲天悯人的情怀帮助人们一次又一次地走出黑暗，重建家园。

揭开“东突恐怖”的老底

企图分裂新疆的恐怖分子要建立“东突厥斯坦”。而他们的祖先恰恰是突厥的仇敌。他们追求的“伟大事业”完全是虚构出来的。

北京奥运会开幕之前4天，一支边防武警正列队在清晨的新疆喀什街头跑操，两辆汽车忽然像发疯了一样，斜刺里冲进队伍中横冲直撞。驾车人随即下车疯狂地用刀乱砍，并抛出两枚手榴弹。巨响过后，30多名武警战士瞬间倒在血泊中，非死即伤……一直宣称要在奥运会期间进行恐怖袭击的“东突”恐怖势力又制造了一宗血案。

“东突”恐怖势力的暴行

近十几年来，“东突厥斯坦独立运动”俨然成为对我国威胁最大的恐怖势力。其实早在民国时期，这股企图将新疆从中国分离出去的势力就已经初露爪牙。

当时清朝瓦解，军阀混战，新疆社会动荡不安。一小撮狂热的分裂分子便开始公然宣扬“我们的祖先是突厥”，鼓吹东突厥斯坦自古以来就是一个独立的国家，扬言要组织一个“政教合一”的国家。1933 年他们甚至在喀什建立了一个“东突厥斯坦回教共和国”，尽管仅仅 3 个月就被西北军阀击溃，但新疆民族分裂主义分子认为这就是东突厥斯坦独立运动的开端。1944 年，分裂分子又窃取了反对国民党统治的“三区革命”的领导权，在伊宁成立了所谓“东突厥斯坦共和国”，一年半之后再次被取消。

解放以后，东突运动并没有因为中国革命的胜利而绝迹。尤其是 90 年代，东欧剧变、苏联解体、车臣分立、阿富汗动乱、伊斯兰原教旨主义恐怖分子甚嚣尘上，“东突”势力就像度过了冬天蛰伏期的毒蛇，蠢蠢欲动。截至目前，在境内外的“东突”组织有 50 余个，其中威胁最大的有：东突厥斯坦伊斯兰运动、东突厥斯坦解放组织、世界维吾尔青年代表大会、东突厥斯坦新闻信息中心。

他们一面在国际上到处游说，一面频频在新疆制造恐怖事件：组织武装暴乱；爆炸公共汽车、录像厅、家属楼；冲击、打砸地方政府、公安机关；暗杀地方干部、宗教人士；向饮用水中投毒……据统计，1990 年至 2000 年 6 月，“东突”分裂势力在新疆实施的暴力恐怖案件达 253 起，造成我公安民警、武装官兵和人民群众死亡 166 人，受伤 445 人。我国政府将其定性为恐怖组织，坚决镇压，新疆各地只要恐怖阴谋稍有露头就会遭到沉重打击。

有的人可能会奇怪，那些主张新疆独立的恐怖分子们不都是维吾尔族人吗？干嘛非要建立个什么“突厥”国家呢？他们的想法又是从哪儿来的呢？让我们一起揭开“东突”的老底。

强悍一时的突厥汗国

“东突”分子建立国家的理由，还得从1 500多年前的中亚草原上的突厥汗国说起。

突厥是我国历史上一个游牧民族，匈奴的后裔，5、6世纪时游牧于准噶尔盆地北缘阿尔泰山。南北朝时期，突厥强大起来，征服西域诸国，成为继匈奴之后的又一强大汗国，甚至频频插手中原事务，在分裂割据的南北混战中牟利。全盛时的突厥汗国，疆域东起辽河下游，西至里海，北接贝加尔湖，南抵青海，东西万里，南北五六千里。

但是突厥汗国从未形成一个统一的中央集权制国家，其统治者阿史那部族，是最为正宗的突厥人，被称为蓝突厥；其他较早放弃独立，接受“突厥”名号的部落，被称做异姓突厥，又称黑突厥；此外，帝国中还有许多部落，虽然被迫接受突厥的统治，但始终不肯放弃自己原有的部落名，或不断反抗，或降叛无常，比如今天维吾尔人的祖先回纥、吉尔吉斯人的祖先黠戛斯。

由于隋朝对突厥采取了削弱、离间的政策，加之其内部的争斗不断，突厥终于在公元584年分裂为东、西两个突厥汗国，势力大减。到了唐朝，唐太宗积极开拓边疆。公元629年，连年霜旱使突厥饥荒严重，太宗派大将李靖仅率三千精锐骑兵迂回穿插，直捣巢穴，继而联合回纥人连夜出击，俘虏十几万，灭东突厥。657年，名将程咬金、苏定方、薛仁贵等再次与回纥联军，经过先后四次血战，灭西突厥。

后来，东突厥一度复兴，史称后突厥，存在了60多年，又被回纥联合其他部落攻灭。正宗的蓝突厥就此断了血脉。从此回纥逐步占据了东、西突厥的疆域，取代突厥成为西域的主体民族，也就是今天的维吾尔族。

突厥汗国旋起旋仆，分合兴衰不过两百余年便消失了。但是“突厥”这一名称却并未消失，阿拉伯人把中亚的所有尚武的游牧人都称为突厥。后者也接受了这一名称，因为突厥已成为草原牧民英勇豪迈的榜样。这样，一些从未曾加入突厥汗国的部族也变成了“突厥”：其中有一些部族甚至不是蒙古人种，例如土库曼人、奥斯曼人、阿塞拜疆人。另一些部族甚至原本是突厥汗国最凶恶的敌人，还有一些部族的历史比突厥还早。

而且由于突厥汗国的长期统治，尤其是突厥铁骑在中亚和西亚的东征西伐，大多数当地原住民族渐渐接受了突厥语言。今天的土耳其语、阿塞拜疆语、土库曼语、乌兹别克语、吉尔吉斯语、阿尔泰语、鞑靼语、哈萨克语，中国的维吾尔语、裕固语等30多种语言，在语言学上都属于突厥语族。

不过除此之外，突厥留下的痕迹就很少了。随着伊斯兰文化的传入，游牧民们的文化、意识形态、生活方式等全都变了，他们用阿拉伯文拼写自己的语言，古突厥文只遗留在草原上残存的碑铭上，并已连同所叙述的历史完全被遗忘。

西亚病夫的梦想

几百年后，两个异姓突厥部落西迁，13世纪左右来到小亚细亚半岛，消灭了存在了上千年的东罗马帝国，最终成为地跨亚、欧、非三大洲的大帝国——奥斯曼帝国，也就是现在的土耳其。在500多年的时间里，土耳其人只认为自己是穆斯林或者奥斯曼人，只知道奥斯曼帝国的历史，若再往前追溯，就会扯到伊斯兰教史和穆哈默德身上。

到了近代，西欧的学者们开始发掘被人遗忘的突厥文化。18—19世纪不断有欧洲学者报导在亚洲北部草原上发现了残存千年的碑铭。1893年，丹麦语言学家终于破译了这些碑铭，确认这是古突厥文，并通过它了解到古代突厥人的历史。

这个时候，奥斯曼帝国已经走向衰落，成了“西亚病夫”。境内被征服民族纷纷独立，英、法、俄、奥争相削夺其领土。土耳其的知识分子们急需一种刺激国民精神、重振“帝国雄风”的文化强心剂。古突厥人的历史知识让他们异常兴奋，他们说，我们祖上是突厥人，所有讲突厥语的人当然也是一家了，土耳其、俄罗斯、伊朗、阿富汗、中国及中亚诸国内所有讲突厥语的民族应该联合在一起建立统一的国家。于是泛突厥主义诞生了。

土耳其的历史学家开始发掘、歪曲甚至臆造突厥的历史；语言学家发现了突厥语言的丰富优美；诗人赞美道：“啊！突厥种族！啊，铁与火之子！啊，一千个祖国的创建者！啊，一千顶王冠的佩戴者！”一个灭绝了上千年的古代民族就这样被凭空虚构成绵延 8 000 年未绝的“突厥文明”。

到了 20 世纪，泛突厥主义甚至表现出很强的种族主义倾向，像法西斯一样喊出了“突厥种族优于其他种族”的口号。第一次世界大战前夕，奥斯曼帝国派出大批人员前往俄属中亚、阿富汗、印度及我国新疆，广泛传播泛突厥主义，扩大其势力影响。新疆的“东突”运动就是这样兴起的。

“二战”中，纳粹德国进攻苏联时，泛突厥主义者也积极鼓动土耳其加入轴心国一方作战，狂妄叫嚣要“解放”突厥语各民族，梦想在土耳其领导下成立包括俄属突厥斯坦和中国新疆所有的突厥语系民族在内的“大土耳其”联邦共和国。但“二战”中苏联卫国战争的伟大胜利，打破了泛突厥主义者的黄粱美梦。

90 年代初，苏联解体，随着哈萨克斯坦、乌兹别克斯坦、土库曼斯坦、吉尔吉斯斯坦、阿塞拜疆五个被认为是“突厥语国家”的独立，土耳其政府情不自禁地又开始重温“大突厥国”之梦。可惜冷静下来的中亚五国似乎对用另一个“老大哥”来取代刚刚甩掉的“老大哥”并不感兴趣。

虚幻的事业

其实，东突分子们追求的伟大事业完全是虚构出来的。

泛突厥主义认为的操突厥语的民族都是突厥民族，这个论断就大成问题。许许多多的古代部族、部落和民族历史上都曾经在中亚地区生活和活动过，如突厥人、匈奴人、蒙古人、波斯人、阿拉伯人，等等。他们的人种、血统、文化、历史差异太大了。虽然他们的语言都属于突厥语系，但显然不是一个民族。唐高宗、唐太宗都会讲突厥语，李世民的六匹骏马都用突厥语取名，他的儿子承乾太子宁愿说突厥语而不说汉语，在生活起居等所有方面也都刻意模仿突厥人。难道他们也是突厥人？

况且，突厥汗国存在的时代，正是中国历史上被称为“五胡乱华”的民族大融合时期，匈奴、鲜卑、羯、羌、氐等少数民族和中原的汉人大批大批地融为一体，无论从文化还是血统上都难分你我。突厥汗国也同样如此，尤其是其灭亡后，后裔大多加入了所在地的其他部落，改用了其他民族、部落的名称，与之混血。一千年后再想分辨出谁是当年的突厥种族，无异于痴人说梦。

土耳其视自己为突厥汗国的嫡传，其实也不可靠。前面说了，突厥帝国的正宗血脉早已断绝，土耳其顶多算是两个异姓突厥西迁之后建立的国家。况且古代突厥人属于蒙古人种，奥斯曼帝国则是几千突厥人征服役使几百万小亚细亚和巴尔干土著居民的国家，经过600多年的融合，今天的土耳其人在人种上早已变成了欧罗巴人种地中海类型。

而我们的新疆的维吾尔族分裂分子跟着泛突厥主义摇旗呐喊，更属于瞎折腾。前面说了，维吾尔族的祖先是回纥，被迫接受突厥汗国的统治，比异姓突厥还不正宗。后来叛离了之后，唐朝攻灭东、西突厥汗国的战争，回纥都积极参加。好不容易复兴的后突厥汗国被消灭的时候，回纥更是主攻手。突厥故地也全被它占了。可以说，回纥就是突厥的仇敌，如今的回纥子孙叫喊建立什么“东突厥斯坦”，岂不是笑话？

当我们揭开“东突”运动的老底，你会发现这些恐怖分子实在是很可悲，为了一个莫须有的理想害人害己害国。当他们弄清楚这一切的真相时，也许会后悔万分。

西域争霸之虎穴龙潭

尽管汉军的锋芒也曾让西域诸国闻风丧胆，但是给人们留下深刻印象的却是一群纵横捭阖、妙手乾坤的汉家外交独行侠。

在欧亚大陆的中心，有一片被古代中国人称为西域的土地，那里有浩瀚无际的幽幽沙漠，连绵不绝的天山山脉，如散落翡翠般的绿洲诸国，以及一条充满传奇和神话的丝绸之路。2000 多年来，中原王朝不屈不挠地想要将西域纳入自己的控制之下，汉、唐、清这三个强盛的帝国都曾有过精彩绝伦的表演。历经无数风霜变故，西域终于成为今天的新疆。

古代中国人对西域的了解是从悍敌匈奴人那里开始的。秦汉之际，占据蒙古草原的匈奴帝国堪称中亚霸主，傲慢地阻隔在中原与西域之间。为了寻找东西夹击匈奴的盟友，汉武帝派张骞冒险穿越匈奴领地出使西域，第一次将中华帝国的身影投映在这片土地上。

不久，卫青、霍去病等名将率领汉军横扫大漠南北，所向披靡，将匈奴人驱逐到蒙古高原以西。从此通往西域的大门为汉帝国开放。出于维护丝绸之路和防御匈奴的战略考虑，东、西两汉都试图在西域树立影响，不过尽管汉军的锋芒也曾让西域诸国闻风丧胆，但是给人们留下深刻印象的却是一群纵横捭阖、妙手乾坤的汉家外交独行侠。

胡萝卜与大棒

秦汉时期，在阳关以西的一连串绿洲上小国林立，号称“西域三十六国”。西汉帝国对它们的政策与今天的超级大国美国非常相似，即“胡萝卜加大棒”。

在与匈奴的战争中取得胜利之后，汉武帝曾经派张骞带着上万头牛羊和上千万的钱财、丝绸，组成 300 余人的使团直奔重点拉拢对象乌孙国，发动经济攻势，并顺便访问大宛、康居、月氏、大夏。这些小国得了甜头，也派出使节到中原，看看这究竟是个什么样的国家，出手这么阔绰。这一看不得了，各国都被大汉的辽阔和强盛镇住了，立刻表示要跟汉朝通好。

从此以后，西汉的“胡萝卜”不断地往外抛，往返西域的外交使团络绎不绝，一年最多能派出十几个，规模往往达到数百人，出去一趟八九年才能回来。所携带的礼物也非常丰厚。汉武帝有时候以狩猎名义搞点军事演习，也会把来访的西域使者叫来观摩观摩，大把大把地赏赐财物，还让他们四处参观长安城里的粮仓、金库，增加震撼效果。

不过经济攻势并不总是奏效。位于汉通西域要道的楼兰、车师等国，经常出兵截断汉和西域的交通，杀戮汉使，抢劫商人。这时汉武帝便挥动大棒，派数万大军前去征伐，楼兰王被生擒，车师也兵败国破。

还有些国家，比如大宛，也就是今天的土库曼斯坦，因为紧邻着匈奴，所以对匈奴人唯命是从。匈奴的使者只要拿着单于的一封信，这些国家就要轮流供应食物，没有一个敢为难匈奴使者的。但是汉朝使者们到访时却受尽白眼，如果不送礼就别想吃上饭，不出钱购买马匹就只有步行。这大概是因为这些国家离汉朝很远，不惧怕汉朝的使节，再加上贪心不足，知道汉朝财物富庶，一心想从汉使身上揩些油水。

心高气傲的汉武帝显然不会忍受这种待遇。他派人带着黄金千斤和一个用黄金铸成的马匹塑像，出使大宛，非要买人家视为国宝的汗血马，就是《射雕英雄传》里郭靖骑的那种马。汉武帝爱马是不假，但是这次千金买马其实是在试探大宛是否愿意臣服汉朝。

大宛国果然不买账，不但没有卖马，还把唧唧歪歪的汉使杀掉，夺走了黄金。汉武帝大怒，派大将李广利率领一支由囚犯和不良青年组成的军队前后两次出征，苦战四年，包围大宛都城40余天，终于迫使大宛人杀掉国王，献出宝马。

历史上，很多人都抱怨汉武帝为了几匹马耗费了大量物资和生命。但是这次“天马战争”绝不仅仅取得了几匹宝马那么简单。大宛被攻破引起西域极大的震动，葱岭以东的西域诸国，相继派人来汉朝朝贡，或以子弟为质子留居汉朝，从此汉朝影响愈益扩大，终于展现出霸主的姿态。

公主的谋略

和亲是古代国际政治中的一种常用手段。每当人们想起那些柔弱的汉家女子凄苦地远嫁异域，难免会感到某种屈辱。王昭君就是一个著名的牺牲品。西汉在西域也曾经采取这种办法拉拢某些小国。不过嫁到西域的公主们可并不甘心做政治的牺牲品，她们的所作所为完全够得上外交家的资格。

乌孙是西域的强国。西汉和匈奴都想把它拉到自己一边，不约而同地采取了和亲的手段。汉武帝将第三代楚王刘戊的孙女解忧公主嫁给乌孙国王做了右夫人。而一位来自匈奴的公主成了乌孙国王的左夫人。这两位夫人便代表各自的祖国展开斗争。

在开始的较量中，汉家的公主落了下风。因为匈奴公主很快生了一个儿子，得到宠幸，乌孙日益亲匈奴而远汉。幸好这位国王很快驾崩了，两位公主按照风俗又嫁给了号称“肥王”的新国王。

或许是与肥王情投意合，解忧公主终于站稳了脚跟，生了三个王子、两位公主，成了名副其实的乌孙国母。此后的数十年间，肥王对待解忧公主关怀备至，言听计从，乌孙与汉之间书信、人员往来不断，相亲相近，同进同退，与匈奴则日益疏远。

在这期间，丝绸之路繁荣一时，汉朝的威仪和影响进一步远播天山南北，西域诸国都争相与汉交好。西域小国莎车在国王去世无人即位的情况下，迎接解忧公主的次子为国王，看重的就是他一半的汉家血统；龟兹国王几经努力求得解忧公主的长女为妻，深以做了汉家的外孙女婿为荣。匈奴恼羞成怒，兴兵威胁，也被汉朝和乌孙联合击败，汉朝的北方边疆得到了一个较长时期的平静。

可惜肥王去世后，匈奴公主的儿子战胜了汉朝皇帝的外孙，登上乌孙王位，号称“狂王”，性格非常残暴凶狠，倒行逆施。解忧公主便摆下鸿门宴将其刺伤。匈奴公主的另一个儿子乌就屠趁机杀死狂王，自己做国王。

眼看乌孙和汉王朝建立的长期军政联盟关系就要崩溃，曾经做过解忧公主的侍女、后来嫁给乌孙国右大将的冯夫人力挽狂澜，她首先说动掌握乌孙兵权的丈夫站在解忧公主一边，然后亲自前往已经登上国王宝座的乌就屠军营中，说服了乌就屠要以汉王朝和乌孙的军政联盟为重，后来乌就屠居然放弃王座表示亲汉，与解忧公主的儿子分而治之。于是，汉家奇女冯夫人平息了这场惊心动魄的西域政治危机。

汉宣帝时，年逾70的解忧公主终于被接回长安。她在西汉外交事业上作出的贡献也已载入史册。

犯强汉者，虽远必诛

西域离中原实在是太远了。大汉帝国的军队再强大，也难免鞭长莫及。很多时候，汉朝派往西域的外交官们就好像今天的美国一样，让盟国替自己打仗，演出了一幕幕精彩的外交活剧。

西汉宣帝时的西域都护郑吉就是一个合纵连横的高手。打击那些有二心的西域邦国时，他并不是派遣全部汉军去作战，而是邀请那些友好盟邦联合作战，获得的战利品当然也主要分配给那些西域邦国。在作战中，各国军队充分体验到了联合军队的强大和威力，反而更加尊敬和拥护汉军。汉元帝时，西域副校尉陈汤还曾经征调各国武装部队和屯垦兵团联军四万余人，攻打北匈奴，使北匈奴单于重伤而死。在给朝廷的报告中，陈汤说出了这样一句振奋人心的话："犯强汉者，虽远必诛。"

到了东汉时期，班超的外交历险则更为精彩。经过两汉交替的动荡，匈奴再次向西域伸手。当时仅仅是一个参谋副官的班超，率领30多人出使楼兰，遭遇同时到达的匈奴使团，硬是在月夜偷袭将之全歼，把摇摆不定的楼兰拉到了汉朝这边。在于阗，不怀好意的国师要以班超的坐骑祭祀神灵，却被班超砍下头来摆在国王面前。于阗惶恐归附。在疏勒，他的军官甚至劫持了敌国龟兹扶持的傀儡国王，立了一个新国王。疏勒也恢复了与汉朝的友好关系。

不久，由于匈奴反扑和朝廷内部矛盾，东汉通往西域的道路再度断绝。被隔绝在西域的班超得到撤退的命令，却毅然决定留下来。以后的四年里，他在缺少本土支援的情况下，完全利用于阗、疏勒等盟国的军队，艰难抵抗着敌对国的进攻，击败了莎车、康居、月氏的侵袭，令一直与汉朝作对的龟兹等国难以继续抗拒，向班超投降。

尽管没有汉朝军队在手，班超却能够在西域纵横捭阖，利用盟国军队扩大汉朝的声威。当东汉军队重返西域之后，班超被任命为新的西域都护，随后空前地组织了龟兹、鄯善等八国联军七万人，消灭匈奴的最后三个仆从国——焉耆、危须和尉犁，终于使西域各国全都归附东汉。

班超退休后，继任者问他有什么诀窍，班超只说了一句："水至清则无鱼，人至察则无徒。"意思是大事坚持，小事糊涂。继任者大不以为然，不过数年遂激起西域各国的反抗。此时的汉帝国已国力衰退，从此失去西域。

西汉和东汉在西域建立的影响不容否认，但是我们也必须认识到，这前后近300年的时间里，汉帝国在西域的霸主地位并不稳定，甚至是时断时续，东汉与西域的交通就有过三次断绝又三次开通的历史。这也许是因为汉帝国的力量还没有足够强大，也正是因为这个原因，一批具备超人手段的外交豪杰，如解忧公主、郑吉、陈汤、班超才会走上前台，依靠软实力为汉朝打出一片天下。

西域争霸之"三国演义"

唐朝是伟大的，可是并没有在西域霸主的位置上待多久。在7—8世纪的中亚草原上，一场大手笔的"三国演义"留给后人无限感慨。

"青海长云暗雪山，孤城遥望玉门关。黄沙百战穿金甲，不斩楼兰誓不还。"唐朝人描写边塞战事时的万丈豪情让今天的人读起来仍激动不已。曾经以绝妙的外交手腕经营西域的汉王朝覆灭之后，经过400多年的动乱，中华帝国终于再次回到巅峰，它就是唐朝。

在我们的印象中，大唐一定是西域的霸主，所向无敌。然而真实的历史恐怕并不像我们想象的那么美好。当公元7—8世纪唐王朝重返西域之时，当年的西域三十六国早已物是人非，却出现了两个与唐同样强大的竞争对手，一个是崛起于青藏高原的吐蕃帝国，另一个则是席卷欧亚非、携伊斯兰教义而来的阿拉伯帝国。

来自高原的挑战

大唐帝国向西域扩张是从唐太宗开始的。如同西汉初年的匈奴一样，唐朝初年的西域拦路虎是北方的骑马民族——突厥。不过唐军的战斗力显然不同凡响，很快就消灭了东突厥，又利用投降的突厥军队作为先锋，接连攻灭了西域路上的绊脚石——西突厥控制的高昌国，以及二十几个不听话的西域小国，建立了以龟兹、疏勒、于阗、焉耆这安西四镇为核心的西域统治体系。

然而这时候，青藏高原上有史以来最强大的帝国——吐蕃已经悄悄崛起。安西四镇的兴旺很快就引起了吐蕃的觊觎。唐与吐蕃也有过一段甜蜜时光。唐太宗时文成公主远嫁雄才大略的吐蕃赞普松赞干布，传为佳话。但是统一了青藏高原的吐蕃，必然要向四周扩展。所以松赞干布死后，吐蕃便开始大举向西域扩张。

公元670年，吐蕃对安西都护府发动了第一次攻击，攻陷唐朝在西域的18个羁縻州，从此拉开了两国争夺西域的序幕。唐朝撤出安西四镇，试图集中力量从青海方向打击吐蕃。在高句丽战场上声名赫赫，并且曾经“三箭定天山”的神奇大将薛仁贵，受命率领10万唐军，浩浩荡荡地向吐蕃都城逻些（今拉萨）进发，显然是打算彻底灭掉吐蕃。

只可惜，中原士兵上高原上打仗不是一件简单的事情。吐蕃攻唐可居高临下，直入平川；而唐击吐蕃却要仰攻高寒缺氧的青藏高原，行军作战十分不便。薛仁贵的部队经历了一个由低海拔向高海拔急速前进的过程，高原反应是免不了的。眩晕、头痛还是轻的，急性肺水肿、心脏病也很有可能发生。结果唐军战斗力大打折扣。再加上辎重部队被突然出现的吐蕃人击溃，粮草全部损失，薛仁贵没有了补给也就只好撤退，结果在大非川遭到吐蕃军队毁灭性打击，几乎全军覆没。

大非川之战是唐朝开国以来对外作战中最大的一次失败，吐蕃凭此战一跃成为与大唐分庭抗礼的西部豪强。此后唐朝与吐蕃在安西四镇几番争夺，数度易手，终于在武则天时期大胜吐蕃，夺回安西四镇。

尔后，吐蕃多次与大唐在西域和青海开战，各有胜负，但吐蕃失去了四镇，作战再也不能像以前那样顺利了。

中亚的总督

到了玄宗皇帝的时代，唐朝的国力经过几十年的休养生息达到了顶点，唐朝开始大规模对外用兵。此时的阿拉伯帝国也已经加入了争夺西域的行列。从 7 世纪中叶到 8 世纪初，穆斯林军队从波斯出发，迅速占领了阿富汗，向印度和外高加索地区进军，到 8 世纪初控制了中亚大部分地区，势力直达帕米尔高原。公元 715 年，阿拉伯帝国和唐朝有了第一次冲突，西域终于变成三个大国之间的角逐。

由于国力的强盛，西域争霸的优势开始向唐朝一边倾斜，经过唐玄宗筹划的几次战役，唐朝丧失的战略要地全部被夺回了。吐蕃在西域的扩张受到连续挫败，便尝试与阿拉伯帝国联盟，但即使这样也不能占得丝毫的便宜。而阿拉伯尽管屡遭失败，仍旧执著地向中亚进行扩张，宗教上的影响力慢慢地体现出来。为了对抗阿拉伯在西域扩张，唐朝利用一支名叫突骑施的突厥部落作为在西域的代言人，多次沉重打击阿拉伯人。

到开元末年，出身高丽的唐朝名将、大名鼎鼎的高仙芝则将唐朝在西域的声望推向顶点。当时地处要冲的西域小国小勃律与吐蕃和亲，导致西域的 20 多个国家朝贡唐朝的道路全被堵死，只好都向吐蕃称臣。高仙芝不顾险阻，率领 1 万骑兵翻越了海拔 7 700 米的葱岭，只携带 3 天口粮，以最快的速度出现在阿富汗连云堡前。吐蕃军惊吓之中连忙后撤，一时唐军攻势宛如暴风骤雨，吐蕃人被杀 5 000，投降千余人，其余全部逃窜。

高仙芝又进逼小勃律城下，用金银礼品为诱饵，诱使城里的人打开城门，唐军一拥而上，抓获了小勃律的大小首领，当场杀死亲吐蕃的几个死硬派。此时吐蕃援军正在向这里进发，唐军策马疾驰 60 余里，火速阻截，终于在日落前将通往吐蕃的藤桥挥刀砍断。方才住手，吐蕃军队已经来到对岸，真是扣人心弦！

高仙芝在西域获得了极大的声誉，被吐蕃和阿拉伯誉为山地之王。高仙芝的胜利也标志着唐朝在中亚的扩张达到了巅峰。此时，大唐帝国已经成为塔里木地区、伊犁河流域和伊塞克湖地区的占有人和塔什干的宗主，控制了帕米尔山谷地区，成了吐火罗地区、喀布尔和克什米尔的保护者。高仙芝俨然是唐朝在中亚的总督。

兵败怛罗斯

在初步击退吐蕃的扩张之后，高仙芝开始采取手段对抗阿拉伯的势力，剪除阿拉伯在西域的羽翼属国。公元751年，一场足以影响整个人类文明进程的战役在两大帝国之间爆发了。

战役发生在今天哈萨克斯坦境内的怛罗斯。高仙芝出动安西都护府八成以上的兵马，二万唐军，一万属国盟军，翻越帕米尔高原，经过了三个月的长途跋涉之后，深入敌境七百余里，围攻怛罗斯城。阿拉伯人立即与自己的属国组织了十余万的大军赶往怛罗斯城，双方展开决战。

唐军战斗力很强，在高仙芝的指挥之下，靠着步兵的强弓硬弩，曾经占有很大的优势，中国骑兵一度完全压制了阿拉伯骑兵。但是由于阿拉伯联军数量极多，高仙芝无法取得最后的胜利。战斗到第五天，形势突变，高仙芝的属国盟军突然叛变，从背后包围了中国步兵并且断绝了他们与骑兵的联系。阿拉伯重骑兵乘机出动突击中国军队的中心，高仙芝终于溃败，二万安西精锐，只有数千人逃出生天。

在收拢残兵之后，骁勇的高仙芝并不甘心，依然想进行一次反击，但是在副将的劝说之下终于放弃。由于对中国军队在怛罗斯战役中表现的惊人的战斗力印象深刻，阿拉伯人并没有乘胜追击，只是巩固了他们在中亚的霸权而已。

怛罗斯之战的后果是阿拉伯帝国完全控制了中亚，中亚开始了整体伊斯兰化的过程。另外一个众所周知的后果就是在此战中被俘的唐军中有擅长造纸的工匠，造纸术就这样传到阿拉伯，再由阿拉伯传给欧洲，造纸术加速了西方的文明进程。

失去了的西域

如果在唐玄宗统治后期没有发生内乱和革命的话，中国在怛罗斯所遭受到的灾难是有可能会得到恢复的。然而，没过几年，长达八年的安史之乱爆发了，唐朝在中亚的帝国迅速瓦解。

当时唐军主力都被调往内地防范安禄山的叛军，边防空虚一时，连高仙芝也在平乱中被奸臣害死。处于被动挨打地步的吐蕃立刻反守为攻。看一下唐朝当时的地图我们就知道，中国腹地同西域的那一条窄窄的通道被吐蕃完全掐断，留在西域的唐军与内地的联系完全断绝，身处吐蕃和阿拉伯两大帝国的包围之中，又得不到自己国家一丝一毫的帮助，形势之险恶，条件之恶劣可见一斑。可是即使是这样，西域守军依旧不屈不挠，为国家坚守西域长达半个世纪之久。大唐上下对于西域守军的忠诚在感动之余也非常的歉疚，因为实在没有办法支援这些坚强的战士。

此后吐蕃经常长驱直入唐境，甚至一度攻占长安，立了一个傀儡皇帝。后来可能是因为从高原上下来，水土不服，再加上唐将郭子仪广设疑兵，十几天后退走。

到公元790年，原来由唐朝控制的西域重镇大多都落入了吐蕃手中。此时只剩下受到重重围困的唐朝安西都护府所在地龟兹在苦苦支撑，城中唐军为了不让中国在西域的最后一块土地失陷，与吐蕃军死战，城在人在，城陷人亡，全城军民戮力同心，坚守了一年之久，居然没有让吐蕃军把城攻破。

你也许会想到，阿拉伯帝国哪儿去了？为什么在怛罗斯战役之后没有乘胜追击，杀到中原来呢？原因很简单，夺取了西域霸权的吐蕃帝国尽管战胜了唐朝，却也挡住了阿拉伯帝国东进的脚步。吐蕃信仰佛教，自然成为西域诸国中佛教信徒的保护神，因而同反对任何偶像崇拜的阿拉伯之间的矛盾不可调和。于是，当吐蕃取代唐朝成为西域的霸主后，立即与阿拉伯展开了激烈的争夺，多次取得胜利，甚至将俘获的阿拉伯军队变成奴隶军使用。

这时风光不再的唐朝为了对付咄咄逼人的吐蕃，又开始与昔日的敌人——阿拉伯帝国联手对付吐蕃，搞得这个高原帝国手忙脚乱，困窘不堪。到了公元822年，疲惫不堪的吐蕃只好与唐朝讲和，实现文成公主入藏之后的第二次和平。

可惜这场和平来得太晚了。统一的吐蕃政权在一个莫名其妙想要灭佛的赞普手中迅速崩溃，其在西域的统治也随之瓦解。而此时的阿拉伯帝国也已经过了繁荣强盛时期，各地总督纷纷建立小朝廷，形成分割据局面，无力东进。三大帝国谁也没有取得最后的胜利，西域成了维吾尔族祖先回纥人的家园。

唐朝是伟大的，可是他并没有在西域霸主的位置上待多久。在公元7—8世纪的中亚草原上，一场大手笔的“三国演义”留给后人们无数感慨。

西域争霸之抬着棺材守卫国土的将军

> 经过了汉朝的外交风云、唐朝的兵败怛罗斯，清朝终于彻底地将西域纳入自己的统治之下，即使在王朝末世也没有放弃。

公元1880年，在大清帝国的西北重镇肃州城里，仿佛正在进行一次盛大的阅兵式。“左恪靖军”大旗在队伍前面迎风招展，各家将字旗号和营旗随后飘扬。主帅左宗棠在八百铁骑簇拥护卫之中，骑乘一匹白马，神情凛然。他的身后，八个彪形大汉抬着一口黑漆棺材，是为他自己准备的，威风而悲壮。数万老百姓围观，指点着队伍中的左大帅说：“三国演义里庞德抬着棺材战关公，大概就是这个模样。”

左宗棠带着这口棺材已经在天山南北征战了四年之久。大清帝国的先帝们曾经在这里如犁庭扫穴一般平灭了一切敢于藐视中央权威的力量，并且给这个古称“西域”的地方取了一个新名字——“新疆”。而左宗棠要做的就是将这片“故土新归”的疆域牢牢守住。

准噶尔汗国的挑战

自从唐军撤离西域之后，中原王朝的身影在天山南北消失了很久。公元 1644 年，清军铁骑长驱直入，在中华大地上建立起一个新的王朝。这是一个抱负远大的王朝，决心要将中华帝国的故土全部统一起来。当雄才大略的康熙皇帝登上王位，干净利落地平定三藩、收复台湾之后，重返西域的时候到了。

不过此时统治西域的漠西蒙古却对清王朝报以轻蔑的态度。13 世纪蒙古帝国兴起之后的近 500 年里，这里一直是蒙古人的乐土。他们的大汗噶尔丹刚刚将天山南北收入囊中，兵力强盛。重返西域？蒙古人还想牧马中原，重建大蒙古帝国呢。

公元 1688 年，野心勃勃噶尔丹率领 10 万大军越过阿尔泰山，横扫漠北蒙古各部，兵锋距北京只有 700 里。他向康熙致函说："你做南方的皇帝，我做北方的君长。"倔强的康熙皇帝不能容忍这等侮辱，下令御驾亲征。

双方在呼伦贝尔草原的乌兰布通决战。噶尔丹见四野茫茫，无险可依，便下令部众将所有的骆驼拉来，首尾相接，围成一个大圈，把它们四蹄捆绑起来不能动弹。然后将所有毡、毯、皮裘等物覆盖在骆驼身上，再浇上些水，以抵御清军的攻击。这就是"驼城"。果然清军长兵失灵，箭矢无效。而伏在驼城内的准噶尔军，凭借骆驼的保护却可以射杀清军。清军立即改变战术，将所有火器调到一线，集中轰其一点。一声令下，枪炮齐发，声震天地。骆驼毕竟是有血有肉的动物，哪怕被捆住了四蹄，也被吓得乱蹦乱跳乱滚乱窜。驼城顷刻瓦解，清军乘机攻入，噶尔丹大败而逃。

这一战标志着世界军事史上火器时代的真正来临，也标志着游牧民族对中原农耕社会持续千年的主动进攻走到了历史的尽头。此后 10 年中，康熙又两次亲征。噶尔丹左右的亲信逃的逃，降的降。无论噶尔丹把营帐扎在哪里，都不断地收到告急的警报，弄得他疲于奔命，最终在绝望中服毒自尽。

黑水营的传奇

噶尔丹被平定了，但从准噶尔贵族手中解脱出来的天山以南地区并未就此太平，因为“大小和卓”之乱旋即又起。“和卓”是阿拉伯语的译音，意为“圣人的子孙”，被西域穆斯林视为领袖。当噶尔丹的蒙古骑兵横行天山南北的时候，有两个和卓兄弟沦为阶下囚。清军将他们解救出来，让他们统治天山以南地区，这就是历史上的“大小和卓”。

没想到大小和卓很快忘恩负义，与清朝中央政府决裂，发动叛乱。1758 年，清政府派出大军平叛，整个过程相当传奇。

定边将军兆惠统兵 4 000 进攻叶尔羌，在城东黑水河边林中扎营，结果遭到叛军围困。这支陷入绝境的部队却并没有崩溃。叛军在林外放枪，清军收集落下的铅弹数万颗，居然解决了缺少弹药的问题。叛军掘河漫灌，兆惠让士兵开渠引水，反而让部队的饮水无忧。粮草耗尽，他们又意外地挖到了先前维吾尔人民窖藏的粮食，因此固守 3 个月，毫发无损，直到清朝援军到达，大破叛军。大小和卓自知大势已去，逃往巴达克山国，却被国王擒住，当做归附清朝的礼物，最终只落个身首异处。60 多年之后，大和卓的孙子张格尔再次作乱，也被清军生擒斩首。

1759 年，清政府正式把西域改称为“新疆”，取“故土新归”之意，在新疆各地置官立府，对天山南北各地进行管辖治理。

没落王朝的奋力一击

和平持续了近百年。清王朝渐渐步入迟暮。1840 年鸦片战争使它成为帝国主义列强奴役宰割的对象。动乱的阴霾再次笼罩天山。一些反动和卓先后形成多个封建割据政权。1865 年毗邻新疆的浩罕小国趁机派军官阿古柏入侵，迅速占领了天山南北广大地区。

英国和俄国都想控制阿古柏，使之成为自己侵略新疆的工具。英国首先与阿古柏接触，并送给阿古柏许多先进的枪支、弹药。沙俄则借口阿古柏势力威胁到俄国安全，打着保护和代守的旗号，公然出兵占领伊犁。160 万平方公里的新疆眼看就要从大清的实际版图上消失了。

而此时朝廷却出现了两个声音。直隶总督李鸿章认为要收复新疆，得不偿失！还不如集中力量搞好海防。陕甘总督左宗棠则主张坚决西征，收复新疆。他认为，新疆自古以来就是中国的领土，决不能放弃。况且，如果放弃了新疆，那么不仅甘肃、陕西等地都暴露在敌人面前，就连内外蒙古和山西也不得安宁了。

为了对付阿古柏匪徒的洋枪洋炮，左宗棠从广州、浙江调来专家和熟练工人，在兰州造出大量先进武器，还仿造了德国的螺丝炮和后膛七响枪，改造了中国的劈山炮和广东无壳抬枪。经过一段时间扩充军备，拥有了一批威力较强的轻重武器，可以说这时左宗棠的部队已经接近近代军队了。

1876 年 3 月，左宗棠率领大军分三路向新疆进军。为了表示他收复祖国失地的决心，左宗棠特意为自己准备了一口棺材。走到哪里，他就让人把棺材抬到那里。将士们看到这口棺材，个个摩拳擦掌，决心与侵略军决一死战。

8 月，左宗棠命令刘锦棠率领主力军，先攻北疆，占领交通方便的主要城镇，然后再向天山以南进军。刘锦棠只用了三个多月的时间，就攻克了乌鲁木齐等城市，收复了天山以北。1877 年 4 月，左宗棠又率领清军对吐鲁番展开了全面进攻，消灭阿古柏的主力。英国人出面调停，要清廷允许阿古柏残部在喀什独立成国。左宗棠驳斥道：英人要想为他们立国，可以割让英国的土地给他们，为什么要拿我们的沃土做人情呢！最后阿古柏众叛亲离，损兵折将，在逃窜的途中服毒自杀了。

俄国人原本以为衰朽的清廷不会出兵新疆，即使出兵也无法取胜，所以表示：只要中国从阿古柏手中收回了被占的领土，他们就把伊犁还给中国。清军打败了阿古柏，俄国人陷入被动，便在谈判中敲诈勒索，迫使清朝大臣崇厚签下了一个辱国条约，虽然归还伊犁，却割走伊犁周围的北、西、南三面领土，还要索取大笔军费。

消息传来，激起朝野上下的极大义愤。清廷拒绝承认这个条约，派外交奇才曾纪泽再次赴俄谈判。1880 年 5 月 25 日，68 岁高龄的左宗棠又一次带着自己的棺材，亲率大军离开肃州，出嘉峪关向哈密进发。如果曾纪泽与俄人谈判破裂，他就向伊犁发动进攻，把俄国人逐出境外。沙俄大为惊愕，不得不与中国签订了《改订伊犁条约》，承认了伊犁地区为中国领土。

新疆全境收复。这是晚清历史最扬眉吐气的一件大事。1884 年，在左宗棠的恳切陈词下，清廷正式在新疆建省，从此新疆与内地一般无二，成为祖国身躯上的一部分，再也没有任何力量能够将它分离出去。

绵延 2 000 多年的西域争霸到此正式结束了。经过了汉朝的外交风云、唐朝的兵败怛罗斯，清朝终于以压倒性的优势和无可比拟的决心，彻底地将西域纳入自己的统治之下，即使在王朝末世也没有放弃。新疆永远是中国人的。

从远古走来的雪域传说

讲述藏族起源的美丽传说背后，隐藏的是古羌族伟大的迁徙。藏族与汉族原来有着共同的祖先。

猕猴与罗刹女的故事

很早以前，西藏山南雅砻河谷穷结地方，气候温和，草木丰茂。一只猕猴禅师在观音菩萨的点化之下来此修炼。忽然有一天，一个岩魔罗刹女装扮成雌猴来到他面前，要求和他交配，猕猴禅师不为所动，罗刹女一连折腾了七天七夜。到了第八天，罗刹女又变成一妙龄女子，穿上妇人的服装，用爱慕求欢的话语挑逗：“我们俩结成夫妇吧！”猕猴回答说：“我是观音菩萨的居士，如果当你的丈夫，就会破了我的戒。”罗刹女又威胁道：“我因命运投生为魔女，爱情萌发偏偏爱上你。要是不能和你结夫妻，日后只能跟着魔鬼去，每天伤害生灵也上千。还要生下无数魔鬼胎，将这雪域土地都充满，使它变成魔鬼的城郭，魔鬼会把众生都吃尽。因此请你对我发慈悲。”

猕猴禅师万般无奈之下求教于观世音，说明原委，观音菩萨赞同他们成婚，这样猕猴和魔女结为夫妻，后来生下了6个小猴，老猕猴把他们送到果实丰硕的树林中去生活。过了3年，老猕猴再去看望，发现他们已繁衍成500多只猴子，因为食物不够，都饿得饥肠辘辘，“叽叽”悲啼。看见老猴来了，小猴们便围上来呼号：“拿什么给我们吃啊?”老猴见状，心头悲伤，便四处寻找食物，终于发现一条川里长满野生谷类，它把猴群领来，指着野谷说道：“你们吃它去吧。”众猴吃了野谷，身上的毛渐渐短了，尾巴也渐渐消失了，以后又会说话，变成了今天的人样。

这是在西藏民间广泛流传的有关藏族起源的神话故事。神话往往听起来是荒谬的，可是它却能暗示我们在有文字记载的历史之前，青藏高原上都发生过什么。

神话背后的秘密

四川大学教授石硕在认真分析研究之后认为：神话中的岩魔罗刹女，指的其实是远古的时候青藏高原上的一支土生土长的原始部落。他们生活在山地的洞穴里，文明程度大概也不太高，很多藏文史籍描述这个神话的时候，都说继承罗刹女血统的子孙们固执顽劣，不能虔敬信仰，轻浮好动，不顾别人。

而神话中的猕猴，指的则是后来从外地又迁移进来的一支原始部落，生活在森林里。这只猕猴能够得到观音菩萨的点化，显然要比罗刹女文明很多，史籍中说继承了它的血统的人具有信仰和智慧，慈悲勤奋，信奉教法和善业。

罗刹女与猕猴的婚配意味着这两个原始部落彼此通婚，实现了融合，创造了藏族先民。从神话中看，当时的这两个部落大概还处于母系社会阶段，罗刹女主动向猕猴求婚说明女性的权力优于男性，可以由女性来选择结婚对象。而罗刹女威逼利诱时的霸道与自信，说明她的部落远远要比猕猴的部落强大。

不过当两个部落融为一体之后，外来的、弱小的猕猴部落却显示出强大的文化优势，成为部落联盟的主体，部落联盟也转变为父系社会——孩子们受到父亲的照顾。所有好的品性归因于父亲猕猴的血统，不良品性则归咎于母亲罗刹女的血统。

社会生产也随之得到发展。老猕猴把孩子们送到果实丰硕的树林中去，说明他们最初过的是狩猎采集的生活。后来人口迅速增长，他们又开始以谷物为食，意味着他们学会了农耕生产。藏民族就这样繁衍生息起来。

猕猴来自何方?

融合为藏族先民的这两个部落究竟是谁呢?

考古学家曾经在西藏南部雅鲁藏布江中下游和藏东三江谷地，发现过 4 600 余年前的新石器时期的古人类遗址。这些土生土长的原始居民大概就是神话中所说的岩魔罗刹女。那么，与罗刹女婚配的那只猕猴又来自何方呢?

有些藏文史籍中暗示，青藏高原东缘以横断山脉为中心的地区很可能是猕猴部落最早的居住地。这里群山叠嶂、河流众多且森林密布，尤其在一些河谷盆地，气候相对温暖湿润，极适于猕猴的生存活动，也很有可能产生把“猕猴”当做图腾崇拜的氏族人群。

巧合的是，很多汉文史籍中恰恰提到过一支生活在这一地区，自称为猕猴种的古老民族——羌族。至今你还可以在岷江上游的羌族聚居地听到许多以猴为始祖的传说。今天的学者们对藏、羌两个民族的文化习俗、语音语法、基因遗传都加以科学的比较，结果都证明了他们具有异乎寻常的渊源。

传奇般的藏族先祖

今天的人们对羌这个少数民族可能会感到非常陌生。但是这支藏族先民对中国古代历史文化的影响绝对是你想象不到的，早在距今四五千年的新石器时代，今天甘肃境内（包括河西走廊）、青海境内就生活有大量古羌人。从传说中的三皇五帝时代，历经夏商周三代，直至春秋战国时期，古羌族的活动不断见诸史籍。汉族的上古圣王居然有三个都是羌人，世代传承的中原王朝居然也有两个是他们建立的。

炎帝，史籍上说他姓姜，属于西戎羌族的一支。他率领自己的部落自西方游牧入中原，与蚩尤的九黎族发生长期的冲突，最后得到黄帝族援助，攻杀蚩尤。后来炎黄两族融合为华夏族。炎帝与黄帝同被尊为华夏民族之祖。

尧，母亲是个羌族女子，他自己姓伊祁氏，“伊祁”二字实为“羌”字的变音，可见他出身羌族。

有一种说法是治水的大禹也是羌人的首领，包括《史记》在内的许多古籍都说“禹生自西羌”。既然禹是羌人的首领，那么禹的儿子启建立的中国第一个王朝——夏朝也就可以说是羌人建立的王朝了。

夏朝灭亡以后，羌人进入了一段黑暗的时代，喜欢杀人祭祀鬼神的商朝人动不动就对羌人发动战争，抓来俘虏当牺牲。这在甲骨文中都有很多记载。几百年后，羌人奋起反抗，在部落领袖姜子牙的领导下联合周人攻灭了商朝，并且建立了齐国等许多诸侯国，在整个西周时期都与周人联合掌握着国家的政权。甚至有人认为周人也是羌人的一支，也就是说，周朝也是羌人建立的王朝。

谁断送了松赞干布的帝国

> 松赞干布迎娶文成公主不仅仅是一次和亲，还包含有利用佛教对抗本土的苯教的意图。强盛一时的吐蕃帝国也在宗教斗争中崩溃了。

公元641年，一支气势庞大的和亲队伍艰难跋涉在人烟稀少的唐蕃古道上。皇家銮轿的厚重帘布后面，稚气未脱的少女文成公主将要远嫁雪域高原的吐蕃藏王（赞普）松赞干布。在她的身后是一尊她的夫君梦寐以求的释迦牟尼 12 岁的等身佛像，以及 360 部佛经。而在她之前，她的夫君松赞干布的另一位夫人——来自尼泊尔的赤尊公主也已经携带着释迦牟尼 8 岁等身像来到了吐蕃。

松赞干布为什么要迎娶文成公主和赤尊公主？千年来，人们歌颂文成公主入藏为唐帝国与吐蕃之间带来了长久的和平，歌颂文成公主为西藏带去了中原的医学历算、工艺技术、作物和蚕种。然而文成公主和赤尊公主带来的那两尊佛像所包含的意义却远远超过这些，对吐蕃帝国，乃至此后千余年的西藏历史都产生决定性的影响。

权力有限的藏王

今天的人提起西藏，首先会联想到藏传佛教——巍峨庄严的寺院、潜心修炼的喇嘛、虔诚朝拜的藏民。可是在文成公主入藏之前，藏民们还不知道佛教为何物。那时候的雪域高原还笼罩在苯教的光芒之下。

苯教是一种原始宗教，崇拜自然物和鬼神，认为山有山神，水有水神，天地万物都有“神灵”主宰，人的生老病死、吉凶祸福，都有一种神在主宰。

在吐蕃早期历史上，苯教占有十分重要的地位。传说吐蕃的第一位藏王——聂赤赞普从天上降临人间时，苯教的十二贤人正在祭祀天神，便用肩舆将其抬回，立为藏王。十二贤人其实是当时西藏十二小邦的酋长，又是总管一切精神文化的巫师。藏王是由苯教徒拥立的，苯教成为吐蕃的国教也就不足为奇了。此后接连 26 代藏王均以苯教治理王政，苯教的教权几乎压过了王权，而且已经与那些世代相袭的大贵族紧紧联系在了一起。

公元 7 世纪初，雄才大略的松赞干布终于完成了统一西藏的大业，建立了西藏历史上空前强盛的吐蕃王朝。但在内部，依旧是“议事自下而起”。藏王的权力很有限，他不过是众奴隶主拥戴的最大的一个奴隶主而已，受到大贵族的严重制约。

如果能够找到一种新宗教来与苯教抗衡，也许藏王就有机会从崇尚苯教的贵族手中夺回权利。由藏王自上而下推行新的宗教，还可以改变“议事自下而起”的传统。更何况，君王要想一个人大权独揽，宗教上当然也应该只尊崇一个神，相对来说苯教崇拜的神灵太多，没法作为维系王权的纽带。佛教是比较合适的选择。松赞干布从盛行佛教的唐朝和尼泊尔迎娶两位身为佛教徒的公主，某种程度上也是出于这种考虑。

高原上的魔法战争

从神话传说中，我们可以看出文成公主和赤尊公主带来的佛教很快便与苯教势力发生了冲突。据说文成公主精通星算、风水，她观察西藏的地形，如一罗刹女仰卧的形状，拉萨城中的娥扩湖恰是罗刹女的心脏……于是赤尊公主便根据文成公主的推算，以山头驮土，填平娥扩湖，并在其上修建了大昭寺，供奉神像，镇住罗刹女的心骨。

为了进一步镇住魔女，两位公主除了在当时吐蕃王朝的四大重镇分别修建寺庙，镇压罗刹女的两臂、头、两胯、两肘、两膝及四肢之外，还在东方建三寺，镇压日月星辰，南方建二寺，镇压火，西方建二寺，镇压水，北方建二寺，镇压风。这个罗刹女就是苯教大地神的形象。建寺压邪其实是佛教在压服苯教。而镇压日月星辰、火、水、风，也是要镇压苯教的诸位自然神。

苯教也作了相应的反击。史书上还说，赤尊公主白天所建之寺庙，夜里均被摧毁，显然是苯教徒抵制佛教的结果。松赞干布曾在一个寺院里看见有许多鬼魔神怪在那里集会，声称要杀害皈依佛教之人；要捣毁过去所修的佛庙；要对修行佛法的人传播瘟疫；要使西藏发生灾荒。可见苯教徒反抗斗志之激昂。传说松赞干布生前曾将佛教经籍埋于地下，以待后世弘扬，这自然是迫于苯教的压力。

公元650年前后，松赞干布去世，此后半个世纪，仅仅为藏王所支持的佛教如雁过无痕，寂然无闻。两种宗教的初次较量，以佛教的失败而告终。

金城公主的战斗

到藏王赤德祖赞（704—754）时，小昭寺内已无释迦佛像，佛事活动极为萧条。这位藏王重新拾起松赞干布的崇佛大旗，又从唐朝迎娶来一位公主——金城公主。在金城公主的参谋下，赤德祖赞让高僧翻译了不少汉地佛经，又派人去汉地取经，唐王朝赐经千卷。特别重要的是，金城公主把小昭寺里的文成公主运来的释迦牟尼像移至大昭寺供奉，并派僧人管理，这尊佛像成为整个雪域藏人信仰的中心，至今兴盛的大昭寺朝拜大仪从此开始。大批西域和中亚的僧侣也来到西藏，掀起了大兴佛教的声势。

然而好景不长，公元739年，吐蕃天花病流行，金城公主不幸染疾死去。于是信奉苯教的贵族大臣们说，这是佛教带来的灾难，借此驱逐僧人，大批中亚和西域的僧侣逃难，赤德祖赞却无力阻止。

公元755年，赤德祖赞死去，信奉苯教的大臣玛香掌握一切大权，力排佛教，扶持苯教。他说赤德祖赞之所以寿短是由于信佛的缘故，佛教来世可以托生之说是妄语，解除今世受鬼神危害的办法是信奉苯教。在玛香的支持下，小昭寺的释迦牟尼佛像被套在用皮绳编制的网里，最初打算送回汉地，后来又被埋进土里；一些小的寺庙被拆毁，大昭寺则被改为屠宰作坊，鲜血淋漓的皮子搭在佛像上，内脏挂在佛像手上；信奉佛法的大臣不是被杀害，就是被流放。这是藏史上的第一次大型的反佛活动。

佛教势力当然也不会坐以待毙，两个信佛的大臣暗中贿赂信使、卦师和数术士，设计将玛香埋入坟墓，从而结束了苯教对佛教的迫害。

佛苯大辩论

继任的藏王赤松德赞执政之后，继续不遗余力地扶持、推崇佛教。但是不久，吐蕃发生洪水冲淹桑耶旁塘宫，拉萨布达拉山上的宫殿遭到雷击，瘟疫危及人畜，霜雪旱等自然灾害交加。信仰苯教的广大下层群众遂把灾难的祸根归之于崇奉佛教。

赤松德赞于是派人到尼泊尔和巴基斯坦请来了佛学大师寂护和深通神变与巫术的密宗大师莲花生。传说一路上，莲花生大师降伏了土地女神十二丹玛、山神唐古拉及香波等所有狂妄之妖魔，将众多孤独地狱予以消除，这其实就是与苯教徒进行斗法。莲花生大师的法力无外乎是气功、瑜伽术、催眠术、轻气功之类的东西，西藏苯教徒犹如小巫见大巫，敌不过他那一套把戏，于是佛教占了上风。

但是苯教势力依然巨大，采取坚决抵制的态度。莲花生大师说，在一个国家里，有两种教法指导政权会办不好的。我们可以辩论，你们胜了，我们走，兴扬黑教（即苯教）；佛教胜了，废了黑教，信仰佛教。于是，双方摆开阵势，举行了一场著名的辩论大会。

佛教具有完整、系统、缜密的理论体系，博大、富有哲理，又不枯涩难懂，教义深入人心，富于思索、易于教诲、开导和辩论，令苯教相形见绌。最后，藏王赤松德赞裁定佛胜苯败，宣布信佛教有理，信苯教无理。实际上，苯教辩论失败的原因不会仅是这些，赤松德赞这个裁判的立场也不够中立。

他把苯教僧人集中起来，宣布他们只有三条路可选：一是改信佛教，二是放弃苯教成为纳税公民，三是如果都不愿就流放边地。一些苯教徒改信了佛教，一些苯教徒自愿流放边地，苯教经典被抛入水中，苯教彻底垮了，失去了从部落联盟时期延续近千年的国教地位。

牛魔王的浩劫

到了藏王赤祖德赞执政时（815—836），佛教的崇拜被推向了顶峰。他规定了每七户人家供养一位僧人的制度，甚至制订法律制裁苯教徒与普通群众，谁若恶视僧人就被挖掉眼睛，谁若恶指僧人即被割断手指。还分给僧人以奴隶、土地和财产。

苯教大臣则展开针锋相对的斗争。他们首先用计将藏王的兄长流放，然后造谣重臣与王妃私通，借藏王之刀将其杀害。去掉了赤祖德赞左右臂，苯教大臣便乘其酒醉将其扼杀在床上。

取得胜利的苯教大臣们推举朗达玛为藏王。“朗”在藏语里就是“牛”的意思，佛教徒说他是牛魔王下凡。这个牛魔王非常热衷于毁佛，他命令封闭一切佛事活动场所，改大昭寺为屠场，改小昭寺为牛圈；毁弃、掩埋佛像，在壁画上涂上漫画以示僧人的淫乐；埋掉“罗刹女妖”文成公主带来的“不祥之物”释迦牟尼像；焚毁或封存佛经；镇压僧人，追杀外逃印度的高僧，勒令所有僧人改信苯教或者背上猎枪去打猎。

一位原本在山野修行的僧人下决心除掉这个牛魔王。他用炭末涂黑了所骑的白马，身穿外黑里白的大氅，挟着铁弓铁箭来到拉萨，趁着行礼之际射杀了朗达玛，然后在河里洗去了马身上的炭黑，把大氅的白里穿在外面，由黑人黑马变成白人白马逃走。

牛魔王一死，吐蕃群臣分成两派，争权夺利，农民暴动，军队叛变，天下大乱，建国200多年的吐蕃王朝土崩瓦解。此后百余年间，作为政治纽带的苯教、佛教以及布达拉文化全都不复存在，西藏再也不是一个文化、经济、政治的实体，而变成了一个无政府状态的村落小邦的世界。

纵览西藏的历史，佛苯之争，虽不是吐蕃王朝崩溃的唯一因素，但也始终贯穿其中。悠悠千年，足使后人长吁短叹！

换种眼光看中国历史

原来中国历史里，封建社会不是封建社会，奴隶社会倒成了封建社会，而奴隶社会又根本不存在。历史还让人怎么读呢？

如果问你，中国历史是怎样发展的？你可能会这样回答：最早的时候我们都是原始社会的居民，大家都很平等，披着树叶和兽皮，漫山遍野地撒欢。后来到了夏商周时期，中国进入奴隶社会，如果生活在那个时代，也许你就是一个作威作福的奴隶主，但也有可能运气不好做了奴隶，过着牛马不如的日子。到了战国时期，中国历史翻开了新的一页，进入封建社会，有皇帝，有大臣，还有平民百姓，旧的朝代覆灭，新的朝代诞生，像循环转动的车轮一样折腾了 2 000 多年。一直到清朝末年，封建社会终于在辛亥革命中结束了。中华人民共和国成立，我们终于进入了共产主义社会的初级阶段——社会主义。

原始社会—奴隶社会—封建社会—社会主义社会，这整整齐齐的四个发展阶段把中国历史划分得清清楚楚。可是，历史真的就是这样发展的吗？

中国没有奴隶社会？

人类历史上最典型的奴隶社会出现在古希腊、罗马时代。在希腊城邦斯巴达，奴隶集中于农业劳动，其数量为斯巴达公民的七倍；而在雅典，奴隶则充斥社会的各个方面，甚至一般公务部门，如管理档案文书、警察刑吏之类都由奴隶担任。那时候的希腊、罗马公民几乎家家都使用奴隶。大到上万奴隶一起劳作的国有矿山，小到使唤一两个奴隶的小商小贩，整个古希腊罗马的灿烂文明就是建立在奴隶的悲惨劳动之上的。

但是中国的夏商周时代也是这样的奴隶社会吗？很难说。要说没有人身自由的奴婢，中国自古以来一直到明清时期都还存在。可是这些奴婢基本上都只是在有钱人家里做家务，比如《红楼梦》里整天陪着宝二爷玩耍的漂亮丫环们。在农田里、作坊里忙碌的还是以自由的平民百姓为主。从历史记载中看，中国好像从来都没有像西方那样大规模使用奴隶工作。

有些人认为，商朝就是中国典型的奴隶社会，甲骨文里记载，商朝人不论祭天、祭祖、求雨、过节，每次都要烧杀活人当做祭品，十几人到几百人不等。考古学家曾经发现过一次 500 多人的人殉——估计是个重大庆典，牺牲者有的砍了头，有的活埋，有的和狗埋一起，有的跪埋着。经历了 3 500 年，挖出来一看，像定了格的恐怖电影。这难道不是奴隶社会残酷现实的明证吗？

其实，这种残忍的屠杀恰恰证明商朝不是奴隶社会。我们说古希腊罗马是典型的奴隶社会，他们的奴隶是从哪里来的呢？是他们自己的本族人吗？不是，如果那样的话他们的社会早就崩溃了。绝大部分奴隶都是希腊人、罗马人在与外族战争中俘获的战俘。

而商朝人大规模拿来杀掉祭祖的，也是战俘，尤其是从西北战场上俘虏来的羌人。如果商朝是古希腊、罗马那样的奴隶社会，大量地把战俘拿来杀掉，而不是驱赶到土地上劳动，或者是送到市场上卖掉，岂不等于财富白白扔到水里吗？这恰恰证明奴隶劳动的用场极小，商朝不是奴隶社会。

商朝的奴隶数量即使与同时期的埃及、古巴比伦相比，也根本不在一个数量级上。在古巴比伦王国与北方亚述人的频繁战争中，动辄有10多万人甚至20多万活口做了战俘，而3万、7万、9万战俘的记录更是史不绝书。埃及法老也是频频出征、大有斩获，能捉到数万甚至10万俘虏。这些被俘的人丁，绝大多数转化为国王和政府直接掌管的奴隶，还有一些发往奴隶市场出售给民间。

而我们著名的商王武丁，一次出兵也才三五千人左右，顶多一万多人，战俘又多被杀掉祭祀使用，哪里还能剩下多少奴隶啊，远远达不到像古希腊、古罗马这种完全把社会经济建立在奴隶劳动的基础上的地步。所以说，我们中国很可能根本不存在所谓的奴隶社会。

让人头昏的封建社会

中国的封建社会从什么时候算起？这又是一个让历史学家们打得头破血流的问题。

中世纪的欧洲是中外史学家们公认的封建社会。公元5世纪日耳曼人灭掉罗马帝国之后，便在欧洲的土地上建立起自己的王国。国王把土地和土地上的农民分配给自己的亲属和功臣，作为维持他们生活的采邑，还赐给他们不同级别的爵位，自己只留一小块地方。在封地之上，诸侯们拥有行政权和司法权，土地和爵位都可以一代一代地传下去。当然这些好处也不是白来的，接受分封的这些公爵、侯爵、伯爵们必须对国王履行缴纳贡赋、服兵役等义务。爵爷们也可以把自己的封地继续切割分给手下的子爵、男爵和骑士们，要求他们对自己尽同样的义务。不过这些拥有了封地的诸侯们常常对自己应尽的义务不当一回事，国王有什么事儿都得好声好气地跟他们商量，他们还不见得乐意，一生气没准就联合起来把国王轰下台。所以欧洲封建社会的国王们日子并不好过。

到了16、17世纪的时候，欧洲的国王们终于逐渐强硬起来，渐渐剥夺了诸侯们的权力，建立起中央集权的专制统治，法国、西班牙等国的皇帝一度大权在手，不可一世。不过没过多久资产阶级革命开始了，欧洲的封建社会也就宣告结束。

中国有过这种情形吗？有，不过不是在我们自称为封建社会的战国秦汉到清朝这漫长的2 000多年，而是在上古的夏商周时期。

在夏、商时期，国家就已经初步形成众多诸侯拥戴一个王的局面。诸侯们向大王进贡，出兵参加大王号召的讨伐战争。如果大王表现不好，实力比较强的诸侯也会取而代之。传说商本来是夏朝的诸侯，周也曾经是商朝的诸侯。

周朝建立后，为了稳定新征服的地区，实行大规模的“封邦建国”。当时一共“封建”了71个诸侯国，有先代贵族、开国功臣，不过多数是周王室的同姓（姬姓）诸侯，构筑起一道屏障，来捍卫周天子的中央权威。诸侯在其封国内享有独立的政治、司法、经济和军事等各方面的权力，一般不受周天子的干预。

周天子的遭遇比欧洲的国王还不如。起初一两百年还好，后来日益强大的诸侯们根本不把天子放在眼里。周幽王“烽火戏诸侯”只不过是跟大家开了个玩笑，这些诸侯就集体罢工，敌人入侵的时候谁也不来帮忙。春秋战国时期的诸侯们更是称王称霸，最后把周天子的那一小块领地也侵占了。

这种情况直到秦始皇统一六国，建立起中国第一个中央集权的专制帝国之后才算结束。从此一直到辛亥革命，中国尽管不断地改朝换代，中央集权的专制统治一直都没有变。所以说，秦朝非但不是中国封建社会的开始，反而应该算是中国封建社会的终结。

换个说法行不行？

说到这儿，很多人可能已经受不了了。原来中国历史里，我们认为的封建社会不是封建社会，我们认为的奴隶社会倒成了封建社会，而奴隶社会又根本不存在。这历史还让人怎么读呢？

其实我们熟悉的这套从原始社会到共产主义社会的说法，是当年苏联历史学家们按照欧洲历史划分出来的。人家并没有说也适合中国历史，可是却被我们的历史学者生搬硬套过来，也因此产生了很多误解。那怎么办？好办，我们按照中国人对自己历史的理解重新划分就可以了。有很多历史学家都提出过很有意思的说法。

最简单的就是把中国古代社会的发展划分为三个大的时代：原始时代、上古时代、中古时代，依次对应的是：原始氏族社会时期，夏、商、周、春秋时期，战国到明清时期。第三个时期还可以划分为三个阶段，秦汉为第一帝国，唐宋为第二帝国，明清为第三帝国。

也有人从国家制度的发展水平上划分，从黄帝到夏以前为原始国家或古国；从夏到战国最高统治者称王，其国家可称为王国；从秦到清实行郡县制和中央集权，最高统治者称皇帝，其国家可称为帝国。

还有的学者认为，可以把中国古代历史划分为洪荒时代、族邦时代、帝国时代三个社会形态。洪荒时代从几百万年前开始，直到5 500年前，这是一个从生物人到社会人的发展过程。族邦时代从5 500年前开始，经过夏、商、周、春秋，在这个时期国家与家族血缘是结合在一起的。帝国时代从战国到清朝，可分成三个发展阶段。战国到东汉，是前帝国时期；魏晋到宋，是中帝国时期；辽金到明清，是后帝国时期。这三个帝国时期都是从分裂走向统一，是三次周期性的大循环。

历史是早已发生的事实，谁也不能篡改。可是我们看待历史的眼光却是可以不断变换的。在这种变换之中你会发现很多秘密。

第二章　神话时代

我们都是青蛙的传人

抟土造人、补天救世的女娲是只蛤蟆，而我们民族的象征龙也是起源于青蛙，中华民族居然是这种湿漉漉、爱唱歌的两栖小动物的传人。

看到这个标题，你可能心中暗笑，这是哪个异想天开的游泳爱好者，把自己的祖先靠到了青蛙一族上。其实，如果你知道在我们中国人的创世神话中，抟土造人、补天救世的女娲就是一个蛙神，而我们民族的象征——中国龙也是起源于蛙图腾，可能就会对这种湿漉漉、爱唱歌的两栖小动物刮目相看了。

奇妙的蛙崇拜

在我国许多少数民族的神话传说中，青蛙都担负着开天辟地、繁衍人群的重任。

土家族就有天神在青蛙身上创世的故事，说天神想创立阳世，便用箭射穿一只飘浮在水上的蛤蟆，再抓把土放下去，蛤蟆翻过身来将土紧紧抱住，造就了阳世。哈尼族中流传着青蛙身体各个部位变成了天地日月星辰的神话。佤族也有蛤蟆在创世时令大地形状按照自己的脊背变平整的创世神话。

还有很多民族认为自己的始祖如果不是青蛙，也与青蛙脱不了干系。佤族传说在西北方向有一个深不见底的绿水湖，湖里有一对青蛙神，就是自己的祖先。壮族中流传着“青蛙皇帝”的传说：从前，有位妇女生下一只神蛙，在外族入侵时挺身迎敌，得胜回朝，被皇帝招为驸马，后继王位，与公主白头偕老，繁衍子孙。

在中国之外的文明中，青蛙也常常大显身手。古代埃及神话中，有一位专司创造与生育的女神赫凯特，外形就是一只青蛙，或者蛙头人身。欧洲《格林童话》中“青蛙王子”的故事恐怕也根源于古时候的蛙崇拜。

那么汉族有没有蛙崇拜呢？也许你会觉得没听说过。可是考古学家们却找到了不少有趣的证据。7 000 年前广泛分布在华北各地的仰韶文化，号称是中华文明的重要源头，在它的很多遗址中出土了大量的彩陶，上面刻画有大量的蛙纹图案。早期的彩陶蛙纹相当写实，缩颈大腹，有着长满圆斑的脊背，步态蹒跚，饶有风趣。在这基础上，先民们又创造了无穷的丰富变化：蛙纹由最初的全蛙纹演变为半蛙纹，蛙腹纹，最终变为几何纹，有近百种变化。不过，不管是写实还是简化，你始终能看到它最具代表性的蛙趾。蛙形象反复出现在彩陶装饰艺术中，绝非单纯是为了审美的需要，而是作为部落和氏族的图腾标志，被注入了特殊的意义。

女蛙与女娲

大多数民族对虎、狮、豹、蛇、马等动物很崇拜，因为这些动物强壮、敏捷，有超人之处。但小小的青蛙何德何能，居然也能大受崇拜呢？

对于原始社会的人们来说，生育和繁衍是种族延续的头等大事。蛙正是中国原始时代女性生殖崇拜的象征物之一。蛙的肚腹与孕妇的肚腹一样浑圆膨大，蛙的繁殖力很强，一夜春雨便蝌蚪成群。所以，蛙被看做是神秘生殖力的象征，受到敬仰和崇拜。

考古学家判断，女娲补天的神话产生于仰韶文化的彩陶烧制过程中。因为只有当人们发现泥土经过加工烧制可以变成质地坚硬的器具，并且懂得了加温烧补破损陶器的方法，才会创造出女娲烧五色石补天的故事。那么，彩陶上刻画的那些蛙纹会不会也与女娲有关呢？

没错，彩陶上的蛙纹指的就是女娲。易中天说娲音 wā，其实就是蛙。因为不是一般的蛙，而是神圣的、作为我们民族始祖的蛙，所以不写作“蛙”，而写作“娲”。在神话中，抟土造人的母亲神其实是被想象成一个蛙女，这就是女娲。

其实，女娲造人和补天的故事，便正是从蛙的形象延伸演变出来的。有些彩陶上的蛙形图案，蛙身浑圆，上面布满了斑点。这些斑点，原本是代表蛙腹多子的意思。后来，在神话中，就成了补天的五色石子。我们的先民坐地观天，想象浑圆之天穹有如蛙腹，那满天繁星即是腹中之子，而四条蛙腿也就成了支撑天穹的四根支柱。

先民把月亮也想象成一只青蛙。月有盈亏，恰似蛙腹和孕妇之腹有规律的膨胀和缩小；而成年女子的月经，又恰好与月的盈亏相同步。这就不能不让人们认为，月亮与女性的生殖特征之间，一定有着某种神秘的联系。于是，人们又想象，月亮是一只肚腹有规律膨胀缩小的神蛙，或者月亮中有一只这样的神蛙。这只神蛙名叫“蟾蜍”，“蟾蜍”转音为“嫦娥”。在最早的嫦娥奔月神话里，嫦娥飞到了月亮上，立马变成了一只癞蛤蟆。广州花溪甚至有一幅古代壁画，干脆画的就是蟾蜍奔月。只是后来人们不忍心美女如此毁坏形象，才淡化了这个结局。

嫦娥也好，女娲也好，究其原型，都是青蛙。正因为母亲是“蛙”，子女才被称为“娃”。娃者，女娲所生之小蛙也，故曰“娇娃”，而娇娃有时也特指娇美的小女孩。娃娃落地，呱呱而鸣，恰似蛙声。因此，荷塘之中，月色之下，那一片呱呱蛙鸣，便成了生命的交响。

从青蛙到神龙

关于中华民族的象征——龙是如何起源的，学术界历来有很多争论，蛇、马、牛、猪、蚕、蜥蜴都有支持者。现在，上海的古陶瓷学者钱汉东先生又把青蛙捧了出来，证据就是在代表晚期仰韶文化的甘肃马家窑遗址发现的一系列彩陶，前后跨度近 2 500 年，揭示了蛙纹出现、变化，最终发展成雏形龙图案的演绎过程。

在距今 5 800 年前的一个彩陶盆底，非常生动地画了一只大青蛙，长着两只大眼睛，挥舞着四肢，笔划具体而生动，线条流畅而遒劲，蛙的周围画着众多的水波纹。这时的蛙还处于受人崇拜的动物图腾阶段。

到了距今3 800年的时候，生动形象的蛙图腾开始进一步抽象、夸张、升华，变成强有力的蛙神。它们身旁的水波纹变成了表现田地的方格圆圈纹，寓意为美丽的田园已经受到“蛙神”的保护。“蛙神”多不画头，却突出青蛙神奇发达的腿部，腿关节处也长着脚爪，显示了它超凡的能力。少数画了头的，却是人头，说明先民所画的已经是人格化了的神灵。

为了增强“蛙神”的能力，先民们给竖着的“蛙神”身上画上了越来越多强有力的腿、爪，“蛙神”凌空飞动，成为驾驭万物、执掌乾坤的圣灵。腿太多画不下了，就把正坐着的青蛙侧过来。距今3 500年左右的一件彩陶上可以清晰地看到：长着十余对粗壮有力肢爪的凌空腾飞的动物，首尾相接，而且可以围绕器物一周，于是，龙的雏形出现了。

蛙类本身的生命过程也有巨大的体形变化，如小蝌蚪态，两腿长尾的发育态，四腿无尾的育成态，到生育期的鼓腰隆背态，这种变化在某阶段的体形确实相仿于蛇、蜥蜴或者鳄鱼，由此在初民的情感与直觉的体验中，便混融成一种“龙”的形象。

悠悠万古，人类文化的变迁是如此耐人琢磨。我们民族创始的女神，狰狞诡秘的龙图腾居然都来源于小小的青蛙，也许我们应该改称自己为青蛙的传人了。

王母娘娘是一台织布机？

西王母是一位纺织女神，要不怎么会对牛郎织女的爱情横加干涉？

在中国神话传说中，王母娘娘虽然一直是个配角，却常常不可或缺。著名美女嫦娥吃了丈夫后羿从王母娘娘那里得来的不死药，才能飞上月宫。而大名鼎鼎的齐天大圣也是因为搅乱了王母娘娘精心策划的蟠桃仙会才遭到天兵天将的围剿。王母娘娘最小的女儿私自下凡嫁给了穷庄稼汉董永，她手下织女也下嫁人间的放牛郎，可惜都被不解风情的王母娘娘棒打鸳鸯。

人们印象中，王母娘娘应该是一位雍容华贵的中年贵妇人。不过最早的古代典籍中记载的王母娘娘却不是这样。《山海经》中记载王母娘娘住在昆仑山上，长相是“豹尾虎齿，善啸，蓬发戴胜，皆白”。还有人说她“梯几而戴胜”，“有三青鸟，为西王母取食”。

也就是说，西王母长着一条像豹子那样的尾巴，一口老虎那样的牙齿，会用高频率的声音吼叫。满头乱发，还顶着一件奇怪的东西——胜。浑身雪白，靠在茶几上，每天还有三只叫做“青鸟”的巨型猛禽，替她叼来食物。

这副尊容玉皇大帝晚上见了非吓坏不可。可是人间的皇帝们却对她非常仰慕。传说中，周穆王西征少数民族犬戎的时候，经过昆仑山，拿出白圭玄璧等玉器去拜见西王母。此时的西王母已经变得温文儒雅，在瑶池宴会上两人都清唱了一些诗句相互祝福。后来汉武帝也去拜访过她一次，还吃了人家一个 3 000 年结一次果的蟠桃。

有些学者认为，西王母其实是青海湖以西游牧部落的女酋长，古书上之所以把她描绘得那样恐怖，其实是这位女酋长在率领部属行使职权或举行祭祀仪式时，用“豹尾虎齿”或其他兽类皮毛角齿做装饰。然而上海学者尹荣方却提出了一个独特的观点：西王母是一位纺织女神，她的奇异长相其实指的是一台织布机。

尹荣方首先考证了西王母头顶上的那个奇怪的“胜”。“胜”是什么东西？是帽子吗？尹荣方认为，“胜”最早其实是织布机的经轴，后来演化为一种妇女发饰。西王母“蓬发戴胜”，其实就是描述织机上的像头发一样的纱线被经轴卷起来。

西王母的“善啸”则指的是木制织机工作时发出的吱吱扭扭的声音。“豹尾”描写的是经纱或者束丝。在织布之前，工人要先准备好经纱或者束丝，将其束状安装在织机上，样子就像野兽的尾巴。而虎齿指的可能是织机上的梭子，两头尖形，也像野兽的牙齿。“梯几”其实不是靠在茶几上，而是指原始的梯架式织机，至今在云南的苗族地区仍然有人使用。说西王母“皆白”，浑身上下都是白色的，明显是说丝线的素白颜色。

至于为西王母取食的三只青鸟，从字面上看是为西王母提供食物，实际上大概是为纺织机提供原料。远古时要把纤维纺成线都是用纺锤。纺锤在纺轮工作时旋转如飞，也许古人据此将其比喻为青鸟。

西王母居住在昆仑山，也就意味着她是当地古老羌族人的纺织女神。这个地区气候严寒，相比热带、亚热带地区而言，人们更有动力去发展服装制作技术。根据一些古籍上的记载，上古的羌人在某些纺织技术上确实相当进步。这就是周穆王和汉武帝去拜访西王母的背景——学习纺织技术。后来西王母的传说随着纺织技术传入中原，成为中原神话传说中的一部分。人们渐渐忘记了西王母的本来身份，但是西王母在中原仍然管理着纺织事业，著名的织女就是她的手下。

古代的人们对生产生活中的重要工具进行神化和崇拜并不罕见，西王母大概就是其中的一个例子。

破解夸父逐日之谜

夸父是巫师？夸父是虹神？夸父究竟为什么非要追逐太阳呢？

远古时代，在我国北部，有一座巍峨雄伟的山，名叫成都载天。山上住着一个叫夸父的人，耳朵上挂着两条黄蛇，手里也抓着两条黄蛇。有一天，夸父突发奇想，要追逐太阳，终于在西方禺谷追上太阳。他热得焦渴难耐，就到东南方的黄河、渭河去喝水，但喝干了两条大河的水仍不解渴，他又想到北方的大泽去喝水，结果尚未到达大泽就渴死了。他所遗弃的手杖化为一片桃林。这就是古籍《山海经》中记载的神话故事——夸父逐日。

夸父究竟是个什么人？他为什么非要追逐太阳呢？历史学家和人类学家给出了多种不同的解释。

夸父在追求永生

“夸父追日”追的不仅仅是太阳，更是永生。有学者这样说。

太阳每天下午在西方沉落——死去，第二天早晨又从东方升起——重生，这种永恒的循环在原始人眼中就成了不死或再生的象征。遍布世界各民族的古老的“太阳崇拜”宗教仪式便是基于太阳不死的强烈信念。印度的拜火教徒每逢日出日落之际，便站在海边或跪在地上向旭日或夕阳表达崇敬的心情。古埃及的《亡灵书》更是对太阳神高唱赞歌：我是光明的主宰，自生的青春，原始生命的“初生”，无名事物的“初名”。我是年岁的王子，我的躯体是“永恒”。

原始人眼见日出日落，于是产生了只要与太阳同行就能获得永生的强烈信念。这就是“夸父追日”神话产生的基础。

而夸父耳朵上和手中的蛇，在原始信仰中，也是永恒生命的象征物。著名的古巴比伦史诗《吉尔伽美什》中，英雄吉尔伽美什经历千难万险获得不死的仙草，却被蛇窃去，蛇因此具有了通过蜕皮死而复生的神力。许多其他原始民族也有蛇蜕皮获得永生的神话。夸父把蛇当做首饰，意味着他也很可能具有死而复生的神力。

最后夸父干渴而死，手杖化为桃林，桃子在中国古代文化中是拥有生殖能力的女性象征。所以夸父的死其实就意味着再生。而整个“夸父追日”故事就是古人追求永生的想象。

夸父是旱精

夸父追着太阳走，有什么伟大理想先不说，先喝干了两条大河。布依族的民间故事《捉旱精》说，在西方的火焰山上有个万恶的旱精，喝起水来肚子更是无底坑，一气能把一条小河的水喝干。夸父喝水的劲头与这个旱精颇为相似。所以有学者说，夸父并非什么英雄，而是古人痛恨的旱精。

根据自然科学研究成果，8 000 年前到 5 000 年前，我国曾经有过一段炎热干旱时期。古人们看到黄河及其支流渭水水量锐减，甚至河床都露出来了，便发出疑问——河水哪里去了？夸父神话由此产生。噢，原来给夸父这家伙喝掉了。这个好事而作恶的坏蛋，竟然逞能与太阳角逐，给我们带来恁大灾难。

在《山海经》中还记载过夸父的另外一种结局——因为站在蚩尤一方与黄帝对着干，结果被黄帝的干将应龙杀死。应龙是一种有翼的龙，主司雨水之神。夸父作为造成河渭之水干涸的旱精，被应龙杀死大概也是理所当然的事情。

夸父是彩虹

夸父这样的巨人似乎与彩虹七彩斑斓的浪漫形象靠不上边，可是有些学者偏偏就认为，夸父是个虹神，根据还是他耳朵上和手里的四条黄蛇。

古人常常把彩虹视为天上的巨蛇。甲骨文中，“虹”字即为一条双头蛇。澳大利亚土著普遍存在“虹—蛇”观念，东亚日本、韩国，也有以虹为龙或为蛇的信仰，印度阿萨姆邦的人们相信有一条巨蛇守护大地，每当雨停之后，巨蛇的影子投映到天空，就是虹。夸父手里抓蛇，其实抓的是彩虹。

夸父喝干两条大河，恰巧在原始人的想象中，彩虹也能吃水。彩虹缤纷的七色、宛若拱桥连接天地的形态、与雨和水的密切联系，极易使远古先民们联想到，它在吸水。在青海，人们至今认为彩虹是来吸水的，吸饱了水再上天到别处去下雨。如果虹头在泉水旁，这年天就将要大旱，因为彩虹会把本地的水吸往别处。非洲祖鲁人也认为虹接近地面便是喝池塘内的水，人不敢在塘内洗澡，因为恐怕有虹在内而被它捉去。

夸父能够追日，想必奔跑速度极快。现实中虹的消失，也是毫无形迹的，所以青海民间盛传虹走得极快，人追不上。雨过天晴，水汽减少，虹也将消失无迹，而夸父也是因热而道渴致死。彩虹与太阳之间存在着永远的距离感，“朝虹西，暮虹东”，这与太阳周而复始的轮回不息之间似乎存在着某种追逐关系，于是神话中虹神夸父在永远追赶太阳！

《太平广记》中有彩虹化为高大男子，仪表堂堂，穿鲜艳的绛碧色长袍的故事。台湾高山族也相传彩虹是从前一个伟人变的。彩虹与巨人的互相转化似乎更印证了夸父是一个虹神。

夸父是求雨的女巫

也有学者说，夸父并没有真的追日，她其实是一个女巫，在进行一场求雨仪式。

首先，为什么说夸父是个女性呢？《山海经》中记载，夸父是后土的后代。后土是古代神话中的地下幽都之神。夸父自然是一位生活在地下幽都的神了。在古人的观念中，天属阳，地属阴，夸父是地下幽都的神，那么，夸父的性别就是阴性——女性。

那为什么说夸父是个女巫呢？这是从她的装束中看出来的。远古的巫师通常要经过特殊的打扮来表现出自己的神秘、特异之处。他们身着异于常人的服饰，手执特殊的道具，做出异于常人的姿势，给人以直观的“异相”，从而表明自己具有常人所不具有的“神性”。人类迄今所见的最早的巫师形象，出现在法国奥瑞纳山洞的史前岩画上：他身披兽皮，头戴鹿角，颊下留有长须，脊部安有马尾，赤着双脚。我国信阳楚墓中发掘出土的地锦上的巫师，则是打扮成琴鸟的形象：身上披着象征鸟翼的斗篷，头上隆起三只角，其中一只角向前伸出，像鸟的头，另外两只角分开，像鸟的冠。

那么夸父时代的巫师是什么样的呢？《山海经》中描述说，在大荒之中，有一个巫咸国。这是一个由巫师组成的国家，巫师们右手操青蛇，左手操赤蛇。可见夸父的打扮正是当时最流行的巫师妆。而她死去的时候，丢弃的手杖变成桃林。古人认为，桃木有驱邪除魔之功。民间有钉桃符的习俗，民间的许多法师在做法事时也还在用桃木剑。这件道具足以证明夸父的巫师身份。

夸父追日是一次求雨的仪式表演。在古人看来，既然巫师是沟通人神的桥梁，那么，在烈日下曝晒巫师或用大火焚烧巫师，就会感动上苍，从而降下雨水。于是在一次严重干旱降临的时候，可怜的夸父被置于烈日之下，手舞足蹈地跳起了巫舞，一会儿东，一会儿西，一会儿南，一会儿北，一会儿手抚太阳，一会儿口渴饮水……这个舞蹈的情节就是她如何追逐太阳，如何口渴得喝干河水，最后如何干渴而死。

远古社会时，曝巫是常用的求雨之法，而夸父的事迹能形成神话被流传下来，说明夸父不是一般的巫师。她的祷雨仪式，被认为是级别最高最神圣的，并且给人以极大的安慰和期盼。

夸父是一棵大树

上海学者尹荣方认为，“夸父追日”的神话其实指的是原始人通过观察某一个大树的阴影来观测太阳，掌握季节、制定历法。夸父的真实身份很可能是一棵被赋予了神性的大树。

我们的祖先很早就认识到，正午太阳的高低会随着寒暑的变迁而变化。在地上树一个标杆，一年之中最短的那一天就是夏至，最长的那一天就是冬至。而一天之中，标杆的阴影也会随着太阳的移动像表针一样转动。古代中国人根据这个原理制作了“日晷”这种计时仪器，既可以测定一天之内的时间，又可以判定全年的季节，后者对于农业社会来说非常重要。

夸父很可能就是日晷发明之前，原始人用来观测太阳、判定季节的那根“标杆”—— 一棵非常高大的树。其实在古代文献《山海经》和《列子》的记载中，夸父追逐的都不是太阳，而是“日影”。尹荣方认为这就是在形容树的阴影在随着太阳运转而变化。

《山海经》里说，夸父的父辈是中国古代神话中的时间之神，曾经制定了将 1 年分为 12 个月的历法。如此说来，夸父自己大约与时间之神也脱不了关系，把夸父解释为一棵测定时间的大树恰好吻合了他的家族渊源。

那么神话中夸父喝干了黄河和渭河的水又是什么意思呢？这可能是原始人用神话语言表述的一种季节性的自然现象。在他们的意识中，自然季节的变迁当然是由时间之神来掌握。冬季是水位较低的季节，尤其是在干旱严重的冬天，江河水位陡降是常见现象。人们当时不明原因，就想象成水被管理季节的神灵喝掉了。

夸父在喝干黄河、渭河之后，最后向北走，干渴而死，可能是指夸父最后确定的节令是冬至日。确定冬至日非常重要，因为如果说不清哪一天是冬至，一年的时间长度就无法确定，季节和月份也就无法安排。夸父最后向北走其实指的就是树影最后投向北方，这正是冬至这一天，太阳运行到最南点的现象。

从夸父喝干的两条河流来看，这个神话大概产生于陕西河渭平原一带。而他的手杖变成的那片桃林据说在河南灵宝县。这些地区原来是周人的发祥地。传说周公旦曾经在今天的河南登封树立圭表测量冬至和夏至的日影，以确定一年的季节和长度。所以夸父逐日的神话很有可能是周人的祖先创造的。

夸父去了美洲

有些学者不喜欢神啊鬼的东西，认为夸父追日其实是一个部落战败之后的迁徙史诗。

“夸父”是炎黄时期一个强大的部族，是炎帝的后裔。当时炎帝与黄帝曾经先后打了几仗，最后炎帝被黄帝征服。后来不服黄帝的蚩尤族起兵欲为炎帝复仇。夸父族也整顿军马，与蚩尤族并肩大战黄帝族人。所谓夸父逐日，“日”其实指的是最高统治者黄帝。

然而蚩尤又战败了，黄帝的干将应龙大显神威，杀死许多夸父族人，当然也占据了他们的家园。夸父族人不得不背井离乡，他们先是向西去到禺谷，又向东南迁到黄河和渭河附近，后来又向北迁往大泽，也就是今天俄罗斯的贝加尔湖地区，甚至直到西伯利亚。一部分夸父人在漫长的迁徙途中死去。但幸存下来的人们甚至有可能越过当时还比较狭窄的白令海峡，去了美洲。

中外学者都曾发现，北美洲西北部印第安人各族与东北亚和古代中国在文化上有诸多相近之处。这些印第安人的语言有些是从原始汉藏语系发展而来的。在他们中还流传了许多太阳神话、月兔传说、龟负大地等与中国古代神话极其相近的传说。所以我们可以大胆地猜测，夸父并没有死，他的子孙后代就是美洲的印第安人。

一则神话既然能够流传几千年，自然是因为其瑰丽玄奇引起人们无限的想象。也正是因此，人们才会对“夸父追日”作出千差万别的解释。神话不是凭空出现的，人们总是满怀兴趣地试图揭开它背后的秘密。

后羿为什么射日？

全世界各民族都流传着英雄射日的神话，为什么都要射日？为什么用的都是弓箭？

后羿射日的神话故事家喻户晓。这位上古时代英勇无比的半神英雄用手中的利箭杀死了各种各样喜欢吃人的怪兽，最后还神奇地射落了 9 个太阳。不过射日的英雄可不是中国神话所独有的，古希腊的大英雄赫拉克利斯曾经萌生射落太阳神的念头，当他举箭瞄准的时候，太阳神惊叹他的无畏精神，大概也是讨饶，将自己夜间旅行用的一只金碗借给了他。西伯利亚和中亚阿姆河流域的神话中也都有过射日的情节。奇妙的是，在美洲的印第安人中广泛流传着的射日神话与我们的后羿非常相似，只不过多出来 10 个月亮，它们跟 10 个太阳一起祸害老百姓，搞得白天极热，夜间极冷，于是一个类似后羿的英雄站出来，射杀了 9 个太阳，9 个月亮，世界才恢复正常。

“射日”的故事在世界的许多地方都出现了，这引起了人们的极大兴趣。为什么都要射日？为什么都使用弓箭？神话学家们对这个神话隐含的意义进行了种种推测和解释。

原始时代的伟大发明

在原始文化发展史上，弓箭的发明是一件了不得的大事件。这是一种射程远、命中率高、杀伤力大的武器，它的出现使人类征服自然、保护自己的能力明显增强。所以，恩格斯说："弓箭对于蒙昧时代，正如铁剑对于野蛮时代和火器对于文明时代一样，乃是决定性的武器。"

在原始社会，人类最经常遇到的危险来自毒蛇猛兽。无论是在高山还是水泽，或是茫茫草原、原始森林，人们都经常受到野兽的伤害。直到弓箭发明出来，人们才真正取得了与野兽搏斗的主动权。作为一个英雄，后羿的第一个业绩是手持先进武器——弓箭，杀死那些危害人类安全的怪物。

他杀死的怪物几乎囊括了猛兽令人畏惧的全部特征。有一个叫凿齿的，长着长达几尺且尖锐如凿的獠牙，还有一个叫猰貐的，长着龙头、虎爪，长四百尺。此外还有能喷水吐火的九婴；体形庞大、一飞冲天的大风鸟；能生吞大象，三年之后才吐出象骨的巴蛇。后羿为民除害，集中体现了人类发明弓箭之后对大自然的初步胜利。但是人类并不满足于此，他们又向大自然发起了进一步的挑战。

据说掌管风的大神风伯经常胡作非为，掀起大风，毁坏百姓的房舍家园。后羿一箭射去，正中风伯的膝盖。河伯的妻子洛神以美貌著称，大概是看上了后羿的神勇，便进入后羿的梦里，与他寻欢作乐。河伯当然不乐意，所以就化作一条白龙，来到水边，想找后羿报仇。但是后羿可不是好惹的，开弓搭箭射瞎了河伯的左眼。河伯打不过他，只好到天帝那儿去告状，天帝却站在后羿这边，说假使你深居水中，后羿怎么会射你呢。可你偏要变成一条龙跑出去，当然会被人射了，所以还是你的错。结果河伯赔了媳妇还折了一只眼。

后羿以弓箭射伤风神水神，当然不是现实生活的摹写，而是反映了人类的一种希望和理想。在现实生活中，人类在自然面前是软弱和无力的，然而当弓箭发明之后，人类的力量大大增强了，终于从匍匐于大自然的脚下，到慢慢爬起来，最后站立在大自然面前，产生了反抗意识，对自己的力量有了自信。这是一个多么了不起的进步啊。

与自然开战

有人认为，弱水中的猰貐、沼泽里的凿齿、凶水上的九婴其实都是险恶的自然环境在先民脑海中的具体形象。人们在这些地方常常陷入危险境地，性命难保，于是想象这里隐藏着奇怪的食人怪兽。而河伯、风伯也是时常破坏人们生活环境的自然神灵。后羿射杀它们，其实就是在与自然开战。在人类学家看来，这种对自然力的射杀，首先是一种巫术行为，目的就是为了保护自己不受自然的伤害。

在今天的世界上，还有一些现代文明未能到达的角落，残存着原始状态的部落居民。他们仍然会做出与后羿相似的行为。

南美洲巴拉圭的帕亚瓜印第安人在风吹倒他们的茅屋时，总是抓起燃烧的柴棍迎风迅跑，用火来对风进行威胁，同时其他人对着空气击拳去吓唬这个风暴。

台风到来的时候，印度尼西亚苏门答腊人会带着刀枪从他们家中冲出来，酋长冲在最前面，他们一面狂呼怒吼，一面对着这位看不见的敌人乱砍乱劈。

在澳大利亚，土著们看见那些旋风卷着巨大的红色沙柱迅速地移动着横越广阔的沙漠，便想象是妖精们从此经过。有一次，人类学家看见一位强壮的年轻黑人带着飞镖去追杀这些移动着的沙柱，他追出去有两三个小时，回来时已精疲力竭。他说他杀死了魔鬼，但这个魔鬼曾对他咆哮，他大约活不成了。

东非的阿拉伯游牧民，每当旋风夺路而过时，都带着短剑追赶。他们把剑刺进那个充满尘土的圆柱体中心，以便把魔鬼赶跑。他们相信正是它驾御着这个旋风。

这种一本正经的与风作战，这种煞有介事的杀死魔鬼以及看见魔鬼对他的咆哮，都是现代人认为白日做梦的事。然而，原始人以其泛灵的观念将一切自然力都视为有一种“活物”在驾驭，当这种自然力对他的生存条件构成威胁时，他当然会同这种自然力开战了。

如此看来，后羿根本不是什么英雄，他只不过是一个巫师，装模作样地向着吞噬生命的沼泽、河流和风暴射箭，以巫术对抗自然而已。

射日与生殖崇拜

人类学家提出了更惊人的说法，后羿其实是在祈祷整个部落的人丁兴旺。

原始人类生活的环境异常艰苦，死亡率高，人均寿命很短。种族延续就成了先民们最为关注的问题，生殖崇拜也就成了原始文化中最为突出的一项内容。而后羿很可能就是一个专司生育的巫师。为什么这么说？秘密藏在后羿的名字里。

“羿”这个字就是鸟张羽乘风翱翔的意思。而在原始文化中，鸟常常被用来比喻男性生殖器。许多古代民族都传说自己的始祖源于鸟。比如商人说自己祖先是一个名为简狄的女子吞玄鸟卵而生。秦人的祖先也有类似的传说。满族人的祖先是三位天女在长白山上的天池内洗浴时，吃了一只神鹊衔来的朱果生下的。如今在许多民族的服饰中，以鸟衔花、鸟啄花、鸟啄鱼等图案花纹为装饰者，比比皆是，其实都是生殖崇拜的象征。

在我国南方侗族地区，每逢八月十五节，青年男女对歌欢会的时候，都会有头上、身上插满羽毛的“羽人”跳芦笙舞。这其实就是一种祈祷人丁兴旺的巫术仪式。后羿以鸟为名，很可能就是这样一位巫师，只不过他的仪式不是跳芦笙舞，而是射日。

为什么射日？我们先说说后羿的武器——弓箭。其实在原始社会里，弓箭并不仅仅是狩猎工具和武器，它也象征着男性生殖器，是一种有巫术魔力的法器，专门用于祈求生育的巫术仪式。西方神话中的小爱神丘比特常常拿着一把弓箭，射中谁，谁就坠入爱河，就是这个含义。这种遗风如今还能在我国边远少数民族的民俗活动中看到影子。在贵州省雷山有个山洞，岩壁上画有女阴，求子者入洞后，以弓箭向女阴射去，据说射中则能生子，不中则不能怀孕。

而后羿瞄准的太阳也同样象征着生育。在原始人看来，鸟、蛇、龟、鳄等动物都是从卵中孕育而生，卵代表着生命。太阳的形状接近于卵，且动植物都要在阳光下才能茁壮生长，那么，太阳也一定具备超常的生殖力。古人还非常直观地把太阳想象成有三只脚的乌鸦。鸟已经象征生育了，为什么还要三只脚呢？多出一只脚也是用来象征男性生殖器的。这更加强调了太阳与生育的关系。

总之，无论是弓箭，还是日，抑或是后羿，它们都是生殖器或交媾的隐语，表现了初民的生殖崇拜理念，反映了初民祈求人口繁衍的愿望。因此，“后羿射日”并非什么英雄壮举，而是一场繁衍子嗣的求育巫术表演。

太阳之死

后羿最为惊天动地的业绩当然要数射太阳了。他射落的太阳不是一个，而是一大群。天上的太阳明明只有一个，哪里来的一大群呢？

有一种影响相当大的说法是：古代有许多民族以太阳为图腾，10个太阳一起出现指的是有10个以太阳为图腾的部落同时称雄，后羿射落9日的故事其实是一个隐喻，指的是以后羿为首领的部落用武力兼并了其他9个部落。但是这种说法显得有些牵强，因为射日的神话在中国和世界的很多地方都出现过，难道都是崇拜太阳的部落在打仗？

也有人这样解释，“十日”可能是一种远古的历法，把一年的周期划分为十个等分，或者说根据太阳的周期，把一年划分为十个月。这种历法依据就是这样一种观念：天上有十个不同的太阳轮流运行。可惜这种历法很不准确，误差不断累积，最后导致人们的社会生活出现全面混乱。而后羿射日的神话暗示了一场重大的历法改革，人们最终放弃了根据十个太阳轮回来记载时间的办法。这个解释听起来颇为合理，但是如果考虑到世界各地的情况，似乎显得也有些武断。

近年来，人们从气象学的角度提出了一种较有说服力的解释——日晕。日晕又称为“假日”，是由云中的冰晶对光的反射或折射造成的多日现象。由于光的折射，人们能直接在地面上看到天空同时出现几个太阳。早在春秋战国时期，中国古籍上就不断有“天有多日”的记载，今天的人们也经常能够看到这种奇观。所以，很可能古人就是

观察到了这种自然现象，想象并且确信“十日并出”是天气酷热的原因，于是才有了射日英雄的传说。更重要的是，这种现象在全世界都可以出现，于是各地的人们异口同声传说射日的故事也就不足为奇了。

哪吒为什么被抛弃?

> 一出生就被抛弃的并不只是哪吒一个，很多民族都传说自己的祖先在出生时被抛弃过。为什么全世界的古人都编出了同样的神话情节?

神话英雄的不幸童年

哪吒几乎是每一个中国孩子童年梦想中的小英雄。这位本领高强的小神仙还在娘胎里的时候就显得异乎寻常。哪吒的母亲怀孕三年半，临盆之时，香气弥漫，满室红光，谁知生下来却是一个大肉球。父亲李靖认为这是一个妖怪，命人将肉球扔到野外。谁知野外的动物们对这个肉球却是另眼相看，野兽为它保暖，飞鸟为它遮阳。李靖的家人见了，认为这个肉球很不一般，才又把它带回了家。这样才有了哪吒后来的神奇故事。

一出生就被抛弃，在中国古代的神话世界中，有这种可怜遭遇的并不只哪吒一个。建立周朝的周人认为他们的祖先名叫弃，是一个叫做姜原的女子踩巨人足迹后怀孕而生。刚生出来的时候，弃也是一个大肉球。吓坏了的姜原把它扔在大路上，经过的牛马见了都绕着走，怕伤着它；扔在冰面上，鸟儿飞来用翅膀为它保暖。这时弃挣破胞衣，从肉球中露了出来，才被姜原捡回家，因为曾经被丢弃，所以起名叫做“弃”。

有趣的是，很多少数民族也都传说自己的祖先曾经在出生的时候被抛弃过，比如朝鲜族的祖先朱蒙、满族的祖先布库里雍顺。如果我们再查查世界其他地方的古代神话，你会发现“被抛弃”几乎成了神话英雄们的一种时髦。巴比伦神话中的英雄吉尔伽美什，曾经被当做祭品扔下悬崖，结果被大鹫所救。以色列神话中的领袖摩西曾经被抛进尼罗河，后来被埃及法老的女儿抚养。波斯王国的国王居鲁士曾经被外公抛弃在山中，后来被牧人收养。在希腊神话中，大英雄伊阿宋、赫拉克里斯、俄狄浦斯，甚至众神之王宙斯也都免不了幼年遭弃、大难不死的悲惨经历。

是不是觉得有点奇怪？世界各地不同功绩的神话英雄们居然拥有如此相似的童年。是巧合吗？为什么全世界的古人都编出了同样的神话情节？

获得丰收的代价

俗话说，“虎毒不食子”，人类都有爱子之心。可是为什么神话传说中“弃子”的情节这样流行呢？神话学家们认为，这很可能是农业社会为了取得丰收所付出的代价。

在原始民族中，人们抛弃婴儿很重要的一种目的就是用它们献祭神灵。《圣经》中记载，上帝为了考验亚伯拉罕对他是否忠诚，要求他以他的独生子献祭，亚伯拉罕居然毫不犹豫地照办。中国商朝时，凡是建造宫室陵墓，都要杀死儿童奠基。《西游记》中，通天河里的鲤鱼精也逼迫百姓每年向他献祭一对童男童女。

为什么要用牺牲小孩子来祭祀神灵呢？这是因为在原始人的心目中，儿子与种子有着相同的意义，并且可以相互转化。汉语里“子”既指儿子，也指籽。“弃子”与“弃籽”之间正有着这样的联系。人们将孩子抛弃，当做牺牲献给神灵，正如同将种子撒在土里。这些狠心的家长希望抛弃了的孩子能够像撒出去的种子一样，用生命为他们带来丰收。

在世界各地的农耕民族的神话中，英雄们也都成了种子，先要抛弃，然后才能收回来。于是这些可怜的未成年英雄便像种子一样被撒了出去，在他们长大之后也真的丰收了，建立了无数丰功伟绩，回报抛弃他们的人类。这就是英雄神话中隐含的暗示。

神话是现实生活的折射。弃子的神话告诉我们，人类文明的进步是在巨大牺牲的基础上实现的，而早期的农业文明要想取得丰收，就要付出沉重的代价。

二郎神与独眼巨人

> 二郎神为什么这么厉害？原来二郎神居然还是个外国神仙，与西方神话中的“独眼巨人”是一家子。

在中国古代两大神魔小说《西游记》和《封神演义》中，有一个战神级的角色给人们留下了深刻的印象，那就是齐天大圣孙悟空做梦都想打败的二郎神杨戬。

在民间传说中，二郎神是玉皇大帝的外甥，额头正中竖着生有一只通天眼，会 73 种变化，比孙悟空还多 1 种。孙悟空似乎不是他的对手，一会儿变成麻雀，一会儿变成鲫鱼，四处逃窜，可是都被二郎神额头上的那只通天眼识破了，最后束手就擒。

二郎神为什么这么厉害？历史学家们苦苦考证他的来历，最后从他额头上的那只眼睛找到了线索，原来二郎神居然还是个外国神仙，与西方神话中的“独眼巨人”原来是一家子。

独眼巨人遍布欧亚

在电影《指环王》中，魔军曾经派出一支独眼巨人组成的强悍部队，抡着大棒，冲进城里，像拍打蟑螂一样横扫人类守军。相信你对此还留有印象。说起来，这独眼巨人可算是欧洲神话传说中的一个常见角色。

古希腊荷马史诗《奥德赛》中讲过这样一个故事：奥德修斯在特洛伊战争之后乘船返乡，误入荒岛，被独眼巨人擒获。同行水手被巨人吃掉。奥德修斯酿葡萄酒将巨人灌醉，趁其熟睡用烧红的铁棒将它唯一的眼睛戳瞎，随后混在羊群之中逃出山洞。不料独眼巨人原来是海神波塞冬的儿子，海神因此怒而掀起巨浪，迫使奥德修斯在海上漂泊10年之久。

这个故事不是盲诗人荷马的原创，因为意大利也有“独眼巨人”的故事，说的是两位修道士误入山洞，被巨人用大石堵在其中。大个子修道士被烤熟吃掉。小个子修道士用烧红的烤叉刺瞎了巨人的独眼。第二天，小修道士裹着羊皮混在羊群里从巨人胯下钻出，得以逃生。类似故事在法国、塞尔维亚、罗马尼亚、俄罗斯、芬兰等地都有流传。

历史学家们继续向东寻找“独眼巨人”的源头，发现在古代突厥语民族的神话、史诗、英雄传说中，英雄勇斗独眼巨人的情节大量存在。比如哈萨克的古老史诗《巴萨特》讲的是仙凡结合生下的独眼巨人每天吃2个活人、500只羊。立志为民除害的英雄巴萨特趁其熟睡将烧红的烙铁刺入巨人独眼，裹上羊皮混出洞口。巨人追来后，双方展开激战，巴萨特最终杀死巨人。这几乎就是欧洲独眼巨人故事的翻版。

柯尔克孜史诗《玛纳斯》中，英雄玛纳斯率大军远征时，同独眼巨人交战。史诗说这个独眼巨人额头上长着一个独眼，骑一头犀牛，手持毡房大的铁锤。玛纳斯手下的勇士射中他的独眼，并将他的头砍下。玛纳斯的孙子也曾与一个独眼巨人进行过斗争，他的妻子用矛枪将其挑起摔成肉饼。

独眼巨人的来历

后来，西方的学者们在中亚叶尼塞河流域发现了“独眼巨人”的石壁岩画，而远古突厥语民族曾长期活动于叶尼塞河流域一带，因此他们认为，独眼巨人的传说正是来源于突厥民族的神话。既然独眼巨人总是把人带到山洞里慢慢吃掉，学者们认为，独眼巨人神话的产生同古代游牧民族对高山岩穴的崇拜有着直接的联系，讲述的其实是曾经在古代盛行过的以人祭山的习俗。

崇拜高山岩穴是古代突厥人萨满教信仰的重要内容。巍巍高山，直入云端，曾经激起了古代先民许多神奇的想象。在先民们看来，高山阻隔在天界与人世之间，是神秘之所在。嶙峋怪石间的岩穴阴风阵阵，寒气袭人，又有狼虫虎豹出没，阴森恐怖。于是古代先民们产生了对高山及其岩穴的崇拜。古代突厥人把山神想象为一个独眼巨人。为了祭祀他，人们可能曾经把活人作为牺牲，投入山洞之中，久而久之便成了独眼巨人吃人的恐怖传说，随着游牧民族的迁徙传遍了整个欧亚大陆。

三只眼的大神

说了这么多，独眼巨人又是怎么演变成中国的英俊小生二郎神的呢？

其实你可以体会到，独眼巨人长在额头上的那只眼是他的要害，也是他最为神秘的特征。在平坦辽阔的草原上居住的人群，视力良好不仅意味着反应敏捷、骑射精准，还意味着一种巫术意义上眺望上天、与之产生心灵感知的能力。山神具有与天沟通的能力，自然也应该有特别的眼睛，于是在他的额头上生出了一只天眼，成了独眼巨人。

后来，当独眼山神的崇拜渐渐被新的宗教所取代的时候，人们不知不觉地将那只神秘的眼睛也安到了新的神灵头上，独眼变成了三只眼。

三眼神崇拜在中亚诸文明中遗存甚多，它是古代印欧人共有的神祇之一。波斯拜火教、印度的婆罗门教，都供奉三眼神。而且这第三只眼为神秘力量之源，具肉眼所无的神通，印度大神湿婆的第三只眼就能喷火。起源于印度的佛教将这个思维进一步发挥，佛经中着重指出，“天眼通”须极好慧根，修持者可具无限神通，即所谓“天眼智施通”。

从魏晋南北朝到隋唐五代，大量波斯人进入中国，波斯系统的文化也传入中国，拜火教就是其中之一。那种有魔力的眼睛也随之成为中国神灵的时尚。比如说哪吒虽然只有两只眼睛，额头上却点了朱砂痣，这就是三眼神通留下的遗迹。

最为典型的就是我们的二郎神。元明清以来，小说戏曲中的二郎神形象都是三眼，提着三尖两刃刀，牵着哮天犬，可以变成三头六臂。波斯拜火教的主神长得几乎跟他一模一样：三头六臂，额生天目，披戴盔甲，手持山形叉，胳膊上还画有一个狰狞的狗头。几乎可以说，二郎神就是一个波斯大神，来头这么大，怪不得跟中国的玉皇大帝也攀上了亲戚。

外来的和尚会念经，外来的二郎神也神通广大，居然把齐天大圣都擒住了。他那杆山形的三尖两刃刀，还有他的宠物哮天犬，都暗示着他山神的身份。拨开盔甲，二郎神其实就是野蛮残忍的独眼巨人。

"大禹治水"神话的真相

人类学家和神话学家们根据对原始社会形态的深入研究，穿云拨雾，从大禹治水的神话传说中寻找到了一些真实历史的蛛丝马迹。

大禹治水是中国古代神话传说中一个非常重要的故事。在一场天崩地陷的可怕灾难中，神奇的领袖大禹在很多神灵和超级英雄的帮助下历尽千辛万苦，作出重大的牺牲，终于带领中华先民战胜大洪水，重建家园。虽然没有文字记录可供考证，但并不意味着历史的真实就永远被神话所掩盖。今天的人类学家和神话学家们根据对原始社会形态的深入研究，穿云拨雾，从神话传说中寻找到了一些真实历史的蛛丝马迹。

洪水的始作俑者

在神话中天地本来是平平整整的，中间有四根天柱。可是水神共工因为在与火神祝融的争斗中吃了点亏，愤愤不平，一头撞倒了被称为“不周山”的天柱，造成天歪地斜，引发了可怕的大洪水。整个治水的神话由此开始。共工自然成了灾难的始作俑者。

然而根据当代学者的研究，神话中的共工其实不是一个神，而是一个长期聚居在一条名为共水的河流附近的古老氏族，他们之所以背上这样一个黑锅，只是由于他们居住的地方不好而已。

共水位于河南省西部。曲折穿行在黄土高原上的黄河水量巨大，当进入河南境内时，突然摆脱了高山深谷的限制，跌落在一片广阔平坦的华北高原上，涌入共水，轻松地造成了共水泛滥。共水的巨大破坏力给古人留下了深刻的印象，后来就在“共”字上加了三点水，变成一切洪水的总称。

共工族经常受到洪水的袭击，为了生存就得想法与洪水作斗争，在实践中掌握了相当丰富的治水技巧，于是共工在神话中也就被描绘成水神。可是共工族治水只从本族的利益考虑，填高了自己的地方，水必然流向别的部落。受洪水之害的其他部族对洪水没有办法，自然将一肚子怨气指向共工。于是在神话中，共工成了破坏天地秩序、掀起洪水的罪魁祸首。而共工撞倒不周山，可能就是洪水冲刷山体造成大面积山崩或者滑坡在原始人头脑中的反映。

在神话中，大禹将共工杀死了。这大概意味着共工族在与其他部族的战争中最后被消灭了。在自然灾害面前，人类首先的反应是自相残杀，实在是很悲哀。

鲧的失败

鲧是第一位被选举出来治理洪水的悲剧英雄。据说他偷取了天帝的宝物——息壤，一种能够自己生长的神土。鲧将它放在乌龟背上，看到哪里有洪水，便投一点息壤下去。于是大水就被堵住，在土壤中干涸。眼看大功就要告成，盗取息壤的事情却被天帝知道了，一怒之下天帝命令火神祝融将鲧杀死。含冤而死的鲧尸体三年不腐，肚子胀得很大。天帝派人剖开看看，结果飞出一条黄龙，变成了大禹。所以说，鲧是禹的父亲。

学者们认为，鲧窃取的息壤实际上是迅速筑高的土堤。大概鲧当时也没有什么新的招数，还是继承共工的办法，“水来土掩”。只不过共工族所筑的堤坝很小，仅限于自己的氏族，而鲧是各个部族共同推举出来的治水总工程师，筑的堤坝规模就大多了。

可惜古代生产力低下，鲧筑的堤坝仍然无法与今天的黄河大堤相提并论，对付一般的小洪水还可以，一旦大水来临就无济于事了。鲧治水失败了。在原始社会，氏族首领一般都身兼巫师的职责。当鲧被推举为治水的领导人的时候，实际上已经被他的拥戴者们视为水神的化身，并被认为具有控制洪水的神力。当鲧失败后，人们并不认为是治水的方法有什么问题，而是对鲧作为神的代理人的资格发生了怀疑，说他因为盗窃得罪了天帝。

对原始人来说，平息神的怒气的最好方法就是找出犯事的人将他献给神灵。鲧于是成了人们向天帝谢罪的牺牲品。把他送上祭坛像牛羊一样杀死的不是天帝，而是当初拥戴他治水的人民。因为他是水神，所以行刑的是水的克星，火神祝融氏族。

在原始民族中，旧神失去上天的信任而神力消失是一件了不得的大事，必须立即选出新人来代替，并且将旧神的神性转移到新神的身上。这位新神就是大禹。禹从鲧的肚子里钻出来的神话情节，可能指的就是一场新老神祇交替时举行的“人祭”仪式。鲧的牺牲显然很冤，他的部族并不甘心，所以这场权力的转换并不顺利，整整经过三年的“难产”才完成。

大禹的磨难

大禹治水的过程中有过很多非常奇妙的神话传说。据说他曾经与共工的一个臣子相繇展开了一场恶战。这个相繇长得就像盘绕在一起的九头蛇，以土地为食。他到过的地方都变成苦味的水泽，飞禽走兽都无法生存。大禹最后将他杀死，血流过的地方非常腥臭，庄稼都不能生长，人也没法居住。大禹又三次用土去掩埋，可是都陷了下去，最后只好修成一个大水池，并且在中间筑起一个高台，来镇压相繇的亡灵。

这场大禹与怪物的战斗用神话的方式向我们描述了古人防洪的情景。相繇的长相很容易让人联想到洪水到来时的情景。河水的主流就像是蛇身，溢出河道的洪水就像许许多多游动的蛇头。洪水从四面八方淹没一块块陆地，一会儿汇合，一会儿又分头向前面的陆地淹去，正像是蛇身盘绕，吞噬陆地。遭受涝灾的地区水质腐败，鸟兽逃散。在恐惧中观看洪水走势的人们不自觉地用原始思维将洪水形象化为一个九头怪蛇。

大禹最后用筑堤的办法将这股洪水堵住，洪水留下的泥沼短时间内也不能再种庄稼了。大禹想用土把沼泽填平，却多次失败，只得将其归咎于相繇的亡灵作怪，便筑一个高台来祭祀神灵。

除了相繇之外，还有很多与洪水有关的妖怪。比如伊水之怪马腹，人脸虎身，叫声像婴儿。敖岸山水神夫余，像一只白鹿，却有四只角。还有最厉害的淮水水怪无支祁，是一只白头黑身的巨猿，眼放金光，力气比九头大象还大，据说就是孙悟空形象的原型。为什么会有这么多奇形怪状的水怪？学者们认为，这是分散居住的不同原始部落各自对洪水作出的想象。大禹战胜这些水怪就意味着解决一个地方的水患。

大禹治水的过程中还曾经接受了很多神灵的帮助。据说白脸鱼身的河伯曾经从黄河中跳出来，送给大禹一块青石，上面有一些弯弯曲曲的线条，画的是黄河的地图。有了它，大禹对如何施工就一目了然。另外，大神伏羲也曾经送给大禹一根玉简，可以用来丈量土地，在治水工程中发挥了很大的作用。

在生产力极为低下的原始社会末期，大禹居然能够完成凿龙门、劈伊阙、导黄河、治淮水的宏伟工程，必然是掌握了当时最新的勘测技术。因为要疏通水路，首要的事情就是对水的来源探查清楚。据说大禹走遍了当时人们所能想象的最远的地方，顺手把天下划为九州。这种勘测技术对于宏大的水利工程来说至关重要，然而在当时的人看来，没有神的帮助是不可思议的。于是河伯和伏羲都出来帮忙，为大禹提供了神奇的勘测地图和工具。

走向团结的原始部落

大禹并不是一个完全的神，他也有家庭。据说当他来到涂山的时候，看见了一只九尾白狐狸。当地的歌谣说见了九尾白狐就可以成王，在那里成家立室就会家道兴旺。于是他就娶了涂山氏的女儿女娇为妻。不过这场婚姻却是一场悲剧。大禹为了开山，每天变成一头熊。他怕怀孕的女娇见了害怕，每天上山前都嘱咐女娇听见打鼓声再去送饭。可是当大禹变成的熊拼命开山的时候，碎石落到了鼓上。女娇听见鼓声就拎着篮子到工地上去，只见到一头熊，于是扭头就跑。大禹见了，来不及变回原形，就在后面追赶。女娇逃到嵩山变成一块石头。大禹赶到后气急败坏，大喊“还我儿子”。于是石头裂开，一个孩子诞生了，取名叫启。

在这个故事中也可以找到历史的影子。在禹的时代，氏族之间的通婚不是指某一对男女结婚，而是两个氏族之间全体青年男女的通婚，因此禹与涂山氏的婚姻可以看做是这两个部落的联姻。在这场大规模的治水运动中，很多原始氏族部落发生大范围的交往和联姻，逐渐变成广泛的部落联盟。禹的婚事恰如歌谣中所说，通过联姻使他成为了大型部落联盟的首领。至于女娇化石很可能只是一场意外，在送饭的途中遇到了熊，逃跑中不幸被崩塌的碎石掩埋。

在部落联盟形成的过程中，也并不是所有的部落都心甘情愿地服从大禹的领导。在大禹的治水队伍中有一个非常彪悍的家伙防风。防风是一个巨人，据说一拳就可以把狂风打回去，本来是鲧的好朋友，大概自以为资格老，功劳高，不把大禹放在眼里。有一次大家开会，防风故意迟到。大禹一怒之下，把他斩首。据说因为防风身材太高，刽子手要筑一道高坡才能够得到他的头。

显然这是一次部落联盟首领对某个反抗部落的武装镇压行动。防风族跟前任首领鲧比较亲近，而对继任者大禹不服，并且在部落联盟会议上公开表现出来。大禹要想维持自己的权威，就必须使用战争武器迫使不合作的部落就范。此前的共工族也曾经遭遇过这种下场。在治淮过程中工作不力的鸿蒙氏、章商氏、兜卢氏、犁娄氏也曾经被大禹囚禁。就这样，大禹建立起不容置疑的权威，逐渐把中原各个氏族部落团结起来，成为他们的总首领。中国历史上第一个国家政权初见雏形。他的儿子启成了夏朝的第一个皇帝。

神话是原始历史留在人们头脑中的记忆。感谢先民们奇妙的想象，他们把历史的真相埋藏在瑰丽的神话世界中，期待后人们用智慧将其还原。大禹治水的神话告诉我们的是中华民族的祖先们在英勇的治水行动中走向团结，迸发文明的传奇故事。

“麒麟”帮你种水稻

麋鹿在中国古代文化中占有相当高的地位，因为早在牛耕发明之前，远古先民们是在麋鹿的帮助下种植水稻的。

麋鹿是一种中国特有的鹿，它头脸像马、角像鹿、蹄像牛、尾像驴，因此又称“四不像”。传说中的祥瑞之物——麒麟，很可能就是麋鹿的化身。从春秋战国时期至清朝，古人对麋鹿的记述不绝于书。它是宗教仪式中的重要祭物，还特别受皇家的青睐，至少从周朝开始，皇家的园囿中已有了驯养的麋鹿。屈原、班固、许慎、杜甫、陆游乃至乾隆皇帝，曾提及麋鹿的古代名人不胜枚举。甚至姜子牙的坐骑、指鹿为马、逐鹿中原的典故都与麋鹿有关。

为什么麋鹿享有这么高的待遇？浙江大学的农业历史学家游修龄认为，它可能是第一种帮助人类种植水稻的动物。提起水稻，人们一定会联想起南方水田里，农民架着水牛耕田的情景。但是在远古的人们学会用犁耕田之前，是麋鹿用它的蹄子耕耘了先民们的稻田。

现代农业的稻田要有整齐的沟渠系统，稻田要经过细致的耕、耙、耖，保持水面平整，以利排水和灌水等。但远古时期的水田干脆就是一片沼泽地。先民们也不懂得插秧，都是直接把种子播到沼泽地里。最初也许是把种子随便一撒就回家睡觉了，后来慢慢的，人们意识到如果能把沼泽里的烂泥翻一翻，收成会更好，便就发明了利用麋鹿“蹄耕”。

古时候，麋鹿的数量很多，在我国各地新石器遗址出土的动物遗骨中，以猪和麋鹿最多。麋鹿是一种喜欢水沼的动物，取食沼泽地的多种禾草、苔草及鲜嫩树叶。它的主蹄宽大，能分开，趾间有皮腱膜，侧蹄发达，所以适宜在沼泽地行走，又善游泳，横渡长江，轻而易举。麋鹿所处的这种生态环境，恰好也是种植水稻的适宜环境。于是，先民们便把麋鹿驱赶到沼泽地里，任其践踏。麋鹿吃剩的叶子草根等都被麋鹿踩踏在泥里了，水和土一片黏糊，就成了原始的稻田，民间称之为麋田。麋鹿的“麋”字是“鹿”下加“米”字，恐怕就是因为它能帮人们种稻子。

晋朝人撰写的杂记《博物志》记载，今江苏省泰州一带的海陵县，麋鹿千百成群，在田野里掘食草根，把硬地践踏成稀泥，当地人跟着就在那里播种，不用费力耕作就可以获得百倍的收益。

麋鹿毕竟不好驯化，渐渐地被牛所代替。不过最初牛仍然不是用来拉犁，同样是用它们的蹄子在稻田里乱踩一气。驱使十几头水牛同时在水田里来回踩踏，把田土踩糊，然后直播稻谷，这在中国东南沿海一带曾是一种常见的现象，并且陆续向中国东南周边的岛屿国传播。从东南亚的日本九州南部起，经冲绳、琉球、宫古岛等岛屿及台湾，一直向菲律宾、马来西亚、印尼、越南、斯里兰卡、加里曼丹等，都有分布。

直到汉代黄河流域兴起牛拉犁的耕地方式，随着北方农民的陆续南下，把犁耕技术带到南方，才结束了南方的蹄耕和火耕水耨的稻作形式。

也许正因为麋鹿与远古农民之间的这种关系，鹿在中华文化中留下了不少美好的痕迹。美丽的“丽”字，繁体为“麗”，其实就是两张鹿皮的简化，皮上有斑纹。现今简化字的“丽”，还保留双鹿皮斑纹的样子。庆祝的“庆”字，繁体为“慶”，是鹿的下面一颗心，心下是人的足，意思是将鹿皮作为礼物，送给对方，表示一片心意。因而表达出喜庆和庆祝的意思。

古代各级官吏的工资，是发实物的粮食，称俸禄或禄米，赐给官吏的农田，称禄田。地位越高，俸禄和禄田也越多。这个“禄”音同“鹿”，其实暗指的就是当年用麋鹿耕田得来的稻米。

第三章 先秦故事

夏朝根本不存在？

在商朝人的甲骨文里，根本找不到夏朝的记载，难道这个中国第一王朝是虚构的？

在上古的时候，部落首领的传续采用举荐方式，让贤能之人来接班，史称“禅让”，所以有尧举舜、舜举禹的故事。但是禹死后，这种令人称道的“禅让”却没有继续下去，禹的儿子启打败了公推的继承人，自己做了大王，建立起中国历史上第一个父死子继的家天下王朝——夏朝，从此这种王朝模式一直统治中国长达 4000 年之久。夏朝共传 13 代，持续约 400 年，中间还一度被神射手后羿夺取了政权。最后一个夏王桀暴虐无道，商族部落首领商汤乘虚而入，推翻夏王朝，商王朝诞生。

这就是人人皆知的中国历史上第一个王朝——夏朝的故事。可是，如果你翻开西方研究中国历史的权威著作《剑桥中国上古史》，却根本找不到夏朝的章节。这些洋鬼子固执地说，中华文明是从商朝开始的，夏朝很可能并不存在。

不可信的史书

夏朝不存在？为什么？难道夏朝的故事不是白字黑字地写在历史书上的吗？那些外国学者说，这个王朝的历史实在太缥缈，太缺乏证据了。记录夏朝情形的文献，比夏朝的年代——如果它存在的话——晚了1 000多年。

最先提到我国历史上有一个夏朝存在的，是号称西周初期的文献《尚书》，它里面不止一处都提到了历史上的“有夏”或“夏”。周初著名政治家周公在这部书中说，夏朝本来是顺应天命的，统治的年头也不短，但由于他们的后人表现不好，结果被商朝统治者革去了他们的“命”。不过有人考证，《尚书》中提到夏朝的那几篇文章其实是春秋战国时期的人伪造的，而当时夏朝已经灭亡将近1 000年了。

最系统地记录夏朝历史的要数司马迁的《史记》了，可是也不过记载了大禹治水、少康失国、夏桀亡国等几个重大事件，然后把夏王的名字一代一代罗列了出来。此时距夏朝灭亡也已经一千四五百年了。

按照历史研究的一般规则，当时人记当时事，这种第一手资料，价值最高。像《尚书》、《史记》这样晚了上千年的记载，严谨的学者对其可信度大都是持保留态度的。因为在如此久远的时间里，一段历史很可能被添油加醋、以讹传讹，即使司马迁这么杰出的历史学家也无法保证自己写下的都是真实的历史。

找不到证据

那么史书里记载的东西都不可信吗？也不是这样。如果我们能够通过考古发掘，找到与史书记载相互印证的文物证据，史书的记载还是可信的。

最明显的一个例子就是古希腊历史上的特洛伊文明。在很长的历史时期内，《荷马史诗》中的特洛伊城是否真实存在，一直遭受怀疑。人们经常把《荷马史诗》中特洛伊战争的故事当成是文学作品，而非真实的历史。但是，一个名叫施里曼的德国人花费大量财力，寻找特洛伊遗址，最后居然让他找到了。于是特洛伊的历史便得到了证实。除了特洛伊之外，人们还在希腊找到了雅典城遗址、克里特遗址、迈锡尼遗址等，也都证明了历史记载中的这些文明的确真实存在。西方近代考古学的这一系列成果，使得人们越来越坚持，要证明一个远古文明，必须有考古学的证据。

中国历史也是这样。过去商朝是否存在也曾经受到质疑。可是后来人们在殷墟不但找到了商朝人使用过的青铜器，更找到了大量的刻有文字的龟甲兽骨，也就是商王朝的政府档案，连商王哪一天出门打猎被大雨浇了个透心凉都有记录。于是谁也不再怀疑商朝的真实性。

如果夏朝也能像商朝一样找到属于自己的青铜器和文字就好了。2002 年中国保利集团从国外购回来一尊西周中期的青铜器“遂公盨”（又称“豳公盨”）。这可能是目前最早的能跟夏朝扯上关系的文物了。除锈后，这件青铜器上的铭文全部显露，记载了大禹治水的伟业，但却只字未提到夏朝，让考古学家们相当郁闷。

1959 年，人们在河南的洛阳平原上找到了一个古代都城遗址。4 000年前，这里曾经有一座气势恢宏的宫殿建筑，宫殿四周有整齐宽阔的大道，周围生活着 2 万多名的居民，其规模足以傲视整个东亚地区。这个命名为“二里头”的文明遗址不论时间、地点都与史书上记载的夏王朝一致，考古学家们狂喜，以为夏王朝的遗迹终于面世了。

可惜尽管考古学家们奋力挥锹，还是没有找到能够理直气壮地判定为夏朝的任何器物，也找不到任何与夏王朝有关的文字。而且这个遗址距离另一个著名的商朝遗址——偃师商城只有 6 公里，搞不好是个商朝遗址也说不定呢。

商朝人不知道夏朝

我们说，商朝人推翻了夏朝，建立了自己的王朝。对于这样一件改天换地的大事，商朝人是不是应该在乌龟壳和牛骨头上大书特书呢？按道理说是的。后来的每一个王朝都要把自己推翻的那个朝代贬损一番，说人家怎么怎么不好，然后再吹嘘一番自己的先王多么多么英明，所以才能改朝换代。所以，我们如果能在商朝人的记载中找到有关夏朝的资料，不是也能证明夏朝存在吗？

然而令人意想不到的是，商朝人似乎根本不知道夏朝的事情。史书上记载，商汤是灭夏建商的开国之君，然而甲骨文中祭祀他的卜辞有680余条，净是歌功颂德的溢美之词，却丝毫不提推翻夏朝这么了不起的丰功伟业。很多甲骨片上还记载了商朝建立以前的商族先王们，按照史书上的说法，当时他们还只是夏朝的诸侯，可是这些甲骨仍然没有提到任何有关夏朝的事情。

甲骨文虽是卜辞，但涉及面极广，几乎包括商王朝社会生活的各方面，简直可以称之为商代的“百科全书”。但遗憾的是，已经出土的10万片甲骨文，竟然连“夏”这个字都没出现过。

时间上紧随所谓“夏王朝”之后的商王朝，其甲骨文和青铜器铭文中竟然找不出有关前一代“王朝”的任何记载。这不是很荒谬吗？你能想象周王朝，秦王朝，汉王朝等在他们的政府文件和档案中不记载他们前一代“王朝”的任何情况吗？除非商王朝是第一个王朝才会出现这种情况，因为在前面什么都没有，一片空白。

周朝人的杰作

如果说，夏朝根本不存在，它的故事又是从哪儿来的呢？有些学者猜测可能是周朝人杜撰的。

当周人推翻商朝，建立自己的王朝之后，为了证明自己的所作所为合情合理，就编造出一段辉煌的陈年往事。他们说在商朝之前，有一个开创性的王朝——夏朝，自己是夏人的一支。他们代替被天抛弃的商人，只不过是拿回自己祖先失去的东西而已。周人还描绘出一个辉煌灿烂的夏朝，彰显自己的文明昌盛，以便证明他们不是继承了商人的政治和文明成果。这个谎言编造得非常成功，以至于后来连周人自己都相信了，也让3 000年来的绝大多数华夏子孙深信不疑。

当20世纪初，人们开始用现代考古学重新检验中国古史的真伪的时候，夏朝的真实性开始动摇了。考古学家咄咄逼人：你说有夏朝，你就必须拿出证据来；这个证据不是你那一大堆古书，而是考古实物。最极端的说法就是：除非你发现了某块陶片或铜片，那上面写着“我们是夏人”，否则你就不能证明夏朝的存在。

夏朝存在吗？每一个为中华文明而自豪的人都希望说“是的”。如果有一天，夏朝的“身份证”真的穿越千古呈现出来，我们一定会大声地说出来。

商朝——中国古代的神鬼奇航

> 商王朝居无定所，频频迁都，商朝人爱喝酒、杀人，商朝拥有精美的青铜器和甲骨文，这全都是因为那是个神鬼统治一切的时代。

公元前16世纪，黄河中下游一个叫商的部落渐渐强大起来，建立了一个神秘的王朝——商朝。550余年之后，这个王朝灭亡了，给后人留下的是无数刻有文字的龟甲兽骨、精美诡异的青铜器皿，还有一个暴虐成性的昏君故事。

商朝究竟是一个什么样的朝代？商朝人过着怎样的生活？历史学家们也许会面色凝重地告诉你：那是一个神鬼统治一切的时代。

神鬼主宰的商朝

传说商人的始祖名叫契，是和大禹同时代的人，因协助禹治水有功才被封于商这个地方。他们原本是一个靠血缘亲情维系的小部落，在艰苦的环境中，通过无数血腥的战争，征服了其他许多原始部落。怎么才能把这些来自不同部落、不同血缘的人们凝聚在一起呢？商朝人觉得只有靠宗教的力量，于是便渐渐形成了尊奉神鬼的传统。

在商人看来，神鬼的世界与有形的世界同样实在，而且这两个世界关系极密切。鬼神充斥于他们的四周，预知他们自身及其环境的一切变动，操纵着他们的一切利害吉凶祸福，需要他们不断地馈飨和贿赂。

据说商朝刚刚建立之时，王畿内曾发生了一场延续七年的旱灾。开国之君成汤亲率众臣，于桑林中设坛祈雨，却毫无结果。最后在巫卜的指引下，成汤沐浴洁身，亲自走上祭坛充当牺牲，随即天降大雨。

第12位商王太戊在位的时候，王宫的庭院中长了一棵桑树，在桑树下，又长出一棵谷树，而且两棵树都迅速长成了参天大树。大臣们认为这是不祥之兆，可能是大王在治理朝政时有了某些闪失。于是太戊励精图治，勤勤恳恳，修德治国，使得商王朝重新振作起来，出现了自建立以来最好的局面。不久，迅速长成苍天大树的共生树，也如昙花一现那样迅速枯死了。

鬼神无疑成了商人的导师，上至“国之大事”的祭祀战争，下到风雨的有无，年岁的丰歉，出入的吉凶，田渔的猎获，疾病的轻重，妇人的生育……无论大小都要占卜吉凶，决定行止，求得鬼神的启示。

商人的祭祀是非常繁多，非常复杂的，也是非常严密的。日月星辰、风雨雷电、山川河流等自然神灵都是商人祭祀的对象，但是商人最为崇拜的还是自己的祖先。他们对自己的祖先按照一个既定的祭祀谱，几乎是每天必祭，每旬必祭，每年必祭，这样日复一日，月复一月，年复一年地祭祀下去。对祖先的崇拜到了这样虔诚和狂热的程度，即使在中国历史上也是空前绝后的。

正因为如此，专职祭祀鬼神的巫师就成了商王身边最重要的角色，对一切军国政事都拥有发言权。他们是神灵界与现实界的中介，是神灵的代言人，甚至可以假借鬼神意志，成为比商王还有实权的统治阶层。在典籍中记载的很多商朝著名大臣，其实都是当时的大巫。比如说有一个非常著名的宰相伊尹，曾经扶成汤的孙子太甲登上王位，后来看太甲不理国政，又把太甲放逐到桐宫让他自我反省，过了三年才让他回来。

古埃及和古印度等古代文明也存在着相似的情况。埃及新王国时期，阿蒙神的祭司地位最高，足以与法老相抗衡，他们不但可以假借神谕干预国家政务、王位继承，甚至可以取法老而代之。

有时候最具权势的巫师可能是一位女性，而且很可能就是商王的王后。比如说商王武丁的妻子妇好。这是一位很不得了的巾帼英雄，她曾经统率商朝一半的兵力，多次出征，立下赫赫战功。武丁经常令她主持祭祀，诵读祭文，刻写卜辞，在保存下来的甲骨文中，有些是出于妇好的手刻，她通过主持祭祀而参与朝中的政治活动。

总之，商王的权势并没有秦汉以后的那些皇帝们那么大。直到商朝的后期，商王在同巫师集团的长期斗争中逐渐获得了胜利，才把祭祀、占卜的权力掌握在自己手中。他们也就成为全国最大的巫师。

大人物和大乌龟

在商朝人的鬼神生活中，有四样东西是必不可少的：甲骨、青铜、人牲、美酒。

商朝的甲骨文我们大家都知道，是汉字的先祖。可是商朝人写甲骨文干什么呢？是记载历史，还是创作文学？都不是。甲骨文是用来算命的。迄今为止，殷墟所发现的近 15 万片带字甲骨中，除极少数为商王室记事之用外，其余都是记载商人占卜鬼神的结果。

巫师先在甲骨上钻凿出浅窝和沟槽，然后用木炭火来烧灼，再根据甲骨产生的裂纹预决吉凶。最后把占卜的时间，为什么占卜，占卜的结果，以及巫师的名字都刻在骨上。后来也往往把应验与否的记录契刻在上面，这就成了我们今天看到的甲骨文。汉字里“卜”这个字的读音，就是取烧骨时的爆破声，而它的写法则是模拟甲骨的裂纹。一般来说，刻在甲骨上的“卜”字，横划向上的表示吉，横划向下或歧出的表示凶。

商朝人早先的时候用牛的肩胛骨比较多。后来越来越讲究，都喜欢使用龟壳。可以说龟壳成了商朝人的日用品。当时的诸侯国常常向商王进贡龟壳。人的级别有高低，使用的龟壳也大小不同。天子龟尺二寸，诸侯八寸，大夫六寸，士民四寸。占卜用的龟壳越大就说明你的等级、权力、地位越高。

首都追着铜矿走

在中国历史上，任何一个朝代都有自己引以为豪的都城，唐朝的长安，北宋的汴梁，明、清的北京。唯有商朝居然居无定所，频频迁都，前后共达13次之多，似乎始终在苦苦追索着什么。这在古今中外的王朝中都是非常罕见的。哈佛大学的张光直教授这样解释：商王其实是在寻找制造青铜器的原料——铜锡矿。

听起来很让人摸不到头脑，商王为什么要找铜锡矿呢？这是因为铜与锡共同铸造出来的合金——青铜对商朝来说实在太重要了。用来做什么呢？你一定想到用来做斧子砍树，锄头种地。错，商朝的农民们用的主要还是石器，青铜这么贵重的东西哪儿能用来干粗活呢，还是留给鬼神们用吧。商朝人祭祀祖先时用来存放肉类、谷物和酒等祭品的礼器都是青铜制的。没有青铜，祭祀典礼就没法继续，商朝人的社会生活也就乱了套。所以商朝贵族们都将祭祀时最常用而又特别重要、特别宝贵的青铜器，视为圣物世代保存。

对鬼神崇拜的狂热促使商朝人制造出了中国历史上最为瑰丽的青铜艺术品。在他们之后，周朝人也在社会生活中使用青铜器，可是周朝人对鬼神没什么兴趣，青铜器的艺术水平远远比不上商朝。

在这种情况下，青铜制造的锅碗瓢盆就不仅仅是宫廷中的奢侈品、点缀品，而是政治权力斗争的必要手段。没有青铜器，商朝就打不了天下；没有铜锡矿，商朝就没有青铜器。华北地区的铜锡矿并不丰富。商朝人的青铜器制作生产都集中在首都，一个地方的铜锡矿开采殆尽，就得搬家去寻找新的矿址，商朝人的首都也就只好这样迁来迁去。除此之外，商朝还向长江流域发动了一系列的战争，目的也是为了夺取今天江西一带的铜矿。

喝喝酒，杀杀人

商朝人非常喜欢酗酒，以酒佐餐、聚众豪饮。商纣王还曾经特意挖了一个大酒池子，甚至能在里面行船。很多人就趴在池边狂饮。后来的周朝人很看不惯这一点，认为这就是商朝人腐化堕落的原因。从出土的青铜器来看，商朝青铜器往往都是用来喝酒的，而周朝青铜器往往是用来吃饭的。

那么商朝人为什么这么喜欢喝酒呢？一方面，酒的酿制需要经过发酵。这一过程的变化是眼所不见，耳所不闻的。这就给酒蒙上了一层神秘色彩，使之成了神奇之物。另一方面，酒还具有麻醉作用，用于祭祀可以让人达到超凡入圣的心灵福地，酒香杯影中，同了天地，合了物我。最后，在商人眼里，酒还是一种奉献给神的美好食品，通过与神分享美酒，就能获取神的最大回报。于是，酒成为天人交合的重要工具。商朝人既然崇拜鬼神，喜欢酗酒也就不足为奇了。

商朝人在祭祀神灵的时候必做的一件事就是杀人。人是从动物演变来的。早期人类不会区分人和动物。为了生存，他们不仅捕食动物，还吞吃人肉。当然吞吃的主要是捕捉到的其他部落的人，即俘虏。既然原始人本身吃人肉，就相信鬼神也吃人肉。于是随着宗教的发展，就时常将俘虏和牲畜一起屠杀了供奉祖先神灵。

不过商朝人通常不杀自己人，几百几百地杀，岂不是把自己都杀绝种了。那祭神用的倒霉蛋从哪儿来呢？从战场上来。商朝经常不断地向四邻方国和部落发动战争，其主要目的就是掠夺奴隶。别忘了商朝人是铸造青铜的高手。装备了青铜武器的商朝人自然比还在使用木矛、石斧的敌人强大得多，几乎无往而不利。因此，商朝人的鬼神们从来不缺人血的滋润。

在商朝的墓里，考古学家发现有些人的头骨上有刻字，即为祭祀时的刻辞。这些头颅属于外族部落的首领或战士，当他们死后，商人将他们的头颅切下，作为祭祀祖先与炫耀胜利的象征，祭祀后这些头颅就被打碎。

对鬼神的崇拜维系着商王朝的统治。据甲骨卜辞和文献记载，商族曾与众多方国结成联盟，诸方国的首领同时也是当时的大巫师，既代表方国势力，也代表神权，与掌握军权的商族达成联盟内部权力和利益的均衡分配。

郑州大学殷商史专家王奇伟猜测，到商代最后几王，特别是商纣王时期，由于商王将原本属各方国所掌握的卜筮权逐渐掌握在自己手中，剥夺了方国在联盟中所应享有的权力，结果导致了方国联盟的破裂，众多方国皆背商而向周族。周文王、周武王与众方国重新结成联盟，终于趁商军主力在南方征讨东夷的时候，攻入了商朝最后一个都城殷。

神鬼也没能保住商纣王的天下。商纣王身穿缀满玉石的礼服，走上为鬼神修建的祭坛——鹿台自焚，最后一次祭祀他的神灵，祭品就是他自己。

吴国、越国为何势不两立？

当吴国和越国碰到一起的时候，决不是两个普通的诸侯国发生冲突，而是夏王朝与周王朝，夏文化与周文化的较量。

春秋时期，地处东南沿海的吴国和越国相邻，彼此争战不休。先是吴王阖闾主动进攻越国，却在与越王勾践的战斗中受伤致死。接着继任的吴王夫差励精图治，兴兵复仇，差点灭亡越国，勾践夫妇连同几乎所有大臣入吴为奴，受尽凌辱。然后勾践立志要报仇雪恨，经过十年的积聚，最后打败了吴国，迫使吴王夫差羞愧自杀。

这个极具戏剧性的历史故事给中国人留下了一句励志成语“卧薪尝胆”，和一段关于美女西施的传说。

但是，吴国和越国为什么非要杀个你死我活不可呢？为什么这两个国家就不能和平共处呢？当然你可以说，国家强大了难免都有扩张的野心，碰到一起就开战呗。不过在这个常见的理由之外，吴越之争还与这两个国家的历史渊源有关。

越国是夏朝的后裔

在历史上，越国似乎除了“卧薪尝胆”这一幕之外，没给人留下多少深刻印象，其实它的来头可不小。有历史学家说，越国人是中国第一王朝夏朝的后代（假设夏朝存在的话）。

人们一般认为，夏王朝是中原土著民族创建的，而开创这个王朝的大禹也是在治理山西、河南的洪水泛滥中建立起至高权威的。但是很多考古结果表明，夏朝很可能起源于长江下游，大禹原来是生活在江浙一带的古越族的领袖。

越族是广泛分布在我国东南部和南部，直至越南北部的广大地区的古老民族，是我国最早栽培稻谷的民族，素以巧于驭舟，富于航海经验而著称于世。养蚕缫丝也是他们最早开始的。世界闻名的新石器时代文化遗址——河姆渡遗址就是古越族人创造的。

历史文献记载，大禹曾下令国人种植水稻，并以稻谷贩济民众，而不提中原地区常见的农作物黄米、高粱。可见夏人是一个擅长于种植水稻的民族。历史文献还记载，夏人习水性，善舟楫，具有海洋民族的习性。其首领在历史上均以建筑水利工程、治理水患而著称。夏人还擅长养蚕织丝，丝织业相当发达，夏朝最后一个王夏桀为了讨美女妹喜高兴，天天撕丝绸给她听。后来商部落崛起，推翻夏朝统治，建立商朝，将夏桀放逐到长江边上的安徽巢县，也有赶他回老家的意思。

另外，夏王朝在其崛起初期举行的国家大事或重大活动，如会盟、征伐、祭祀，婚娶、丧葬等，这一系列涉及政治、宗教、军事、外交的国家大事，几乎都是集中在长江下游一带。大禹在蚌埠涂山娶妻，死后葬在绍兴会稽。即便是今天，在长江以南地区仍然盛行着很多大禹活动遗迹的民间传说。这些都证明夏人与越族有着密切的渊源。

那么这个东南沿海民族又是如何入主中原建立夏王朝的呢？自然史学家说，15 000 年前—6 000 年前，中国东部沿海经历过一次严重的海平面上升，长江下游平原全都变成一片汪洋。在这里生息千余年的越族人在大禹的领导下，一面治理水患，留下了治水的传说，一面向中原迁徙，击败了舜领导的有虞部落，威震长江、黄河两大流域，成为众多酋邦的盟主，建立夏朝。

越王勾践的祖先是夏朝第六个王少康的儿子，奉命回到故乡会稽守护大禹的陵寝，责任重大。这说明越王属于夏王室中相当重要的一支。夏朝灭亡之后，越国因为地处僻远，一直生存了下来，历经商朝和周朝，传到勾践已经是 20 多世了。

可见，越国人是夏文化的代表，越王勾践是夏朝王室的后裔。

吴国是周王室的亲戚

越国的敌人吴国也不是等闲之辈。按辈分说，吴国国君还是周天子的大伯呢。早在周人尚未推翻商朝，还生活在陕西周原的时候，他们的领袖周太王有三个儿子。大哥、二哥发觉父亲想要立三弟做继承人，为了不让父亲为难，便借为父采药的机会一起躲避到太湖边。三弟的儿子和孙子就是开创周朝的周文王和周武王。而这两个“让贤”的哥哥则被土著居民奉为君主，在太湖平原建立了吴国。

孔子对这两个哥哥评价相当高，称赞是道德的巅峰，司马迁对他们也礼敬有加，在《史记》中把《吴太伯世家》列为三十世家之首，赞为世家第一。不过这哥俩来到江南，除了“让贤”之外，似乎也负有为周族开拓南疆长江流域，从南面包抄商朝的重任。立国之后，吴国逐渐侵并越人的地盘，慢慢强大起来。

尽管远离中原，历代吴王始终不忘自己与周朝王室的亲缘关系，一直与中原诸国积极靠拢，礼敬周天子。为此，他们如饥似渴地吸收周文化，竭力挣脱当地土著文化的影响。吴公子季札就曾受吴王委派两次出使鲁、齐、郑、卫、晋诸国、以了解，学习这些国家的政治、文化等。在鲁国观赏中华礼乐时，这位公子对各地区及各种音乐舞蹈，作出了极为精湛的评论，显示出他对中华文化有高度的修养，以至中原诸国士大夫也赞叹不止，自愧不如。

与此相反，自夏亡以后，越国长期以来与中央王朝保持着勉强应付的关系，敬而远之。有时甚至长期不朝贡，引起了朝廷的讨伐。对商代、周代制定的中原礼制，也不感兴趣。原因很简单，人家是中国第一王朝夏朝王室的后裔，出于自尊心也不能接受周朝的文化啊。

据记载，孔子曾经带着雅琴，率领 70 个弟子前去为勾践演奏。勾践很隆重地迎接，向孔子讨教，可是一听孔子说要向他陈述三皇五帝的治国之道，宣扬中原文化，勾践叹口气说道：“我们越人性格愚钝脆弱，栖居在山水之间，以船为车，以楫为马，要来就飘然如风，要走别人也追不上，喜欢打仗，不惧死亡。您还能如何指教呢?”话说得很客气，实际就是对孔子倡导的周朝礼制表示拒绝。

话说到这儿就比较清楚了，当吴国和越国碰到一起的时候，决不是两个普通的诸侯国发生冲突，而是夏王朝与周王朝，夏文化与周文化的较量。吴国认为自己有责任有义务为周朝开拓南疆，越国则坚决维护大禹传人的尊严，决不屈服。双方经过一番生死较量，越国笑到了最后。

到战国中叶，越国逐渐衰弱，被楚国步步蚕食，终于灭亡。吴国人和越国人最终都融合为华夏民族的一部分。

楚国与印度的不解之缘

真实的楚国熟悉而又陌生。它的名字被印度人当做中国的代号传遍西方，它的文化中也浸透了印度之风。

我们称自己的祖国为中国，外国人却把中国称做“支那”。关于“支那”这个称呼是怎么来的，中外史学界众说纷纭。其中比较流行的一种说法是“支那”起源于“秦”。因为两者之间不但读音相近，而且，秦是中国第一个中央集权的大一统的封建国家，想必给周边国家留下的印象也比较深刻。

可是早在统一的秦王朝出现之前，公元前5世纪的时候，印度的两部史诗《摩诃婆罗多》和《罗摩衍那》中就已经出现了“支那”的称呼。可见“支那”指的并不是“秦”。民国时期的历史学家丁山说，“支那”其实是另一个我们熟悉的强大诸侯——楚。

了不起的楚国

提起楚国，人们马上想到的是昏庸的楚怀王被秦国耍得团团转，最后客死他乡；赤诚爱国的屈原饱受排挤，在国破家亡之际投江自尽。似乎楚国就是一个窝窝囊囊的二流诸侯国。其实历史上的楚国远比我们想象的强大得多。

早在公元前约13世纪左右，商王武丁时期，就有楚国先祖荆人的活动纪录。商朝被周人消灭后，荆人受到压迫南下，在长江中游定居，并迅速壮大起来，约在公元前11世纪荆君熊绎接受周朝的封号，成为楚国的开国之君。

与周朝分封的其他诸侯国相比，楚国是个另类，对周王朝总是不那么尊敬，周天子也很难信任这个外来户，蔑称之为“荆蛮”。周昭王曾经想要武力消灭楚国，三次南征，却六师尽丧，自己也溺水而死。后代周王为了压服楚国，都费尽心机，却都事与愿违，无可奈何之下，只要它表面许诺臣服，也就睁一只眼闭一只眼了。

事实上，楚国是当时中国最为好战的国家，如果连续七年不对外侵略，就是奇耻大辱。当他们的邻居是很痛苦的事情，因为他们就像老虎一样，随时需要找人磨爪子。楚国很快占领了湖北全境、湖南全境，之后臣服了江苏、浙江、四川大部。今天的越南的大部分、老挝、柬埔寨和泰国的北部，也都是楚国的势力范围。

春秋300年间，楚国灭了大约四五十国，在战国七雄当中首屈一指。实际上，楚国后来的地盘几乎有其他诸侯国加起来那么大，可以说秦国统一中国的工作有一半是楚国替它完成的。

整个春秋时代几个世纪的岁月中，中原邦国的朝野，几乎无不随时侧耳谛听楚国的动静。整个中国的局势，实际上就是围绕着楚国北征和中原诸国阻遏楚国北上而发展。齐桓公、晋文公的霸业，实质都是抵挡或挫败楚国北进的事业。公元前597年，楚庄王击败中原霸主晋国，问鼎中原，楚国国势上升到隆盛的顶点。

战国时期，楚国仍然长期保持着强大的地位。六国第一次合纵出兵攻秦，就以楚怀王为首领。此后楚国国势日衰，但怀王之子顷襄王在位时，还曾自我估计“楚之地方五千里，带甲百万，犹足以踊跃中野也。”即使在公元前230年，秦始皇展开其荡平六国的最后进军时，项燕率领的楚国军队还曾大败秦主力大军20万，追击三日三夜，堪称百余年六国对秦作战的最大胜仗。

从“荆蛮”到“支那”

楚国这样一个历史悠久，声名显赫的大国足以对外代表中国的形象。而最早与楚国接触的是印度人。

古代中国与世界交往的著名的丝绸之路是西汉时开辟的。但是当张骞沿着这条道路，穿越北方沙漠，首次出使大夏国（今阿富汗北部）的时候，却在市场上看到了四川的土产，邛竹杖和蜀布。原来远在4 000年前，中国人就打通了一条“南方丝绸之路”，从楚地向西穿越巴蜀或者云贵，经缅甸、印度，西抵波斯。张骞看到的四川土产就是印度商人运到大夏国的。

因为有这条“南方丝绸之路”，楚国与印度之间的交通非常早。以“蜻蜓眼”玻璃珠为代表的彩色玻璃，就是在春秋晚期经由印度传到南楚的。楚人见而爱之，战国时期烧造了不少有“蜻蜓眼”纹样的料器。其他域外大国关于中国的知识，大体上都是从印度再传的。

当时楚国被称为“荆蛮”，在印度古语中就变成了“支那”。随着各国各地交往，这个名称传到阿拉伯，又传到欧洲。单从语音上分析，“荆”为颚音，“秦”为齿音，“荆”也更接近于“支那”。有趣的是，在印度古文献中，中国被看做南北两部分，南部是“支那”，北部是“外支那”，恰好符合当时楚国与中原其他诸侯国的对峙局势。

楚国的印度血缘

印度不仅仅将“荆蛮”的名字传到西方，也将自己的文化传播到了楚国，使楚国文化呈现出与中原诸国迥然不同的色彩。

屈原在《离骚》中追述楚人的先祖时，说楚国人的祖先名叫吴回，是火神。妻子怀孕十一年之后，开左胁，生下三子，又开右胁，生下三子。有学者考证说吴回这个名字其实是古音“阿耆那”之对音，也就是流行于波斯和印度的拜火教中的火神。而破胁而生的故事也可以溯源于印度雷神因陀罗破母胁而生的神话。

楚国人的长相与中原人似乎有差异，最明显的就是一脸大胡子。楚国在与吴国大战时，曾经缴获吴王座舟。吴王只好派3个长者乘夜将船偷回来。为什么派长者去？就是因为有胡子，可以混在楚国人当中。所以有学者猜测，是不是楚国人在血缘上也与印度相近？

楚国人尚左，这与中原诸国尚右的风俗截然相反，倒是与印度风俗一致。楚武王攻打随国的时候，随国贤臣季梁特意告诫随侯："楚兵分左右二军。楚俗以左为上，楚王必在左，精锐一定也在那里。所以咱们最好攻击其右军，若右军败，左军必然失去锐气。"可惜随侯不听，结果大败。楚国人还喜欢袒露右臂以示尊敬。陈胜、吴广起义的时候，全都袒露出右臂，可见楚风犹在。而这种右袒示敬的风俗，我们至今还可以在佛教塑像和印度的很多宗教信徒身上看到。

我们的大诗人屈原，曾经在沅湘民间流行之神曲基础上，创作了《九歌》，其中描述的迎神仪式，全异华风，却与印度的婆罗门教诵经仪式极其相似。屈原《天问》中月中有兔，巨鳌驮山，龙负熊游之类的故事也可以在印度神话中找到渊源。《天问》整首诗全由简短的诘问来表达，前半部分表达的宇宙观与印度经典《创造赞歌》几乎完全一致。有的学者干脆说，《天问》就是《创造赞歌》的意译。

道家始祖老子的哲学思想在诸子百家中独树一帜，他说的"万物生于有，有生于无"，"道生一，一生二，二生三，三生万物"对中国古代思想文化的影响不可估量。而公元前 1500 年前后编订的印度诗集《梨俱吠陀》中有一篇《无有歌》，就如同老子《道德经》之翻版。《无有歌》中说，在"有"与"无"之前是"彼一"，"彼一"是一种既非有又非无的原始的潜能。"彼一"创造了宇宙，也造成了有与无的分家。这个"彼一"很容易让人联想到老子所谓的"道"。而"彼一"的发音"Tad eham"也与"道"非常相似。

老子的政治思想是小国寡民，最欣赏"邻国相望，鸡犬之声相闻，民至老死不相往来。"但是自古以来中国的统治者欣赏的都是"王霸之道"，只要有能力，无不想着统一天下。老子这种思想在中国似乎没有市场，放到古代的印度，倒是蛮适合。在印度历史上，多数时期都呈现出以城市为中心的小国分而治之。直到英国殖民者到来之后，印度仍然保留着不少大小土邦。

老子写下五千言《道德经》后就骑着一头大青牛，西出函谷关。

西晋时的道士为了贬低佛教，说老子去了印度，印度佛教就是渊源于老子的教化。这种说法不足为信，但或许老子原本就来自印度，向西只不过是回家罢了。

真实的楚国熟悉而又陌生。它的名字被印度人当做中国的代号传遍西方，它的文化中也沁透了印度之风。在几千年的历史中，中华民族曾经接受了四面八方的优秀文化并融会创新。追索文化传播的脉络可以让我们更清楚地认识一段历史。

揭秘长平之战

这场仗为什么会打起来？赵括真的那么笨吗？他为什么要主动出击？赵军为什么打不过秦军？

“纸上谈兵”的典故

公元前262年，秦王派大将王龁攻打赵国的上党（位于今山西省东南），赵国大将廉颇奉赵王之命率兵20万救援。廉颇采取固守政策，和秦军相持了4个多月。于是，秦王派人到赵国去传布谣言说：“廉颇是个无能之辈，只知道防守。秦军所惧怕的，只有赵括一个人。”赵王听信了谣言，便派缺乏实战经验、只会纸上谈兵的赵括去代替廉颇领兵。而同时秦王也悄悄改派白起为主将。赵括在接掌廉颇兵权以后，立即改变固守的策略，不久就被秦兵包围。赵括在突围时中箭身亡，40万赵军被俘后全被活埋。

这就是春秋战国时代持续最久、规模最大、最惨烈的一次战争——长平之战。此役不仅成为秦扫平六国、一统天下的开始，也给后世留下了一条成语——纸上谈兵。而兵败身死的赵括就成了这条成语的典型案例。

不过除了嘲笑败军之将，我们也许还应该多问几个问题：这场仗为什么会打起来？为什么廉颇要固守？赵括真的那么笨吗？他为什么要主动出击？赵军为什么打不过秦军？这些问题只有在历史的细节当中才能够回答。

天上掉下来的毒馅饼

长平之战是因为争夺上党这个地方引起的。可是在战前，这块地方其实既不属于赵国，也不属于秦国，而是韩国的土地。它就好像是一张有毒的馅饼，从天上直接掉进赵国的嘴里。

公元前 265 年，秦国大举侵韩，攻城略地，第三年就已经断绝了韩国本土与上党地区的联络。韩国恐惧起来，终于献出上党郡向秦国求和，不料上党郡的郡守冯亭却不甘成为秦国的囊中之物，把上党郡 17 县献给了赵国，最后导致秦赵之间的战争。

有些史学家说，冯亭太缺德了，这不是故意往两条狗中间扔骨头吗？而赵国也太贪心，这种礼物也敢笑纳，纯粹自找麻烦。然而历史地理学家勤生禾、谢鸿喜都认为如果从当时的战略地理上来看，赵国其实是没有选择的。

上党郡不但是韩国的战略重镇，也是秦国通向赵国的门户。秦国连年征战，已经夺取了韩国、魏国的许多战略要地，主攻方向开始直指赵都邯郸了。倘若再占上党，秦国则可形成由北、南、西三面夹击邯郸的态势，特别是上党地势高拔，向来被看做是邯郸的天然屏障，若被秦国占去，就等于是解除了邯郸的城防。当时的人们都看得出来，秦有吞天下之心，即使赵国不接受韩国地方官献来的上党，秦国只要占领了那里，下一步也势必要攻打赵国。

所以，与其听任秦国占领上党后居高临下直攻邯郸，还不如赵国先占据上党有利地势后抵御秦国。这也是一种积极的战略防御。从当时赵国尚能在邯郸地区集结 40 余万训练有素的军队，廉颇率军在长平与秦军相峙三年来看，赵国接受和保卫上党也是可行的。

由此看来，上党即使是张毒馅饼，赵国也必须梗着脖子往下咽。长平之战已经非打不可了。

难挨的消耗战

在战争开始之前，赵国君臣一定认真考虑过敌我双方的态势。秦军远道而来，粮草辎重补给困难，又有好战嗜杀的“虎狼之国”的名声，在上党地区可谓是“失道寡助”，天长日久粮草供应必然生变，待秦军不得不退时，赵军趁势击之便胜券在握。而赵国与上党紧相连接，军队与后勤供给都能迅速投入战场。虽然赵国没有秦国那么强大的经济后盾，可是当时齐国、楚国都表示愿意帮忙，补给可源源而来，又有上党吏民的全力支持与合作，赵军完全可以以逸待劳。显而易见秦军利于速战速决，赵则利于持久之战。

这就是在战争的头三年里，赵将廉颇为什么坚守阵地，与秦军对峙的原因。难分难解的战局倘若长此下去，将越来越向有利于赵国的方向倾斜。可是没想到后来先缺粮的居然是赵军。

赵国方面总共动员了 50 万人参战，后勤保障、粮草与武器装备的补给，消耗极大。战争进行了 8 个月，赵国已不堪重负，战略储备也将消耗殆尽。据说，廉颇甚至命令士兵在夜间高声点数，好像在搬运粮草，以此迷惑秦军。当赵国向齐国伸手的时候，这个曾经拍过胸脯的盟友居然拒绝了，而楚国也袖手旁观。

发生这种出卖行为是因为齐国和楚国的国君都换人了，秦国也对它们施加了很多外交压力。更重要的是，当时战国七雄从秦赵齐燕四强变成了只剩秦赵两强，如网友“千古名将英雄梦”所说：从地缘来说，其余五国对赵国的恐惧甚至大于秦国——赵国败，六国尚能像以前一样联合对抗秦国；若赵国胜，秦国龟缩关中，那么赵国势必扩张，而扩张的方向不会是秦国，只会是跟赵国有宿仇的燕国和魏国，乃至历来与赵国结盟的齐国。各国这么一盘算，原先答应赵国的国际援助就全都变卦了。

有学者说：世人皆以为秦军道远，运粮不易，殊不知秦军通过渭水、黄河、洛水船运粮草，不耗人力牛马，畅通无阻。两军对峙一旦成势，要指望秦军断炊，除非是秦国大荒。可秦国乃是战国时代最强盛的大国，坐拥富庶的关中八百里秦川，如何会有乏粮之虞？就算是赶上了秦国收成不佳，光是秦国囤积在仓的军粮也足够应付一年两载了。

既然消耗战打不下去了，赵王便数次命廉颇出战，速战速决。廉颇鉴于战场形势，拒绝王命。赵王别无选择只能派一个愿意打速决战的将领赵括去把廉颇换回来。秦王派人散布的谣言未必就能扰乱赵国的决策，关键还是形势所迫。

轻骑兵与重步兵的搏杀

撇开白起的智谋更胜一筹不谈，在上党这个地方，赵军与秦军各自的特点也决定了它们各自的成败。

赵国自武灵王胡服骑射以来，进行了彻底的军事改革，组建起了强大的骑兵部队，在对匈奴和胡人中屡建奇功。当时的赵军多习胡风，骑射名动天下，且坐骑多塞外良马。若在开阔平原纵横驰骋，秦军终非赵军敌手。

秦国最擅长的是什么呢？是步兵。秦军重甲步兵号称“锐士”，阵势严明，众志成城，更兼多配强弩硬弓和完善的攻守器械，特别适合山峦隘口之地的壁垒攻防战。数百年来东方六国攻入秦国本土的次数寥寥无几，这就充分说明了问题。秦军的弩，也冠绝诸国，秦军在弩上加上了称为“望山”的瞄准器，并且使用了三棱形的箭镞，大大加强了弩箭的稳定性与准确性，用来对付使用匈奴战法的赵国轻骑兵非常合适。

上党之地纵横六百里山川，都是山峦重叠河流交错，绝非阴山千里大草原可比。在这样的战场上，轻骑兵会受到地形的层层制约，而重步兵却正可以依托地利。而在三年之久的对峙中，秦军深挖壕沟高筑壁垒，多置檑木炮石攻防器械，对赵军骑兵突击的限制也就越来越多。等到赵国不得不寻求决战的时候，已经没有办法发挥自己轻骑兵的优势了。

根据对秦始皇兵马俑军阵的考古研究，最后试图突围的赵军想要接触到秦军，首先要通过的是秦弩兵密集的箭雨，弩箭的射程可达300 米，有效杀伤距离 150 米，再加上秦弩兵的队列是三排轮番射击，有效地保证了攻击的连续性。万弩齐发，赵军一个个倒下。统帅赵括就是在最后一次突围中被射死的。残余的赵军士兵惊魂未定时，青铜戈矛组成的步兵方阵已经像一座座城一般压了过来。秦步兵配有 7 米多长的长矛，3 米多长的戟。绝望的赵军最终被秦军彻底摧毁。

赵括的殊死一搏

现在我们再说说倒霉的赵括，他真的像“纸上谈兵”形容的那么无能吗？

刚到长平前线的时候，赵括也显示出了熟读兵法的指挥能力，他命令一部分军队佯攻沁水，给空虚的秦国本土造成威胁。然后又率军猛攻白起，准备让秦军首尾不能兼顾。几个回合的交锋下来，秦国果然节节败退。

即使在最后的战役中他的排兵布阵也是很出色的。用三分之二的军队顶住倾巢出动的秦军，用三分之一的军队分作两队交替轮换猛攻秦军穿插部队。秦军在赵军的猛烈攻击下，渐渐不支，秦昭王“尽发年十五以上悉诣长平”阻挡赵军。在此情况下，赵军才终于没有突破秦军的阵地。

在赵军被围困后，赵括的表现应该说配得上一名上将的水准。在内无粮草、外无救兵的极端不利的条件下，他率军英勇顽强地同强大的敌人战斗了 49 个日夜，身先士卒率赵兵冲秦阵，秦军万弩齐发，身中数十箭，犹呼向前，力战而死，称得上是可歌可泣。

赵括的拼死反击，给秦军造成了空前绝后的伤亡。有一点可以肯定，长平大战不但是赵国心中永远的痛，也是秦国心中永远的痛。长平大战后，秦国不仅没能乘胜灭掉赵国，反而数次被其余五国痛打落水狗，甚至一度被攻入咸阳郊区，20 多年之后才恢复了元气。

这是一场改变历史走向的战争。双方的胜负绝不是我们今天看起来那么简单。国际形势、地理战略、战术特点都发挥着重要的作用，而相对来说战将的个人能力可能反而不那么重要了。

荆轲是靠不住的

荆轲这位著名的刺客居然只不过是个志大才疏的浪荡子。燕太子丹实在是找错了人。

中国历史上最著名的一次刺杀行动无疑是战国末期的“荆轲刺秦王”，千百年来，人们常常为荆轲的豪迈和悲壮而唏嘘感叹。然而仔细推敲史书上记载的荆轲，你会发现这个人实在不靠谱，靠他去刺杀秦王，不失败才怪。

游手好闲的浪荡子

首先让我们看看荆轲在遇到求助他刺杀秦王的燕太子丹之前是个什么货色。

荆轲出生于卫国。司马迁在《史记·刺客列传》中是这样说的，荆轲年轻的时候喜好读书和击剑。注意，仅仅是喜好，司马迁可没说他擅长读书和击剑。荆轲曾经想要游说卫元君，忽悠人家给他个官当当。可是卫元君似乎知道他有多少斤两，根本看不上他。

后来卫国被秦国吞并，荆轲好像也没什么亡国之痛，没心没肺地四方游历，倒是结识了许多豪杰志士。不过他在这些真正的豪杰面前可毫无气概可言。有一次路过榆次的时候，荆轲拜访当地一个剑术超群的侠士盖聂，在人家面前高谈阔论，大概是有点班门弄斧的意思，惹得盖聂对他怒目而视。出来以后，荆轲不敢久留，立刻乘车离去。盖聂知道以后说：“本来就该走了，刚才我用眼睛瞪他，他害怕了。”

不知深浅地班门弄斧，本已显得轻浮，被人家瞪了两眼便立刻闪人，更显得懦弱。这样的尴尬事荆轲还经历过不止一次。后来荆轲漫游邯郸，与一个叫鲁句践的豪侠弈棋赌博，争执博局的路数，鲁句践发怒呵斥他，荆轲也是默无声息地逃走，从此再也没见过鲁句践。

既得不到王孙公子的重用，又混不进真正的侠士剑客的圈子里去，荆轲似乎也没什么追求了，便跑到燕国与一个宰狗的屠夫和一个擅长击筑的乐师高渐离交朋友，天天在集市上酗酒，高渐离击筑，荆轲就和着拍节唱歌，唱着唱着又旁若无人地哭泣起来。

就像现在的行为艺术家一样，很多时候你弄不清楚他们究竟是真的有内涵还是在哗众取宠，总之荆轲的这种怪形异状最后引起了当权者的注意，燕国的太子丹开始相信他是个有能力的人，这才委以刺秦的重任。

骗吃骗喝的假义士

作为一个刺客，在出手之前都应该做什么呢？中国古曲《广陵散》中记载过另一个非常成功而且非常震撼人心的刺客——聂政。

在荆轲的时代之前约220年，相传聂政之父为韩王铸剑，因误期而被杀。聂政决心为父报仇。他知道韩王喜好音乐，便上泰山刻苦学琴，一去10年。回到韩国后，聂政在离宫门不远处屈膝而坐，轻抚瑶琴，琴声使行人止步，牛马停蹄，果然引得韩王召其进宫演奏。当这位老君王听得双眼迷离、如痴如醉的时候，一把匕首夺琴而出，刺入他的胸膛。下一幕更加撼人心魄：聂政随即拿匕首在脸上一阵狂舞，一张冷峻的脸顿时血肉模糊。为免连累家人，聂政毁容自尽。

整个刺杀计划中，聂政付出了艰辛的努力。比如说10年学琴，一般人是很难做到的。相比之下，荆轲为刺杀秦王，也作了一些准备，不过他从来没有难为过自己。

古代小说《燕丹子》中记载，太子丹对荆轲敬如上宾，每天亲自送来好酒好肉，香车美女。荆轲在池边观景，无聊地捡瓦片打乌龟，太子丹马上让人端来好多金瓦，直到荆轲胳膊都酸了才算完。太子丹陪荆轲骑马，荆轲大概是嘴馋了，说了一句“听说千里马的肝很好吃”。太子丹马上杀马取肝做菜。俩人在华阳台听美女弹琴，荆轲很轻浮地说“小妞的手真好”。太子丹立马要把美女送给他，他还扭扭捏捏地说什么“我只是喜欢她的手”。太子丹也挺狠，干脆砍了美女的双手，放在玉盘里端给荆轲。

打肿了乌龟的头，吃掉了千里马的肝，剁掉了美女的手，这就是荆轲为刺杀秦王作的准备。还不止这些，在整个荆轲刺秦王的过程中，除了他自己之外，他还断送了六条好汉的性命。第一个就是向太子丹推荐荆轲的田光，太子丹临出门时吩咐他保守秘密，田光就自杀灭口以释太子丹疑心。第二个是秦王悬赏缉拿的樊於期，荆轲说，我要接近秦王需要樊於期的人头，樊於期可真爽快，荆轲要他马上就给，眼都没眨就自杀了。第三个是荆轲的副手秦舞阳，号称燕国的勇士，13 岁时就杀人不眨眼，荆轲失手之后被秦王护卫剁成肉酱。第四个当然就是荆轲的老板燕太子丹，刺杀失败，秦王要报复，燕王只好斩了太子丹的头颅献给秦王。第五个则是和荆轲一起喝酒唱歌的高渐离，大概是想为朋友出气，趁着演出的机会用灌铅的乐器袭击秦王，结果也被杀。最后，连大侠盖聂也因为与荆轲有一面之缘，受到株连被杀。

荆轲与他的前辈聂政比起来相差太远。人家聂政要刺杀，就认真地磨炼自己的技艺，一击成功不说，还决不牵连别人，毁容自尽。而荆轲这家伙不是吃喝玩乐，就是虐待动物，还连累了六位大好男儿，实在是可恶。

惜哉剑术疏

荆轲堪称中国古代最著名的刺客，按理说应该武艺超群才对，可是从实际情况来看，他恐怕就败在剑术不精上了。

那个时代真正的剑术高手应该是什么样的呢？《史记·刺客列传》还记载着另一个版本的聂政故事。这个故事是说聂政受雇刺杀韩国丞相侠累，成功后自杀。当时侠累正高坐府堂，执戟甲士侍立两旁。聂政仗剑直入韩府，诸多甲士反应不及，正自呆若木偶时，聂政的长剑已刺入侠累胸膛，顷刻夺命。顿时府中大乱，甲士们醒悟过来，上前围攻。聂政击杀数十人后才自杀身亡。这水平应该与金庸笔下的大侠差不多了。

而荆轲呢？早在四处云游的时候，就曾经遭到剑客盖聂和鲁句践的鄙视。后来在太子丹府上，也从没见他露一手。只有在说服樊於期献出头颅的时候，荆轲形容了一下自己设想的刺杀动作——左手抓住秦王的衣袖，右手用匕首直刺他的胸膛。可惜想象的东西跟实际常常是有差距的。

当荆轲真的走进秦宫，图穷匕见之时，刚想抓住秦王的衣袖，秦王惊觉后跃，撕裂衣袖，轻易地躲了荆轲的突袭。从这里丝毫没有看出他剑法的高明。接着，俩人便开始绕着柱子跑，荆轲居然没追赶上，可见跑得也不快。期间，荆轲还被秦王御医抛出的药包砸得够呛，可见躲闪也不灵活。等秦王拔出剑来，荆轲即使不能飞起一脚将秦王的剑踢飞，至少也应该来个侧闪，顺势再刺，哪怕只划破点皮，匕首上的毒也足够置秦王于死地了。可是荆轲居然没能躲开秦王这一剑，被人家连劈好几剑。由此可见荆轲的武艺实在不怎么样。最后，他还有一个机会，投掷匕首。秦王御医用药包都能打中他，可是他的匕首却只投中了柱子，溅起几颗火星，足见暗器功夫也很差。

据说后来鲁句践听说荆轲刺杀秦王的消息后，说："荆轲这孩子可惜啊，要是早把剑练好了，怎么会有今天哪！"

当我们仔细分析荆轲其人的时候，居然发现这位著名的刺客只不过是个志大才疏的浪荡子。他之所以能够名垂千古，恐怕也只是因缘巧合被推到了历史的三岔口上了吧。

第四章　秦汉风云

秦始皇不是暴君

难道秦始皇真是一个没有人情味的野蛮动物，自始至终都在用鞭子和刀剑统治他的臣民，用权术和阴谋制御大臣？事实并非如此。

秦始皇的身上有一个非常醒目的标签——暴君。似乎从司马迁撰写《史记》的时候开始，中国人心里就留下了这样一个印象：秦始皇是一个没有人情味的野蛮动物，自始至终，他都在用鞭子和刀剑统治他的臣民，用权术和阴谋制御大臣。然而如果我们平心静气地算算这位千古一帝的所作所为，就会发现他并非杀人不眨眼的恶魔。

秦始皇不杀大臣

历朝历代皇帝的暴行首先都是从残害身边的人开始的。不说商纣王这种发明各种各样的酷刑来折磨大臣的末代昏君，很多开国帝王也往往滥杀功臣。汉高祖刘邦、明太祖朱元璋都是将开国元勋一网打尽，动则灭族，死者上万。即使是很多以贤明著称的君主，也免不了对大臣下毒手。比如汉武帝晚年就常常毫无人性地滥杀，大臣无罪被诛灭九族的就有几十家。

“狡兔死，走狗烹；高鸟尽，良弓藏；敌国破，谋臣亡。”这句话非常形象地描述了中国古代冷酷无情的君臣关系。在这方面，东汉光武帝刘秀和北宋太祖赵匡胤算做得不错的，他们找借口剥夺了功臣们的兵权，让人家回乡下养老。虽然没杀人，可毕竟还是寡情薄义地拆散了自己打天下的团队。

比较起来，我们这位所谓的“暴君”秦始皇，对他的臣僚们可算温情脉脉。在他的政治生涯中唯一杀戮的重臣是吕不韦。那是一次少年君主与权相的斗争，恐怕是没有办法的事情。除此之外，秦始皇与李斯、王翦、蒙恬等著名将相都善始善终，关系相当融洽亲密。秦始皇与李斯君臣30年，有始有终，最为典型。君对臣信任爱护，臣对君鞠躬尽瘁。《三国演义》里刘备与诸葛亮的君臣际遇也不过如此。

秦始皇用人不疑，只考察结果，不干预过程。他将20万大军交于李信，将60万大军交于王翦，将30万大军交于蒙恬，并没有设置各种限制他们权力的障碍，也不干预他们的作战过程。李信年轻气盛，进攻楚国大败而归。但秦始皇并没有追究他的责任，而是继续信任他，使他与王翦一起攻燕，让他有机会立下了俘虏燕王的功绩。

秦始皇甚至对敌国间谍也显得很宽容。战国后期，韩国为了削弱秦国的强大实力，派水工郑国赴秦兴修水利，想要利用这种浩大工程来消耗秦国的人力、财力和物力。事情败露后，秦始皇看到这项工程还是有好处的，不仅没有杀掉郑国，反而还让其继续修建工程，甚至用郑国的名字命名这条水渠。知其是间谍而还让其负责工程，明知其动机不纯还以其名命名，这种容人之量史上罕见。著名乐师高渐离是荆轲的好朋友。荆轲刺秦失败以后，高渐离流落民间。秦始皇爱惜他的音乐才华，居然任命这个刺客的同党为宫廷乐师，直到高渐离真的用乐器袭击他，才把他杀掉。

在历代王朝中，秦始皇时代政治核心层的稳定性可以说是最高的。比一比汉武帝如何走马灯式地换相，如何不断诛杀宰辅公卿，就可以明白秦始皇的过人之处。

秦始皇杀人多吗？

“焚书坑儒”是秦始皇残暴的最重要证据，甚至被视为后来2 000多年多起文字狱的先河。但是，焚书并非焚毁中国的全部书籍，有关技术方面的书未遭焚毁，如农业、医学、秦国史录及法家的哲学著作等。即使是焚掉的书，在国家图书馆里也必须保存副本。坑儒坑的也并非真正的儒生，而是460余名装神弄鬼，骗秦始皇求仙，结果败露的方士。杀人当然不对。可是朱元璋罗织文网，百般挑剔，上至大臣，下至平民，因各种与文字有关的事件而被杀者达十几万之多；乾隆一朝，制造的文字狱案件总数在140次以上，兴一狱往往牵连成百上千之人斩杀流配。秦始皇的行为与他们比起来似乎还不在一个档次上。

秦始皇扫灭六国是一系列大规模的军事行动。战争势必是要死人的，但是在征伐六国近10年的时间里，秦始皇却少有中国古代常见的“屠城”、“坑卒”之举，即使对派荆轲刺杀他的燕国也没有。唯一一次是攻灭赵国的时候，他把幼年时曾经欺负过他母子的人统统抓起来活埋，但绝不是电影里那样大规模地活埋儿童。比较而言，推翻秦朝的项羽对平民与降卒有过六次大屠杀，全部都是战胜之后骇人听闻的屠城与杀降，刘邦也屠过颍阳、武关。

秦始皇灭掉六国之后，也并没有对原六国的王孙贵族赶尽杀绝，只是将他们迁到咸阳附近和四川等地，以便控制。甚至对曾经消灭秦军20万的楚国大将项燕的后代项梁和项羽，都没有追杀，任其避居吴中，最后成为推翻自己王朝的敌人。而项羽攻进咸阳以后，对秦始皇的后人可没这么客气，将所有秦宗室公子，一律诛杀。

秦始皇的军事行动看起来对社会的破坏也不算大。天下一统之后，秦始皇又是修长城，又是建阿房宫、骊山陵墓，全是被指责为劳民伤财的大工程，但至少说明一点，秦王朝仍然有能力动员起如此众多的劳动力、粮食和物资。而秦朝灭亡后，经过楚汉战争，到刘邦当皇帝的时候，国家就被破坏得不成个样子了。天子出行，居然找不出四匹毛色一样的马驾车，很多大臣、将军只能乘牛车。

秦始皇上当了

既然秦始皇这么仁义，怎么又会变成史书上的暴君，他的王朝怎么会垮得那么快呢?

秦始皇统一天下之后，真正伤害到普通百姓并且动摇国本的，是繁重的徭役赋役。这些徭役赋役是用来做什么的呢？最主要是用来修建长城和一条通往北方草原的高速公路——直道。修长城是为了防备匈奴人进攻，修直道是为了运送军队征伐匈奴人。所以，根子是坏在匈奴身上。很多学者都认为，秦始皇北伐匈奴是秦朝灭亡的一个重要原因，也是秦始皇一次致命的决策失误，耗费了大量的人力、物力、财力，最后激起了天下大乱。

其实当时的匈奴尚相对弱小，史籍中几乎没有匈奴侵扰秦王朝边界的记载。至于匈奴统一草原地区，与中原王朝为敌，是西汉时期的事情。所以完全没有必要去攻打他们。统一六国之初，信心膨胀的秦始皇曾有意趁热打铁，一举收服匈奴，但是李斯说劳师远征匈奴只会消耗国家的力量而没有实际收益，不利于秦国的长远发展。秦始皇也就打消了这个念头。但是6年以后，一个方士的谎言却让他不顾一切地发动了对匈战争。

这个方士是燕国人，名叫卢生。秦始皇让他前往蓬莱三岛，寻求长生术。这家伙在外面转了一圈，没找到长生术，却找回来一块石碑，上面写着一句预言："亡秦者胡也。"秦始皇认为这是指将来灭亡秦朝的是匈奴，便急忙派蒙恬率30万大军北伐匈奴。有学者猜测，卢生是燕国人，对秦朝当然有着亡国之恨，故意编造这么一句预言，骗秦始皇去打匈奴，消耗国力，促使秦朝灭亡。

迷信的秦始皇上当了。面对30万秦兵，匈奴人轻松地向西、向北退却。对游牧民族来说，这是寻常之举，根本谈不上什么损失。蒙恬虽然占领了不少土地，可是这些土地并不适合耕种。为了防备匈奴卷土重来，30万大军只好驻扎在这片"无用之地"上，进退不得。为了维护北伐的成果，秦始皇又不得不征用数十万民夫修筑延绵5 000余里的长城。驻军、筑城劳力需要的粮食、物资全靠国内征发。

蒙恬率领的30多万大军在冰封雪飘的北国艰苦奋斗十多年，大体上10个人当中要死掉六七个，更不用说那些调去修筑长城的民工的悲惨处境了，数千里的戍边线，竟成了人间地狱。这才有了孟姜女哭长城的故事。后来，靠正常的徭役征发已经难以保证北伐的需要了。秦始皇不惜动用国家机器，利用严刑酷法，将数以千万计的贫苦农民变成刑徒，派去修筑长城。老百姓不堪重负，怨声载道。

秦始皇死后仅1年，一个大雨滂沱的夜晚，900名征集去戍边的壮丁揭竿而起，各地民众立即响应，起义如干柴烈火蔓延到帝国的各个角落。当起义者即将踏进咸阳的时候，奋起抵挡的并不是帝国的正规军，而是一支由囚犯拼凑而成的部队。而秦军的30万精锐仍然驻守在千里之外长城沿线，来不及赶回来。

秦始皇不是一个生性残暴的君主。他甚至愿意宽宏地信任来自敌国的间谍，可惜他错信了一个方士的预言，毁灭了自己的王朝。

秦始皇是被谋杀的

> 叱咤风云的秦始皇生了一场小病，却勾起了赵高的杀机，中国的历史也随之改变。

公元前210年，出巡东南之后西归的秦始皇到达平原津。车行沙漠中，旅途劳顿，身体疲惫加上高温，这位精力充沛的皇帝病倒了，虽然神志清晰，但安危难卜。于是，秦始皇给身在上郡的公子扶苏留下一道遗诏，要扶苏回到咸阳参与葬礼，等于就是让他继承皇位。可是遗诏还没送出去，銮驾行至沙丘，秦始皇就一命呜呼了。

史书上记载秦始皇身体一向很健壮，没听说有过什么宿疾，死时也不过50岁，应该说正当壮年，怎么说死就死了呢？2 000年来，很多历史学家都怀疑这是一起难觅痕迹的谋杀案，而凶手就是历史上最著名的奸宦之一赵高。

秦始皇外出巡视的交通工具——辒凉车，长大致3米左右，宽约1.5米，人能站立，冬暖夏凉，在内可以自由窥测外间人物，并收听各类信息；而外面的人则不能看到内情，只能聆听到里面的传话或命令。数十辆外观完全一致的列车行列队中，御座专车每日均有变换，谁也不知是哪辆，只有赵高一人知道，由他掌握调换。没有许可，任何人（包括丞相大臣）都不能直接谒见秦始皇。所以，要谋杀秦始皇，只有赵高能做到。

那么赵高为什么要谋杀秦始皇呢？学者文葛里认为，这可能与秦始皇所患疾病有关。

秦始皇这次巡视的最后一站是环游山东半岛，自琅琊至芝罘均为海路，食物中必多水产品，因正值盛暑，若水产品冷藏不佳，如发臭的鲍鱼，容易使细菌快速繁殖或腐败，导致细菌性中毒的可能性极大。所以有人猜测可能是沙门氏细菌中毒。沙门氏菌中毒发病突然，发病后神志清楚，而病痛感觉程度重，二三日内可达到高峰，这都与秦始皇突然发病，重病之中仍可以口述遗诏的病征比较接近。

但问题出现了，沙门氏菌中毒并不会致命，一般健康人可逐渐缓解，十来天后即可复原。而秦始皇自平原津发病，到沙丘平台逝世，距离约相当于今三四百公里，车队行速每日约 30 公里左右，前后也是十来天。也就是说，在秦始皇应该痊愈的时候，他却死掉了。据此，我们可以揣测一下当时秦始皇身边发生的事情。

史书说知道秦始皇生病的只有赵高、李斯、胡亥及随侍宦官，而长时担任护理病人者，只赵高及所派宦官一二人而已。当秦始皇突然发病，而且病得很重的时候，恐怕连他自己都以为这次在劫难逃，于是就写下了遗诏，示意让长子扶苏继承皇位。

对赵高来说，则无疑是晴天霹雳。扶苏向来倚重蒙恬、蒙毅兄弟。而赵高则与蒙氏兄弟有宿怨。据说，赵高曾犯大罪，蒙毅以法治之，判其死刑，后因秦始皇过问，方得赦免。一旦扶苏即位，蒙氏兄弟的地位必将更加巩固。赵高如要摆脱来自蒙氏兄弟的威胁，必须设法阻止扶苏即位。而唯有扶立对自己言听计从的胡亥，才有可能保证自己日后的地位。

于是赵高采取说服胡亥威胁李斯的手法，三人经过一番密谋，假造秦始皇诏书，由胡亥继承皇位。同时，还以秦始皇的名义指责扶苏不孝，让他马上自杀。

然而没想到的是，赵高篡改遗诏之后，秦始皇的病情竟然渐渐稳定住了。车列缓缓而行，一天又一天过去……赵高心急如焚，万一秦始皇恢复过来，询问遗诏的事，将如何对付？事已至此，赵高为保护自己不得不下毒手了。他可以在献给秦始皇的羹汤中下毒，也可以直接动手将病后体虚的皇帝扼死，反正一切都在辒凉车中发生，没有人会知道。

就这样，叱咤风云的秦始皇生了一场小病，却勾起了赵高的杀机，终于英年早逝。中国的历史也随之改变。

复仇的六国掀翻秦朝

推翻秦朝的，不是农民起义军，而是那些复仇的六国旧贵族。最终楚国人统一天下，汉王朝才是战国时代的终结。

公元前 221 年，雄伟瑰丽的齐国都城临淄城门大开，齐王甚至没有组织任何抵抗就献出了这个东方大国。并立纷争 250 多年的战国局面终于在秦王嬴政手中结束了。他志得意满地给自己起了一个新的称号——始皇帝，幻想他的皇位能够千秋万代地被子孙后代传续下去。然而一统江山的大秦帝国远没有嬴政想象得那样长寿。又过了 15 年，他的孙子便率领群臣，手捧国玺、兵符、节杖，俯身站在咸阳城门外，向一个叫刘邦的人投了降。

大秦帝国为什么垮得那么快？几千年来，政治家、历史学家往往认为，是秦始皇父子的残暴统治引发了农民起义，最终导致了帝国的崩溃。但另一些人却说，推翻秦朝的，其实是那些复仇的六国旧贵族。

统一之后战斗没有结束

当我们读历史的时候，常常以为秦国大军挺进六国都城，俘虏六国君主之后，辉煌的统一大业就完成了。其实，秦与六国的战争还远没有结束。成千上万表面上顺从的六国旧贵族们，夙夜无寐，盼望着恢复故国。他们在各地拥有巨大的财富和人力资源，丰富的政治、军事经验，是秦帝国最大的隐患。

韩国贵族张良拿出全部家财作为刺杀秦始皇的经费，后来寻得一个能使铁椎百二十斤的力士，在博浪沙刺杀秦始皇，误中副车，刺杀未能成功。魏国贵族张耳、陈余被秦朝悬赏捉拿，隐姓埋名，在乡里做门卫。秦官吏无端笞辱他们，他们也不动声色，怕暴露身份，影响复仇活动。楚国贵族项梁、项羽在楚亡后，躲避到吴中（江苏苏州），很快得到了当地贤士大夫的支持，凡有大的征役和丧葬事宜，常由项梁主办。每当此时，项梁便暗中用兵法分派调配宾客和子弟的工作，察知宾客和吴中子弟们每人的能力如何。为报国仇家恨，项羽也立志学习可以对付千军万马的兵法。

秦始皇深知这些旧贵族们蕴含的能量，便采取各种各样的措施进行防范。各国宗亲贵族遭到迁徙流放，被迫离开了自己的势力范围，六国故地也被新设置的郡县分割。

不仅如此，秦始皇还下令，收缴流散于民间和旧贵族手中的兵器，集中在咸阳加以销毁，改铸成12个大铜人，各重24万斤。同时又命令各地拆毁原有六国的军事设施如城墙、要塞等，以免被各国贵族用来作为反秦的据点或屏障。最后他还发动大量民夫、囚犯及原各国的战俘、贵族和工匠，兴建了一个规模堪与长城相媲美的工程——驰道，也就是古代的高速公路，以咸阳为中心，东到燕、齐，南至吴、楚，南北东西，四面贯通，全长达数千公里。驰道宽达50步，路面用锤夯打，平坦坚实，战时便于调兵、运粮，平时便于驿传，以便快速调兵扑灭六国故地的反叛。

与人身征服相比，更难的是文化的征服。从思想理论方面考察，秦国确实无法与东方各国相提并论。齐、鲁是儒学的发祥地，赵、魏、韩为法家的摇篮，齐、燕盛行阴阳学说，楚地风行老、庄哲学。而在秦国的历史上，自春秋战国到统一以后，没有一个堪称为思想家的秦人，也没有一部秦人的理论著作出现。

秦统一后，六国旧贵族和诸多儒生仍然蔑视秦国文明，拒绝接受秦强加给他们的文化，全盘否定秦人文化，企图以文化的反抗形式达到政治反抗的目的，恢复六国旧制。他们以古非今，歧视秦文化，诽议秦政，甚至在朝廷公开毁议秦政。骄傲的秦国，趾高气扬的秦始皇，被激怒了，于是才有了“焚书坑儒”之举。

楚国人是最后的胜利者

所以说，表面上统一的大秦帝国即使没有秦始皇父子的残暴统治，也一样危机四伏。

公元前209年，陈胜、吴广率领900名民夫发动起义，建立张楚政权后，六国贵族闻风而动，不是参加了陈胜领导的农民起义军，就是自己拉起队伍。起义军中笼罩着倚名族、树六国的迷雾，把用血肉换来的王冠，心甘情愿地奉献给六国后裔，起义短短的几月中，原六国地域除僻远的燕国外，全部实现了王政复兴。楚怀王熊心、赵王赵歇、齐王田市、魏王魏豹、韩王韩成，都是故国旧王族，一时间又如同回到了合纵伐秦的战国时代。六国贵族所占据的地盘，比陈胜吴广起义军控制的地区要大得多。

楚国一位名叫南公的阴阳家曾经预言：“楚虽三户，亡秦必楚。”当秦国终于在六国旧贵族的复仇中瓦解的时候，人们赫然发现这个预言真的实现了。

陈胜、吴广是楚国人，他们在楚地大泽乡起义，随同陈胜、吴广起兵的九百戍卒，也都是出身楚地的贫民，建立的政权号为张楚，取“张大楚国”的意义。项梁、项羽是楚国的名门贵族，起兵于楚国旧土会稽，率领的八千江东子弟兵，也无一不是楚人。项梁后来拥立怀王，复兴楚国王政；项羽统领楚军歼灭秦军主力，自封西楚霸王，宰割天下。刘邦起兵于沛县，也是楚国人起于楚国旧土，最终扫灭群雄建立汉朝。

刘邦的朝廷里唱楚歌、衣楚服、跳楚舞。而且从刘邦开始，直到汉文帝、汉景帝，西汉王朝都把楚国的思想精华——黄老之术定为西汉初期的官方哲学，对国家实行“无为而治”，直到汉武帝时期才改为“独尊儒术”。

总而言之，在战国以来的各国角力中，楚国人是最后的胜利者。

大汉天下一统

楚汉战争中的六国后裔，或为楚的附庸，或作汉的与国。无论依附谁，最后倒霉的都是他们。六国后裔的代表人物，丧命于楚者有三王——齐王田荣、楚王熊心、韩王成；兵败身亡地入于汉者有三王——魏王豹、赵王歇、齐王田广；互相残杀而亡的有二王——济北王田安、胶东王田市。不知所终的有齐王田都，进入汉朝的仅有韩王信。六国贵族中的头面人物伤亡殆尽。

随着时间的推移，六国后裔的构成也发生了变化，老一代日趋凋零，新一代对六国怀念之情淡薄，复兴六国已成黄梁之梦，只有转化为汉朝臣民，才会有他们的社会地位，经济利益。正是在这种情况下，六国后裔开始转化为后来在三国魏晋时期叱咤风云的世家大族的祖宗。

正是由于这种转化，六国后裔在汉代居高位者甚多：齐国王室后裔田千秋、田顺、田奉、田邑、法雄等人，或为丞相，或做郡守。西汉末年自称为济北王田安之后的王莽家族，以外戚身份执掌朝政，篡夺皇位，建立新朝。韩国后裔韩颓当、孙嫣、韩寻等人也爵为列候，官至将相，官途仕禄与两汉相始终，功名勋业彪炳汉史。六国后裔还把关东的经营方法带入关中，西汉关中的富商大贾往往是姓田的（齐国王姓）。战国时代至此终于余音消散。

偌大一个中国，经过了800余年的西周分封，蓦然统一谈何容易啊。秦始皇依靠强大的武力将七国捏合起一个空前的帝国，终于在十几年后的六国贵族复仇中土崩瓦解。最终统一中国的不是秦人，而是楚人，战国时代终结于汉朝，而不是秦朝。

不懂地理学害惨了项羽

项羽在分封天下的时候是很动了一番脑筋的。可惜他却不知道选择最适合自己的战场，最终被屡败屡战的刘邦逼得乌江自刎。

秦朝末年，群雄并起，楚汉相争。骁勇善战的偶像型领袖项羽最后输给了喜欢耍无赖的刘邦，被迫乌江自刎。这段传奇千百年来为历史学家、文人骚客们争论不休。有人说，西楚霸王项羽在战场上鲜有败绩，可是他在地理学上的失误注定了他失败的命运。

项羽分封天下

陈胜吴广起义爆发以后，原来被秦始皇扫灭的六国贵族们纷纷趁势而起，短短两年之内，秦与六国对抗的后战国局面再一次出现。巨鹿之战中，项羽破釜沉舟，击败章邯率领的秦军主力，坑杀 20 万秦卒，威震天下，俨然成为各路反秦军的首领。

当时，六国贵族们很多已经据地称王。在秦王朝的威压下战战兢兢活了十几年，他们盼的就是光复旧国的这一天。项羽想要自己立刻当上一统天下的皇帝是不可能的。他必须分封天下。可是具体如何分封却大有文章可做。就项羽而言，既然由自己掌握分封权，就应该选择最佳空间位置，削弱诸侯实力，造成相对优势，为今后荡平地方割据铺平道路。他也的确是这样做的。

他把天下划分成 18 个王国，想方设法打击、削弱、铲除自己称霸天下的竞争者，培植忠于自己的嫡系部队，加强自身力量。富庶的齐国故地分为三个小块；燕、赵各分为两个小块。六国贵族所占的分量已相当弱小。项羽实际上是通过“分封”造成“分裂”来削弱各国的割据势力，以便日后各个击破。

更狡猾的是，项羽经常封一个旧贵族当王，然后把这个旧贵族手下的得力大将也提拔上来一两个，把旧贵族的原有封地划出来一块，封给这些将军们。这一招虽然看似平淡无奇，实则很阴损，因为一个本来很团结的团队，只需要在论功行赏升迁的时候稍微上下其手，很容易就四分五裂了。

如张耳与赵王歇，原来君臣相敬如宾，相濡以沫。项羽把赵王歇的封地划给了张耳，把赵王歇迁到代地，张耳与赵王歇的关系迅速破裂，开始钩心斗角，互相牵制，无法对项羽构成威胁。

把刘邦困在角落里

劲敌刘邦被排挤到偏僻的西南，分给他巴、蜀和汉中三郡。项羽是这样想的：巴蜀为旧秦流放罪人之地，其开化程度应该低于关中及东部地区。而且刘邦的部下都是江苏人，一定更不愿意久留于此，大批逃亡势必发生。实际情况正是如此，韩信就曾经想要离开，幸好被萧何及时追回来，留下了“萧何月下追韩信”的故事。所以刘邦封在这个地方一定会被困死。

为了将刘邦封闭在这个角落里，项羽在刘邦的东面铸就了两道屏障。一是让章邯等三个秦军降将分治关中。关中沃野千里，是王霸之资，可惜项羽坑杀了20万秦卒，又屠了咸阳，失了秦地的民心，自己在那里是待不住了。分给这三个降将，一方面可以让三个人互相制衡，不至于尾大不掉；另一方面，这三个秦军降将在秦人眼里是叛徒，他们唯一的权力依托只能是项羽本人的支持，所以项羽这么一封，比用自己人效果还好。项羽还不放心，又把魏王豹移到河东郡，改封为西魏王。从历史上看秦国正是因为拿下河东郡才走出函谷关，与六国竞逐。把魏王豹放在这里可以阻挡关中的发展空间。

从项羽的部署来看，是要将刘邦封闭在西部一隅，以三秦降将和魏王豹阻挡其东向，为的是争取时间，首先平定东部半边江山，然后回师西部，完成统一大业。

项羽自己则号称西楚霸王，占据楚地的9个郡，以彭城，即今江苏徐州为都。秦始皇分天下为36郡，项羽占了四分之一。不仅如此，他后来还杀掉了韩王成，把本来属于韩王成的颍川郡也控制在自己的手中，实际控制了10个郡，而南方三王都是他的亲信，河南王、殷王势力弱小，因为有项羽照顾才得以封王，所以中原一带也号令无阻。不难看出，项羽阵营的势力范围十分壮观，足以使任何欲有异动的诸侯国不敢轻举妄动。

送给刘邦一块肥肉

项羽打算得很美好，可惜现实与他的想象大相径庭。

在项羽的心目中，巴蜀是秦朝流放罪犯、地僻山险、愚昧落后的地方，但实际上经过历代秦王一百多年的开发，尤其是修建了都江堰以后，已变成富饶的天府之国，农业、手工业、冶铁业都很发达，曾经以大量的人力资源及取之不尽的粮食等其他军用物资，有力地支持了秦始皇的统一大业。不仅如此，巴蜀地理形势也很特殊。四周高山布列，中间平原宽广，陆有剑门之障，水有三峡之险。东扼长江，实为吴楚咽喉；北走秦岭，可以直捣秦陇肘腋。军事上可攻可守。实是良好的战略后方基地。后来三国时候，刘备正是听了诸葛亮的谋划，占了巴蜀，才拥有了三分天下的实力。所以项羽等于亲手将一块肥肉送给了刘邦。在后来的楚汉战争中，刘邦屡战屡败，消耗很大，但是有巴蜀地区源源不绝的兵员和军需物资的供应，总能够迅速恢复。

不过占了巴蜀只能说是拥有了自保的基础，要想争夺天下，必须进一步拿下“形胜甲于天下”的关中地区。三国时候的诸葛亮屡次兵发祁山，试图谋取关中，可惜都失败了。这就注定了蜀汉只能偏处一隅，最后被消灭。项羽坚决不让刘邦做关中王是对的。可惜他派章邯等三秦降将把守关中却大大失策。在关中百姓眼中，章邯等人就是出卖秦国的叛徒，而刘邦最早攻入关中时的“约法三章”，秋毫无犯，则给他们留下了非常好的印象。人心向背可想而知。刘邦来了个“明修栈道，暗度陈仓”，连续作战，分兵略地，迅速占领关中，从此奠定了夺取天下的胜势。

项羽最大的失策是留给自己的那块地方——彭城。彭城即今徐州，历来为兵家必争之地。但周围无险可守，实乃四战之地，一旦遇有战事，便会四面遭敌之牵制和骚扰。从经济方面看，彭城与淮、泗地区自战国以后虽逐渐开发，但未辟荒芜之地很多，水患不断，远不如关中优越。交通运输更难与关中相比。这一带的河流不仅流量少，冬季易干枯，且向西逆流而上，运输多靠输卒，费时费力，十分不便。

整个楚汉战争，大战七十，小战四十，项羽常胜，却军力日衰，刘邦常败，实力却不见削弱。只见刘邦攻入彭城，不见项羽再入咸阳，这种令人困惑的现象正是地理因素造成的。

项羽自己制造的敌人

更不幸的是，分封明明是拉拢人的好事，可是项羽却招来一堆怨恨。

项羽将齐国一分为三，偏偏因为个人宿怨没有封真正掌握齐国实权的田荣。结果田荣一怒之下将三齐全都兼并，自立为齐王，发动叛乱。田荣还煽动了彭越的反叛。彭越是江洋大盗出身，极有军事才能，可是项羽对他的重视明显不足，没有分封。后来彭越投靠了刘邦，成为楚汉战争期间最著名的游击司令，专断项羽的粮道，打了就跑，令项羽吃尽了苦头。田荣又资助赵相陈馀，发动了赵国统一战争，理由也同样是没有封王。

田荣、彭越、陈馀联手反叛，东方彻底乱了。西方又有刘邦轻取三秦，兵至彭城，迅速发展。项羽陷入了两线作战的窘境，既不能全力对付刘邦，又遭到彭越的游击式骚扰，陷于战略上的被动和混乱。

没封的人造反，封了的人也不安生。项羽分封的意图可谓路人皆知。诸侯们回到封地，即对项羽产生不满情绪，离心离德，各自为政，甚者互相攻打。九江王英布就是在刘邦节节败退、项羽军威极盛之际，投奔了刘邦。丢了英布就等于是丢了淮南，淮南就是彭城南边的屏障，刘邦因此开辟了一条合围项羽的南方战线。

选错了战场

分封已然犯了错误，真的在战场上刀兵相见的时候，项羽对战场的地理也考虑不周。

汉二年四月，刘邦乘项羽镇压齐地反叛，进占彭城。项羽随即回师救援，大败汉军，刘邦退据荥阳。双方在此展开一场旷日持久的拉锯战，足足打了两年零四个月。

屡屡一溃千里的刘邦为什么会在荥阳这个地方与项羽抗衡这么久呢？荥阳的地理位置决定了它是一个易守难攻之地。河南从荥阳以东是一马平川的豫东平原，以西是丘陵和山脉，荥阳处在东部平原和西部丘陵山脉的分界线，特别容易组织防守，所以刘邦才能深沟高垒，与项羽对峙，如果战败就往深山险阻的地方跑。项羽的军事才能，在险恶的地形中不能自如地施展，一直没能前进。

这里有秦时所建的关东最大粮仓——敖仓，足以解决汉军粮食问题。更重要的是北面有黄河自西向东流过，交通非常便利，关中、汉中和巴蜀的兵员、物资，亦可顺流而下，随时补充前线。

战场是否有利，对战役、战斗影响甚大。聪明的将帅，无不竭力避免在不利的战场上与敌交战，又千方百计地迫敌在有利于己的战场上决战。然而，项羽似乎并不懂这其中的奥妙。很显然，在这里与汉军角胜，战场极为不利。然而，项羽却屯兵坚城之下，死拼硬打，旷日持久终于由强而弱，一步步走上了失败的道路。

决定项羽命运的固陵之战，战场仍然对他很不利。因为自固陵（今河南太康南）至垓下（今安徽灵璧南沱河北岸），不仅全是平原旷野，毫无险阻，而且河道纵横，湖泊、沼泽很多，既不利于以寡击众，亦不利于骑兵驰骋。在这样的战场上，以骑兵为主的楚军难以发挥优势。项羽本人最后因陷于大泽中而被汉兵追及的事实便有力地证明了这一点。

项羽如果聪明的话，他应趁汉军在固陵暂时失利而坚壁自守时迅速脱离接触，撤向安全地带，以保存实力，整军再战。然而，项羽临危无决，滞留不退，使刘邦得以从容调集优势兵力，将其迫于垓下全部歼灭。

项羽在分封天下的时候是很动了一番脑筋的。可惜他的判断却把自己送入了最为不利的境地。他尽管勇猛无敌，却不知道选择最适合自己的战场，最终被屡战屡败的刘邦逼得乌江自刎。《史记》上说，项羽小时候不愿读书识字，说：读书只要能用来记姓名就足够了。从本文来看，如果他读过几本地理学的书，也许就不会是这个下场了。

汉武帝为何灭自己三族?

东西两汉是中国历史上少有的迷信时代。儒学之所以能够取得独尊的地位，也是因为它几乎被改造成了“巫术”。

“不可理喻”的汉武帝

公元前91年，整个长安城笼罩在一片肃杀的气氛之下。垂垂老矣的汉武帝一天夜晚突然做了一个噩梦，梦见许多木头人拿棍子打自己，惊醒后便得了重病。奸臣江充上书汉武帝，说他病重是有人行使巫蛊术造成的。汉武帝便派他调查。这个坏蛋率领一帮巫师，在长安城里到处搜查巫蛊木偶，大肆逮捕，严刑逼供。从京师到郡国，株连所及，上至王室、公主，下至兵丁、百姓，很多人被定为“大逆不道”罪处死。平常有过节的官员，也借此机会诬告别人。一时间整个朝廷乌烟瘴气，人人自危。

江充还不满意，说宫中的毒蛊气息最重。于是大搜查又蔓延到皇宫中。皇宫内坑沟纵横，几乎每一寸土地都翻了起来。皇后和太子甚至连个摆床的地方都没有，躲地震似的在外面风餐露宿。

最后，江充终于在太子东宫和皇后中宫挖出木偶，每个木偶身上都写了许多诅咒武帝的咒语。不甘屈辱的太子忍无可忍，发兵捕杀江充，武帝闻讯以为太子造反，立马派兵讨伐，结果太子兵败自杀，皇后上吊自缢，皇孙也赔进去了三个，加上受牵连的人，前后超过十万人被杀，真是惨不忍睹。

一年后，真相大白。皇后和太子根本就没埋过什么木偶，都是江充陷害的，但为时已晚。武帝只能修筑一座望思台，在上面老泪纵横，寄托哀思。四年后，汉武帝在一片凄风苦雨中黯然辞世。

汉武帝是在中国历史上影响深远的一代明君。在人们印象里，他英明神武，雄才大略，怎么会相信一个小小的迷信把戏，搞一场蔓延全国的大清洗，最后把老婆、儿子、孙子都搭进去？要弄清汉武帝为什么会这样做，你必须了解他所生活的秦汉时代—— 一个中国历史上少有的迷信时代。

秦始皇不烧卜筮书

著名历史学家吕思勉先生早就指出，秦汉时代“乃一鬼神术数之世界”。

在秦始皇下达的焚书令中，医药、卜筮、种树之书不在焚毁之列。诸子百家的书都烧了，怎么卜筮的书就能幸免于难呢？这是因为，在秦代卜筮对于政治、军事、生活有着极大的影响，不但是秦朝上层统治者决定政治、军事大事的重要依据，同时也是中下层官吏处理日常事务的工具书。

秦汉时期，迷信的方式远远超过前代。骨卜、筮占、梦占、相术、风水、巫术、风角、望气、六壬、奇门遁甲，都在民间广泛流传，民间祠庙的数量也日益增多。秦汉巫师众多，是一支很活跃的迷信力量，在政治生活和日常生活中，处处能见到他们上蹿下跳的踪影。

人们为祈福避害，往往不惜以重金酬谢巫师，所以汉代巫师尽管社会地位并不很高，但经济收入颇为丰厚，很多人都学做巫师以谋利。王莽时甚至将巫卜活动视为商业营利行为，与工匠商人等同，依法收税。

当时长安城的街市上、皇宫里，到处聚集着方士和神巫。达官贵人在道路上诅咒，想借神的力量把祸水转嫁给同僚和平民，以求自身消灾弭患。女巫流窜于后宫，向寂寞的嫔妃传授讨好皇帝、排挤其他嫔妃的秘诀。淮南王刘安同八位术士在寿春北山炼仙药，在豆浆中加入石膏，意外地发明了豆腐。传说他后来炼成仙药，服后白日飞升。王府的鸡犬食用了仙药残渣也一同飞升。这就是成语“鸡犬升天”的来历。

汉家皇帝无一不迷信。汉高祖刘邦一即位，便把全国各地的巫师都弄到长安来。汉文帝召见怀有济世安民之宏愿的青年政论家贾谊，地点却是在祭祀求福的宣室中，促膝密谈直至深夜，未谈国事要务，却专谈鬼神。后人感叹曰：“可怜夜半虚前席，不问苍生问鬼神。”

汉武帝是汉朝皇帝中最迷信的一个。他大量任用方士，为他求取长生不死之药。燕齐之地的方士听说后，喜不自胜，立即蜂拥而至。汉武帝曾让方士把宠妃李夫人的魂灵招来相见，又曾在宫中铸造了一个巨型铜像，高二十丈，用手托盘，承接早上的露水，搭配玉屑药物饮用，以求益寿延年。

恐怖的巫蛊之术

尽管举国上下热衷于巫术，但有一种巫术却是被严厉禁止的，那就是“巫蛊之术”。所谓“巫蛊”，就是一种黑巫术，为要诅咒的人做一个木偶人像，在木偶上钉上钉子，施以咒语，认为这样就可以把被诅咒的人置于死地。

在当时浓厚的迷信气氛中，嫔妃们为了争宠，往往制作木偶埋入地下，天天诅咒，希望情敌在痛苦中死去。广陵王刘胥则把巫蛊之术用在了政治斗争中，汉昭帝时，他诅咒汉昭帝，汉宣帝时，他又诅咒汉宣帝，直到篡位阴谋败露，终无所悟，可谓中毒至深。

害人的人相信巫蛊能够起作用，被害的人也同样相信。于是巫蛊就成了一种刑事案件。汉律明确规定，施行巫蛊之术的巫师和幕后操纵者抓住了要公开处死。国家以法令的形式，限制与取缔某些巫术的流行，并不表明该政权反对巫术，恰恰可以说明，政令的制定者对巫术的灵验性是坚信不疑的。东汉末年曹操年轻时担任过的司隶校尉，原本就是汉武帝设置来专门惩治巫蛊的官职，权力相当大。

仅汉武帝一朝，因设巫蛊而被杀的王侯就达二十来人。丞相公孙贺因儿子指使巫师祝诅皇上，全家灭族。另一个丞相刘屈氂也是同样下场。贰师将军李广利北伐匈奴之时，听闻夫人因巫蛊之罪被捕下狱，贸然进兵，以求邀功免罪，结果战场失利，李广利进退失据，竟率众投降了匈奴。

在这种迷信和巫术氛围之下，汉武帝终于铸成一桩自灭三族，诛杀十万的巫蛊血案。

儒术也变成了巫术

我们都知道，在先秦时期，诸子百家都很活跃，儒家只是各种学说流派中的一种。汉朝皇帝“罢黜百家，独尊儒术”，儒家思想这才成为之后 2 000 多年中国历代的统治思想。但是，儒家思想究竟有什么好，能够受到汉朝皇帝的青睐呢？原来这时候的儒术已经被改造成了“巫术”。

汉代的儒生们把春秋时期的阴阳之学纳入了儒家的学术体系当中。他们首先肯定天是宇宙的主宰，万物的创造者。从日月星辰到宇宙万物，都是天的有意安排。皇权就是天在人世间的化身。因此，皇权是至上的，是不容怀疑的。

受命的帝王都是天的子孙，依照五行的次序，轮流下凡登基。这种“君权神授”的说法正是皇帝们最爱听的。这才有了“罢黜百家，独尊儒术”。如果没有把这些迷信引入儒学，而死守着孔孟的章法，儒学一定不会赢得皇帝的好感。

不仅如此，儒家经典也被当成了充满隐语的“圣经”，用来预言人事吉凶祸福和治乱兴衰。这种预言被称为“谶纬”。孔子被塑造成一个能知过去、未来的通天教主。他的形象被描述为：海口、牛唇、舌理七重、虎掌、龟脊、辅喉、骈齿。简直不成人样。汉儒们在神灵的世界里展开想象的翅膀，犹如天马行空，任意驰骋，汪洋恣肆。许多著名的儒生或多或少都带有巫师色彩，董仲舒任江都相时，就曾经做法求雨止雨。有的儒生还曾预言自己的死期，据说到那天果然死了。

两汉的政治野心家们非常喜欢利用谶纬预言证明自己就是真命天子。王莽篡位的时候，有人献一铜柜，内藏一图一书，书中有这样一句话："王莽为真天子。"王莽随即代汉自立。王莽被农民起义军推翻后，刘秀起兵角逐天下，他也在一本书中找了一句预言"刘秀发兵捕不道，卯金修德为天子"，为自己登基称帝制造舆论。不料当时割据四川的公孙述也找到了一句"废昌帝，立公孙"来预言自己的天命。刘秀对公孙述的说法深感不安，专门写信告诉公孙述"你把文献理解错了"。双方如同在进行一场神学辩论。

谶纬渗透到国家政治生活的各个领域里，甚至成为处理政事、决定官吏任免的依据。刘秀见谶文里有一句"孙咸征狄"，恰好他手下有个名叫孙咸的人，于是就命他为平狄将军。看出点眉目的不轨之徒也浑水摸鱼，纷纷编造谶纬符命，为自己求官封爵，一时间全国上下符命满天飞。那些没有封上官爵的人碰在一起，往往相互取笑说："难道天帝就单单没有给你下符命之书吗？"

刘秀没想到的是，东汉末年，黄巾起义军也编出"苍天已死，黄天当道"的谶语作为推翻东汉皇朝的旗帜。对此，后来的统治者感触颇深，南北朝时谶纬神学被大力禁止，隋炀帝时彻底禁绝。不过儒学仍然作为历代王朝的官方思想保留了下来。

真实的秦汉时代是一个你非常陌生的，充斥着巫术的迷信时代。在这种文化背景之下，汉武帝制造"巫蛊之祸"是可以理解的，儒术能够获得独尊的地位，也是情有可原的。

一个好人毁掉了西汉帝国

王莽这个乱臣贼子其实是个相当好的人，可惜他是个书呆子，好心办了坏事。

西汉是一个令中国人遐思神往的王朝，这个强大的帝国北逐匈奴、南平百越，疆域辽阔，文明发达。与中国古代的大多数王朝不同，西汉帝国不是在异族战火或者社会动乱中垮掉的，而是被一个叫王莽的人偷走了。王莽自己建立了一个新朝，可是没坚持几天就天下大乱，自己也被农民起义军杀掉。

东汉的历史学家班固非常愤慨地告诉我们，王莽是个乱臣贼子，篡夺了汉王朝的天下，祸国殃民，坏得不能再坏了。后世的人们也大多把王莽归为大奸大恶之徒，谁让他毁掉了我们那么热爱的西汉帝国呢。但是，现代的历史学家们对王莽这个人却开始另眼相看，他们觉得这个乱臣贼子其实是个相当好的人，可惜好心办了坏事。

2 000 年前的道德楷模

王莽的家族在汉成帝在位时期，曾经以外戚的身份把握西汉政权，权倾朝野。当时王家子弟个个作威作福，盛气凌人。然而因为父亲早亡，王莽和她的母亲几乎被赫赫扬扬的家族遗忘了，过着寒酸的生活。

好强的寡母节衣缩食，把他送到名儒陈参门下学习。王莽不负母望，小小年纪，勤奋钻研儒学。被圣贤之道折服的他立下弘誓大愿，要以古人为榜样，特立独行，做一个错误世界里正确的人。他事母至孝，对长兄的遗腹子视如己出。他为人慷慨，经常周济别人。他恪守古礼，路上遇到年纪比自己大的人，一定要退避躬身，等长者走过，才直起身子。每次去见师长，他都郑重其事地沐浴，然后穿戴整齐，带上礼品。王莽周围的人无不夸赞这个懂事的孩子。老师和同学们也一致认为，王莽是“克己复礼”的模范人物。

在伯父王凤的极力推荐下，王莽渐渐步入政坛，并且给官场带来了一股新鲜空气。王莽对任何人都是和和气气，谦恭有礼。他精通典籍，学问出众，清廉自守，一尘不染。别人处理政务难免掺杂私心，王莽却不偏不倚，处事至公。大家提起王莽，有口皆碑。公元前 8 年，汉成帝封王莽为大司马，独掌朝纲。

发迹后的王莽并没有显露出一点骄横之气，相反，他更加谦恭谨慎，经常把家财拿出来分给下属和穷人，广泛听取意见，招有贤德的人做官。他希望以自己为表率，扭转社会奢侈的风气，上下班坐的马车、穿的衣服，都俭朴得不能再俭朴。有一次，大臣们去他府邸探视，王莽的夫人到门外迎接，竟被众人当做是仆人。因为她穿的是粗布衣衫。

中国唯一的“民选”皇帝

正在王莽打算在政治上一显身手的时候，汉哀帝恰好登上了皇位。这位汉代最不争气的皇帝把自己的祖母傅太后和母亲丁太后两家的亲戚一股脑儿招进朝廷。这两个暴发户式的家族刚刚进入长安就忙着起宅第，买仆人，讲排场，比阔气，迫不及待地钩心斗角，卖官鬻爵，大开贪贿之门。一时间，整个政府上下鸡飞狗跳，乌烟瘴气。而王莽则遭到排挤，赋闲回家。汉朝的衰败在哀帝手中达到了顶点，混乱的朝政加剧了人民的痛苦。他使汉王朝丧失了最后一点人心。

六年之后，汉哀帝死了。王莽众望所归地回到了权力的中心，开始拨乱反正。王莽的政策方针完全遵循儒家理论，他不搞裙带关系，不封王氏子孙，而是尊崇皇族。他平反了一批冤假错案，解放了一批皇族后裔。此举一下子赢得了皇族的拥护。

他号召官员们节俭度日，与百姓共患难，带头捐款 100 万钱，捐地 30 顷，用来救助贫民。每遇水旱灾害，他就吃素，与民同甘苦。在他的带领下，共有 230 名贵族捐献田地，分给贫民。根据德政精神，王莽还下令对老人、儿童不加刑罚，妇女非重罪不得逮捕。

王莽按照《周礼》的记载，在全国建立仓储制度，储备谷物，做赈灾之用。他按照上古传说，改革官制，设置“四辅”，加封周公、孔子等圣贤的子孙。王莽还大兴教育，扩大太学招生量，太学生数量很快翻了几番，突破 1 万人。他还在各地广建学校，征召“异能之士”，拓展了普通知识分子入仕的渠道。

和此前的一派乱象相比，大汉朝在王莽的治理下，真的是拨乱反正，蒸蒸日上。纪纲恢复，社会正统价值观念得以弘扬，社会风气明显好转。从王公贵族到知识分子再到普通百姓，都觉得“道德楷模”王莽具有超人的品格和能力，是人民信得过的领袖。

人们对刘姓子孙已经失去了信心，于是千方百计表达对王莽的支持，呼吁提高王莽的地位。朝臣们提议为他加封“九锡”。九锡是九种极尊贵的物品，加九锡，就意味着取得了接近皇帝的地位。消息传出不久，朝廷竟然收到 48 万多人的上书，支持给王莽加九锡。几乎所有有能力上书的普通百姓和高层官员都参加了这个运动。

随后在长安附近一个井里发现一块白石，上面刻有红色文字：“告安汉公莽为皇帝”，说王莽应该做皇帝。类似“神迹”接二连三出现。最终在公元 204 年的一天，王莽顺应天命，更重要的是顺应民意当上了皇帝。持续 200 多年的西汉王朝结束了。长安城内外，一派喜气洋洋，百姓自发地穿上新衣，燃起烟花爆竹，大肆庆祝。

一个社会主义梦想

古代中国所有的读书人心中都有一个梦，那就是上古时候人民在尧、舜、禹、汤等明君的领导下，过着田园牧歌般的生活。那个时候，天下没有黑暗，没有不公，没有人剥削人、人压迫人。有福大家享，有难大家当。人们的道德水平都很高，人人遵守秩序。

王莽的确篡夺了西汉帝国的天下，但他攫取权力只是想要能够真正按照“尧舜禹汤”的理想，缔造一个理想的快乐世界。他给自己的王朝取名叫“新朝”，实施了一连串新社会政策。

上古时代之所以人人富足，是因为土地均等。因此，王莽规定，人均土地 100 亩，多占土地的人家，不管是富豪巨室还是普通百姓，立刻要无条件交出土地，分给贫民，土地不许买卖抵押。

冻结奴隶制度。虽没有马上废止，但禁止所有奴隶婢女继续买卖，以限制奴隶的范围和数目不再扩大，使它最后自然消灭。

强迫劳动。凡无业游民，每人每年罚布帛一匹，无力缴纳的，由政府强迫他劳役，在劳役期间，由政府供给衣食。

实行专卖制度。酒专卖、盐专卖、铁器专卖，由中央政府统一发行货币（从前任何富豪都可制造银钱，新政府收回这种授权）。山上水中的天然资源，都为国家所有，由政府开采。

建立国家银行。贫苦百姓可以申请国家贷款，年息为十分之一，这样就杜绝了高利贷对百姓的盘剥。

实行计划经济，由政府控制物价，防止商人操纵市场，以消除贫富不均。食粮布帛之类日用品，在供过于求时，由政府照成本收买。求过于供时，政府即行卖出，以阻止物价上涨。

从皇帝到百官，都实行浮动工资制。如果天下丰收，皇帝就享用全额生活费，如果出现天灾，或者治理不当，就按比例扣减生活费。百官的工资也根据百姓的生活水平浮动。百姓丰衣足食，工资就高；百姓饿肚子，官员也要跟着饿。

从这些措施中我们可发现，王莽所从事的是一个惊天动地的全面社会改革。19 世纪才兴起的社会主义，早在 1 世纪时的中国，就有了构想和实践。

改革失败很可怕

王莽是个好人吗？我们应该说是的。可是这个好人满腔热情的改革却并不受欢迎。人们期望王莽做皇帝，原是为了自己的私利。没想到王莽却要让大家向自己看齐，消灭私心，一心为公。王莽那仁爱、威严的形象立刻变得可怖起来。

让有地者交出土地，无异于痴人说梦。人们宁可交出性命，也不会交出几代人血汗换来的土地和财产。于是王莽挥起了鞭子，谁不执行，就把谁抓起来，不管他是皇亲国戚还是名公巨卿。罪不致死者被罚为官奴，不长时间内，20 多万人从上层社会成员沦为官府奴隶。全国各条道路上，都络绎不绝地走着一队队的罪犯，监狱几乎满员。可是剩下的人，还是拒绝交出土地；奴隶买卖，还是屡禁不绝。

王莽也缺乏推动经济改革的技术能力，比如说建立国家银行，这涉及复杂的会计，当时恐怕很少有人可以胜任。而王莽仰仗的却只是行政命令，把所有责任都加到行政官员身上，而行政官员大多数又都腐败无耻，借机搜刮，于是善政的蓝图反而变成暴政的行为，民变燎原般爆发。

土地国有使地主怨恨，禁止奴隶买卖使奴隶主和奴隶贩子怨恨，强迫劳动使贵族和一些地痞流氓寄生虫怨恨，禁止铸钱使富豪怨恨。拥护王莽的主要力量全都站到了反面。

王莽这时还犯了不少书呆子错误。比如把全国的官名、地名都改成古书中的名字，造成了很多混乱。蛮夷之国，名字也必须低贱，这样才符合上古礼制，结果惹得西南夷起兵叛变，匈奴单于跟中国断绝关系。南北战事连绵不断，征兵征粮引起骚动与饥馑，遍地陈胜、吴广式的暴动。

他又在很短时间内改革币制 5 次，另造 28 种货币，连乌龟壳、贝壳和布也都成了货币，混乱至极。因使用旧钱治罪，老百姓必须按照王莽的命令一次又一次兑换新钱币，结果“农商失业，贸易俱废”。

于是，在各地豪强大户的鼓动下，人民揭竿而起。豪强大户在汉朝社会的地位可谓举足轻重，他们在地方上势力根深蒂固，占有的土地和控制的人口占全国总量的四分之一以上。许多豪族都广蓄宾客，拥有庞大的私家武装。有人统计过，新汉之际起兵反对王莽的义军首领中，普通百姓只占 29%，而豪强大户占了 71%。

乱世之中，王莽不知道该如何挽救自己的命运。他率领群臣来到长安南郊，举行祭天大典。他痛哭流涕地叙述自己做皇帝的始末，质问道：“苍天！你已将天命授于我，但为什么不替我消灭反贼！如果是我有大错，就请用雷电击死我吧！”

可是苍天这时候也没有帮他。公元 23 年 10 月 1 日，王莽被攻入长安城的起义军杀死。这位魄力极大的改革家被推他登上皇位的人民列为奸邪之徒，遭到后世长达 2 000 年的唾骂。他是一个好人，可是他毁掉了西汉帝国；他想要建立一个理想社会，却连自己的王朝也没有保住。

第五章　三国旧事

三国英豪斗地主之曹阿瞒的奋斗史

> 曹操在北方士族心目中的地位，永远及不上四世三公的袁绍。他一生都在与自己队伍中的士族地主斗争。可是最后，他创立的基业还是被士族领袖司马氏夺走了。

三国故事一直是中国人津津乐道的话题。可是在品评古人们斗智斗勇的时候，人们也常常会对三国英豪的某些行为感到不可理喻。比如曹操居然为了一块鸡肋就杀掉了恃才傲物的杨修；刘备居然会厚着脸皮三次拜访诸葛亮；而满腹经纶的诸葛亮居然娶了一个奇丑无比的媳妇；孙权则很没有心肝地逼死了打垮关羽、夺回荆州的功臣陆逊。

其实这些谜团的背后，隐藏着曹操、刘备、孙权这三个领袖各自与当时的豪强地主之间的恩恩怨怨。

东汉政权是在豪强地主支持下建立起来的。这些豪强地主既是一群政客，世世代代在中央和地方当大官；又是一群自命清高的知识分子，以儒学经术传家，崇尚名节；也可以说是地方实力派，他们的庄园家底殷实，修筑坚固的坞堡，拥有家兵。东汉王朝崩溃之后，被称为“士族”的豪强地主与曹魏、蜀汉、东吴政权既相互利用，又激烈斗争，很大程度上决定了三国的未来。

曹操的身世

读过《三国演义》的人都知道，曹操的父亲曹嵩本来姓夏侯，因为后来做了有权有势的大宦官曹腾的养子，这才改姓曹。东汉后期，把持朝政的宦官集团曾经多次迫害以士族为代表的知识分子们，动不动就找借口抓捕几百人，关进大牢好好修理一番。直到汉灵帝死后，头等士族袁绍才趁宦官与外戚大将军何进发生火拼之后，将宦官集团一网打尽。士族也从此成为中国历史上的统治力量。

就因为这个自己左右不了的身世，曹操成了士族眼中鄙夷的对象。刚刚步入政坛时，胸怀大志的曹操是站在士族这一边反对宦官集团的，可是他毕竟不是士族。董卓窃权当国期间，曹操作为总策划，会盟十八路诸侯，组成讨伐联军。理所当然，他应该统率这支队伍，因为他不仅具有组织能力，还有相当的领导能力。但是在誓师大会上，根红苗正而且还很有点学术成就的袁绍却被公推为盟主。

这种情形让曹操明白，自己不能指望讲究门第出身的士族地主，必须撇开他们，依靠中小地主和下层民众。于是起兵之初他让部队去种地，自己动手，丰衣足食，不靠士族地主帮忙也能迅速强大起来。在用人上，曹操宣布“唯才是举”，只要有本事，不管你祖上是高官还是奴隶，都可以得到重用。你士族不是整天抓着别人的出身不放吗？那我就偏偏跟你反着来。当然如果那些不得志的地方士族愿意加入，曹操也非常欢迎。

给士族点颜色看看

除了在镇压颍川黄巾军的过程中，成为颍川士族地主信赖和爱戴的英雄之外，曹操在北方士族心目中的地位，永远及不上四世三公的袁绍。在曹操占据的兖州有个很有文才的士族地主名叫边让，就看不上曹操，认为他是个乱世的奸臣，经常在不同的场合骂他。曹操也是为了给士族点颜色看看，就杀了他全家。这下可了不得，兖州的士大夫们全都站到了曹操的对立面，发动叛乱。一时间曹操的地盘只剩下三个小县城，差点死无葬身之地。

好在曹操挺了过来，非常聪明地把汉献帝接到自己身边，取得了“挟天子以令诸侯”的政治地位。于是，许多具有浓厚忠君、正统思想的士族地主不再强烈地反对曹操，如司马懿，虽然之前数次接到曹操邀请都称病不出，但在胁迫下还是出仕；又如孔融，虽然始终反对曹操的势力，但在正统思想下还是被迫依附曹操。当然，仍然存在很多反对曹操的士族力量，他们大都投靠了袁绍。

最后曹操和袁绍在官渡决战。这一仗打得惊险之极。不少原已依附曹操的士族地主都把赌注押在袁绍身上，豫州多处骚乱，徐州郡县降袁，士族军阀刘表暗中策反，名士孔融则在许都风言风语大放厥词，散布袁绍不可战胜的言论，曹操差不多就是四面楚歌，幸亏他在战场上取得了胜利，打败了袁绍。

尽管被士族在背后捅了刀子很不爽，曹操知道要想巩固自己的统治，士族的支持还是不可或缺的，得邺城后他便立即起用袁绍原来辖区内的名士；破荆州后也尽力搜罗本地和北方逃来的士人。而失去了领袖的士族们，也只好不情不愿地从了曹操。在利用他们的同时，曹操很清楚这些自命不凡的家伙跟自己不是一条心，所以还不时地挥舞一下手中的鞭子，让他们放规矩点。孔子第二十世孙孔融、南阳名士许攸都被曹操毫不客气地杀掉。而杨修被杀主要也是因为他出身关西大族，四世三公，是个一点不比袁绍逊色的名门之后，“鸡肋”只是个借口而已。曹操杀他们，也等于对整个士族集团的整体警告。建安23 年，都城许昌出现一次由士族不满分子发起的动乱，曹操毫不客气地予以镇压，几乎夷灭了全城的豪贵。

士族胜利了

不过士族地主们仍非任曹操摆布的木偶。当曹操打算把自己的爵位升为距离皇帝只差一步的国公时，士族们意识到曹操有代汉自立的企图，立即强烈反对。尽管倔强的曹操最终还是当上了魏国公，但他也认识到想要进一步代汉称帝会面临士族们更大的阻力，势不可行，只好自嘲地称自己为“周文王”，一直到死也没有改朝换代。

士族们心里也清楚，汉家天下已成东流之水，无法挽回，便在曹操的继承人问题上做文章。在曹操的诸多继承人中，曹昂早死，曹熊多病，曹彰并无政治才能，曹植虽然聪明，但并没有在士族中建立自己的势力，只有曹丕是代表士族利益的政治力量。于是，士族地主们在曹魏的继承人问题上积极支持曹丕，陷害曹植，最终帮助曹丕取得了王位继承权，也就确保曹魏能够成为士族地主的保护者。

曹操死后，曹丕立即对支持他的士族投桃报李，宣布实行“九品官人法”，承认士族有做官的特权，从老爸的“唯才是举”一下子变成唯出身、门第是举。曹操与士族斗争了一辈子，没想到儿子这么快就投降了。有了士族的同意和支持，曹丕终于完成曹操的遗愿，废掉汉献帝，自己登上皇位。

魏国建立之后，在魏文帝曹丕和明帝曹睿的统治下，政治上取得了暂时的平衡。但是蜀汉北伐的军事压力很快打破了这种平衡，士族大地主的代表司马氏在抵抗蜀汉北伐的战争中掌握了魏国的军权，开始形成独立的政治力量，在魏明帝死后，又很快地夺取了政权。于是，魏国的军政大权都被司马氏掌握。

与曹操父子相比，司马家族篡位的道路走得异常顺利，因为他们本身是士族阶层的代表，容易得到士族地主的支持。曹家虽然当了皇帝，可是士族们忘不了他们的宦官祖先。两相对比，各地各阶层的士族地主基本上都已经站到司马氏一边。

要不是顾虑外部还面临着孙吴和蜀汉的夹击，司马昭可能早就当了皇帝。公元263年，司马昭派钟会和邓艾灭蜀，破除了外部势力对魏国的东西夹击之势，吴国这时也处于黑暗混乱时期，无法对司马氏构成威胁。司马炎才在264年司马昭去世之后，代魏称帝，建立了西晋。曹操打下的基业终于还是被士族夺走了。

三国英豪斗地主之三顾茅庐为哪般

诸葛亮可以说是荆州士族地主集团的代表。刘备“三顾茅庐”后，拉拢到诸葛亮为自己效命，荆楚群士也就从之如云了。

刘备的出身比较特殊。他是“汉景帝子中山靖王之后”，但从小

“与母贩履织席为业”。所以刘备的出身，既非“贫贱”又非“富贵”。这就使他具有了双重身份，在士族和寒门两方面都受欢迎。刘备这样出身“贫寒”的人，骨子里是不会喜欢那些士族和名士的，尤其不会喜欢他们的虚张声势和自命清高。他更愿意和那些寒族、庶民打成一片。事实上刘备集团的早期核心成员比如关羽、张飞，都不是出身于名门望族。尤其是关羽，对士族、名士、士大夫更是不屑一顾。蜀中名士张裕，就因为出言不逊被刘备杀掉。刘备当时说，就算是兰花，如果挡在门口，也得除掉！这口气，和曹操没什么两样。

可是自起兵以来的十多年里，刘备始终没有固定的地盘，拥有军队的数量也不多。真正帮助他壮大了队伍的是诸葛亮。

诸葛亮是个什么人才？

我们都知道“三顾茅庐”的故事。诸葛亮哪儿来的那么大吸引力，让刘备拉下脸皮非要认识他不可？其实诸葛亮这个人决不仅仅是一个智力超群的军师那么简单。

诸葛亮出身于官宦世家，在汉末动乱中，不得不漂泊荆州，成为“躬耕陇亩”的隐士。荆襄地区是东汉皇室、功臣和外戚的发迹之地，当地的豪强势力特别强盛。东汉末年，又有许多北方士族流寓荆州北部重镇襄阳，汇集在德高望重的大名士庞德公周围，形成了一种强大的势力。

诸葛亮到了荆州南阳地区后，也很快就与荆州当地名门建立起了关系。比如获得庞德公的赏识；与庞德公的侄子、号称凤雏的庞统结为好友；妹妹嫁给襄阳大豪族蒯祺；而他自己的夫人虽然又黑又丑，却是沔南名士黄承彦的女儿。另外，颍川司马徽、徐元直、汝南孟公威、博陵崔州平等名士都是诸葛亮最要好的朋友。

诸葛亮可以说是荆州士族地主集团的代表。刘备当时想要扩充军队既无兵源，又无粮草，可“三顾茅庐”后，荆楚群士立即从之如云。先后投奔刘备的襄阳豪强，除了诸葛亮的亲朋好友外，还有庞统、马良、马谡、杨仪、向朗、廖化等。这批人举家、甚至举族从军，使刘备的实力迅速壮大起来，具备了联合孙权，在赤壁之战中叫板曹操的资格。从这一点看，刘备三顾茅庐求到的不只是诸葛亮一个人才，而是全体荆州士族，实在是太值了。

出身决定一切

诸葛亮自己是士族，对士族的品评门第这一套也比较接受。刘备称帝的时候，群臣上贺表，排在第一位的居然是“征西大将军都亭侯马超”！没别的原因，就因为“马孟起世代公侯”。法正列第二，诸葛亮自己只能排第八。

浑身是胆、武艺超群的赵云赵子龙，长坂坡一战成名，却因为出身布衣，自刘备得了西川后就再没被重用。勇略过人、善战无敌的魏延出身卑微，最初只是刘备的一个部曲，尽管可以得到不太注重门第的刘备的提拔重用，却始终为诸葛亮所厌恶，最后被迫造反。

而诸葛亮为什么那么喜欢姜维，还把他当做自己的继承人呢？因为姜维的祖先是天水姜氏大族，出身、经历都与诸葛亮类似。不光姜维，诸葛亮所喜爱重用的官员，基本上都是这种出身，比如蒋琬、费祎、董允、邓芝。正是出于对门第的青睐，诸葛亮才会重用荆州名门士族的马谡守街亭，导致第一次北伐战争的半途而废。

可以说，诸葛亮在用人方面远远没有曹操“唯才是举”那样的豁达。

蜀中无大将

刘备的政权以荆州士族地主为支柱。根据诸葛亮的策划，刘备据有了荆州之后又入蜀占了益州。益州当地的士族地主势力也相当强，并不欢迎跟着刘备一起来的荆州士族。当关羽被杀、荆州失陷之后，无家可归寄居巴蜀的荆州士族与当地的土著豪强之间的矛盾越发激烈了。

刘备死后，主持政局的诸葛亮不得不以严肃的法纪，对益州本地的士族和豪强进行政治上的控制和经济上的平抑。由于诸葛亮的有力措施，蜀汉社会安定，同时豪强也不再敢肆意妄为。可是诸葛亮似乎一直不能接受益州士族进入蜀汉政权，总是在仕途上排挤、限制土著豪族。

曹魏在曹操死后，实行“九品官人法”，向士族地主敞开怀抱，到了后期仍然人才辈出。东吴主要依靠江南土著豪族管理国家，每遭外侵的关键时刻，豪族中的杰出人才都能站出来保护自身和国家的利益，所以能多次击败曹魏、蜀汉的大规模进攻。而蜀汉各级政府的实权却主要是控制在跟随刘备一起入蜀的荆州士族手中，在职官任用上，对益州当地士族一直是排挤和有控制地使用。失去荆州之后，荆州人才已经难以得到补充，老一代渐渐凋零，可是诸葛亮仍然不愿意让益州的士族加入到蜀汉政权中来，所以才有了后来“蜀中无大将，廖化作先锋”的笑话。

被抛弃的蜀汉

刘备在夷陵之战中被火烧连营，精锐尽失，可是诸葛亮仍然不顾国力，连续五次北伐。这种做法常常受到人们的批评，认为是不明智的做法。其实诸葛亮这样做主要是为了给自己所代表的荆州士族寻求生存空间，益州毕竟不是他们的家园，必须冲出去。这个方针得到了大批荆州士族的支持，所以他才能屡败屡战地北伐了五次。但是益州士族对这种北伐则非常不以为然，因为他们要出人出力，却得不到什么好处，所以并不很支持。

诸葛亮死后，蒋琬坚持了这一方针，还想继续北伐，可是因为当时荆襄豪族的第一代几乎死绝，而第二、三代在朝中的势力明显下降，所以没有被通过。到了姜维当政，再一次把北伐提上了议事日程，却为此付出了极大的代价，不但和朝中文臣闹翻，还和军中第二号人物张翼（少有的任要职的蜀人，当年官拜征西大将军）闹翻。

诸葛亮主政之时，谨慎小心地处理与益州士族的关系，至少能够在一定程度上保障益州士族的正当利益。蜀亡后已几十年，原蜀汉地界内黎民赞扬和称道诸葛亮治蜀的言语，仍然随处都能听到。

当诸葛亮死后，蜀汉主政者对益州士族再也没有了那份宽容。姜维率蜀军连年征战，穷兵黩武。益州士族政治上受排挤，经济上受盘剥，法律上受制裁，仕途上看不到希望，对蜀汉政权的态度也逐渐失去信心，甚至开始反感。相反，曹魏政权实行的按照门第选官用人的“九品官人法”，对他们却非常具有吸引力。

公元262年，当魏国大将邓艾率轻军爬山涉水七百余里突然出现在江邮时，益州豪族都聚族自保，坐山观虎斗，根本没想到要帮助蜀汉政府，甚至还幸灾乐祸，里应外合。益州土著地主集团的代表人物谯周甚至与蜀郡学者杜琼一起散布曹魏代汉是天意的言论。

后主刘禅无奈之下，只能投降。刘备依靠士族创下了蜀汉的基业，可惜又被士族抛弃了。

三国英豪斗地主之外来户的创业

江东的士族豪强并不欢迎孙权家族这种没有背景的外来户。在西晋灭吴的战争中，晋军没有遇到过一次坚决的抵抗，长驱直入金陵城。

强龙力压地头蛇

东吴政权的创立者孙策、孙权兄弟出身比曹操和刘备还不如，曹操虽然出身宦官集团，可至少参与过朝廷高层政治，刘备虽然早年穷困潦倒，可毕竟是中山靖王之后。只有孙氏兄弟真是出身寒微，他们的父亲孙坚自称是孙武之后，但是其实只是县吏出身，因在镇压黄巾军中表现出色，才当上长沙太守。可以说孙坚只是一个暴发户的形象，其部将只有程普、黄盖、韩当等少数几名将领，没有什么势力背景，不得不依靠有着“四世三公”家族背景的袁术。

孙策非常聪明，早在孙坚在世之时就广泛结交因为战乱迁移到江淮一带的北方士族。所以后来当他年仅21岁时，征得袁术的同意，率领区区1 000人马挺进江东之时，围绕他身边的已经不仅仅是父亲的旧部了，还有周瑜、张昭、张纮等这些当时的名士。周瑜出身士族，堂祖父、堂伯父都做过汉太尉，父亲当过洛阳令。张昭则是个学者，少年时就博览群书，在当地很有名气。这些都是北方的世家大族子弟，代表着当时为躲避北方战乱的南迁世家大族。可以说，孙策就是依靠这些南迁世家大族的帮助，进入了江东。

不过当时江东的士族豪强们并不是很欢迎孙策这种没有什么背景的外来户，有些人甚至与孙家还有旧仇。孙策面对的，是一个四境皆敌、危机四伏的江东，无数人欲致孙策于死地。彪悍生猛的孙策对不服从他号令的人，一概诛之而后快。杀逼凌迟遍及汉官名士，所有江表诸公非死即逃。

孙权的选择

然而在专赖武力行事的过程中，孙策也渐渐看清了江东大族潜在势力的深厚，并进而得出结论，要想在江东得到更进一步的发展，就只有改变以前的一味用强政策，实现与江东大族的合作。于是他入吴后，就严格约束手下部队，禁止扰民，以博得吴地百姓，当然也包括当地士族的好感。转战江东六郡时，他也开始搜罗重用吴地士族。

当孙策遇刺时，张昭等人按常理推测，孙策极可能会选择和自己性格相近，同样骁悍果烈的三弟孙翊为继承人，却不料孙策却选中了孙权，因为这个弟弟能够屈身忍辱，举贤任能。

年轻的孙权果然不负兄长的期望。他明白，周瑜、张昭这些北方士族毕竟属于外来力量，党羽不多，根基不牢，只依靠他们东吴就永远是一个飘忽的政权，必须特别注意笼络江东的地方豪族。于是在孙权的统治下，"吴中四姓"顾、张、朱、陆四大家族，"会稽四姓"贺、虞、魏、孔四大家族等都出仕东吴政权了。他们代表了江东的地方豪强。孙权对这些人一向优礼有加，靠着巧妙平衡各派力量并依托长江天险，才能平抚内乱以割据江东一隅。

比如启用陆氏家族的青年才俊陆逊就是孙权非常成功的举措。陆逊先是为孙吴政权讨平了会稽和鄱阳的豪强大帅，又在吴、蜀争夺荆州之战中，火烧连营七百里，杀得蜀汉大伤元气。

孙氏兄弟建立的政权成功地由入侵者变成了江东的本土政权。诸葛亮入蜀之后始终不能将益州士族变成蜀汉政权立足的基础，最终被益州士族所抛弃。而同是外来户的孙权却把江东士族和孙吴政权捆绑在一起，形成了一个利益共同体。孙吴政权的利益，就是江东士族的利益。即便为了保护自己的政治地位和政治利益，江东士族也要捍卫孙吴政权。这正是孙吴在三国当中治理得最差、持续时间却又最长的原因之一。

还是不放心

不过身为外来户的孙权至死都难以真正信任江东士族，虽然让他们占据了军、政重要职位，但在决策时却更多地依靠北方士族。当江东士族与北方士族发生矛盾的时候，孙权对江东士族更是疑神疑鬼，动不动就残酷打击。

在太子孙和与鲁王孙霸间的夺位之争中，江东大族多支持太子孙和，北方士族则大都拥护鲁王孙霸，孙权在这件事的处置上貌似公允，实则偏心，淋漓尽致地体现了他打击江东大族势力的决心。他先把江东大族的杰出代表、功勋卓著的陆逊逼死，又举起屠刀将江东大族中的重要人物摧折殆尽。相形之下，对北方士族的处置却是轻描淡写的，只杀了四个无关紧要的小人物，其他重要人物如步骘等反而获得升迁。孙权临终时指定的顾命大臣，一个大将军诸葛恪，一个会稽太守滕胤，也都是“流亡北士”的后代。

与诸葛亮在荆州士族的鼓动下坚持北伐一样，孙吴政权中南迁而来的北方士族们也同样因为在本地缺乏根基，希望重新恢复并拓展他们先前的基业，而热衷于对魏、蜀发动战争。公元208年，面对咄咄逼人的曹魏大军，主张抗曹最力者就是北方士族的周瑜和鲁肃。赤壁之战后，周瑜不仅立即进军夺取曹魏的南郡，而且积极准备远取益州，只是因为病死而未果。公元219年，亲自率军袭杀蜀将关羽夺取荆州的吕蒙，也是北方士族。

不过当周瑜他们先后老去之后，外来的北方士族毕竟后继乏人，孙吴的军政大权渐渐地落到了江东大族的新一代手中。尽管受到过一些打击，此时的江东大族们仍愿意为这个给与他们荣华富贵的政权共存下去。

然而不久之后，暴君孙皓的上台让他们对这个政权彻底寒了心。这是一个暴虐成性的皇帝，经常让文武官员前来参加宴会，令每个人均要喝个沉醉，然后命内侍在旁边记录，抬眼看一下的动作，醉后的酒话，均是记录的重点，而且又规定，大家不能不说话。最后，依据记录，情节重大的，立即诛杀；情节轻微的，就活剥脸皮或挖凿眼珠，以此为乐。

江东大族的代表人物如陆抗、陆凯、贺邵等人不断地递上一份份措辞日趋激烈的上奏，陆凯更是抗颜直斥孙皓二十事。当一切努力均告白费，反遭来孙皓的猜疑，并且想法设法地试图削弱士族们的势力时，江东大族终于失望地和孙吴政权分道扬镳。在西晋的整个灭吴战争，晋军没有遇到过一次坚决的抵抗，一路上兵不血刃，攻无坚城，最后长驱直入建业城。

曹操、刘备、孙权都不是士族，可是却都不得不借助士族的力量巩固自己的政权。当他们死后，士族地主们又纷纷抛弃他们的子孙，跟从自己心目中的领袖司马氏。魏蜀吴都是失败者，只有士族取得了最后的胜利。

曹操无奈小虫何

> 一场可怕的瘟疫使曾经横扫北方的曹军战斗力锐减，以至于赤壁惨败。击败曹操的不是周瑜和诸葛亮，而是小小的血吸虫。

火是曹操自己放的

几乎所有的中国人都知道，赤壁之战的胜败就在于一把火。曹操率领20多万大军从江陵（今属湖北）沿江东进，直逼夏口（今天的汉口）。孙权和刘备联军5万人逆流北上，双方在赤壁相遇。

周瑜与刘备的军师诸葛亮商量，决定采取火攻，并安排了一系列的计策。先是让名士庞统假意向曹操献策，以避免北方士兵晕船为由，骗曹军把战船用铁环连锁成排。然后周瑜又与老将黄盖演出苦肉计，让曹操相信黄盖将要投降。最后，又请诸葛亮登坛施法，其实是搞了一次成功的天气预报，“借”来东南风。

到了约好投降的日子，黄盖果然领着十多只船，顺风驶来。曹操非常得意。谁知黄盖船上全是柴草油脂等易燃之物，突然燃起大火，借着东南风，直撞入曹军舰队中，曹操的战船相互被铁链锁住，无法脱逃，登时成了一片火海。孙刘联军乘势猛攻，曹军大败，曹操狼狈突围，逃回北方。

正是因为这把“火”烧得实在太成功了，人们常常用“火烧赤壁”来形容这次战役。但是从史书记载来看，曹操自己好像不太愿意承认是被周瑜“烧”跑的。《三国志》中记载他曾经满不在乎地说：“孙权先生啊，我此次自赤壁退却并不是什么值得羞愧的大败啊！只不过是我的军队很多人马不服水土而得了严重的疾病，战斗力大受影响，我烧掉船只，主动退兵，如此而已，白白让周瑜这小子得了虚名。”

通常，人们对曹操这段话都予以嘲笑，认为曹操是心虚嘴硬。可是转过来一想也是啊，黄盖的十几条船真的有这么大能耐吗？史书上记载，曹操收罗的刘表水军非常庞大，“艨艟斗舰，乃以千数”。艨艟是一种以生牛皮蒙船的小型船只，左右前后有弩窗矛穴，用以冲突敌船。斗舰是大一点的梯级复式结构战舰。黄盖的十几条船装载的枯柴、油脂再多，要想一口气烧掉上千条战船，而且还延及岸上的军营，似乎过于神奇。曹操的20万兵马，守着一条大江，一人一瓢水也该浇灭了。

不少其他的史料也提到了这一点，尽管没有否认周瑜放过一把火，可是也说曹操自己烧掉船只后撤退。或许真实情况应该是这样：曹操在战事上的失利，再加上船舰等物资被周瑜烧了一部分，在战胜无望不得不撤退时，自己把剩余而又带不走的船舰等笨重物资一烧了之。

可怕的血吸虫

按曹操的说法，赤壁之战的退却完全是因为一场可怕的瘟疫。这场瘟疫不仅在士卒中蔓延，也波及文武官员，而且造成大面积的死亡。这种结果使曾经横扫北方的曹军战斗力锐减，在赤壁战场上失利。究竟是什么病使得一支势将统一全国的大军几个月之内丢盔卸甲？福建省寄生虫病研究所的专家李友松分析后认为，很可能是血吸虫病。

血吸虫病是1904年由日本学者首先发现命名的，主要流行于中国、日本、菲律宾等国家。血吸虫大小仅1.5厘米，成虫寄生在人或动物静脉，虫卵随粪便排出体外，入水化为毛蚴，侵入钉螺中发育为具有感染性的幼虫称为尾蚴，当人和动物入水时尾蚴即通过皮肤或粘膜而感染。经1个月发育为成虫并再次产卵。

血吸虫病有急性、慢性之分。急性血吸虫病是在大量感染尾蚴的情况下发生的，40天左右后出现发热、腹泻、咳嗽以及肝肿大等现象，病人发病迅猛，可在短期内发展成为晚期或直接进入衰竭状态，导致死亡。慢性血吸虫病一般发展较慢，早期对体力有不同程度的影响，进入晚期后则出现腹水、巨脾、侏儒等症，患者劳动力丧失，甚至造成死亡。本病分布在我国长江流域以南的12个省市区，其中以湖南、湖北最为严重。

1972年初，在湖南长沙马王堆汉墓中，出土了保存相当完好的西汉长沙国丞相夫人辛追的尸体。人们在这具尸体上就发现过血吸虫卵。1975年在湖北江陵凤凰山汉墓出土的西汉五大夫尸体身上，也有血吸虫的痕迹。可见在两汉时期，湖南、湖北的血吸虫疫情就很严重了，即使贵族也难以幸免。

倒霉的曹军

赤壁之战古战场位于长江流域中游，以两湖为中心。曹操挥师南下，途经湖北的襄阳，进而穷追刘备，抢占并驻军江陵，然后顺流而东至赤壁，失利后经华容退至南郡，最终北撤。整个活动范围都在湖北、湖南最严重的血吸虫病流行区内。行军、训练、作战和生活都可能感染血吸虫。

血吸虫在不同季节的感染机会是不同的，通常是夏秋季最高，次为春季，最低为冬季。赤壁之战的最后厮杀在冬天，但是开战之前水军转徙、训练却是在秋天，恰是血吸虫病的易感季节。感染后也不是马上出现严重症状。最初皮肤上只出现针头大小的红色小出血点，发痒。几天内消失。虫体在人体内约经过一个月左右发育才引起急性病症。而曹军在赤壁之战中，也恰好是秋天南征时陆续发病，至冬天在赤壁交战时已是疲病交加，死的死，病的病，衰弱到不堪一击的地步，恰好与血吸虫感染、潜伏、发病的过程相符合。

当曹操看到他的士兵经受疾病的折磨时，他可能会想起曾跟随他一起远征乌桓的神医华佗。《三国志·魏书》中专门列有华佗传，记录了他为人治病的 20 多个神方。这些神方中，不少与战争的创伤有关，如箭伤、马蹄踏伤、接骨等。因此可以推测，华佗跟随曹操，同时兼有军医的身份。每场战斗之后，肯定会有大批伤病员，华佗成为他们救命的神医。

可惜后来华佗因为看不惯曹操的很多暴行，找了个理由躲回家里。曹操大怒，下令将华佗杀掉。曹操身边的大谋士荀彧为华佗求情。他说："华佗是一个了不起的医生。请丞相息怒，不要杀他。"曹操一笑，不屑地说："我是为天下除一鼠辈尔！"在赤壁之战中，如果这个所谓的"鼠辈"还在，曹军也许就不会败在血吸虫手里了。

有人一定会质疑，都在赤壁打仗，难道血吸虫见了孙刘联军就绕着走吗？我们得说，刘备的军队也是北方来的，血吸虫对他们也不会客气的。不过顶多一两万人的刘军在联盟中算不上什么主力，也没有承担什么关键任务。而东吴军队长期在南方从事生产、生活或战争活动，经常接触疫水，多是慢性患者，体内有免疫力，只会在劳累、饥寒等诱因下出现腹痛、拉脓血便等症状，所以对战斗力的影响不大。这就等于是血吸虫病的慢性患者打败了急性患者。

从上面的解释，我们大概可以一窥赤壁之战的真相：曹操看到部队在血吸虫疫情中损失惨重，同时遭到黄盖的火船偷袭，军中一度造成混乱，被迫决定后撤。后撤时，曹操担心庞大的战舰群无法随同撤走，一旦落入周瑜之手，将壮大了敌军，便自行烧船。这其实是曹操的一种应急战略措施。周瑜只是冒领了一次火攻之功而已。

关羽为什么放走了曹操？

关羽华容道放曹，孙权袭荆州，诸葛亮摆空城计都是出于维持势力均衡的考虑。如果用博弈的眼光，很多奇谋妙计其实都很简单。

关羽犯错误了

赤壁之战曹操大败，狼狈逃回中原。此时刘备一方负责拦截败退的曹军。最后一关华容道成为关系曹操生死存亡的一道坎。此时曹军只剩300余骑，已是惊弓之鸟，草木皆兵。诸葛亮随便派一个将领去，都将能把曹操擒获。派谁去完成这个任务呢？

此时诸葛亮提议派关羽去！刘备不放心，他提醒说："我弟弟义气深重，如果曹操果然从华容道逃跑，只怕真的会让他放走。"诸葛亮却说："我夜观天象，操贼命不该绝。让云长做个人情也好。"结果，关羽果然在华容道放走了曹操，默然回营，诸葛亮装模作样地要把关羽推出斩首，若非刘备兄弟情深，为他求情，关羽真要成为刀下冤魂了。

华容道事件从此成为中国人议论的话题，有的叹息赤壁之战没能斩草除根，有的赞赏关云长的义气干云。其实放走曹操是诸葛亮精心策划的大计划，关羽不过是一个被蒙在鼓中的盲目的执行者罢了，他不仅没有犯错误，反而是立了一个绝世大功！

三国大博弈

要将其中道理讲清楚，还必须从诸葛亮的战略思想说起。诸葛亮的战略思想是先形成三分天下的格局，而后待条件成熟，再行统一天下。赤壁之战是关键之战。比较此时三方力量，显然是曹最强，孙次之，而刘最弱，孙、刘只有联合起来，才可勉强与曹抗衡。

从表面看，赤壁之战是孙刘联合抗曹，孙刘是有着共同利益的盟友。而事实上，曹、孙、刘三方之间的关系复杂而微妙。

就孙权一方而言，其目标有两个：首先是在赤壁之战中将曹操一方彻底打垮（最好是彻底消灭），这样，战后的孙权便将成为天下无敌的最强者，这是孙权一方想得到的最好结果。其次，最好能在这场战争中，在打败曹操的同时削弱刘备的力量。这样，即便赤壁之战无法全歼曹操，孙权一方在战后也会少一个强势对手。

而对于刘备一方来说，情况就较为复杂了。他有三个目标：首先，必须联合孙权打败曹操，为自己赢得生存的时间与空间。其次，他又不能让曹操一方消失。因为曹操的存在可以牵制孙权，孙权只有在北有曹操威胁的态势下，才有可能想到联合刘备。换言之，只有曹操存在，刘备的存在才具价值。再次，刘备还要力争实现他的第三个目标，即在战争中尽可能地多捞私利，借机壮大自己，攒得三分天下的资本。因此在赤壁之战中，刘备一方是出力而不尽力，出三分的本钱，却想捞十分的利润。

对曹操一方来说，则有两个目标：首先，当然最好是将孙刘联军灭掉，实现他一统天下的雄图。其次，在灭不了孙刘的情况下，让刘备一方强大一些，这样于己更为有利，因为一个相对强大的刘备的存在，对孙权也是一个牵制，曹操可以坐收渔利。

诸葛亮的智谋

赤壁之战，曹操战败。如果诸葛亮在华容道上逞一时痛快，把曹操灭掉，则三分就变成了二分。二分之后，刘备集团单独面对强大的孙权集团，孙刘矛盾将立刻尖锐起来，而此时刘备集团的力量还远不足与孙权集团抗衡。两大集团若此时发生对抗，失败者必然是势力弱小尚无根据地的刘备一方，这几乎是不劳证明的。因此，赤壁战后对刘备集团最有利的局面是保留曹操一方，保留一个足以震慑的力量，以此牵制孙权集团。

所以诸葛亮用“夜观天象”的话糊弄刘备。这话可有两种解释：一种是曹操此时气数正旺，灭不了他；另一种解释则是此时曹操还不应死，死了对我们不利。诸葛亮心中的解释应是后一种，只不过没明说罢了。从这个分析看，华容道放曹是诸葛亮当时应采取的唯一的理性决策。

但是，放曹一事应由谁来完成呢？这是诸葛亮要费脑筋思考的问题。因为放曹必须放得天衣无缝，必须放得让孙权、周瑜无话可说。关羽当年下邳兵败，被迫入了曹营，曹操待他极厚，三日一小宴，五日一大宴，赠金赠袍赠赤兔马，连过五关斩六将也没有深怪于他，应该承认，曹操对关羽私人是有大恩的。关羽素重“义气”，有这样的前事背景，加上他的性格特点，就成了放曹的最佳人选。放曹之后，对外，诸葛亮可以用这是关羽的个人行为来解释；对内，又可以凭关羽与刘备的特殊关系赦免他的放曹之罪，一举数得，何乐不为？如此看来，去华容道前诸葛亮要关羽立军令状之事，显然是一场演出，是演给孙权看的折子戏。

孙权的谋略

在《三国演义》中，孙权似乎常常被涮，不但把妹妹嫁给了刘备，还把荆州也借给了人家。三国迷们都认为孙权是吃了大亏。其实他也不是善茬，那些吃亏行为完全是为了顾全大局。在孙刘联盟内部，孙权的军事经济实力无疑是大于刘备的。尤其是赤壁之战后，刘备被周瑜屏蔽在狭窄的江南四郡之内，在联盟中处于依附地位。这对于联盟的维系来说是不利的，所以孙权才会舍得把荆州借给刘备。

从长远的战略考虑，刘备得荆州后，力量必然进一步壮大，孙刘联盟的实力必然加强，此后，孙刘两家一东一西，成犄角之势，进攻上可相互协调，防御上亦可彼此照应，从此曹魏对吴蜀的用兵多以无果而终。

刘备借得荆州之后，在诸葛亮的辅佐下，呈现出一派勃勃生机。214年刘备得益州，势力越发壮大。这时，孙权发现形势变了。自己成了三方之中最弱的一方，一旦孙刘联军消灭了曹操，刘备必定对自己下手。于是，他决定派吕蒙偷袭关羽，夺回荆州。一旦得手，孙权立刻收手，向刘备寻求和解，因为他并不想跟刘备拼个你死我活，而只是想恢复到三方博弈平衡的状态。可是刘备却不依不饶，大举伐吴，结果被火烧连营，惨败而归。战胜的孙权再次积极主动地遣使请和，目的仍然是维持三国的实力平衡。

默契的空城计

《三国演义》中另一次绝妙的博弈是著名的“空城计”。马谡失守街亭，魏军15万直取蜀军指挥部西城。西城仅余2 500老弱残兵，诸葛亮令偃旗息鼓，大开城门，几名老军旁若无人，于城门之下低头洒扫；他自己神情自若，于城门之上焚香操琴。司马懿怀疑有埋伏，二话不说就撤退了。

其实老谋深算的司马懿能看不出来诸葛亮在虚张声势吗？可是他还是要装做上当，掉头回家。因为他和诸葛亮，以及他背后的曹魏皇帝也有着微妙的博弈。

当时司马懿因为功高盖主，掌握兵权，已经受到了曹魏皇帝的猜忌，只是因为蜀汉没完没了地北伐给国家造成了威胁，需要他率军抵抗，才没有被削权甚至处死。当诸葛亮几乎可以手到擒来的时候，司马懿发现，这个敌人绝不能消失。除掉诸葛亮，就基本等同于灭亡蜀国；而三国鼎立的力量均衡一旦被打破，灭吴就只是个时间问题。司马懿深知狡兔尽走狗烹、飞鸟绝良弓藏的道理，在自身羽翼尚未丰满之前，除去诸葛孔明这个魏国的心腹大患之时，也基本上就是他司马懿的死期到来之日。

而诸葛亮对此也心知肚明，深信司马懿出于自身利益考虑，必定要放他一条生路，因为这也是给自己留一条后路，于是干脆与司马懿合演一出“空城计”。对于司马懿而言，假装被空城吓住，比起能够保全家人和自己的性命，只是一点微不足道的名誉损失。而对于诸葛亮而言，既再次树立自己神奇的光辉形象，又可以从窘境中得以解脱。可以说空城计是双赢的计策，所以诸葛亮和司马懿在这方面达成了共识，彼此心照不宣。

三国鼎立是成功的历史博弈试验，在风云变幻的三国古战场上，如果用博弈的眼光，很多奇谋妙计其实都很简单，而许多令人难以理解的事情也就真相大白了。

魏晋名士吃春药与匈奴细菌战

风流豪放的魏晋名士们不过是一群吸毒客，而他们之所以要吸毒原来是汉朝时候匈奴人的细菌战的结果。

怪异的魏晋名士

如果要问中国古代什么人最潇洒，最具风度，大概非魏晋南北朝时期的名士们莫属。他们是当时社会知识分子中的拔尖者、思想家、文学家、史学家、艺术家等，如著名的“竹林七贤”。这些名士的思想认识，举止气度，体现了自然而高贵的气质，被称为“名士风度”，千百年后仍然为后人所称道。但是任何一个时代都不乏思想深邃、气质高贵的知识分子，为什么魏晋名士能够作为一个群体成为中国文人风度的代表呢？这是因为名士们自有一番不同寻常的表现。

首先，这些名士们讲究洒脱，穿衣服以宽大为美，袖子从肘部开始做得特别宽，几乎可以拖到地面。衣料以柔软轻薄为主，旧衣服尤其受到青睐，腰间系上长带，脚上踏着拖鞋，有的还披散衣襟。在街上一走，轻松自然，俊逸潇洒。有些人则更放得开，常常赤足露臂、宽衣敞怀。王羲之就是因为露着肚皮，大大方方躺在床上见客，才被他老丈人选为女婿。

在举止上名士们也很注意，谈话时，以神态镇静为佳，如桓温北伐时，名士王猛穿着旧衣服前往相见，一面发表对天下大事的意见，一面抓身上的虱子，旁若无人，受到时人的推崇。旁若无人发展到极端就成了狂放不羁，不拘礼教。有个叫刘伶的，在家里赤身裸体。别人来拜访，见他这样便责备他无礼，他却说，天地是我的房屋，屋舍就是我的裤子，你跑到我裤裆里来干什么？东晋的名士王忱曾经带着朋友去老丈人家吊丧。老丈人正在痛哭流涕，而他居然和十几个朋友一起脱得精赤，披散着头发，闯了进去。十几个人绕着王忱的老丈人走了三圈，令悲痛的老人又惊又惧。

名士们还有个共同的嗜好——酗酒。刘伶经常乘鹿车，手里抱着一壶酒，命仆人提着锄头跟在车子的后面跑，并说道：如果我醉死了，便就地把我埋葬了。另一位名士阮籍也是一日不可无酒，天天烂醉如泥，甚至在为母亲服丧期间还大吃大喝。他曾经一再表示不想做官，可有一次却主动跑到晋文王那里要求做步兵校尉，就因为校尉府中藏有数百斛好酒。到任之后，他不问公务，天天畅饮，酒喝光之后又毫不含糊地辞官不做了。

后世的人们对魏晋名士的这些怪异行为赞赏有加，认为他们是尽情挥洒恣意率真的本性，绝无半点做作掩饰，也绝不管世人的褒贬毁誉。魏晋时期也因此被视为中国文化史上一个难得的人性大自由、大解放的时代，一个寻找自己、呼唤自我的时代。

然而20世纪30年代，鲁迅却提出了一个足以将名士们从云端拖进泥潭的观点：这些名士们不过是一群吸毒客，是毒品令他们做出上述种种怪异行为的。

风靡一时的毒药

现在大家一说到毒品，马上想到鸦片，觉得好像在鸦片之前，中国人从来没有服用毒品的历史。其实这是不对的。魏晋时期的上流社会就曾大规模服用毒品——一种名叫五石散的有毒药物。

所谓五石散，是一种中药散剂。它的主要成分是石钟乳、紫石英、白石英、石硫磺、赤石脂，此外还有一些辅料，对年迈体虚、阳气偏衰者，用之得宜，有一定的助阳强体作用。当时全社会都梦想着修身求仙，五石散便被视为一种修身健体的良药，吃了虽然不能腾云驾雾，脱胎换骨，但确实能神清气爽，延年益寿，功效广大。于是，从修道之人，到帝王贵胄，还扩展至大夫士人，均风行服食之，到后来竟渐渐成为一种身份的象征。而我们所谓的魏晋风度居然很大程度上是五石散在人体内发作时的表现。

服食了五石散以后，人会五内如焚，浑身发热，于是宽袍大袖就成了名士们的时装。有时候热得实在受不了了，索性光着膀子甚至赤身露体在野外狂奔，为的就是出一身大汗把药力发散出来。吃药之后，皮肤也变得非常敏感，容易磨破，所以必须穿薄而宽大、未浆洗的软旧衣，不能穿厚实或者未脱浆的新衣，以免不能散热和衣服摩擦皮肤导致不适。穿鞋也不方便，故不穿鞋袜而踩着拖拉板。因为总穿旧衣服，又不能浆洗，虱子也因此在身上繁殖起来，所以才会有一边聊天一边抓虱子的故事。没有吃药的人看见名士们宽袍大袖，野外狂奔，很飘逸，就当成一种时尚，也跟着飘逸起来，却不知名士们内心中火烧一样难受。

药物发作的时候，不能肚饿，所以要吃冷物，而且要赶快吃，不论时候，一日数次也不可定，同时还必须大量饮酒才能让药力散去。结果名士们就根本顾不上什么礼教，不分时间、场合，即使母亲刚刚去世也得含着泪狂饮大嚼。可笑的是后人居然把这个当做名士们反抗礼教的证据。

五石散中含有硫化物等毒性成分在内，食后极易性格暴躁。本来聪明的人，因此也会变成痴呆。所以非深知药性，会解救，而且家里的人多深知药性不可。晋朝人多是脾气很坏、高傲、发狂、性暴如火的，大约便是服药的缘故。比方有苍蝇扰他，竟至拔剑追赶；就是说话，也要糊糊涂涂地才好，有时简直是近于发疯。晋朝人因此甚至把“痴”当做时尚。由此可见，魏晋名士们或暴躁或口发狂言的狂傲风范，是与服药有一定关系的，并非全都纯出自然。

看来，令后代文人倾慕不已的魏晋风度原来跟我们今天的不良青年吃了摇头丸以后的表现差不了多少。其实如果让我们掀起裙子看看下面，很多同样高尚的事情都会让人很失望。

匈奴人的细菌战

由魏晋至唐，五石散为害时间历五六百年之久。服者众多，中毒死亡者亦多。五石散对人体的损害绝不在鸦片之下，把它划成毒品一点都不亏。那么这种药是从哪儿来的呢？据说这种散剂是东汉时期的著名医学家张仲景发明的，专治当时大范围流行的伤寒病，只是后来才被名士们当成了仙丹灵药。那么伤寒病又是从哪里来的呢？这还得从汉帝国与匈奴人的战争说起。

在西汉武帝时代，汉匈战争后期，由于汉军攻势猛烈，匈奴便派巫师在汉军可能经过的道路和水源地掩埋病死的牛羊，以阻滞汉军的前进。汉军触及或食用或饮用过设置牛羊尸体的水源，就会大染疾疫，使军队丧失战斗力。汉武帝时代的名将霍去病，远征匈奴归后，年仅24岁就病死了，有人认为很可能就是死于匈奴人的瘟疫。

匈奴通过疫马和疫畜所施放的瘟疫，当时人称为“伤寒”。这种瘟疫有两个病征，一是因发高热而苦寒，一是患者体有斑瘀，死亡率很高。由于缺乏有效的防疫手段，自武帝后期开始，直到三国、魏晋的200余年间，这种流行恶疫呈10—20年的周期反复发作，频频不已，绵延不断。在政治、经济、宗教、文化以及医学上，均对中国历史产生了极其深远的影响。

总体来说，当社会处于上升期时，大疫不致影响社会安定。但在社会危机时期，大疫往往成为社会变乱的导因。西汉后期，由王莽改制及赤眉、绿林起义引爆的社会动乱，就与大疫的流行不无关系。至东汉后期，疫情再度频繁发作。黄巾起义、群雄逐鹿其实都是瘟疫在作祟。

疫疾的流行引起东汉末民间道教与王室贵族中佛教的盛行。实际上，早期道教和佛教都是因为它们号称可以治病和长生才被人们所信仰的。战乱兵灾加上瘟疫疾病，使建安正始时代成为一个色彩阴暗悲怆的时代。中国古代哲学也为之一变，知识分子们关注的主题由两汉时代的经学伦理，转为对存在意义和生命真伪的探讨，清谈和玄学因而兴起。

汉末魏晋的贵族、士人为躲避疾疫，延长生命，多亲自入山采集药石。五石散由于被认为有治病之功效，所以才大为流行。除此之外，为避疫疾传染，当时许多士人远避人世，寻找净土，于是又有回返寻找大自然的风尚，遂导致山水诗及山水文学的兴起。

有人推崇魏晋时士人之服药、饮酒、山水遨游，认为魏晋士人崇尚“自由”，却不知道这实际是根源于一种大不自由的背景——社会动荡，民生艰难，又时有人力不可控制的瘟疫流行，夺人性命。因此，对于士人来说，魏晋时期乃是充满忧患的痛苦悲哀的时代。所谓通脱、放达的存在主义，不过是精神上寻求解脱的一种自慰的表达方式而已。

第六章　隋唐演义

隋炀帝：一个雄才英主的穷途末路

隋炀帝想要干大事，创大业，但大大超过了当时全社会能承受的力役限度。不过最终导致他的帝国垮掉的还是贵族们的反叛。

为隋炀帝报仇

大业十四年（公元618年）三月，一个叫宇文化及的禁军头领冷冷地命人将一条白绫绕上隋炀帝的脖颈，左右用力拉紧。只见隋炀帝初时尚手足挣扎，渐渐双眼凸出，转瞬毙命。消息很快传遍群雄蜂起的大隋帝国。长安的李渊放声大哭，遥祭炀帝灵魂，开丧挂白。正在攻打河间郡的窦建德立即停止攻城，派使者进城吊唁。洛阳的王世充也哭得几次以头撞地，满面是血。

反王们似乎全都忘了自己也是大隋朝的叛乱者，纷纷将弑君者宇文化及视为仇敌，欲除之而后快。李密率领瓦岗军不惜代价，重创宇文化及，自己也身受重伤，骁将锐卒损失惨重。败退的宇文化及先是被李渊的唐军围困在山东聊城，最后被窦建德抓住斩首。入城后，窦建德第一件事就是去参见隋炀帝的遗孀萧皇后，自称为臣，并穿素服为隋炀帝哭丧尽哀。

一群反叛者为死去的皇帝报仇？这是一件令人很难理解的事情，

更何况隋炀帝还被许多人认为是中国历史上最糟糕的皇帝之一。唐代编撰的史书上记载他滥用民力，几乎年年征发繁重的徭役；他骄奢淫逸，为向西域各国炫耀夸富；他酷爱游玩，在位12年，到处巡游却占了11年；他好大喜功，三征高句丽，牺牲惨重，却无功而返。暴政激起全国范围的农民大起义。最终，一群心怀不满的御林军用白绫将他缢死。隋帝国成为秦帝国之外，中国又一个二世而亡的统一帝国。

这样一个暴君死后为什么还能得到如此的待遇？莫非在他的淫奢暴行之后还有别的隐情？

一个贤明的天子

公元581年，北周小皇帝的外祖父杨坚篡周建隋，仅12天之后，年仅13岁的次子杨广，也就是后来的隋炀帝，被封为晋王。这是一个异常出众的皇子，不仅外表俊秀，上天还赐予他超乎常人的聪颖。7岁那年，他写出了平生第一首诗歌，立刻为他赢得了“神童”的美誉。

20岁的时候，他统军50万南下，平灭陈朝，自三国到南北朝长达400年的南北分裂局面在他手中轻松结束了，实现了秦始皇以来第二次天下大统一。第二年，旧陈全境爆发叛乱，他广泛收纳江南人士，拉拢江南佛教界的头面人物，不流血地将南方民众反隋的情绪化为乌有。他的个人生活也十分检点。人们来到晋王府，见不到古物珍玩，见不到鲜姬美妾，上上下下衣着都很朴素，王府里的乐器上都蒙了一层厚厚的灰尘。

种种优异表现终于令父亲作出决定，废掉他的哥哥，立他这个次子为皇储。三年以后，隋文帝杨坚驾崩，杨广继位。在挑选新年号时，新皇帝圈定了古往今来年号中最大气磅礴的两个字：大业。

心高气盛的杨广对父亲留下的帝国并不满意。隋文帝过于严苛，甚至发展到偷盗一文钱就当街杀头的程度，百姓举手投足便有可能触犯刑法。杨广上台后新修的《大隋律》是中国历史上最为宽大的法律之一，不但将隋文帝制定的酷刑全部革除，还取消了连坐法，开创了中国法律史上一个独一无二的先河。

隋文帝曾一再巧立名目，提高税率，压得老百姓喘不过气来，甚至饥荒时也舍不得打开仓库救济百姓。杨广即位之后，即大赦天下，普免天下全年租税。在位14年间，他多次宽免百姓租税，一再降低税率。

隋文帝对文化十分轻视，晚年甚至认为学校没有什么用处，均予废除。杨广即位不久便扩容最高教育机构国子监，还兴办了十几种专门学校，培养法律、算学、医药、天文历法等各种人才，全国在校人数近20万，平均每6户中就有1名子弟上学。大业三年他更是下诏开进士科，在中国古代史上正式创立了科举制度，成为以后1 300多年历代王朝的选官制度。

到大业五年（公元609年），尽管已经连续四年大赦天下，多次普免钱粮，可是财富仍然滚滚而来，人口不断高速增长。唐太宗号称中国第一盛世的“贞观之治”，田地开垦量只有隋代的三分之一弱，朝廷控制的户口还不到大业年间的一半。

隋帝国的大战略

然而年轻的皇帝心中依然沉重。从表面上看，大隋天下四海安宁，人民乐业，但400年南北分裂造成的种种隔阂，并没有随着军事征服而消弥，两地相视，几如异族。刁钻的江南大族不甘失败，很可能再次滋事反叛。驰骋于辽东，俨然一方霸主的高句丽正在积极与北方凶悍的突厥相勾结，策动周边民族，遥相呼应，威胁中原统一王朝。

他需要一条沟通南北的大动脉，一条大运河，既为了方便迅速地镇压南方可能发生的叛乱，也为了将军队、武器、粮食等物资运往北方，征伐高句丽。而一座新的都城——洛阳将是这条运河的中枢。同时，他还设计了一条宽100步，长达3 000里，从陕西榆林直通北京的驰道，作为将来征讨高句丽的陆上运输线。

一场轰轰烈烈的举国建设运动在隋帝国开展起来，皇帝每天都不断询问工程进展情况，不断亲自查看图纸、督促进度，所有工作人员都不得不跟随皇帝夜以继日地加班加点。周长近60里的东都洛阳竟然仅仅不到10个月就出现了轮廓，而大运河的一期工程通济渠用时更短，这段千余里长、40步宽的河道，仅用了171天即告完工。

工程安排得差不多了以后，杨广又开始了马不停蹄的巡游，南下江都，北出塞外，东赴涿郡，西出青海……在位14年，隋炀帝仅在京都居住1年，其余时间多在四处巡狩。巡游之路既有金戈铁马、剑拔弩张的战场危险，又有漠北荒寒、艰难险阻、漫漫征途之风险。而这个精力充沛得令人惊讶的皇帝即使在巡游路上，也没有一天停止处理政务，每天还要看奏折到深夜。如果这也叫贪图享乐，未免太辛苦了。

隋炀帝不喜欢打仗，他更愿意以其强大的武力和巨大财富向西北、北方草原各族以及江南地区示威，"不战而屈人之兵"，以稳固边防，消除内乱。所以他每次出行都声势浩大，常常随驾士兵50余万、马匹10余万，旌旗辎重，千里不绝。大业六年（610年）正月十五，隋炀帝在东都举行了盛大的庆典，向随他西巡入京的诸国使节、商人，展示大隋帝国的强盛与富足。5万名乐工在这里通宵达旦表演各种节目，持续了半个月，市场整饬一新，每个店铺都重新进行装潢，连卖菜的小商贩都要在店铺里铺上地毯，路旁的树木也缠上丝绸。

在隋王朝的军事、经济实力威慑下，曾与高句丽有密切关系的突厥和吐谷浑各部先后内附，并且在后来隋朝征伐高句丽时，置身于战事之外。西域、中亚及欧洲商贩到长安、洛阳等地经商参观者络绎不绝，河西走廊的武威、张掖、敦煌等地成了国际贸易的重要中转站和商品集散地。大业五年六月，隋炀帝车驾到达燕山，高昌、吐谷浑等西域27国国王、使者都于道路拜迎朝见隋炀帝。在中国历史上为拓通丝路、经营西域而亲自西征西北边疆，并与西域各国会盟的皇帝只有隋炀帝一人。

兵败高句丽城下

大业七年二月，准备停当的隋炀帝下诏讨伐高句丽，中国历史上空前规模的对外战争爆发了。四面云集而来的113万征讨大军，分为

24 军，日发一军，相距 40 里，总长达 960 里，浩浩荡荡地踏上征途。如果再加上 200 多万民夫，真可谓是漫山遍野似的杀向辽东。

大军远征，利在速战和隐蔽，隋炀帝却反其道而行之，直至第二年正月隋军才齐集于涿郡，行动迟缓，贻误战机。他还对整个战事大肆铺张炫耀，甚至将兵力部署公诸天下，希望以军事威吓逼降高句丽。

然而这种屡试不爽的策略在高句丽面前却没有奏效。隋军抵达辽东城时，面对的是一个金城汤池般坚固的城市。战斗经验丰富的高句丽人冒死坚守，四面包抄，耀武扬威的隋军全线崩溃，兵败如山倒，一场声势浩大的远征顿时成为滑稽透顶的军事大游行。

而此时，国内也开始出现动乱。虽然隋炀帝兴办的每一项工役单独看来都可称之为功德无量的大好事，但如果将这些大好事相加，人们就不难发现，其劳役总量惊人，规模空前，大大超出了当时人民所能承受的限度。几项大工程几乎同一年开工，一项紧接一项。长时间、超负荷的劳动，恶劣的伙食，加上医疗、劳保设施的缺乏，导致大批民工生病甚至死亡。而攻打高句丽的兵役徭役量更超过了前几年几项大工程的总和。在东莱海口造战舰的民工昼夜立于水中，自腰以下都生满蛆，死掉三分之一。江南民夫运米至涿郡，几十万人绵延于道路，死者相枕。

山东王薄首先揭竿而起，一时间大隋天下燃起了 20 多处烽火。对于各地报上来的农民起义的消息，杨广并不怎么在乎，帝国最大的威胁仍是高句丽。9 个月之后，隋炀帝又一次踏上了征程。就在辽东城指日可下之际，忽然一骑飞尘来报——杨玄感叛乱。当夜几乎已经要放弃抵抗的城头的高句丽军人看见一幕奇观，百万隋军停止了连日一刻不停的猛攻，放弃堆积如山的军粮、帐篷、物资、器械，如同一股正在激烈拍打城墙的狂涛，突然向西方回流。为什么隋炀帝如此惊恐？原来他最害怕的事情发生了——关陇贵族正在抛弃他。

关陇贵族的叛变

所谓关陇贵族是北魏末年代北武川的鲜卑贵族联合关陇、河东一带汉族世家大族形成的军事贵族集团，他们既有胡族血统，又汉化较深，能文能武，出将入相。在西魏、北周、隋和唐初他们都占据着统治地位；各大家族互相通婚，一荣俱荣，一损不至动全身。隋文帝、隋炀帝、唐高祖、唐太宗、唐高宗都是关陇集团的核心人物，杨贵妃、柳宗元、薛仁贵的家族也属于这个集团。直到武则天统治时期，这个贵族集团才彻底瓦解。

隋炀帝只顾着激情四射地完成自己的帝国规划，却没有注意自己的种种行为早已引起关陇贵族们的不满。他发明的科举制度打破了门第、地域、年龄界限，为了融合南北，还广泛任用江淮人士。关陇贵族们愤愤不平，不但他们旧日的经济特权、政治特权被剥夺殆尽，并且子孙后代也无法把家族的基业传下去。

杨玄感就是这样一个愤怒的贵族。一直到死，杨广都认为他的真正敌人不是农民起义军，只要能防止关陇贵族们纷纷起兵，维持住帝国政治的平衡，隋军还是有能力消灭各地农民起义的烈火。平定了杨玄感之后，他仍然偏执地第三次攻打高丽。这次高句丽投降了。杨广很有风度地放过了服软的敌人，召回了完全可以一举荡平高句丽的大军。

然而杨玄感打开的“潘多拉之盒”再也关不上了。大业十三年，蒲山公李密、唐国公李渊等手握重权的大臣不约而同，纷纷起兵，割据一方，众多关陇贵族亦加入其中。在闻听昔日贵族全部起来反对自己后，杨广的意志完全崩溃了。他逃到了江南的离宫之内，万事不管，整天饮酒为乐。那个励精图治者变成了及时享乐主义者。当禁卫军中的关陇子弟发现他已经不想回到家乡去的时候，便发动兵变，将他缢杀。随后便发生了反王们为君报仇的一幕，这或许是出自真心，或许是以此旗号彰显自己的正义，但都说明此时的隋炀帝在天下人心目中仍然是一个经天纬地的圣主。

之后的事情就很简单了，关陇集团新的代表李渊平定了农民起义、战胜了各路诸侯，最后建立唐朝。而唐太宗李世民为了证明唐室代隋的合理性，示意魏征等人修《隋书》时，对杨广的暴虐大书特书。历代小说家们为了满足了老百姓的猎奇心理，也大肆渲染隋炀帝荒淫的私生活。隋炀帝就这样被一步步妖魔化了。

隋炀帝想要干大事，干好事，创大业。开运河、营东都、征高句丽，都是为巩固帝国，但大大超过了当时全社会所能承受的力役限度，变成了可怕的暴政。但最终导致他的帝国垮掉的并非农民起义，而是贵族们的反叛。隋炀帝刚刚实现了400年大分裂之后的统一，想要弥合南北谈何容易。他选择了拥抱南方，却遭到了自己人的抛弃。一个雄才大略的皇帝就这样走上穷途末路。

来自突厥的骏马与“天可汗”李世民

李世民的昭陵六骏都来自突厥，它们的名字其实都是突厥词汇。为什么会这样？难道唐太宗跟突厥有什么特殊的关系？

提起唐太宗，人们总会想起秦王李世民的飒爽英姿，想起他少年豪侠的英雄气概。在与父兄一起平定天下的岁月里，曾经有六匹骏马陪伴他征战沙场，屡立奇功。它们的名字分别是：特勒骠、青骓、什伐赤、白啼乌、飒露紫、拳毛騧。

为了纪念这六匹心爱的宝马，晚年为自己修建陵墓——昭陵的时候，唐太宗特意让人根据绘画大师阎立本绘制的图样，为它们制作了六块石屏式浮雕，人称“昭陵六骏”。这六块浮雕体态雄健骏美，充满活力，神情中带有一种刚毅坚强、勇往直前的气质，堪称国之瑰宝。有人赋诗赞曰：“秦王铁骑取天下，六骏功高画亦优。”可惜1914年，飒露紫、拳毛騧被美国人盗走，藏进美国费城大学博物馆。强盗们还曾图谋另外四骏，敲碎装船准备偷运的时候，被西安民众奋力追回。

宝马出何处？

在欣赏“昭陵六骏”的雄姿的时候，有时人们会问，这六匹骏马究竟是什么品种？它们来自何方？这样的问题一直找不到答案，很快就会被人们忘记了。可是在历史学家的眼里，这却不失为一个值得研究的问题。西北大学的葛承雍教授通过仔细分析“昭陵六骏”的拓片，再将“六骏”拗口的名称与早已无人使用的突厥文联系起来，最后断定，这六匹骏马都是来自突厥，它们的名字其实都是突厥词汇。

“特勒骠”形象健壮，长腿小腹，是典型的锡尔河流域的大宛马。“特勒”是突厥文“tegin”的汉文译名，是当时突厥汗国的高级官号之一，多由突厥王室子弟担任，但投降突厥的汉人也可封此官号。隋唐时期获得“特勒”的突厥人很多，是一个常见的官衔。唐太宗以突厥“特勒”官号命名自己的坐骑，也是赞扬突厥骏马的一种习俗。

“青骓”马形上有着明显的阿拉伯马的“双脊”成份，很可能是阿拉伯马系与中亚马系的杂交种马。“青”，这里并不是古汉语中的蓝色或苍色，而是来源于突厥文“cin”或“sin”，为“秦”字之音写。隋唐时期中亚人和中国人都笼统地称中亚以西的“海西国”为大秦国，“青”、“秦”同音，泛指来自西方“大秦”的骏马。

“什伐赤”的体质结构是明显的突厥草原马型，头大个矮，耐力极强，并有突厥“三花”剪法的鬃毛。“什伐”对音转译为“设发”、“失发”，是突厥军事将领的高级官号，此官位于可汗、叶护之下，率领精锐兵马有2万人左右。当时突厥汗国中号称“设发”的领兵将军很多，大多是可汗的直系亲属。因此，“什伐赤”是用突厥官号命名的一匹坐骑。

“白蹄乌”特点也是颈硕鼻高，四肢不长，筋骨强健，与蒙古草原马相似。按汉文意思解释“白蹄乌”，应是一匹有四只白蹄的纯黑色骏马，千年来人们也一直持此说法。但“白蹄”真正的原意是来源于突厥语“bota”，义为幼马或幼骆驼，是“少汗”之意，即这匹黑马是冠以“少汗”荣誉性专名的坐骑，带有赞美的称衔和高贵官号的象征意义。

"飒露紫"外观高大魁伟，头小臀肥，腿骨劲挺，属于古代里海地区"亚利安"马种。"飒露"的突厥语读音还原为"isbara"，即"沙钵略"或"始波罗"，乃是"勇健者"之义，常被突厥人用作领袖的荣誉性称号，曾作为突厥可汗的尊贵称号多次出现在突厥碑铭中。所以，"飒露紫"的真正含义就是"勇健者"的紫色骏马。

"拳毛騧"头大鼻高，身材不高，蹄大快程，属于蒙古骏马种系。这是许洛仁进献给李世民的坐骑，"拳毛"音源于突厥文"Khowar，Kho"标准译名应源于"权于麾"，是西突厥控制下的一个小国地名，位于今新疆塔什库尔干以西和巴基斯坦最北部之间，故"拳毛騧"可能是一匹与"权于麾"种马杂交的良马。

突厥人的"天可汗"

唐太宗最心爱的宝马居然都是来自突厥，为什么会这样？难道唐太宗跟突厥有什么特殊的关系？

很多历史学家都认为，李唐王朝本身就具有北方游牧民族的血统。李世民的祖母姓独孤，母亲姓窦，皇后姓长孙，这都是鲜卑人的姓，也就是说李世民自己身上起码有一半以上都是骑马民族的血液。

为了在平定天下的战争中取得优势，李渊父子甚至还曾经向突厥称臣。而李世民自己更是善于利用突厥的力量来为自己谋取权势。当天下刚刚平定，他与哥哥李建成为争夺继承权闹得不可开交的时候，突厥恰好在这个时候大举进犯，整个朝廷立即都站到了他这一边，因为据说只有他才有能力打败突厥骑兵，李世民也借此扭转了政治斗争中的不利局面。

李世民抓住时机发动玄武门政变，杀掉李建成，逼父亲李渊退位，自己当上了皇帝，随后才不慌不忙地着手对付突厥。更奇妙的是，李世民居然不顾群臣的阻拦，只率六名亲信骑马来到渭水突厥营前，大义凛然地责备突厥背信弃义，违背盟约，一番言语居然令突厥骑兵十分震惊，纷纷下马叩拜，突厥颉利大为汗颜，引兵后撤数十里，两家签订互不侵犯的渭水之盟。

这简直就是一个英雄主义的神话，可是有的历史学家却在怀疑其中另有隐情。突厥人的入侵为什么在时间上掌握得如此巧妙，刚好为李世民争夺皇位出了一把力？另外，百万雄师，兵临城下，难道真的能够被李世民几句话打发走吗？莫非是突厥与李世民合演的一出好戏？不论真相如何，李世民与突厥的关系肯定是不同寻常的。后来，随着唐王朝的势力越来越雄厚，唐太宗还被各草原民族奉为“天可汗”，也就是“腾格里可汗”。

再回到“昭陵六骏”的话题上，中国所有帝陵中，只有李世民的昭陵里有战马石刻，为什么会这样？难道其他皇帝就没有宝马吗？其实原因很简单，李世民采取的是突厥人的丧葬风俗。马是突厥人不可缺少的伴侣，平时生活游牧，战时驰骋沙场。在突厥的葬俗中，有一种奇特的祭祀悼念马功劳的习俗。主人死后，随从会骑着马绕着死者的墓地转圈，然后把马杀掉或者活埋到坟墓里。无论是突厥贵族，还是一般牧民，死后都要与马共葬，只是数量多少不同。与突厥保有各种各样是非关系的唐太宗李世民采取突厥人的丧葬风俗也是很自然的事情。

我们历史上的明君唐太宗的爱马来自突厥，连他自己也成了突厥人的“天可汗”，这让很多人一时难以适应。其实中华民族在几千年的传承中经历了境内各民族的多次融合，早已不是一个单纯血脉的民族，也正是在一次次的民族冲撞中，才有了辉煌灿烂的中华文明。

玄武门之变——揭开 1 400 年前的阴谋

> 李建成是个好青年，却被弟弟李世民通过宫廷政变杀掉。在这背后居然隐藏着一个可怕的阴影：北方草原的游牧帝国——突厥。

被迫自卫的李世民

唐太宗李世民统治的时期是中国历史上非常有名的盛世，而这段影响深远的“贞观之治”始于一次兄弟相残的宫廷政变，史称“玄武门之变”。在二十四史中，以及各种各样像《兴唐传》这样的演义小说中，“玄武门之变”都是非常戏剧性的段落。大体情况是这样：

唐高祖李渊有四个儿子，长子李建成、次子李世民和老四李元吉，三子玄霸早夭，李世民最有才能。李渊在太原起兵以后，李世民屡立战功，帮助父亲成就统一天下之大业。而李建成无德无能，却因为是长子而被立为太子。李世民统率大军南北征战，浴血奋战之时，他的兄弟却在长安城中花天酒地，声色犬马，过着逍遥奢华的日子。

由于太子李建成贪酒好色，庸碌无能，唐高祖时常加以训斥，并流露出改立秦王李世民为太子的意图。于是建成为了除去这个威胁，就拉拢阴险狡诈、好色贪功的三弟元吉实施了一系列纨绔子弟常用的伎俩。

一次射猎中，建成选一匹烈马给世民，让他骑着去追逐夜鹿，马三次尥蹶子，每次世民都跃到数步之外，没有受伤。后来建成又请李世民喝酒。几盅之后，世民忽然感到肚子痛，别人把他扶回家里，他一阵疼痛，竟呕出血来。建成、元吉这哥俩还拿钱收买、陷害世民手下的勇将尉迟敬德、程咬金等人，与后宫妃嫔们勾结起来向父皇诋毁世民，可是都失败了。

后来突厥进犯中原，建成和元吉要手腕要求代替李世民带兵北征，其实是打算调开秦王府的精兵，放手杀害世民。原本念及兄弟之情的李世民被迫自卫，临时应变，在玄武门埋伏人马杀掉了建成和元吉。唐高祖得到这个消息很痛快地说“我早就觉得这两个兔崽子不地道”，不久便让出皇位，自己做太上皇。李世民登基，开始了自己的贞观之治。

李建成是个好青年

太子李建成真的像史书上说的那么无能，连搞阴谋诡计都那么幼稚吗？唐高祖李渊怎么能把江山交给这么一个窝囊废呢？很多历史学家都对史书上的记载表示怀疑，根据当时文人和敦煌史料的记载，其实李建成也立了不少战功，而且相当厚道，是一个很不错的青年。而玄武门之变纯粹是李世民这个坏小子贼喊抓贼搞的阴谋。

李渊晋阳起兵之前，李建成便在河东地区结交贤能，为父亲作了很多准备工作。起兵之后，李建成迅速西渡黄河，攻克长安，在战略上掐断了另外几支割据力量的咽喉命脉，令唐军声威大振，顿时成为最有希望问鼎中原的一支割据力量。后来，他又领兵十万进攻洛阳；平定边境胡人叛乱；和弟弟元吉一起消灭了劲敌刘黑闼，可以说军功与李世民相比毫不逊色。

后来建成被立为太子，驻守朝廷，这是全局的需要，绝非懦弱或懒惰。世民在前线征伐，建成在后面巩固根据地，推行均田制和租庸调制，赢得关中农业大丰收，有力地支援了前线，也有“萧何之功”。所以说建成无功而为太子的说法是不正确的。

至于建成的人品，有些史书上描述说“性宽厚”、“得众心”，结纳了不少贤能人士，比如说著名的谏臣魏征。唐朝名将薛万彻在他死后还带兵前去攻击世民。后来世民虽然饶恕了薛万彻，也没能说服他为自己效命。可见李建成非常得人心。

面对李世民的挑战，李建成其实是占有很大优势的。作为嫡长子，皇位理所当然的继承人，内廷有父皇、妃嫔的支持，外朝有朝廷重臣的拥戴，身边有一批出色的谋士和猛将，要除掉李世民是不难的。但他性格太仁厚了，念及骨肉之情，不忍下手。魏征“常劝太子建成早除秦王”，他迟迟不肯行动；弟弟李元吉看不下去，自告奋勇去杀李世民，也被他制止。他根本没想到李世民会不顾同胞之谊对自己下毒手，以至喋血玄武门。

都是突厥惹的祸

既然李建成这么厚道，那么李世民又为什么要突然搞一次宫廷政变杀掉自己的哥哥呢？历史学家们认为，其实李世民针对的不是太子李建成，而是自己的父亲唐高祖李渊。而在这背后居然隐藏着一个可怕的阴影：北方草原的游牧帝国——突厥。

隋末唐初之时，强悍的突厥堪称是东亚霸主。当时中国北方参与争夺天下的割据势力无一例外，都要向突厥称臣，争取支援，打击对手。李渊父子也不例外。在太原起兵的时候，李渊甚至与突厥达成了这样的协议：攻入京师之后，自己只要人口土地，金银财宝都归突厥。

在李渊与突厥的交往中，李世民是一个非常重要的角色，他和当时许多突厥贵族的交情非同一般，甚至称兄道弟。劲敌刘武周在突厥的支持下频繁进犯，与唐军交战基本上都能大获全胜。而只要李世民领兵作战，形势立即扭转，不仅一举击败刘武周，而且刘武周逃奔突厥后，反为突厥所杀。李世民的出师大捷虽与其杰出的军事才能有关，但也有史家认为李世民与突厥的密切关系很可能是他取胜的关键。

而李世民似乎也决心利用突厥这枚棋子提高自己的地位，甚至争夺太子的位置。于是，每当宫廷里出现不利于自己的流言，或者父亲过于偏袒建成和元吉的时候，突厥就会大举进犯。而当父亲必须倚重他解决突厥问题的时候，任何危机都会轻而易举地化解。

更有意思的是，李世民基本上没有与突厥发生过正面冲突，只要他到了前线，突厥就会迅速撤兵。他经常是单枪匹马、无所畏惧地去找突厥统帅谈判，据说是给别人讲一番大仁大义的道理，突厥人就自惭形秽，痛哭流涕地撤走了。这种说法只能骗骗小孩子，说李世民与突厥合谋演戏还可信一些，一个人去谈判不过是怕别人知道真相罢了。

时间长了，李渊对这个儿子不能不产生怀疑：你会不会以后借助突厥干出点什么更可怕的事情？所以李渊总是让建成和元吉镇守北方，尽量把世民派到南方去，不到万不得已不让他与突厥接触。

后来，随着唐王朝实力的增强，李渊对突厥的政策也开始强硬起来，唐军对突厥由单纯的防御战逐步转为主动反击。李世民与突厥的交情就变得不那么重要了。即便高祖不曾怀疑李世民内外勾结，李世民在高祖心目中的分量也会大大降低。种种迹象表明，李世民的处境已经日渐艰难了。高祖一改以往在儿子之间“和稀泥”的方式，开始采取真正有效的措施打击李世民的政治野心。李世民手下的得力干将房玄龄、杜如晦被逐出秦王府。尉迟敬德则差点被杀。

当突厥再次大举进犯的时候，高祖一反派李世民出征的惯例，让李元吉统率部队出征，将李世民完全撂在一边。局势对李世民非常不利，他有些乱了方寸。此时突厥作为他手中最有力的武器已经失去效用，这意味着他几乎是砧上之肉，任人宰割。他必须抢在李建成之前下手，否则自己性命难保。于是在武德九年（626 年）六月初四，李世民发动玄武门之变，杀兄屠弟，逼父退位。两个月后，李世民登基为帝。

篡改历史的皇帝

中国自古以来就非常重视撰修历史。在唐朝以前，史官绝对是一个非常有尊严的职业，他们宁可丢掉性命，也要秉笔直书，是什么就是什么，决不能瞎编乱造。唐代以前的皇帝们也很讲规矩，不管自己干了什么见不得人的事情，只要史官愿意记下来他们也基本上不太干预。可惜这种良好的风气到了一代明君唐太宗李世民这里就消失了。

唐高祖李渊当了 10 年太上皇后驾崩。就在葬礼举行前 10 天，唐太宗大概是觉得自己做的有些事情很不好意思，就通知史官说想要亲自查阅高祖皇帝和自己的《实录》，被恪守祖制的史官婉言拒绝。可是李世民并没有死心。过了几年，他又客客气气地跑去问谏议大夫褚遂良："你还负责记《起居注》吗？记了什么能让我看看吗？"褚回答："史官记录君主的言论和行动，好坏都要记载，才能使君主不敢做坏事。没有听说君主自己可以拿来看的。"唐太宗问："那我如果有什么不好的事你也记吗？"褚答道："这是我的职责，不敢不记。"黄门侍郎刘洎在旁边插话："假如褚遂良不记，天下人都会记。"唐太宗又碰了一个钉子。

后来又经历了一些宫廷变故，社会上出现了很多难听的流言，太宗越发关注史官给自己的记载，于是向监修国史的宰相房玄龄提出了第三次要求："我的用心和以往的君主不一样。帝王想亲自阅读国史，以便了解自己以前的错误，作为今后的警戒，你可以按顺序写后呈上来。"臣子虽然不同意，可太宗却坚持要看，最后终于得偿所愿，并且一本正经地提出了很多指导性意见。

有了这样明确的指示，史官们自然只能体察圣心，将两朝《实录》中有关文字修改到唐太宗满意为止。这就是我们今天能看到《旧唐书》、《新唐书》和《资治通鉴》等书中记述的“玄武门之变”。从此以后，一代代的皇帝都学会了篡改历史，中国古代的史官没有了尊严，地位一落千丈，历史的真相也就越来越模糊了。

在焦虑中挣扎的唐太宗

李世民是中国历史上公认的杰出皇帝。但称赞之余，也许你会发现这位一代明君为了争当模范用力过猛，背后显然隐藏着某种焦虑。

唐太宗李世民是中国历史上公认的杰出皇帝。他的“贞观之治”堪称中国封建社会中首屈一指的政治清明、社会安定的盛世，千百年来为人们怀念留恋，津津乐道。唐太宗自己求贤若渴、虚心纳谏、爱惜民力、轻徭薄赋、俭朴律己、宽仁慎刑……也留下许许多多生动感人的事例，被人们一赞三叹地传颂。

然而，称赞之余，也许你会隐约发现这位一代明君为了争当模范用力过猛。

“纳谏”纳得好辛苦

北京印刷学院的宋斐副教授曾经对李世民进行过一番心理分析，发现了他不少怪异的举止。比如说，他为了表现自己虚心听取臣下的批评意见，动辄大加赏赐，做得就有些过，已经超过了求谏、纳谏的目的本身。

有一年岭南酋长谋反，唐太宗决定派兵大举讨伐。魏征对整个形势的利弊作了一番分析，反对出兵。太宗听了，便取消了这个计划。

君臣就国家事务进行讨论，原本是政府决策的正常过程，魏征发表见解也完全是自己的本职工作，太宗却一挥手，赐绢五百匹。“绢五百匹”是什么概念呢？在贞观初年粮食歉收的情况下，一匹绢可以换一斗米。500匹绢等于500斗米，相当于50个农民一年上交的公粮。这种赏赐是不是太多了一点？

还有一次，有人告发魏征偏袒他的亲属，太宗派御史大夫调查，没有实据，但捎话给魏征，以后再办这类事的时候要明确表态，以避嫌疑。魏征听后，上朝反驳。太宗很紧张，赶紧对魏征说：“我已经后悔了。”最后，听完魏征一番劈头盖脸的驳斥，太宗还表现得十分高兴，一挥手，又赐绢五百匹。从当时的情况看，皇帝要求魏征避嫌，没有什么不妥，相反倒是魏征，不但不引以为戒，反而强词夺理，理当受到训斥，可事实是皇帝非但没训斥魏征，还为自己说了刺激魏征的话表示悔意，赏赐一大笔。

贞观二年，魏征告假祭扫祖墓回来，问太宗：“我听说陛下打算去南山游玩，车马行装都打理好了，最后却没去，为什么啊？”太宗笑着说：“一开始我的确是想去玩玩来着，可是怕你责怪我，就取消了。”还有一次，太宗正在逗弄一只小鸟，看见魏征来了，赶紧攥在袖子里，怕魏征说自己玩物丧志。结果魏征奏事没完没了，小鸟居然被闷死了。这两件事中的李世民根本不像是最高统治者，倒像是一个主人监督下的诚惶诚恐的奴仆形象。你不得不怀疑，唐太宗这样做，真的是为了所谓的“求谏”、“纳谏”吗？

皇帝的表演天才

不仅如此，他做的许多事也明显有做秀之嫌。

贞观二年长安地区出现蝗虫，太宗看见蝗虫，拾取几只，祷告说：“百姓要靠谷物维持生命，你把庄稼都吃了，就是祸害百姓。百姓如果有过错，都算在我身上吧。你要是有灵，吃我的心好了，不要害百姓。”说罢举手要吞吃蝗虫，身边人劝阻说吃了会得病，太宗说：“我正是希望把灾难转移到自己身上，还担心什么生病！”那几只倒霉的蝗虫终于进了皇帝的肚子。

贞观六年，太宗大宴宾客，被魏征当场顶撞，太宗不但不生气，还大笑道："别人都说魏征的举止不尊重我，在我看来却觉得他这个样子很妩媚。"一个征服八方、功高盖世的英武皇帝，被臣下当众折面，不但不恼怒，反而夸对方妩媚可爱，达到肉麻的程度。

类似事情还有很多。李世民喜欢一棵大树，身边一官员随之赞美大树，李世民马上宣布他是小人，表示以后要远小人；亲征高句丽，右卫大将军李思摩中箭，李世民亲自为其吮血；作战死了许多士兵，李世民亲为士兵哭灵。这些事例明显带有表演性质。

最大且最成功的一场表演是在贞观六年，唐太宗突发奇想，亲自接见监狱里的死刑犯，接触后对他们非常怜悯，决定放他们回家去，第二年秋天再回来受死。死囚们心领神会，到时候果然一个不少地按期返回，于是死罪全都赦免。这简直是一出上有德、下知义的活报剧，让人怀疑是不是事先写好了剧本。北宋欧阳修专门为此撰写了一篇短文，矛头直指唐太宗放死囚回家是为了博取贤君之名，太过虚伪。

在焦虑中挣扎

唐太宗的这些表现显然不合常理，想治理好国家，尽职尽责地工作就行了，何必整这些虚头巴脑的东西呢？心理学家弗洛伊德认为一些不可思议的行为通常是焦虑的替代品，例如一个人总是不停地洗手，背后一定隐藏着某种焦虑，洗手的行为是减缓焦虑的替代。李世民的一些做法，背后显然也隐藏着某种焦虑。

美国人本主义心理学家罗洛·梅为焦虑下过这样的的定义："当个人的人格及生存之基本价值受威胁时所产生的忧虑即为焦虑。"罗洛·梅所说的威胁，可能与个人的生命危险有关，如疾病、灾祸或死亡等现象；但也可能与跟生命有同等价值的信念及理想有关，如地位、名誉、职业或养家的能力、教育子女的责任感等；也可能是个人认为的最有价值的东西受到威胁，如爱国、社会成就、财经、家庭、政治、宗教等。若这些个人深信的基本价值受威胁，就可能产生强烈的焦虑。

2007年获得一片叫好的香港电影《门徒》中有这样一个情节：当手下无意中表现出对吸毒者的些许惋惜时，刘德华扮演的大毒枭反应非常强烈，仿佛话唠一样地反复说道：关我什么事？都怪他们自己堕落，关我什么事？都是他们自己……这种不知是想说服别人，还是要说服自己的言语明显就是一种焦虑。因为这个毒枭内心深处仍然存在不应害人的基本价值，可是自己的职业却威胁到这个价值，所以才会产生焦虑。

唐太宗做过什么事情违反了自己的基本价值呢？熟悉中国历史的人马上就明白了，他这个皇帝位子得来的不光彩。当年父亲唐高宗原本是将李世民的长兄李建成立为皇太子。李世民不甘心这样的安排，便策划了“玄武门政变”，杀掉长兄李建成和胞弟李元吉，又武力威逼父皇认可自己杀害手足合法，自己做了太子，最后逼父皇让位，自己登基。

这种杀兄逼父的行径，按照古代伦理来说属于不忠、不孝、不悌，被视为禽兽不如；按照当时的法律也属于大逆谋反，在“十恶不赦”之列，是滔天大罪。这也是唐太宗自己的基本价值观，于是他尽管夺取了皇位，却长期陷于焦虑之中。

正是因为这种焦虑，唐太宗总是有意无意地去重塑自己的形象。削减统治集团利益，给农民一点点好处；克制本能和欲望，勤勉于政事；控制情绪，忍受魏征的当众批评；做出笑脸，听取难听的谏言。做秀、演戏都是为了化解隐藏在内心深处的焦虑。这个赎罪的皇帝活得好累！

当杀兄逼父的形象在人们脑海中渐渐淡去，贞观之治初见成效，贤明君王形象已然确立后，唐太宗的焦虑也随之悄悄散尽，真实的李世民复活了。贞观十年以后他的纳谏主动性明显减退了。他开始频繁地出游狩猎，大兴土木修建宫殿，劳民伤财地攻打高句丽，大臣们若是反对，他不是大怒地拂袖而去，就是反唇相讥。为一些小事，他将老臣萧瑀、房玄龄撤职、遣回……

历史只给了李世民23年做皇帝的时间，再长，他苦心孤诣经营的形象工程结局如何，也是难以想象的。

大肚弥勒佛将武则天推上女皇宝座

> 武则天如何能够在男权文化笼罩下的中国封建社会登上皇帝宝座呢？从唐初整个社会的文化背景来看，她其实是托了大肚弥勒佛的福。

武则天是中国古代唯一一个真正执掌国柄的女皇帝，统治强盛的大唐帝国前后长达半个世纪之久。从中国传统儒家文化来讲，女人当皇帝就等于母鸡打鸣，是不可想象的，只会给国家带来无穷灾难。那么武则天又如何能够在男权文化笼罩下的中国封建社会登上皇帝宝座呢？为什么在她之后，再没有出现第二个女皇帝呢？

从唐朝初年整个社会的思想文化背景来看，武则天其实是托了大肚弥勒佛的福。

佛教中的救世主

在今天人们的眼中，腆着大肚子、笑口常开的大肚弥勒佛主要是一种大度能容的象征，地位与法力无边、普度众生的观音菩萨和如来佛祖相比，还差一大截。可是在武则天的时代，他可是人气最旺的佛。

弥勒这个神并非佛教发明的。在公元前1000年左右，包括西亚、北非、小亚细亚、两河流域、埃及在内的广大地区流行着一种未来救世主的信仰。当时人们普遍相信，有这样一个神给人无穷的希望，它在未来会许诺、保证给你一种幸福。这个神影响到了世界历史上的很多种宗教，在佛教中他被叫做弥勒佛，在基督教中就成了弥赛亚——耶稣。

佛教传说弥勒佛是佛祖的弟子，是佛祖的法定继承人——未来佛，将来他成佛后，将在人间建立非常神异美妙的“佛国净土”。在这个世界里，气候宜人，稻米自然生长，既不用去壳，又极为香美；金银珠宝像瓦砾一样散落在地，也没人看管；甚至大小便的时候，地面也会自然裂开，等人排泄完了又自动合拢；没有水火、刀兵、饥馑之灾，人人和睦相处，都能祥和快乐地活八万四千岁。

魏晋南北朝时期的中国，战乱频仍，广大民众生活在水深火热之中。佛教传入中国以后，“弥勒净土”所描绘的舒适太平的环境，正是人民所渴望的理想国。于是，这一佛教流派便在苦难百姓中迅速传播。隋唐时期达到鼎盛。当时弥勒佛的地位比观音菩萨高得多，僧俗所造弥勒像多不胜数，远远超过观世音菩萨造像，甚至与释迦牟尼不相上下。

《西游记》中的玄奘法师就是一位极为虔诚的弥勒信徒，赴印度取经的途中，每遇艰难险阻他便专心观想弥勒菩萨，于是便有奇迹出现，化险为夷。大诗人白居易也是弥勒信徒，他组织了一个学会，叫“一时上升会”，希望大家共同上升到弥勒境界。他甚至还写过一份决心书，表示：我敬仰弥勒菩萨的身形，我呼唤弥勒菩萨的名字，希望来世的我，一定要上升到弥勒菩萨的身边。

女皇的“革命”

唐高宗死后，大权在握的武则天看似距离皇帝宝座只有一步之遥，其实当时尚有人打着儒家学说的旗号肆无忌惮地反对武则天当政。比如，当时新丰县忽然平地踊出一座土山，本来只是自然环境中的地质变动，却有儒生借题发挥说是灾变，因为太后大权独揽，反易阴阳，故此天降灾变警告，望太后退回后宫，否则必遭天谴。令武则天大为难堪。

如何才能突破儒家思想的无形障碍？武则天想到了佛教。在唐初民间弥勒信仰中，不仅不排斥女性，而且女性在信众团体中甚至可以高居领导地位（这是佛教其他流派中所少见的）。而且，在佛教经典《大云经》中，还记载过一位代表正义和善良的“净光天女”，前生是国王的夫人，后又成为天女，再后当女王，最后成佛，简直就是武则天的写照。

武则天于是派人把《大云经》制作成浅显易懂的普及本颁行天下，将弥勒佛与净光天女的故事糅合在一起，说太后就是弥勒降生，必当取代大唐皇帝，成为人世之主。弥勒佛化身为太后来当皇帝，最后还回去成佛。

一时间，东起渤海，西止流沙，南抵五岭，北至大漠，《大云经》传遍全国各地。全国的善男信女似乎在同一时刻恍然大悟：啊呀，武则天应该当皇帝，佛意如此，万不能违。而且，弥勒佛下凡，佛国净土岂不是就要在人间实现了吗？你可以想象如果耶稣降临，基督徒们会是什么样的情景，弥勒信徒们也是一样的。数万名狂热的群众聚集洛阳街头，游行示威，闹了一场轰轰烈烈的“革命”，把武则天推上了皇帝的宝座。

正因为如此，武则天当政期间对弥勒信仰极为尊崇。一时间，国内佛殿骤增，不少得道高僧被奉为皇帝的座上宾。考虑到洛阳一直是北方弥勒信仰的中心，武则天迁都洛阳，并且命名为神都。她命人在洛阳龙门石窟雕造万佛窟。万佛窟内共雕造佛像一万五千余尊，主尊有不少是弥勒佛。她甚至还把自己的名字改为“武曌”。因为“曌”字日月有光，空意近净，与成为国王的“净光天女”相应。

世上再无武则天

既然弥勒佛可以将武则天推上女皇宝座，为什么在武则天之后再也没有出现第二个女皇呢？这是因为武则天死后，弥勒佛的命运急转直下。

首先，李唐皇帝对武则天的篡权行为显然不会认可，夺回皇权之后，自然对弥勒佛也没什么好印象。更重要的是，佛经里说一尊佛主持一个世界，弥勒佛是未来佛，是如来佛的接班人，也就意味着改朝换代，武则天说自己是弥勒佛下凡，才使“武周”取代“李唐”变得合情合理。武则天可以借助弥勒佛闹革命，别人当然也可以。可见这弥勒佛是个祸胎。

弥勒信徒多着白服，与身着黄色袈裟的一般佛教徒有着明显的区别。南北朝以降，迄至明清，各朝各代都有自称“弥勒降生”的民间宗教领袖，许多民众起义都以弥勒为旗号。他们宣称世界已到了末日，人们需要新的救世主来拯救自己脱离苦海。民众对弥勒佛的尊崇一旦化为行动，便会爆发出火山般的力量，起到摧枯拉朽的作用。

唐玄宗时，河北王怀古自称弥勒佛，举事被捕。唐僖宗时，弥勒教徒于西蜀地方扩展势力，组织弥勒会。北宋仁宗时，河北王则率领弥勒教徒叛乱。南宋兴起的白莲教也是一种崇奉弥勒佛的民间宗教。元末白莲教首领韩山童、刘福通首先誓师起兵，揭开了元末农民大起义的序幕。明朝开国皇帝朱元璋也是这支队伍中走出来的。清朝嘉庆时期的川陕楚白莲教起义，历时九年，波及五省，成为清朝由盛而衰的转折。一直到清末的一些反清组织，如天地会、青红帮都还以崇奉弥勒为号召。

显然，统治者是不能容忍这种信仰的。从唐玄宗开始，很多皇帝都发布禁令，信仰佛教中别的神明随便，信仰弥勒佛绝对不行。被打成邪教的弥勒信仰成了统治者的敌人，当然也就没法再作为思想武器为后世的“女皇候选人”所利用。因此，尽管大权独揽的女政治家不乏其人，但再也没有第二个女皇帝出现了。

武则天为什么能够当上女皇，其中当然有其胆识过人、才干非凡的原因，但是只有了解唐朝初年整个中国社会的思想文化，才能真正解开女皇独尊之谜。

古代宫廷乱伦的背后

唐朝的武则天和杨玉环，清朝的孝庄皇太后都曾传出过乱伦的丑闻。不是因为她们不知羞耻，这是一种少数民族中普遍流传的婚俗——收继婚。

宫廷里的八卦旧闻

武则天和杨玉环是中国历史上的两个名女人。她们之所以几千年来吸引了无数历史看客的眼球，很大程度上是因为背负着“淫乱后宫”的名声，而她们的“乱伦”故事更是让不怀好意的后人浮想联翩。

武则天14岁的时候入选宫中，成为唐太宗的一名“才人”，因为行事干练，善解人意，再加上姿色娇艳，颇得唐太宗欢心。唐太宗死后，武则天被送进寺庙削发为尼，可是两三年后就又被太宗的儿子高宗接回宫中，做了皇后。也就是说，武则天的第二任丈夫居然是前夫的儿子。

比武则天稍晚一些的杨玉环恰恰反过来。这位著名美女自小姿容娇媚，通音律而善歌舞，16岁时入册做了唐玄宗第18个儿子寿王李瑁的妃子，一起生活了6年，也算是恩爱有加。这期间，唐玄宗宠爱的武惠妃病逝，玄宗因此郁郁寡欢，于是把目光投向了与武惠妃相似的儿媳杨玉环。为了遮羞，唐玄宗先让杨玉环以信奉道教为名离开李瑁出家，5年后封为自己的贵妃，正式纳入皇宫之中。于是杨贵妃做了自己公公的媳妇。

同样背着“乱伦”的恶名的还有隋炀帝杨广，爸爸隋文帝杨坚刚死，他就把庶母宣华夫人接收了。清朝顺治皇帝的母亲孝庄皇太后也有乱伦的嫌疑，很多历史学家围绕她是否在丈夫皇太极死后嫁给了小叔子多尔衮争论不休。

并不违反道德

为什么这些皇帝后妃们要搞出这种恶名远扬的龌龊事呢？让我们先从一种少数民族中普遍流传的婚俗——收继婚说起。

一般而言，收继婚是指父亲死后由某一特定的儿子收娶其后母，或者兄长死后弟弟收娶其嫂，或者弟弟死后兄长收娶其弟媳的现象！

现代人戏言，这叫肥水不流外人田！此话倒也不差。因为据民族学家考证，这种婚俗起源于原始社会时期掠夺婚流行时人们所拥有的财产嗣承观念。原始社会，部落战争较多，掠夺来的妇女自然是财产，一旦男人死去，女人也要以财产的形式转让给本部落其他男子。随着家庭的出现，私有制的产生，这种转让范围逐渐缩小，最后固定在家族范围之内。也就是说，转让给与死者具有血缘关系的人。

这其中，除了女人是财产这一因素以外，还有另一因素扶养义务。直到如今，乡下孩子的父亲死了，他的叔父或伯父还要把孩子当做自己的孩子来养，至于那寡居的嫂子或弟媳，做弟或做哥的理所当然地也要对其负担一定的经济义务。

在中国的历史上，这种现象曾经广泛流行于很多少数民族中间。比如，中国最为古老的少数民族羌族长期以来就一直流行着这一风俗。父子伯叔兄弟死后，即以继母、世叔母及嫂、弟妇等为妻。后来羌族人建立了西夏，李元昊作为一代君王，把自己的儿媳妇也据为己有。

古代女真族的习俗也是如此：妇女寡居，宗族接续之；父死，则妻其母；兄死，则妻其嫂；叔伯死，侄也如此。故无论贵贱，人有数妻。在四川的凉山彝族地区，夫死后，寡妻须转嫁夫家其他男子。先尽着同胞兄弟，如没有同胞兄弟，按血统近远顺推。侄媳可以转嫁给叔父，后母可以转嫁给儿子，儿媳可以转嫁给公公。收继的目的主要是为了防止家中财产外流。如果女方不同意收继，便被索要身价钱。

所以前面提到的清朝孝庄皇太后嫁给小叔子的事情完全合情合理。至于隋炀帝和唐朝的皇帝后妃们也不奇怪，因为他们其实很大程度上都带有少数民族，尤其是鲜卑族血统。儿子继承老子的女人，只要不是自己的亲生母亲，就完全是合乎伦理道德的。

其实在远古的时候，汉族也有这种风俗。舜没有做皇帝的时候，在家帮老爹干活。老爹不喜欢他，便与小儿子合谋害舜。一次，老爹与小儿子骗舜下井，随即落井下石，用土填满，以为舜必死无疑。小儿子公开说：这下可好了，两个嫂嫂就归我所有了！

不止中国，在印度、巴基斯坦、以色列以及美洲、非洲一些国家的历史上，都曾经长期流行过收继婚。在莎士比亚的著名悲剧作品《哈姆雷特》中，哈姆雷特的母亲在其父亲死后不久，就嫁给了新任国王，哈姆雷特的叔叔。

文化的误解

汉代时，儒学昌盛，汉人中间不再流行收继婚，可是被送往少数民族地区和亲的公主们却往往受到这个问题的困扰。王昭君远嫁匈奴呼韩邪单于，三年后呼韩邪单于就去世了。他的长子雕陶莫皋继位，想要收继王昭君。王昭君不能适应这种婚俗，遂“上书求归”。但汉成帝没有同意，让她入乡随俗。于是雕陶莫皋就收继了王昭君，并和她生了两个女儿。

同样不幸的还有隋朝的义成公主，于公元599年嫁给突厥启民可汗，启民可汗死，义成公主又先后改嫁他的儿子始毕、处罗、颉利三位可汗。

继唐朝而起的宋朝，政权又回到了汉族人手中。以汉族人的眼光看，唐朝人的行为绝对是伤风败俗，于是宋朝人称呼唐朝为“脏唐”。隋炀帝、武则天和杨玉环的“乱伦”名声才张扬出来。到了清朝时，满族入关以后受到了儒家伦理的熏陶，也开始觉得自己以前的收继婚俗说出来不怎么好听，于是在写史书的时候就遮遮掩掩，结果导致孝庄皇太后跟小叔子究竟有没有那一回事，现在谁也说不清。

世界各民族的婚俗伦理并没有一个统一的标准。切不可用谁高尚、谁低俗、谁淫乱来妄加评价。很多时候，如果你只是站在自己的文化立场上，别人的很多行为就都变得不可理喻了。

狐狸精与种族歧视

狐狸精这种妖怪的由来与魏晋隋唐的中国人对外国人的种族歧视有很大关系。

狐狸精大概是中国古代神话传说中最常见的一种妖怪了。关于它们的故事流传极广，趣味性也很强。而这种妖怪的由来则与魏晋隋唐的中国人对外国人的种族歧视有很大关系。

在先秦的《尚书》、《诗经》、《周易》及《左传》这些典籍中已有狐的记载，但只把它看成普通的动物。在战国人的著作里出现了以狐为原型的神兽，如《山海经》里记载过能吃人的九尾狐，东汉的《吴越春秋》记载有大禹娶白狐九尾的涂山女为妻的传说。不过这些与我们熟悉的狐狸精还是有很大区别的。

到了魏晋南北朝时期，正值中国历史上最重要的一次民族大融合，许许多多的北方少数民族涌入中原，与汉民族杂居在一起，建立起多达 16 个国家，史称“五胡乱华”。志怪小说中狐狸成精变人的故事忽然也开始大量流行起来。在故事中，这些狐狸精男的多为博学多才的老者、商人，女的则为妖冶魅惑的女子。它们往往都身着白衣，携带香囊，非常怕狗。有时候它们还带着人们读不懂的天书。学者们考证，这些狐狸精其实就是汉人对少数民族——胡人的种族歧视式的想象。

当时人们认为“胡”与“狐”音同，胡人脸上多须，体上多毛，腋下有气味（即狐臭），这些表征与狐狸的特征很相近。另外胡人高鼻、黄发、蓝眼睛，令人想起面目怪异的“精怪”。西域种族繁多，语言各异，即使学了汉语，也恐怕“怪味”甚浓，这也容易使人产生联想。西域胡服尽管在唐代颇为流行（尤以都城长安为甚），但当其刚刚传入时，自然被视为奇装异服。胡人擅长杂技魔术，似有“精怪”所具备的神术。就这样，胡人成了中原文人笔下的狐狸精。

狐精故事也的确透露出魏晋隋唐时期来到中原的少数民族人士的特征。当时的西域胡人喜欢带香料、做香料生意，其中有很多信仰摩尼教，也就是《倚天屠龙记》中的明教，崇尚白色，往往白衣白冠。男性多为博学老者，一是因为西域胡人多须髯，显得面相苍老，二是东汉以后来华的西域胡僧确有许多颖悟绝伦、博学多才者，他们携带的西域宗教的经籍，汉人当然看不懂，像天书一样。至于狐狸精怕狗，大概是汉人对胡人葬俗的误解，据说当时波斯人的尸体是要被狗或是禽类撕裂之后才埋葬的。印度式野葬也跟这个差不多。结果就被汉人想象为狐狸精怕狗。

到后来，狐狸精渐渐多以美艳魅惑的妖女形象出现，也与当时胡女给汉人留下的深刻印象有关。西域之色情业较之中土发达。西域胡商一直从事女奴买卖。自魏晋以后，女奴买卖似已在中土流行，很多富豪的姬妾都是胡女。另外，张骞通西域之后，以葡萄酒为代表的西域果酒开始传入中土，极受欢迎，很多胡商在中土经营酒肆，往往请美貌胡女当垆。早在汉代就有诗歌描写年轻貌美之酒家胡女独自当垆而成为调戏对象。至唐朝，这一现象空前繁盛，唐人诗歌中对酒家胡姬的描写比比皆是。李白《少年行二首》就描述：“落花踏尽游何处，笑入胡姬酒肆中。”这些貌美如花的胡女为了招揽顾客，似可以出卖色相，对中土男子的诱惑无疑是狐魅故事的生活原型。

几千年过去了，中华民族早已在一次又一次的民族大融合中更新血脉，难分胡汉。狐狸精却因其诡异玄奇一直留存至今，在令人神往的魔幻文学中展露着魅力。

第七章　宋元真相

斧声烛影下的轮回

北宋皇帝除了第一个，全是宋太宗一脉，南宋皇帝除了第一个，全是宋太祖的后代。宋太祖和宋太宗哥俩演出了一场“斧声烛影”谜案，也给后人留下来一个诡异的轮回。

公元976年农历10月20日夜晚，仅49岁的宋太祖赵匡胤突然死去，这个年龄本来应是有更大作为的年龄，为什么会神秘地死去呢？宋朝官方国史和皇宫实录中对此均避而不谈。第二天黎明时分，太祖的弟弟赵光义便登基继承了皇位，这就更为宋太祖的死披上了神秘的面纱。关于赵匡胤的死，以及赵光义如何继承皇位，历史上有过好几种说法，颇具传奇色彩。

神秘的“斧声烛影”

史书上记载，公元976年农历10月20日夜晚，大雪纷飞。赵匡胤召晋王赵光义入寝宫，商议军国大事。兄弟屏退寝宫侍女，俩人斟酒对欢，边喝边谈论，内侍们退出寝宫门，立在外面。有人从殿外看见屋内烛影下，赵光义不时离席，好像是在躲避什么，继而又听到似有斧头戳地之声，接着太祖大声对赵光义说：“干得好！干得好！”声音激动而凄惨。稍后，赵匡胤突然死去。这时候，赵光义走出屋外，传呼宦官与侍女们：“你们快去请皇后皇子来！”不大工夫，皇后皇子陆续赶到，这时，宋太祖已经死了，大家放声恸哭。这就是历史上的“烛影斧声”的由来。

当时屋里究竟发生了什么事情，人们众说纷纭。北宋朝廷给出了一个令人匪夷所思的解释：当时赵匡胤背上长了个大疮，痛苦得不得了，赵光义进宫探视，突见一女鬼用手给自己的兄长捶背，他便拿着柱斧向鬼砍去，女鬼闪避，斧子刚好砍在太祖的疮上，皮开肉绽，赵匡胤就这么痛死过去了。

道士的预言

这种装神弄鬼的解释别说今天，即使是当时也没有什么人相信。民间流传比较广的一种戏剧性说法是，赵光义与一位道士合谋害死了太祖。

公元976年2月，赵匡胤请求一个道士预言一下自己能活多少年。道士说：“要是今年10月20日夜间是晴天，你还可以多活12年，若是那天晚上是阴天，那就请陛下准备后事吧！”

到了10月20日这天，太祖夜观天象，见满天星斗心中万分高兴。可当月亮刚从东方升起时，天气突变，大雪纷纷飞舞，寒冷的北风夹着雪花迎面而来，太祖匆忙回到皇宫，并火速派人去召其弟赵光义进宫，以求兄弟俩齐力战胜这意外的突变。赵光义到来后，太祖令宦官及侍卫人员全部退下，房间内只剩下兄弟两人。“斧声烛影”出现的时候，有人提出进去看看二人是不是都喝醉了，值班的太监王继恩却说：“没传下圣旨，我不敢从命！”

其实这一切都是预谋好的。那个道士通晓天文，并预测到10月20日夜将有大雪，用“预言”恫吓太祖，当天果真降了大雪，太祖在心理上失去了生存的勇气，便对其弟弟赵光义安排了后事。而恰在这时，赵光义又在酒中放了毒，太祖毒酒下肚后，才知中了他最信任的弟弟的诡计，愤怒地指着赵光义说：干得好，干得好！同时将斧头砸向赵光义。当门外的人提出进去看个究竟时，同伙的太监王继恩以没传圣旨加以阻止。

关于赵匡胤的死还有一种比较八卦的说法是，10月20日晚上，太祖患病，赵光义入宫探望，他见太祖入睡，乘机调戏太祖所宠爱的原后蜀主花蕊夫人费氏，恰好太祖醒来，怒用斧砸去，但力不从心，只砍在地上。赵光义急忙逃走。第二天太祖便气死了，但也有的说赵光义并没有走，而是趁机杀死了太祖。

母亲的金匣子

那么赵光义又是怎么继承皇位的呢？传闻还是与前面提到的那个太监王继恩有关。当时宋皇后得到噩耗之后，叫内侍王继恩把皇子德芳叫来。谁知王继恩却跑去找来了赵光义。进宫后，宋皇后问："是德芳来了吗？"王继恩回答："晋王（赵光义当时的封号是晋王）来了。"宋皇后惊诧莫名，知道这可能是一场政变，只好哭着对赵光义说："官家，我母子的性命，都托付给你了。"官家是对皇帝的称呼，她这样喊光义，就是承认光义做皇帝了，赵光义则说："共保富贵，不用担心。"于是，赵光义便登基为帝。

赵光义当皇帝五年之后，可能是发觉社会上关于他继位的谣言传得太厉害，有点受不了，便找了一堆证人，抛出了一个听起来相当温情的解释，这个解释是这样的：

赵匡胤登上皇位的第二年，皇太后杜氏得了重病，即将去世。临终前，曾召见赵匡胤与宰相赵普入宫，立下遗嘱。当时杜氏对太祖说："你知道这个天下是怎样得来的吗？"赵匡胤回答说："都是祖宗和太后的功德。"杜氏说："不对。这是因为后周柴氏让幼儿主天下的缘故。如果后周世宗柴荣逝世后，他传位给一位有名望的年长的后裔当君主，你又怎么能得到皇帝的位置呢？所以，你百年后，应当传位给光义，光义传光美，光美再传给你的儿子德昭。四海至广，能立年长的君主，是社稷的福气。"赵匡胤为了安抚母心，当即表示一定遵从母教。杜太后就让赵普当场在榻前记下这些话作为誓书，藏在一个金匣子里，由谨慎可靠的宫人掌管。于是15年后，赵匡胤病逝，传位给赵光义，而未传给自己的儿子德昭和德芳。但当时朝野上下几乎都不知金匣子这回事，才有了那么多的谣言。

不过这个听起来挺合理的解释经不起推敲。杜太后去世时，赵匡胤只有 34 岁，正值壮年，他的儿子德昭 14 岁了。即使赵匡胤几年后去世，也不会出现后周柴世宗遗下 7 岁孤儿群龙无首的局面。况且，“金匮之盟”是赵光义登基 5 年后才列举证人公布出来的。为什么不在赵匡胤死时堂堂正正公布出来呢？

将皇位还给哥哥

还有一些疑点，也使人们对赵光义有非议。中国古代新君即位，常例是次年改用新年号纪年。可是赵光义等不到第二年就把只剩下两个月的开宝九年改为兴国元年。这种打破常规地迫不及待，只有一个解释：抢先为自已“正名”。

赵光义也没打算继续按照金匣子里的誓约传位给他的弟弟赵光美，反而借故治了赵光美的罪。赵匡胤的长子德昭被逼自刎，幼子德芳仅 26 岁也神秘地暴病身亡。最后，赵光义将皇位传给了自己的第三个儿子赵恒，也就是宋真宗。自此以后代代相传，北宋的皇帝全都是赵光义的子孙。

然而天意冥冥，历史似乎跟赵光义开了个不小的玩笑。北宋被金国攻灭之后，赵光义的子孙上千人，连同两个皇帝宋徽宗、宋钦宗几乎全都被掳到北方，只剩下一个赵构狼狈不堪地逃到南方建立起南宋。不幸的是，就连这个漏网之鱼也绝了后，不仅唯一的皇子夭折，自已也丧失了生育能力。一系列的人祸让许多人怀疑这是赵匡胤冥冥之中的警示，甚至有无稽之谈说金兀术与赵匡胤面目相似，显然是赵匡胤借金人之手来索要江山！

这股舆论力量是如此强大，高宗为笼络人心巩固统治起见，不得不将两个赵匡胤一脉的儿童，过继为自己的皇子。但是赵构显然不情愿传位于旁系，迟迟不肯表态让谁继承皇位。随着岁月的流逝，赵构对自己的生育能力越来越绝望，而群臣要求立嗣的呼声越来越响，最后只好把一个名叫赵昚的太祖子孙立为太子，一个月之后便让他登上了皇位。太祖的江山终于又回到了太祖子孙的手里。

王安石变傻

很多宋朝人都把亡国的责任归到王安石头上，说他的变法害人不浅。难道一次用心良苦甚至超越时代的改革运动也会毁掉一个王朝？

雄心勃勃的变法

公元 1067 年，北宋第六位皇帝——宋神宗登上皇位。这个 20 多岁即位的年轻皇帝对自己刚刚继承来的王朝满怀忧虑。北宋多年来久为契丹骚扰，虽有百万之众的军队却难阻契丹的南下铁骑。国内繁冗的官制、税制导致政府运转不畅，国弱民贫，起义不断。一定得做点什么来改变这种状况才行。于是两年之后，他起用了一个名叫王安石的人实行了一系列改革措施。这就是我们熟知的“王安石变法”。

在现代历史学家们看来，王安石的变法是非常高明的。他实行的免役法，让老百姓不必再为官府服各种差役，只要交点钱给官府雇人服役就行。他实行的均输法，平抑物价，以政府代办的方式抑制大商人对百姓的垄断与盘剥。

最令学者们钦佩的是，他实施过一项青苗法，即由政府以低利率向农民提供贷款，农民以地里的青苗为贷款抵押。也就是说在 900 年前的古代，王安石就懂得像我们今天一样，用信用贷款的方式来刺激经济增长。这种采用金融调控的方式管理国家的企图，其深度与广度都不曾在当日世界的任何其他地方出现过。

然而，在王安石实施变法之后仅仅 58 年，也就是公元 1127 年，北宋帝国却令人遗憾地灭亡了。很多宋朝人都咬牙切齿地把亡国的责任归到了王安石的头上，说他的变法害人不浅。难道一次用心良苦甚至超越时代的改革运动也会毁掉一个王朝？让我们看看王安石的变法都产生了什么后果。

坑害百姓的青苗法

以青苗法为例。王安石担任地方官时，曾小范围地实施过，大受欢迎。因此，王安石相当有信心地在全国推行，谁知却很快在全国造成了大面积的灾难。

青苗法肯定是适合农民需要的，特别是在青黄不接时节，更能显示其救济与援助的功效。有钱的人家不需要这种援助，贫苦之家需要，但必须以田里的青苗为信用担保或者抵押。这样一来，风调雨顺时，大家自然都很欢喜；然而一旦出现天灾人祸，青苗法的缺陷就暴露无余。发放贷款的官府与使用贷款的农户双方，同时陷入恐慌之中。官府为了减轻自己的损失和由此产生的责任，唯有逼迫农民一途。农民便只好变卖家当，归还贷款本息。严重者需要卖房卖地，甚至卖儿卖女。最后，导致部分农民流离失所，更使许多农民无力或者不敢贷款。

对于王安石来说，加倍不幸的是，变法开始后不久，全国各地就连续数年旱、涝、蝗灾不断。受灾面积既大，灾害烈度亦强。致使遍布全国的地方官员立即变成真正的虎豹豺狼，在他们毫不容情的追逼之下，受灾农户纷纷倾家荡产，卖儿卖女卖妻子的情况层出不穷。由此引发的后果成为十足的灾难。

垄断经营害死人

均输法的用意也是好的。我们知道，在封建时代，地方上每年都要向中央运送财物，以供国家必要之需。但是同一个地方，有时年成好，有时不好；同一种东西，有的地方贵，有的地方不贵。对国家来说往往会吃亏。王安石的办法就是由朝廷任命一个称为“发运使”的采购员统筹这件事，哪里的东西便宜就在哪里购买。政府用不完的物资，就卖到物价高的地区去。这样两头都有差价，多出来的钱，就成为国家财政的又一项收入。

这种“中央采购”的观念也够超前的。但这样一来，所谓“发运使衙门”就变成了一家最大的国营企业，而且是垄断企业了。我们现在几乎每个中国人都知道，政府部门办企业会是一个什么样的结果。何况王安石的办法还不是政府部门办企业，而是由政府直接做生意，结果自然只能是为腐败大开方便之门。北宋政府派出的采购员变成了最大的投机倒把商。他们的任务，原本是购买滞销商品，但实际上却专门抢购紧俏物资。因为只有这样，他们才能完成朝廷下达的利润指标，也才能从中渔利，中饱私囊。

这项政策的实质是用官商代替民商，岂不知官商比民商更坏。民商之间还是有竞争的，垄断程度和能力有限，盘剥程度也有限，当国家垄断了市场、货源、价格时，其盘剥的对象扩大到所有的民商和百姓。物价上涨不说，许多商人无法经营下去，致使城市工商业开始凋零。全国城市商业与市场一时间相当萎缩而萧条，社会开始出现动荡不安的局面。

知识分子的大分裂

除了变法本身给国家经济造成的危害之外，这场变法还挑起了一大批北宋优秀知识分子的大分裂。而这场分裂是从两个昔日的好朋友王安石和司马光开始的。

司马光和王安石同样才华横溢，且相互仰慕，原本很有些交情。司马光也觉得应该变法，但是却并不赞同王安石急功近利的改革方式，于是这一对好朋友开始因政见不同而渐渐争吵疏远甚至决裂。

当时几乎所有德高望重的元老重臣和重要的文化名人，全都站在司马光这一边反对变法，其中包括王安石最亲密的朋友。他们当中的很多人，曾经在王安石执掌大权之前，给予过他相当无私的帮助，都是一时俊杰，朝廷重臣，王安石却为了扫清变法的障碍，将他们逐一赶出朝廷。

在得不到重要臣僚支持的情况下，王安石相当冒失地启用了一大批新新人类。这些人特别容易急功近利，投机取巧，再变为不择手段，从而堕入下流，为人所不齿。令人惋惜的是，王安石最重要的支持者与助手几乎全是这样，后来绝大部分被列进了《宋史》的奸臣传中。

公元1085年宋神宗去世之后，司马光取代了王安石的宰相职位，立刻将过去17年的变法新政全部废除。苏东坡等人建议司马光区别对待，保留那些经实践证明合理的新政，免得用另一种方式继续糟蹋老百姓，也遭到司马光断然拒绝。

王安石和司马光都是人格高尚的杰出政治家，同样坚定地执著于自己的政治理想。但是在变法的问题上，他们的执著却变成了执拗与刚愎自用。随着两位具有大家风度的政治领袖去世，两派政治力量由道义与治国理念之争，蜕变成私利、意气与权力之争，由君子之争堕落为真正的小人之争。

在后来40多年的北宋政坛上，改革派一旦当政，马上便推行改革，不管这些改革是不是都有利于朝廷，也根本不听反对派对于改革的合理化建议，且一股脑儿地把反对派发配到两广和海南岛去。保守派一旦当政，马上便"尽废改革之法"，恢复已经不切实际的所谓祖制，继续固执地拒绝任何有关改革的合理化建议，同样一股脑儿地把反对派发配到远离京城的边疆去。原本是改革与保守的争论，到后来却演变成了完全不在乎改革变法和国家发展的"党争"。你上台就打击我，我上台就打击你。

改革派与保守派的恶斗，使得真正有利于宋朝的政策无法推行，非此即彼、非黑即白的极端逻辑盛行于北宋朝野，真正的务实意见淹没在了一片叫骂争执声中。甚至连我们熟知的著名奸臣蔡京、高俅、王黼等人也都是以改革派的身份掌握国家大权的。这场混乱直到金兵南下，夺取半壁江山才结束。

可以说，王安石新政就是北宋所以变成南宋的转折点，从北宋灭亡的经验教训看，一旦出现影响深远的政策失误使国家经济走上崩溃的边缘，再加上外族入侵或军事动乱，任何所谓英明君主和末世贤臣可能都回天乏力了。

中国的名字叫契丹

从赤那、拓跋再到契丹，少数民族的名字成了中国在西方的代号。我们的名字变了三次，却与正统中原王朝无关。

学过英语的人都知道，中国的英文名称叫做“China”——支那。为什么叫这个名字呢？人们有好几种解释。有人说，古希腊人喜欢中国的丝绸，便用“赛里斯”（Seres）来称呼中国，意为“丝国”。后来在西方人的语言中“赛里斯”慢慢演变成了现在的“支那”。也有人说，中国出产的瓷器很受西方人欢迎，西方人把瓷器叫做“支那”，慢慢就变成了中国的名字。还有人考证，当年统一中国的大秦帝国空前强盛，威名远播，西方人便用“秦”来称呼中国，后来慢慢变成了“支那”。前面我们还有一篇文章说“支那”是“荆蛮”。下方我们再举出几种解释。

来自东方的狼

有学者考证之后，认为“支那”其实是生活在中国西北的少数民族的名字。

在欧亚大陆的中心地带，横亘着绵延两万余公里的“欧亚草原带”，东面就是蒙古高原。中国的商、周时期，那里生活着一个被称为戎狄的游牧民族，也就是后来赫赫有名的匈奴和蒙古人的祖先。

这个草原上生息的民族最崇拜的就是狼。在茫茫草原上，狼是战无不胜的生灵，强悍、冷酷、坚忍不拔。在蒙古语中，狼被称为“赤那”。还记得那首著名的《敕勒歌》吗：“敕勒川，阴山下，天似穹庐，笼盖四野。天苍苍，野茫茫，风吹草低见牛羊。”“敕勒”其实就是“赤那”，也就是“狼”的意思。

戎狄人总是高擎狼头大旗，骑着马四处游荡，把从中原弄来的绫罗绸缎带回蒙古草原，再经中亚流传到欧洲，回来的时候也决不空手，带回很多西方的金银细软。他们当然不是什么和平使者，做这些事情的时候少不了杀戮劫掠，给欧洲和中亚人留下十分深刻的印象。“赤那”的名字也因此传遍西方。

西方人并不知道在这柄狼头大旗后面，还有一个强盛发达的中原文明，所以不太可能按照中国人的正统称呼中国“周”、“秦”、“汉”，只能把戎狄作为中国的代表，称中国为“赤那”。久而久之，“赤那”就变成了“支那”。

巧妙的“桃花石”

关于中国的名字的故事还没有讲完，咱们再说说宋末元初的全真派道士邱处机的经历。可能大多数人都是从金庸小说《射雕英雄传》中知道这个道士的。在历史上，的确有邱处机这么个人，而且还真的不远万里从山东跑到西域，去给成吉思汗讲经说道。途经中亚的某个地方，见当地人都用瓶子装水，然后放在脑袋上顶回来，邱处机和他的弟子们就制作了一些中原的汲水装置送给他们。当地人都高兴地说：“桃花石什么东西都那么巧妙。”

邱处机就纳闷了，“桃花石”是什么啊？后来一打听，才明白，“桃花石”指的就是中国。中国怎么又成“桃花石”了呢？

几千年之后，法国近代著名的敦煌学者伯希和终于揭开了谜底。原来“桃花石”就是“拓跋”。魏晋时期，中国北方的游牧民族鲜卑族拓跋部比较强大，经过血与火的较量，结束了北方“五胡十六国”长期混战、分裂的局面，建立北魏，统一中国北方长达百年之久。这个西达中亚，东至海滨，南距江淮，北尽漠北的疆域庞大的“拓跋大帝国”，给西北和漠北各少数民族留下了深刻的记忆。于是“拓跋”便成了中国的新名字，广泛流传于拜占廷、伊朗、阿拉伯和中亚广大地区。

根据在外蒙古找到的突厥文石碑的记载，即使是不可一世的隋唐帝国，在中亚和西方也仍然被称为“拓跋”——“桃花石”。这一来可见鲜卑族建立的北魏对中华文化的传播影响有多么深远，二来也是因为不论隋朝还是唐朝，在血缘和政治上，也的确都是拓跋北魏的传人。

美丽的契丹

历史继续前进，中国仍在变化。

1240 年，势不可挡的蒙古大军越过辽阔的中亚草原，闯入欧洲。欧洲人惊恐之余，从蒙古人的口中听到了一个叫做契丹的美丽国度。派往蒙古宫廷的使者们回来都对美妙的契丹交口称赞。后来意大利旅行家马可·波罗游历了忽必烈统治之下的元大都后，写了一部玄乎其玄的《马可·波罗游记》，更是极尽能事地描写了蒙古人统治下的契丹省的繁荣昌盛，说那里遍地都是黄金和香料，使契丹的名字在欧洲不仅耳熟能详，而且成为欧洲人向往和追求的梦想。

没错，这里的契丹指的还是中国。因为统治中国北方的主人又换了。契丹民族兴起于公元 4 世纪，亡于公元 13 世纪，在历史上存在了 900 多年。契丹的本意是“镔铁”，也就是坚固的意思。把北宋杨家将打得落花流水的辽国就是这个民族建立的。金庸小说《天龙八部》中的萧峰也是契丹血统。

大辽王朝最强盛时期，曾经雄霸中国半壁江山，控制着整个蒙古高原及其周围地区。辽国人借鉴汉字创造了本国的文字，贵族多偏好汉族文学艺术，城市建筑也模仿中原城市体制。皇帝非常尊孔，修建孔庙，祭祀孔子，以儒家学说作为治理国家的主导思想，在任用官吏、品评人物上也多以儒家的道德标准为准则。辽文化可以说是一种以汉文化为核心又带有草原游牧文化特点和时代特点的文化。

即使 1125 年辽朝在宋、金的夹击下灭亡之后，幸存的契丹人仍然在西域建立起另一个疆域辽阔的帝国，史称西辽。西辽为了把西域建成“光复”的根据地，把当时最先进的汉文化推行到自己新建的国家。皇帝设有汉文的年号，官方语言使用汉语，在各方面都强烈地表现出汉文化的特色。西辽皇帝甚至模仿宋太祖“杯酒释兵权”，直接控制国家军队。

在西辽最终被蒙古人消灭之前，契丹人始终阻隔在中原与西方之间，而他们的文化也带有十足的中国特色，甚至他们也自认为是中国前代王朝的正统继承人，以至于亚欧大陆中西部国家误以为整个中国都在契丹的统治之下，也不可能知道偏安江南的宋朝。于是，契丹成了全中国的代称。

时至今日，在斯拉夫语国家中，尤其是俄国，仍然称中国为“契丹”。而在穆斯林文献中也常把北中国称为契丹。

从赤那、拓跋再到契丹，中国的名字变了三次，却都与我们自认为的中原正统王朝无关。反倒是少数民族的名字成了我们的代号。在没有广播电视、电脑网络，只能骑马和骆驼穿越草原和大漠的时代，远方的一切都如同雾里看花。古代的西方人只能这样认识我们这个东方海滨的神秘国度。

岳飞因何而死？

> 岳飞真的是我们想象中的那样一个完美英雄吗？他的悲剧仅仅是奸臣天生喜欢陷害忠良，或者是投降派没来由地反对收复失地吗？

在中国人的心目中，岳飞是一座精忠报国的丰碑，世代景仰，四海传颂。然而岳飞真的是我们想象中的那样一个完美英雄吗？他的悲剧仅仅是因为奸臣天生喜欢陷害忠良，或者是投降派没来由地反对收复失地吗？

英雄的另一面

有些学者认为，岳飞并不是一个力挽狂澜的百胜将军。《宋史》中的《岳飞传》实际上是根据岳飞的孙子岳珂在岳飞死后几十年为他撰写的私传《鄂王行实编年》所改编。其中记载的很多“史实”都已经被考证出是杜撰伪造的。

所谓“岳飞以五百骑破金兵十万”的“朱仙镇大捷”，光看这个数字对比就知道不靠谱。经宋史专家邓广铭考证，这次梦幻般的大捷根本不存在，纯属岳珂杜撰出来的，所谓一天连发12道金牌催岳飞回师也是戏剧化的描写。

所谓“岳飞大破拐子马”中的“拐子马”，并不是岳珂胡乱编造的用链子连在一起所谓“连环马”，只不过是“两翼而出”的侧翼骑兵而已。女真人没有给马披铁甲的习惯，当时女真人也没有如此生产能力，更荒唐的是，把几匹马用链子连在一起，马跑起来就很容易摔倒，这都是没有骑过马没有军事常识的人胡乱猜想的。

史书上动不动就说岳家军杀敌“数千数万”，甚至如上文提到的“以五百骑兵破金兵十万”的胡编，除了伪造之外，其实这里面还有一个偷换概念的问题，实际上，岳家军在大部分战斗中所歼灭的敌人，并不是真正的女真“金兵”，而只是“伪齐”政权的“伪军”，以及从汉人老百姓中抓来的壮丁。所谓岳家军的赫赫战功很多就是靠杀这些没有什么战斗力的“伪军”和壮丁建立起来的。

总之，岳飞并不是我们想象中的那种“战神”般的人物。不过，岳飞是南宋抗金将领中比较突出的一个，这是毋庸置疑的。那么他的理想——“收复中原”能实现吗？

并不成熟的北伐

几乎所有岳飞的故事都暗示了一种可能性：假如不是奸臣当道，岳飞冤死，本来宋军是可以收复中原的。但历史事实往往更严酷。1140年岳家军北伐的确取得了一些胜利，不过战果其实颇为有限。郾城之战宋军对阵金1.5万骑兵，战果仅夺得战马200多匹；小商河之战杀敌2 000多。以上还是宋朝方面的记录。看起来金兵的损失也远未达到丧失反扑能力的程度。

10万岳家军在冲到朱仙镇之后，因为沿途需要分兵把守，最多剩下不超过5万人马，至于岳飞的友军，虽然前期的战役中也取得了一系列的大捷，但是也要重点防御重镇楚州，韩世忠、刘琦等人均已经驻师不前。

岳家军非常缺乏战马补充，而且当时宋军后勤供应无法支持他作长距离进攻，随着战线的推进，呈现出孤军深入的态势。就算岳飞能够打下开封，饮马黄河，但是要面对金人在黄河北岸的数十万铁骑，以区区四五万人想直捣黄龙，结局很可能不是“解放全中国”，而是疲兵惨败。

就整个国家来说，此时南宋刚刚从金兵的“搜山检海捉赵构”中缓过劲来，根本没有能力北伐，冒然挺进更有可能招致灭亡。即使在金国衰弱不堪的50年之后，南宋壮着胆子北伐了一次，仍以惨败告终，可见收复江山有多么艰巨。

更困难的在于收复失地后能否长期坚守。中原地势平坦开阔，最能发挥重骑兵优势，而不利于步兵守卫。南宋当时守卫一些刚收复的领土就已经比较吃力了，要想守卫更长的战线恐怕更是力不从心。

就这一点而言，宋高宗比岳飞看得更远：北伐只能有限出击、以守为攻，将混战局面限制在北方。这恐怕就是传说中12道金牌召回岳飞的主要原因。

岳飞得罪了谁？

被紧急从前线召回的岳飞并没有被贬职，反而加封枢密副使，太子少保，看来宋高宗这个时候还没有杀岳飞的意思。事实上，他们君臣二人在这之前关系一直都挺不错的，南宋初年，岳飞是提升最快的大将，那他为什么会遭到冤死的厄运呢？

我们不得不说，这位身居高位、刚正清廉的岳元帅，对政治简直毫无头脑。在“中兴四将”之一刘光世调任中央的时候，高宗本来是要把他的兵交给岳飞的，但这样一来，岳飞手下的军队达十六七万人，占全国的5/7。把全国5/7的军队放到一个将领手中太危险了，于是宋高宗就反悔了。本来就这么一件事情，高宗给不给都有他的理由，毕竟这个兵本来就不是你岳飞的。但是岳飞马上就给高宗难堪，借口给母亲服丧，就这么撂挑子不干了。宋高宗三番五次地派人去请他，他死活不理，最后钦差放了狠话说：朝廷用人之际，你死活不听朝廷诏令，莫非想谋反！岳飞这才如梦初醒，回任去了。

此后岳飞又自找麻烦。有一天，岳飞与皇帝赵构谈话，可能是谈得兴起，岳飞突然相当莽撞地提出，为了抗金大局考虑，希望皇帝早日解决皇位继承人的问题。此言一出，谈话的气氛立即急转直下。尽管当时正值岳飞的声望如日中天、最受信任最受宠爱之际，赵构仍然丝毫也不假以辞色地呵斥道："你虽然出于忠心，但是，手握重兵在外，这种事情不是你所应当干预的。"岳飞的脸色当时就变了，十分尴尬。

这里，岳飞触犯了皇家最大的忌讳：皇权继承问题在历朝历代都是一个绝对核心的敏感问题。人们历来特别容易把这个问题和那些手握重权、重兵的文臣武将们的政治野心联系起来。岳家军数量是全宋军队最精锐的1/4，如果立储再听你的，那么长此以往这半壁江山是姓岳还是姓赵啊？

还有一些传言似乎也有岳飞企图谋逆的影子。朱仙镇班师之后，岳飞问他的部下张宪："天下事该怎么办？"张宪回答说："就看您想怎么办。"难道岳飞有资格决定天下的事情吗？岳飞还曾经得意忘形地说，自己与太祖赵匡胤都是30岁左右就当上了节度使。赵匡胤后来搞了个陈桥兵变，篡夺了后周的江山，你岳飞打算怎么着？

另外，岳飞北伐的时候打的旗号也很让赵构难受，"迎还二圣，恢复中原"，就是说北伐的目的是要把被金国掳走的宋徽宗、宋钦宗迎回来。倘金人真能把俘虏的两个皇帝送回，一个是爸爸、一个是哥哥，那现在的皇帝宋高宗将置身何地？于是，不安的皇帝开始动手修理这员居心叵测的大将，让秦桧罗织罪名把岳飞抓了起来。

即便到这个时候，赵构仍不想杀岳飞。按照赵构的理想，岳飞应该低头认了除谋反之外的其他罪等，然后叩头求圣恩，这样中央的权威得到了维护，岳云、张宪象征性地流放几年，岳飞停职反省一段时间，本是一场皆大欢喜的事情。但是岳飞此时犯了一个致命的错误，他强硬地坚持自己没有任何罪，就这么和高宗僵持了三个月。到这个地步，换你是高宗你怎么处理？如果把岳飞放了，无异于自己打自己耳光，中央政府那好不容易建立起来的威信将被置于何地？以后外面那些手握重兵的大将会怎么想？所以解决的办法只有一个：杀！

在岳飞之死的过程中，秦桧始终是一个配角，相权再大也大不过君权，秦桧拟定的刑罚是岳飞、张宪斩，岳云流放。结果是赵构亲自加了批示，前两个要斩，岳云也要斩！后来南宋人不敢直接骂皇帝，秦桧才背了黑锅。

成吉思汗与今日世界

《华盛顿邮报》曾将成吉思汗评为“千年风云第一人”，理由是他像哥伦布一样缩小了地球，更从政治、民族心理上影响了欧洲及世界。

公元13世纪崛起于亚洲草原的蒙古人，在成吉思汗及其子孙的统率下，南征北战，东征西讨，征服和消灭了无数的国家和民族，建立起一个空前绝后的大帝国。从西伯利亚直达印度，从越南直达匈牙利，从朝鲜半岛直到巴尔干半岛，全都踩在蒙古骑兵的铁蹄之下。

欧洲人的后遗症

蒙古人的西征显然给欧洲人留下了非常深刻的恐怖印象。在他们的记载中，成吉思汗便成为野蛮人、嗜杀的野人，以及为自己利益而尽情破坏的无情征服者的典型代表。

18世纪法国文豪伏尔泰将成吉思汗描绘为一位对周边文明的优点充满愤恨的人，一个由野蛮人本质所驱使的人，这种人想强夺文明社会的女子，并摧毁他们所不能理解的任何东西。当19世纪的欧洲科学家想证明亚洲人群与美洲印第安人群的劣等时，他们都被划分为蒙古人种。当医生想说明为什么高等白人母亲会生出智障儿时，会认为从孩子的面部特征上看，孩子的某位祖先曾经被蒙古武士强暴过。当最富有的资本家们炫耀他们的财富，并显示出反民主或反平等的价值观时，他们便被讥讽为莫卧儿人，即波斯语对蒙古人的称呼。

在许多场合，蒙古人还变成其他国家失败与有缺陷的替罪羊。俄国不能赶上西方科技或日本帝国的军力，那是因为曾经被蒙古人统治过。波斯落后于它的近邻，那是因为蒙古人摧毁了他们的灌溉系统。中国落后于日本与欧洲，那是因为蒙古与满族统治者残酷的剥削和压迫。印度不能抵抗英国殖民地化，那是因为莫卧儿人统治的贪婪。20世纪，阿拉伯政治家甚至确信，要是蒙古人没有烧毁阿拉伯宏伟的图书馆，并夷平他们的城市，穆斯林就能比美国人更早发明原子弹。当2002年美国人在阿富汗用炸弹和导弹将塔利班赶下台时，塔利班士兵把美国人的入侵等同于蒙古人的入侵，因此，作为愤怒的报复，塔利班屠杀了数千哈泽德人，他们是已生活在阿富汗达8个世纪之久的蒙古军队的后裔。

对蒙古人的这些充满种族歧视色彩的看法，源自于西方人当年无法抗拒蒙古帝国之时产生的深切恐惧。这种恐惧隐藏在西方人的历史记忆中，难以磨灭。但是美国学者杰克·韦瑟福德在其著作《成吉思汗与今日世界之形成》中，却认为除了这些可笑的恐惧之外，西方乃至全世界其实都不知不觉地从蒙古帝国的征服中受益匪浅。

打破东西方壁垒

在新大陆还没被发现，海洋还未成为连贯世界各地的媒介的时代，成吉思汗不容分说地打破了横亘在欧亚之间的壁垒，把欧亚大草原变成唯一贯穿东西方的通途。

成吉思汗不喜欢城堡建筑、堡垒、城市以及围墙，但为使军队与货物的运送更加快速，他可能修建了比历史上任何其他统治者都要多的桥梁。蒙元政府还建立了历史上空前的遍布整个帝国的驿站系统，从中原到地中海之滨畅通无阻，这是世界上第一个国家间的邮政通讯系统。成吉思汗所建立的统一的蒙古帝国为整个欧亚大陆创造了长达一个世纪的“蒙古和平”，“一个信使可以横跨50个经度，一个少女怀揣一袋金子，可以安心遨游这个广大的帝国”。欧洲在当时是不发达地区，如同今天的“第三世界”。西欧人在“蒙古和平”中首次与中国直接接触，从欧亚大陆一端旅行到另一端，亲自目睹中国的富庶。此后，西方的经济发展总有一股东向的欲望。哥伦布就是看了马可波罗的游记，想从大西洋另辟新航路到达中国而无意中发现新大陆。

成吉思汗对财富的欲望极其强烈，同时还非常重视商业。他在统治范围内建立了自由贸易的制度。他占领丝绸之路沿线散乱且衰败的商贸城镇，并将其组织进历史上最大的自由贸易区之中。古老的丝绸之路上兴起了很多国际性的都市，波斯湾港口堆满了从中国和东印度群岛运往基督教世界的丝绸、香料，以及各种手工业产品。蒙古帝国甚至还印制了世界上第一种国际通用的纸币。

蒙古人的观念

蒙古人不单单是征服者，他们还创造了当时最先进和公正的赏罚制度和法律。不管到哪里，他们都把自己的制度带给那里的人民。

成吉思汗是所有伟大帝国统治者中第一个把法律置于自己权力之上的帝王。在他的国家里，富人和贵族在触犯法律时受到的惩罚与平民一样。他还鼓励宗教自由，对信奉任何宗教的人一视同仁，他的家族成员和家臣中许多都信仰基督教、佛教、伊斯兰教、道教或其他宗教。

在军队中，他也不会根据血统任命将领，而是考察他们的实际能力。而且他要求把各个部落的勇士分配到不同的集体中，这样避免了军事将领之间的任人唯亲和拉帮结派。他任用官员时，考虑的只是他们的能力和忠诚与否，而不会管他们的血统或宗教信仰。

成吉思汗重视文化和教育，在他身边有许多来自各个国家、各个民族的谋士，而且非常重视他们的意见。他建立了公共学校，培养蒙古民族自己的人才。蒙古人把能工巧匠和有知识的人当成重要的战利品，并且只杀死那些反抗的人，而只要这些人乐意为他们工作，就会得到蒙古人的善待。成吉思汗在相信武力的同时也积极运用各种外交手段，他倡导各国使节应该拥有豁免权，还废除了用酷刑逼供获取情报的方法。

显然这些都是我们今天认为相当文明的观念。而对那些被成吉思汗征服的、自以为文明的民族来说，这些都是当时不可想象的。

文明成果的传播者

蒙古人没有取得科技突破，没有建立新的宗教，很少有著作或剧作问世，也没有给世界带来新的农作物或农业方法。然而，当他们的军队征服一个又一个的文明之后，他们收集每一个文明的所有技术，并将它们传递于各文明间。

蒙古人给中国带去了德国矿工，并将中国医生带到波斯。他们将地毯推广到其所至之处，并将柠檬与胡萝卜从波斯移植到中国。同样，中国的面条、纸牌和茶叶也传播到西方。他们从巴黎带回去一位工匠，在干旱的蒙古大草原上打井，征募英国贵族在他们的军队里做翻译，并将中国的指画带到了波斯。他们资助在中国建基督教堂，在波斯建佛教寺庙和佛塔，在俄罗斯建穆斯林学校。蒙古人横扫全球，既作为征服者，也充当了人类文明至高无上的文化载体。

中国四大发明中的火药与指南针都是在这一时代传到西亚，进而再传到欧洲的。中国的丝、茶、瓷器与钱币大量输往中国以外的地区，中国的医药学、历史学、绘画、审美观也传到西亚。而东地中海地区的医药，希腊科学的大地球形说，穆斯林世界的天文、历算、工程、医药、制酒与饮食也为中国人民所接受。

如果一定要追究蒙古人自己发明过什么，我们可以说他们让西方人学会了穿裤子。当时人们发现蒙古骑兵穿的裤子要比长袍方便得多，也更美观，于是西方人也纷纷脱下袍子，换上仿照蒙古式样的裤子。

美国的《华盛顿邮报》曾将成吉思汗评为“千年风云第一人”，理由是他像哥伦布一样缩小了地球，更从政治、军事、民族心理上深深地影响了欧洲及世界。

纸币毁灭三大王朝

宋、金、元三朝掌握了当时世界上最先进的纸币，可是却因使用不当而自食苦果。之后的明、清放弃了这项伟大的发明，摆脱了通货膨胀。

公元13世纪，意大利旅行家马可波罗来到中国，对当时在元帝国通用的纸币大为惊奇："大汗令这种纸币普遍流通于各王国、各地，以及他权力所及的地方。无论何人，虽然自以为是怎样的权要，都不敢冒死拒绝使用。事实上，他们都乐于用它，因为一个人不论到达大汗领域内的什么地方，他都发现纸币通用，可以拿来做货物买卖的媒介，有如纯金的货币那样。"在他的游记中，马可波罗啧啧称赞纸币是一种使大汗获取全世界一切宝藏财货的方法。

尽管纸币在现代世界经济中已成为不可或缺的货币，尽管这种伟大的金融发明又一次证明了古代中国人的智慧，可是艳羡不已的马可波罗并不知道，在他到来之前，已经有两个强盛一时的王朝——宋和金——被纸币的灾难所埋葬，而在他死后仅44年，元朝也在纷飞的纸币中轰然坍塌。

成都富商的发明

纸币最早是北宋时期的四川商人发明的。北宋时期的黄金、白银数量极为有限。铜钱是北宋经济生活中的主币，可是，铜的开采量也常常不够用。随着贸易的发展，铜钱不断流向海外和北方的契丹、女真及西夏等国。民间由于生活用铜的不足，也常常大量销熔铜钱制作器皿。市场上流通的钱币因此长期紧缺，造成通货紧缩。

为缓解铜钱使用的紧张，宋廷只好大量铸造铁钱，在某些特定的地区比如四川使用，欲借此来缓解铜钱外流及销铜问题。然而铁毕竟不如铜值钱，要满足需求，数量和重量都要达到铜钱的 10 倍。当时买一匹布要用 2 万铁钱，重约 500 斤，需用车载，交易成本实在太高了。

宋太宗初年，成都 16 家富商订立契约，联合创立了世界首家发行纸币的私人金融机构“交子铺”，开始发行信用纸币“交子”。有了携带方便的交子，商贾行旅终于可以从笨重的金属货币中解脱出来，从此千百万巨款变为数张轻纸，便于携带，商货亦可不停地从一个市场转往另一个市场，从而真正实现“富商大贾，周行天下”。不过这种影响深远的金融发明弊端同样明显。发行纸币的富商们不久就因为经营不善无法兑现而引起争讼，还得政府出面善后。

北宋的困境

纸币的缺陷是明摆着的，有些官员认为这绝对是个祸害，上书要求取缔。可是当时的北宋刚刚经历了五代十国的百年动乱，财政上捉襟见肘，发行纸币或可补国用之不足。权衡之后，宋朝政府不仅没有禁止纸币，反而从 1024 年开始由官方发行交子纸币，在世界货币史上这绝对是一个了不起的创举。

北宋政府发行纸币的时候显示出了相当专业的水准，一开始总是要预留一定数量的铁钱作为准备金以备兑换，其数量约为纸币发行额的二成八。扣除少量的印制费，纸币与准备金之间约七成的差额，便以铸币税的形式进了政府的腰包。因为那时候的造纸工艺也比较差，纸币磨损得很快，政府通常 3 年就要发行一次纸币，以新换旧。

北宋的纸币流通自仁宗天圣二年至神宗熙宁五年，保持稳定约 50 年之久。到了宋徽宗统治的时期，著名的奸相蔡京终于通过大量发行纸币把北宋引进了通货膨胀的陷阱。随着纸币越发越多，原有的准备金越来越显得微不足道，最后仅为货币发行额的六十分之一，后来干脆就无准备金发行。市面上流通的钞票越来越多，完全背离了流通规律，发行量远远超过了所代表的货币金量，走上了严重贬值的末路。时人称蔡京搞的通货膨胀政策甚于盗贼。北宋的半壁河山之所以迅速地断送在宋徽宗手里，虽说是因了金朝的崛起和入侵，但与宋徽宗任用奸妄以通货膨胀政策肆意搜刮人民也不无关系。

南宋的危机

南宋第二位皇帝宋孝宗是一位在中国货币理论史上常被提及的为数不多的君主之一，据说他为了纸币发行的问题，几乎 10 年睡不着觉。经过对北宋纸币的流通经验加以总结，宋孝宗得出了限额发行、兑现、准以纳税以提高信誉等几条管理原则。所以南宋初期，纸币虽然已广泛使用，但由于措置得当而且储备金充足，发放数量控制得严，因此对于国计民生都起到了一定的积极作用。

可是这种稳定也只维持了约 30 年，自开禧时期举兵伐金起，战争几乎连年不断。要打仗就需扩充兵员，筹措各项军需，开支十分浩大。这时，南宋国势已衰，财政空虚，要负担庞大军事费用，只好凭借纸币的力量，发行数量增加了 30 多倍。

通货不断膨胀，物价持续上涨，老百姓谁都不愿把不断贬值的纸币攥在手里，纷纷挤兑铜钱，竟出现政府强迫人民接受纸币的情况。民间折价使用纸币者竟至被抄没家产。但朝廷的禁令也无法阻遏低价抛售和拒收纸币的狂潮。1209 年冬天，临安城内米行老板为了拒收纸币，集体闭门歇业。老百姓手中有纸币也买不到米，引发社会抢米风潮，社会出现严重危机。朝廷不得不筹措 1 400 万贯铜钱回收旧纸币，并从各地征集大批粮食来平息抢米风潮。这次风潮延续了 3 年才渐趋平静。

理宗年间，蒙古军攻川陕，灭金国，南宋面临覆亡，内外交困的南宋朝廷更是把大量发行纸币当做一根救命稻草。南宋末年市面上只见纸币不见大米，纸币 200 贯甚至买不到一双草鞋。及至被蒙元所灭亡，南宋 160 多年的通货膨胀率高达 25 亿倍！民饥欲死，经济濒于崩溃，不等蒙古人打来，这个王朝也时日无多了。

金、元的末日

金朝自从攻占了北宋的半壁江山之后，也很快学会了发行纸币这种“先进技术”。发钞初期和赵宋一样，金王朝大体还照章办事，保持稳定约35年，但随后其滥发钞票之规模则让南方邻居自叹不如。

本来就军事实力而言，金与宋相比始终不弱，但因连年远征，军费开支过大，政府征敛过度，以致不得不求助于恶性的通货膨胀政策。发钞70年后，金国银与纸币的比价上涨了6 000万倍，100贯纸币只买一碗面，1万贯才买一张饼，结果社会经济生活受到严重冲击，人民生活遭受严重困苦，社会危机日益加深。在这种形势下，适逢北方崛起的蒙古与南宋夹攻，金朝终于覆灭。

当宋和金都退出历史舞台之后，元王朝认真总结了它们发行纸币多年的经验教训，实现了纸币在全国范围内的流通，而且确立了纸币的唯一法币地位，建立起相当完善的纸币流通制度，不料仅仅稳定了30年，在巨大短期收益的诱惑和连年对外用兵引起的财政压力下，元政府饮鸩止渴，一方面挪用准备金，另一方面滥发纸币，引发了中国货币史上少有的恶性通货膨胀。

元政府在发行纸币初期，曾贮存有足够的准备金。可是后来存贮于各处的金银，逐渐被移作他用。纸币准备金被动用，导致准备金愈来愈少，纸币所代表的价值愈来愈低。老百姓不敢将纸币积压在手中，想方设法脱手，换成有实际价值的金银或货物，又大大地加快了纸币流通速度。政府此时不仅漫无限制的滥发纸币，还对纸币只出不收，又相对地增加了社会中纸币的流通量。这一切，都促使了通货膨胀的恶化。到元朝末年，米价竟比元初上涨六七万倍。人民已经拒绝使用纸币了，而统治者却仍以无限制地发行没有准备金形同废纸的钞币来掠夺人民。民怨沸腾，钞法崩溃，元王朝终为红巾军所推翻。

宋、金、元三朝都掌握了当时世界上最为先进的货币工具，可是却因为使用不当而自食苦果。之后的明朝和清朝不敢重蹈覆辙，放弃了这项伟大的发明，改用白银作为货币，约束住皇帝任意创造货币的权力，切断了通向恶性通货膨胀之路。不过我们应该清楚的是，纸币本身并没有错，造成灾难的只是人的贪欲。

第八章　大明风雨

不受欢迎的清官

> 海瑞这种看似清廉、实则严苛的办事方式，让明帝国的国家机器几乎难以运转。朝中同僚不得不处处防着他，继而结成同盟对付他。

1587年，一个名叫海瑞的人去世了，大明帝国上上下下的大小官员们终于舒了一口气。这位著名的清官，一生以清廉和刚直著称。他以极端严格的标准约束自己的属下，也以同样的标准难为自己的上司。他疾恶如仇，对贪官的非法所得一概抄没或者退还。他甚至还向万历皇帝翻出过一个明太祖朱元璋制定的老法条：凡贪赃八十贯以上者，都要剥皮填草，变成一个臭皮囊，主张依此重典杜绝贪污。可是从他步入官场一直到去世，他所深恶痛绝的官场歪风始终强劲。

海瑞的反腐努力为什么失败了呢？历史学家黄仁宇认为，其实是这位模范官僚犯了刻舟求剑的错误。

海瑞的反腐风暴

在海瑞生活的年代里，官场上盛行各种各样被称为“常例”的灰色收入，官员们制定了很多土政策，乱收费，上级搜刮下级，下级搜刮百姓，贪腐之风弥漫全国。海瑞在45岁之前，一直只是一个县教委主任，饱读经书的他对这种状况痛恨之极。后来他终于当上浙江淳安知县，有点小权力，便决定向潜规则宣战，上任第 10 天就宣布取消该县一切灰色收入。然而，这项在我们看来显然是值得敬佩的清廉之举，却引起了淳安县官场的大地震。县丞、主簿纷纷要求调离，衙役、门子也都回家不干了。

结果海瑞只好一个人兼任县丞、主簿、教谕，开堂的时候，判案的是他，记录的是他，连打板子也是由他的家人负责，别人做得很清闲的县令，他做得东奔西跑，灰头土脸，一年没有几天休息的时候。

淳安的官员们实在没办法了，纷纷向中央打报告，表示海县令是难得的好官，希望他能够升迁，这意思就是我们惹不起你，躲得起你，求求你走人吧。吏部不知道内情，便将海瑞提升为嘉兴的通判，消息传来，如晴天霹雳，整个嘉兴地区鸡飞狗跳，人心惶惶，如临大敌，无奈之下，大家又凑钱买通上面，希望能够将他调走。就这样，海瑞步步高升，直奔中央，用一股凌厉的清廉之风吹透所有公务员们的脊梁骨。

逼出来的腐败

明朝的公务员们怎么这么没出息呢？没有灰色收入宁可辞职？是腐败到了骨头里吗？不，他们只是为了能够活下去。

开创明帝国的明太祖朱元璋小的时候要过饭，当过和尚，很过了几年苦日子，心底对官员们总有一种仇恨的潜意识，他不希望这些人被自己养肥，所以为明朝的公务员们制定了极为吝啬的工资制度，堪称中国历朝历代中最低，低到不足以维护正常开支。据学者统计，明朝知县的月薪换算成现代的人民币，大约是 1 130 元。而当时的官员并不享受国家提供的福利待遇，不但没有别墅、小车、年终奖，也没有地方报销吃喝费，这一千余元要养活一个大家庭甚至家族，师爷的工资也包括在其中，是正常人不可能做到的。

怎么办？明朝的官吏们为了开展工作，就只好悄悄地制定土政策，私设小金库，称为“常例”。按照明朝的法律，这肯定是违法的。但是明太祖朱元璋去世 200 年以来，大多数官员，甚至皇帝本人，实际办事用的是另一套彼此心照不宣的潜规则，朱元璋规定的制度往往只用来口头宣扬。帝国 1 000 多个县，以及建立在县制之上的整个官僚系统都是在这些“常例”的支持下运转的。没有这些收入，官员们就没法维持日常生活，没法编织自己的社会关系网，没法养活手下的人。可以说，这些常例一日不可无。

在这种情况下，我们还能指责淳安县的大小官吏贪污腐败吗？明王朝的制度就好比一部设计得并不完善的机器，操作这部机器的工人们要想让它运转起来，除了自己在齿轮上额外地加上润滑油——“常例”之外，别无选择。制度缺乏合理性才是他们违法的根源。

一个人的清廉

可是海瑞不这么认为，如果全世界都默认“常例”存在，那只能说明全世界都错了。错了就要改过来，道理就是这么简单！

海瑞自己也的确清廉得可以，工资不够就省着花，饭桌上的蔬菜都是他亲自带人在衙后种的。酒肉之类，绝少食用。有一次给母亲做寿，海瑞买了两斤肉。这件事在当时的官场就成为了特大新闻，连浙江总督胡宗宪都忍不住用大惊小怪的口吻对别人说：你知道不知道，海瑞买肉了，买了两斤肉，两斤哪！

可惜大明帝国只有一个海瑞，也只有他受得了这种清廉。问题是，一种其他人都做不到的清廉有什么意义呢？朱元璋制定的法律早被皇帝、官员束之高阁。海瑞还硬是照着 200 多年前制定的、已经形同虚设的法律办事，近似于刻舟求剑。这种清廉难道不是一种偏执吗？

在后来 20 多年的从政生涯中，海瑞这种看似清廉、实则严苛的办事方式，让明帝国的国家机器几乎难以运转。他的每一项主张，每一个行动，都让朝中同僚无比紧张。他们不得不处处防着他，躲着他，继而结成同盟对付他。虽然海瑞有着顶好的名声，却还是一再被参劾免职，成了一位不受欢迎的清官。

倭寇为何敲响明朝大门?

明王朝的闭关锁国政策把自己的人民逼成了倭寇。

明朝嘉靖年间，倭寇肆虐我国东南沿海，走私劫掠，杀人放火，无恶不作。朝廷下决心整治海防，平定倭寇，可是数十万的庞大兵力，却被数量悬殊的几万倭寇牵着鼻子走。直到爱国将领戚继光出现，局面才得以扭转。戚继光转战浙江、福建和广东，倭寇到哪里，戚继光就打到哪里，打得倭寇落花流水。经过近 10 年的艰苦作战，到 1565 年，倭寇基本上被赶出了东南沿海。

每当读到这段历史，你心里出现的第一个想法可能是，日本人太坏了，明朝的时候就侵略我们。戚继光无疑是我们的民族英雄，后来被朝廷调到北方，先后两次以 8 000 铳骑全歼前来袭扰的蒙古军，一次 3 万，另一次 5 万，可见勇略非凡。可是这样一名将军对付倭寇居然也花了 10 年时间。倭寇为什么那么难对付?

今天的中国和日本学者的一个共同意见是，嘉靖年间的这伙海上强盗主要成分居然是我们中国人自己，而他们之所以会为非作歹原来是被明王朝的闭关锁国政策逼出来的。

闭关锁国的明朝

我们总是批评清朝奉行闭关锁国政策，导致了中国近代的落后挨打。其实清朝的这个政策完全是从明朝那里继承来的。

朱元璋建立明朝后，为了遏制过去一起争天下的元末起义军张士诚、方国珍残余势力，在加强海防的同时实行海禁政策。禁止私造航海双桅大船，装载违禁货物，泛海与外国贸易。这些内容其后在《大明律》中列为条款，以法律形式定为明王朝的基本国策。禁令非常森严，至有“寸板片帆不许下海”之说。有明一代，海禁之令始终没有废除，只是在执行中有严宽之别。嘉靖一朝则是最严的时期。

外国人要想与明朝开展贸易，只能打着“朝贡”的幌子，然后由使节的随行僧侣、商人，携带着货物同中国商人进行私下交易。在什么时间、什么地点、来几条船，每船多少人，买卖什么货物，能逗留多久都有严格的规定，手里还必须持有明朝颁发的许可证。这种贸易的规模显然非常有限。

尽管如此，中国丰富的物产还是吸引大批外国商人前来贸易，并从中获利。当时日本丝织业有了长足发展，但本国生丝原料非常不足，需要从中国大量进口。在中国每百斤值五六两白银的生丝，到日本就能翻十倍价钱。恰好这时，日本的银矿也得到大量开采，这种贵金属正为不产白银却将白银当做货币的中国所亟须，正好用来支付从明朝购买的生丝、瓷器。

显然，发展中日贸易，可以满足双方急迫之需，互助互利。若亚洲这两个经济发达国家的关系顺利进行下去，在早期现代化的道路上，中国很可能与西欧并驾齐驱，不至于落后。可是嘉靖二年，日本两大家族为了争夺明朝颁发的许可证，在宁波发生冲突，不仅互相大打出手，而且烧毁了明朝市舶司的招待所，袭击了武器库，殃及了沿途民众。这给明朝政府内部主张更加严厉实行海禁政策的一派官僚提供了口实。

结果日本来华的朝贡贸易被取消了。明王朝允许的唯一合法的贸易形式和渠道关闭了。嘉靖皇帝本以为是惩罚了日本，不料却给自己招来了一群海盗。

逼出来的海盗

日本对华的合法贸易断绝之后，他们所需要的大量中国商品，如绵绸、锦绣、水银、针、铁锅、瓷器、古钱、药材等，只能通过海上走私贸易渠道获得。日本商人大多以现银支付，中国商人常获利达十倍之多。于是，中国沿海私商大贾和“豪门巨室”不顾朝廷的禁令，网罗大批沿海无以为生的船民，私造双桅大船，与日商勾结进行走私贸易，甚至远航至日本沿海岛屿进行交易，以牟取暴利。

当时东南沿海还活跃着同样被明朝拒绝的葡萄牙商人。他们向中国海商购买生丝、丝绸、瓷器、棉布、粮食，每年交易额达300万葡元，绝大部分以日本银锭支付。交易同样进行得有声有色。

但是明王朝对沿海戒备森严，既不允许外商船舶来华，更不准许中国船只出洋，官军在海上巡逻，缉捕出洋走私者。走私商人便联合起来，在豪绅地主、地方官吏以及沿海平民的暗中支持下，用从葡萄牙人手中购买的火器，与缉私官军展开武装反抗斗争，终于变成戚继光折腾10年才消灭的那群“倭寇”。

中国的“海盗之王”

最著名的“倭寇”头目汪直就是一个典型的被明王朝的海禁政策逼出来的海盗。他原本是一名徽州商人，一开始并没有纠党为盗的企图，但政府的海禁政策使他正常的经商贸易受阻，才纠集人马从事劫掠活动。他将东南海上的其他走私集团或吞并或联合，最盛时贸易总量甚至超过了浙江、福建两省之和。他在今天日本冲绳附近占据了一片地方，作为自己的基地，形成一支非常强大的武装集团，大小船只无数，不仅控制了东南海域，日本“三十六岛之夷”也听从他的指挥。汪直自称“徽王”，过往外国船只也要打着他的旗号方能行驶。

当时光隶属于他的军队人数已经近万，而且都配备最新型火枪。日本当时处于战国时期，国内四分五裂，最强的诸侯也只有几万人。汪直对他们毫无顾忌，还经常派几千人拿着洋枪，开着战船，从他们的海岸招摇过市，日本诸侯别说武力对抗，连吱都不敢吱一声，逢年过节还要送礼上贡，指望跟汪直做生意。

汪直集团在日本建立根据地，又从日本出发来骚扰东南沿海，明朝官方便把这支武装力量视为“倭寇”。但是“倭寇”中的日本人恐怕连三成都不到，还都是打工的。中国海盗也乐得冒用“倭寇”的名号，以保护岸上生活的家人。

不过汪直对统领的倭寇约束比较严，只想走私发财，甚至还有顺带捍卫国家海疆的意思。当时明朝在浙闽沿海的防务有所削弱，但倭寇侵袭不多，就与汪直能控制这一区域的形势有关，所以他又自称“净海王”。

虽然如此，明王朝仍然不能容忍他们的存在，誓要全部剿灭方肯罢休，汪直等不得不应战。清剿与反清剿的斗争，持续六年之久。明朝政府除沿海几省的军队外，还调集内地一些省份的兵力，共20余万人，却对汪直武装集团亦无可奈何。而汪直虽然被迫与朝廷对抗，却始终希望解禁开市通商，甚至还上书朝廷，表达其拳拳报国之心，请求允许和日本开展正常贸易，承诺只要允许弛禁开市，通关纳税，他能凭借自己的力量即平息海上任何势力的骚扰。

嘉靖三十六年，汪直接受明朝东南总督胡宗宪的招抚，打算归顺朝廷，不料却在杭州游玩的时候，被“一根筋”的地方官抓捕。胡宗宪反复上书，希望朝廷考虑实际情况，不要杀掉汪直，让他为朝廷效力，约束倭寇。然而朝廷中的无数“正义凛然”之士即慷慨陈词，说胡宗宪竟敢公开放纵罪犯，其中必有内情等，大有把胡宗宪也关入监狱之势。

一年之后，汪直被押赴刑场处决，死前说：“杀我一人无碍，只是苦了两浙百姓（浙东和浙西）。我死之后，此地必大乱十年！”汪直死后，无数的倭寇登上海岸，恣意妄为，烧杀抢掠，而凭借明朝当时的军力，根本无法阻拦他们的暴行。这才有了戚继光抗倭的英雄事迹。

明朝对人民的战争

为什么倭寇这么难打？很简单，他们得到了东南沿海人民的支持和拥护，因为明朝禁海损害了无数商人和整个贸易产业链相关从业人员（渔业、手工业、造船业）的利益。

很多地方的人，倭寇没来的时候还是朝廷眼中的良民，倭寇一来全都变成了“奸民”。他们为倭寇接济粮食和淡水，拿货物与之贸易，甚至还为倭寇充当向导，为他们通风报信。社会上谁富谁贫，政府的仓廪府库哪个空虚，哪个充实，倭寇都一清二楚。倭寇来的时候，上千人窝藏在民众之中，政府还毫无察觉。到了行动的时候，一声号吼，四处响应，随处都是。官兵向老百姓询问贼情、问路，得到的都是假情报和错误的指引，令官兵毫无办法。反过来，倭寇在武装劫掠过程中，也会尽力保护这些沿海居民的安全和利益。连明朝统治者也不得不承认：三尺高的小孩子，也把海贼视为衣食父母，把官兵看做世代仇人。

嘉靖二十六年，浙江巡抚朱执曾经采取修造战船，整顿保甲，收编民船出海巡逻等许多有效措施，打击倭寇。他的所作所为不仅断绝了万千海民的生路，也引起闽浙一带仰赖海上走私贸易的势家大姓的极大反感，遭到朝廷中闽浙籍官僚的攻击，最后愤然自杀。

当时明朝调集了大量的外地部队到东南沿海抗倭，有两广的狼兵、山东的箭手、湖广的漕卒、河南的毛兵以及川兵。为什么不用当地的部队呢？因为当地的军人也与倭寇有利益勾结，或者说同情倭寇，失去了明朝的信任。嘉靖三十四年，戚继光奉命抗倭。他特意在离海较远的浙江义乌挑选农民和矿工组成戚家军。农民和矿工与海上贸易牵连不大，在这种时候便成为抗击倭寇最可信赖的力量。

正是因为具有良好的群众基础，倭寇才会在明朝的大力征剿之下顽强生存。戚继光和他的戚家军浴血奋战，剿灭了大量的倭寇，但恰恰是在嘉靖皇帝死后，明政府开始部分放开海禁，准许私人出海贸易，倭寇才渐渐销声匿迹。

16 世纪的全世界正迎来一个辉煌的大航海时代，当此风云际会之时，明王朝却把禁止自由贸易的海禁政策当做了金科玉律。历史无数次证明，棍棒打不倒经济规律，发家致富的意志和决心是无法阻拦的。倭寇就是经济规律对明王朝的报复。明朝是幸运的，它遇到的仅仅是由自己人民组成的倭寇，而继承了明朝政策的清王朝几百年后遭遇的是则是英国人的坚船利炮，致命的厄运终于到来了。

明朝是被骂垮的

当人们热衷于用道德高标准要求和抨击别人时，就会变成一场可怕的灾难。崇祯皇帝临终前已经明白了这一点：他的帝国是被骂垮的。

明崇祯十七年（1644 年）的三月十七日，势如破竹的李闯王率领农民军占领了卢沟桥，开始攻打北京城。炮火硝烟，细雨夹着雪花，在烟雾中洒向帝都。紫禁城内已经可以隐隐听到农民军咚咚的战鼓声。大明帝国的崇祯皇帝照例早朝，向群臣问计。一班高官显贵懒散而立，面对皇帝的诘问默无一语，愤怒至极的崇祯蘸水在书案疾书，身旁的司礼太监只看见六个字："文臣人人可杀"。

崇祯皇帝为什么这样痛恨他的大臣们呢？他大概认为，大明帝国的今天很大程度上应该归咎于这班满口仁义道德的文人们。

海瑞骂皇帝

事情还得从大明帝国的开创者明太祖朱元璋说起。这位乞丐出身的皇帝大概是自幼经历过元末的风俗败坏，道德沦丧，认定决不能让这一幕在本朝重演，决心"以德治国"。他觉得唐代以后的科举考试都偏重于选才，而忽视了官员们的德行，便进行了一番改革，实行八股经义取士，把儒家伦理道德、忠君爱国渗透到读书人的骨头里。

这还不够。朱元璋还要为大明朝建立一支"道德警察"部队——言官。这是一群专门负责建议政事、规谏皇帝、弹劾官吏不法行为的士大夫。他们活跃于朝廷内外，尤其重视道德规范。他们虽然级别不高，管得却很宽，整天盯着朝廷上下，不是去兵部查吃空额，就是到刑部查冤假错案，连皇帝的起居言行也不放过，办事的官员看到他们就怕。

有了这种言官制度，明朝成了中国历史上颇讲言论自由的王朝。大臣们可以放开了提意见，上至国家大事，下至后宫琐事，只要你有想法，可以尽管说出来，不要害怕得罪皇帝。因为在明朝，再残暴的君主也不愿背上“昏君”、“杀谏官”的骂名，实在气极了，最多也只是“廷杖”——狠狠地打一顿屁股而已。

大臣们指摘皇帝的错误，听起来是一件有利于国家政治的事情，甚至让人产生“民主”的错觉。然而，这种以道德高标批判一切的“民主”到了明朝中后期却慢慢变了味。

公元1565年，忧国忧民、疾恶如仇的海瑞写了一份长长的奏折，一一罗列嘉靖皇帝的种种罪行，还很不客气地说：“皇上你昏聩多疑、刚愎残忍、自私虚荣。既是昏君，又是暴君。既不是一个好皇帝，也不是一个好男人。普天下的臣民百姓，早就对你有意见了。希望你改掉这些坏毛病！”

嘉靖皇帝看到海瑞写的这篇“国骂”，大为恼怒，想要予以严惩，又害怕落下杀言官的骂名。结果这位大明朝最偏激的官员，竟然活了下来，并且因为骂皇帝而扬名天下，成为“忠臣”的榜样。

其实嘉靖即位之后曾经推行全面革新，清理官僚队伍，遏制土地兼并，推行一条鞭法，减轻民众负担，最大限度地扫除明代百余年来的积弊，只是晚年嗜好修道炼丹而已，但远够不上“昏君”的格。

那海瑞为什么要如此责备他呢？因为明朝的士大夫们全都是按照“卫道士”的标准训练出来的，别的专业知识非常苍白，想让他们从经济、政治角度提出点有建设性的意见是不可能的，只能按照儒家推崇的古代明君尧舜禹汤的道德高标准，拿着放大镜给皇帝挑错，嘉靖自然就成了一个不合格的君主。

万历皇帝罢工了

海瑞可能是真心实意地想要让皇帝向儒家传统道德的最高标准看齐。可是其他文臣们却发现，骂皇帝原来是一件非常划算的事情，既没有性命之忧，又可以博得美名，被朝野传颂，为他人拥戴。于是继海瑞之后，大明朝的官员们纷纷效仿，一个个摩拳擦掌、跃跃欲试，以骂皇帝为风尚，到万历年间，发展到极盛。

如果说当年海瑞骂嘉靖皇帝还基于事实，言语中充满对皇帝的期望，那么万历朝的文官们则已经变味为“炒作”。他们言论夸张，往往凭借着小道消息，空穴来风，就以大不敬的言辞对皇帝质疑。许多指责都是无中生有、恶毒攻击。万历患有严重关节炎，行走不便，没有祭祀天地宗庙，被说成故意装病，欺骗天下；头晕目眩，不能上早朝，被猜测为沉溺女色、饮酒作乐；发生自然灾异，被说成是因为万历皇帝自私贪财，导致了上天发怒，妖气横生。

文官们只把指责皇帝当做捞取政治资本的“登仙之路”，谁骂得越狠，谁就越是忠臣，要是还能受到点处罚，那就更光荣了。有个叫李三才的，就是因为骂皇帝最狠，被朝野传颂，成为大大的“直臣”，被大家拥戴进入内阁。为了激怒皇帝，有的人甚至把万历皇帝描绘成好色、贪婪、残暴、昏庸、无能、懒惰……总而言之是个五毒俱全、一无是处的皇帝。

万历皇帝执政的前 10 年，是明朝一段辉煌的时光，文治武功都十分出色，北京大旱，他曾率领群臣步行数公里至南郊祈雨而后步行返回，态度非常虔诚，以致多名官员体力不支而晕倒。1584 年夏天，年轻的万历还冒着酷热亲自操练禁军，这也是有明一代不多见的。可是在无穷无尽的谩骂中，万历开始装聋作哑，每次看到言官们上书陈谏，就会说：这又是个圈套。哪怕遇见直言激切之臣，皇帝也全不动怒，装作没听见，说：这不过是大臣想沽名钓誉罢了，如果我生气处罚他们，我又会背上恶名，而他们又能扬名流传。

于是皇帝再不看谏书和奏折，他开始冷漠手下的官员，不愿与他们交流，以一种消极逃避的方式对抗，越到后期，他越深居后宫，闭门不出，连上朝也懒得上，罢工 20 年。皇帝 20 年不理政事，那还得了？行政瘫痪，朝纲腐化，大明帝国从此由盛转衰。

在争吵中灭亡

皇帝躲起来了，文臣们便拿自己的同僚开刀。这群自我标榜道德的所谓君子们，一个个心高气傲，按照自己的原则设立君子规范，凡是与他们政见不一、观点不同的人，一律排斥称为“小人”。齐党、浙党、楚党、东林党……明争暗斗，水火不容。很多有才华的大臣卷入攻讦中，被周围人搞得身败名裂。

熊廷弼其人才华横溢，有胆略，知兵事，为明末“辽东三杰”之一。当时努尔哈赤率后金大军进攻明朝边境，在辽东统领军事的熊廷弼，迅速调整军事防御，采取“以守为攻”战略，联合朝鲜牵制后金，稳定了局势，使得后金一年时间不敢出兵辽东。

但自熊廷弼掌管辽东地区以来，言官们就没有停止过对他的攻击，把他当做眼中钉、肉中刺，诋毁诽谤，谩骂造谣，把好好一个辽东能臣说成是昏庸腐化之人。熊廷弼在文官群体的攻讦下身心疲惫，心灰意冷，自己主动上缴了先帝赐给的尚方宝剑，辞职回乡。一年后后金攻破沈阳、辽阳，尽得要地。

后来东林党掌握了朝廷政权。他们抱着极强的“正义感”，似乎世上只有他们是最纯洁的，对其他政治派别进行打击，大有“斩草除根”之势。“自古清官多酷吏”，用在东林党人身上恰如其分。

齐党、浙党、楚党残余人士面临绝境，被逼之下纷纷走向反面，投向魏忠贤以寻求庇护，于是形成明代势力最大的阉党集团。东林党人个个心高气傲，自命清流，受不得半点侮辱，动辄就闹辞职、罢官，以此表明自己的纯洁。岂料这个弱点被魏忠贤掌握，屡试不爽，个个击破。从此阉党张牙舞爪，到处逞凶肆虐，成了深深植根于国家政治机体上的大毒瘤。

随着天启皇帝的去世，崇祯皇帝登基，魏忠贤倒台，东林党人又开始执政。但灾荒四起，土地沦丧，大明江山已在风雨飘摇中摇摇欲坠了。

崇祯原本不用死

明朝末帝崇祯一心想做中兴之主，急需有真才实学、能安邦定国之才。言官在这紧要关头，其才疏学浅、怯懦无能暴露无遗。当崇祯要求廷臣拿出可行方案解决经济危机时，有人竟上疏建议让全国的和尚尼姑婚配，以增加数十万纳税户口，吓得京城的尼姑纷纷易装逃匿。

尤为扼腕的是，一些言官囿于迂阔的道德说教，成事不足，败事有余，使明朝错过了几个延缓灭亡的时机。

崇祯二年，皇太极利用反间计，骗崇祯将督师辽东的袁崇焕下狱。起初崇祯仍想让袁崇焕去边塞立功赎罪，但朝廷中一些文臣为了攻击内阁辅臣钱龙锡，诬蔑袁崇焕杀死平辽将军毛文龙是受其指使，诬陷钱龙锡接受袁崇焕贿赂数万两银子，故意耸人听闻。结果崇祯怒不可遏，处决袁崇焕。从此辽东再无人能够抵御清军的进攻了。

崇祯十四年，明军主力困守松山，形势危急，而清军也因补给断绝，有后顾之忧，提出议和。经过权衡，崇祯授权兵部尚书陈新甲与清军议和。在当时内外交困的形势下，此举不失为一时权宜之计，对内对外都是利大于弊的。但注重夷夏之辨的言官们强烈反对，认为“主和辱国”。崇祯被迫改变初衷，让陈新甲做了替死鬼，放弃议和。明军在与后金的死磕中消耗掉了最后一点家底，山海关外诸险隘全部落入敌手。

崇祯十七年，面对李自成势如破竹的攻势，崇祯和一部分大臣有意南迁，这在当时是暂时避免明朝灭亡的行之有效的唯一选择。但是另一些言官却“大义凛然”地把南迁之议斥为“邪说”，是丢弃宗庙社稷的大罪，甚至有人直接建议崇祯“殉国”。最终崇祯没有走，在煤山上吊自尽，真的殉了国。明朝就这样灭亡了。

《万历十五年》的作者黄仁宇先生说：“一个贪官可以危害至小，一个清官则可以危害至大。”官僚们应该以其实际的政绩使百姓受惠，而不是去高谈虚伪的道德。朱元璋的言官制度是专制王朝中令人钦佩的进步，他希望以德治国也无可厚非。可是当人们开始纷纷以真理保卫者自居，并热衷于用道德高标准要求和抨击别人的时候，就会变成一场可怕的灾难。

崇祯皇帝临终前已经明白了这一点：他的帝国是被骂垮的。

明王朝自己毁掉的长城

袁崇焕曾经不惜生命保卫的人民，如魔鬼一般争先恐后地吃他的肉，而死敌皇太极的子孙，却在100多年之后为他平了反。

公元1630年的深秋，在北京城的西四牌楼，明朝一品大员、兵部尚书、蓟辽督师袁崇焕正忍受着中国古代登峰造极的残酷刑法——千刀万剐。一个刽子手正一寸寸地割他身上的肉。可是真正让袁崇焕感到如坠地狱般痛苦的是眼前这些蜂拥的人群。这些他曾经不惜生命保卫的人民，此时正如魔鬼一般争先恐后地从刽子手手中抢他的肉吃，吃一口骂一声“汉奸”。袁崇焕被整整剐了3543刀，他一直在叹息，即使皮骨已尽，而“心肺之间，叫声不绝，半日而止”。

14年后，他曾忠心耿耿地为之奋战的大明王朝垮掉了，那个给他扣上卖国罪名的崇祯皇帝上吊自杀。152年后，死敌皇太极的子孙，清朝的乾隆皇帝下诏为袁崇焕平反。一段令中国人惭愧不已的悲壮史诗终于露出了真相。

一个书生的军事奇迹

公元1583年，努尔哈赤以祖父遗留下的十三副铠甲起兵，开始了统一女真各部的战争。第二年，在广东东莞的一个商人家里，一个注定要成为努尔哈赤的克星的婴儿降生了，他就是袁崇焕。

1618年，经过30余年奋战的努尔哈赤以七大恨告天，兴兵伐明，进兵抚顺，从此，后金和明朝就在辽东这块土地上展开了“血红雪白”。这时候，袁崇焕35岁，刚刚考中了进士，被派到福建邵武做知县。

两年以后，袁崇焕到京述职，发现他的朝廷已经越来越难以招架努尔哈赤的猛烈攻势。京师朝野官员，谈敌色变；边地将军士兵，畏敌如虎。袁崇焕在和朋友们谈论时局时，发表了一些对辽东军事很中肯的意见，引起了朝廷的注意，不久便被调到兵部任职，驻守距离山海关200多里的宁远（今辽宁兴城）。在这里，他遇到了明朝的死对头——努尔哈赤。

1626年，努尔哈赤亲率大军13万，号称20万，进山海关攻宁远城。锦州及其他几个辽东据点的明军全都撤到了山海关。只有一座孤城和1万守兵的袁崇焕，没有丝毫的怯惧之意，甚至胸有成竹地邀朝鲜使臣同坐战楼观战。

根据朝鲜使臣的相关记载，当时敌人蜂拥，突然炮响，声动天地，使臣吓得不敢露头，而袁崇焕若无其事地推开窗子，笑着说："敌人来了！"只见八旗兵丁四处散开，满山蔽野而来，用撞车、云梯等武器猛烈攻城，城的一角被撞塌。城上的军民同仇敌忾，斗志昂扬，矢石像雨点般发射下去。后金军也十分顽强，倒下一批，又来一批。在这紧急的关头，袁崇焕下令动用早就准备好的大炮，向后金军发射。炮声响处，只见一团火焰，后金兵士被轰得血肉横飞，没死的被迫后撤。正在后面督战的努尔哈赤也重伤坠马，不得不下令撤退。

袁崇焕听到敌人退兵，就乘胜杀出城去，一直追赶了30里才得胜回城。努尔哈赤回到沈阳，跟他的部下说："我从25岁以来，战无不胜，攻无不克，没想小小的宁远城攻不下来。"他又气又伤心，加上伤势越来越重，拖了几天就咽了气。

这是明朝从抚顺失陷以来的第一个大胜仗，就像第二次世界大战中的斯大林格勒保卫战，打破了德国不可战胜的神话一样，宁远大捷，也打破了后金部队不可战胜的神话，让明朝上下为之一振。

第二年，继承后金汗位的皇太极为报父仇，卷土重来。刚开始，皇太极四面包围锦州，主要是想吸引来救援的明军，从而在路上聚而歼之，充分发挥后金部队的野战优势。可袁崇焕偏不上他的当，皇太极久攻锦州不下，又挥师进攻宁远，又久攻不下，再回攻锦州，最终还是攻城不下。明军万炮齐发，矢石如雨。清军损伤惨重，最后只好退兵。皇太极终于还是像他父亲一样，败在袁崇焕的手下，无功而归。

两次大捷全靠袁崇焕运筹帷幄，指挥有方。但在明廷论功行赏时，权阉魏忠贤却贪他人之功，不仅自己封赏最厚，连他三四岁的重孙也封了侯。因为这次大捷获得封赏的有 5 690 人，可是对袁崇焕，仅仅是升官一级，赏银 30 两。袁崇焕一气之下，辞病归乡。

北京保卫战

不过袁崇焕并没有清闲多久。这年 8 月，爱捉迷藏和做木工的天启皇帝驾崩了。年仅 17 岁的崇祯皇帝继位之初，便用雷霆手段消灭了魏忠贤集团，随后重新启用赋闲在家的袁崇焕，拜兵部尚书，督师蓟辽，赐尚方宝剑。兵部尚书是最高军事行政官，督师是最高军事指挥官，袁崇焕身兼二职，达到了其军旅生涯的顶点。

1628 年 8 月，袁崇焕回到辽东，开始用独特的构思谋划他的平辽计划。他杀了一个桀骜不驯、拥兵自重的东江总兵毛文龙，把辽东兵权都统一到了自己手中，又在辽东大力整军经武，一年之内，袁崇焕已经将辽东四镇近 15 万军队训练得有模有样，军马达 8 万匹之多，构筑起一道坚不可摧的宁锦防线。

袁崇焕等着皇太极再次在自己的城下撞个鼻青脸肿。皇太极也知道袁崇焕的厉害，不打算硬碰。1629 年 10 月，皇太极亲率 10 万八旗大军，于深夜悄然开拔，避开袁崇焕坚守的宁锦防线，绕道漠南蒙古，远袭大明京师。

袁崇焕闻讯，得知后金精锐尽出，带上部将祖大寿，急点 9 000 铁骑昼夜兼程，入山海关救援，与 10 万后金军在京郊广渠门外相遇。这场战斗极为惨烈，任凭后金军骑兵如何左冲右突，前仆后继，明军阵形始终不乱。暮色苍茫中，袁崇焕登上战车，亲自擂响了战鼓，一枝流矢射中臂膀，袁崇焕忍痛拔出，鼓声不息。

皇太极无论如何也不肯相信 10 万铁骑奈何不了袁崇焕区区 9 000 兵马，可是激战竟日，后金军伤亡惨重，畏惧渐渐蔓延开来。皇太极不敢恋战，暂时退至南海子扎营。

皇帝的疑心病

一心一意保家卫国的袁崇焕惨烈地赢得了又一个不可能的胜利。可是来不及洗去征尘的他却丝毫不知道，紫禁城里那个胆战心惊的小皇帝已经对他起了疑心。

早在崇祯将袁崇焕从家乡召回来的时候，曾经焦虑地问袁崇焕辽东究竟该怎么办。袁崇焕夸下海口，说五年之内收复辽东。他其实知道五年平辽根本是不可能的事，只是说出了他的大致构想，安慰一下在他看来颇有作为的皇帝。年轻的崇祯皇帝被这个宏伟的计划激得热血沸腾，对袁崇焕寄予厚望。可是袁崇焕迟迟没有直捣敌巢，10 万八旗兵却突然出现在北京城外的时候，这让崇祯对袁崇焕失去了信任。

崇祯皇帝还听说了一些非常让他不安的消息：袁崇焕曾与后金议和。实际上，袁崇焕在镇守辽东的时候，的确与皇太极有过关于议和的书信往来，不过每次都是皇太极主动提出来的，这多半是带有欺骗性的缓兵之计。袁崇焕对此并非不知道，但是在军事上处于劣势的明军需要时间用于休养兵马、巩固城池，因此对皇太极的每次议和他都谨慎响应。崇祯却在担心自己会不会被这位将军出卖。

斩杀毛文龙的事情也让崇祯皇帝很不满。毛文龙也是个传奇人物，以不到 200 人的部队起家，在鸭绿江口的皮岛建立了反金根据地，收复了辽东要地金州，成为当时辽东牵制后金的一支重要力量。连当时的天启皇帝都称他为“毛帅”，赐尚方宝剑。袁崇焕擅自杀掉一名同样持有尚方宝剑的重要将领，让崇祯非常恼怒。更何况，毛文龙的死除了让袁崇焕掌握了全部兵权之外，对辽东战局一点好处也没有。袁崇焕的确做得不对。

京城里的舆论环境对袁崇焕更加不利。这次皇太极率 10 万大军，避开宁锦防线，突袭北京，本不是袁崇焕的错，然而，京城百姓和一些无知官员只觉得既然是袁崇焕戍边，敌大军压境，自是袁崇焕失职。于是怨声载道，皆指袁崇焕的不是。一些魏忠贤的余党散布谣言，说后金兵之所以能突入内地，是因为袁崇焕暗中引导所致；而袁崇焕希望等到各路援军到齐后再做反击的主张也被认为是拥兵自重，要挟皇上。

正在这个时候，有两个被后金兵俘虏去的太监从敌营“逃”了回来，向崇祯帝密告，说袁崇焕和皇太极已经订下密约，要出卖北京。其实，这是皇太极的反间计，故意将假消息透露给这两个愚蠢的太监，又“很大意”地让他们跑掉了。得知这一“绝密情报”，崇祯犹如晴天霹雳，遂对袁崇焕变节投敌之事不再怀疑。

于是，12 月 1 日，崇祯帝命袁崇焕前往紫禁城，说是要商量军饷的事情。可是毫不知情的袁崇焕一到立刻被囚禁。

明朝这样垮掉

袁崇焕被捕的第三天，祖大寿悲愤之余，决定不再为皇帝老儿卖命，率袁军往东向山海关奔去。而此时正南下赴援的袁军主力在途中听说主帅被擒，自然也就掉头回走。崇祯大为恐慌，生怕清军再来攻城，居然还厚着脸皮派人到大牢里让袁崇焕写信召回祖大寿。袁崇焕以国事为重，又一次听从了这位准备用最残酷的刑法对待自己的皇帝的旨意。

皇帝的信使快马驰出山海关外，将这封信交在祖大寿的手里。数万名间关百战、满身累累枪伤箭疤的关东大汉，伏在地下向着北京号啕痛哭，因为他们的督师快要被皇帝杀死了。战马悲嘶，朔风呼啸，白雪不断地落在他们的铁甲上……

处死袁崇焕，是崇祯皇帝自挖墙脚，自毁长城的愚蠢行为，直接导致了明朝的覆灭。袁崇焕被捕之后，各地来京勤王的明军一听，军心大乱，再加上欠饷和指挥混乱，山西和陕西的两路援军都溃散回乡，成为“流寇”的骨干。当地只会抢粮、不会打仗的饥民有了正规军的领导，成长为明朝的威胁，14 年后在李自成的率领下包围了北京城。

又一次遭遇兵临城下的崇祯命令此时统帅关宁铁骑的吴三桂入京勤王，吴三桂却十分消极，直到北京城破，崇祯上吊，关宁军还在路上散步。也许吴三桂是想起了当年自己的主帅袁崇焕惨遭凌迟后仅余下的那颗头颅。这种情况下他宁可投降他的敌人。

明朝完了。当北京城里的明朝遗民们被迫剃掉头发、留起辫子的时候，不知道口中是不是还余有袁崇焕的血肉滋味。

第九章　大清兴衰

鲁宾逊漂流记与大清帝国的经济革命

> 大清帝国在不增加耕地、肥料甚至任何投入的情况下，仅仅依靠农业布局的调整就大大地扩大了生产，几乎可以说是一次经济革命。

鲁宾逊与星期五的幸福生活

鲁宾逊漂流记大家都很熟悉。这里讲的是发生在鲁宾逊和夏威夷土人星期五之间的一段小故事。

鲁宾逊乘坐的帆船因为遭遇了可怕的风暴在海上沉没了。鲁宾逊一个人在海上漂流了很久，后来被风浪抛到了夏威夷的一个荒岛上，四面都是汪洋，看不到人烟。鲁宾逊饥肠辘辘，不得不试着在岛上寻找可以吃的食物。天无绝人之路，最后他发现在这个荒岛上有一种芋头，含有大量淀粉，可以当粮食吃，另外海里还有一种名叫“马虎”的鱼，肉质非常鲜美，称得上全世界各种美味中的佼佼者，生着吃就可以。

鲁宾逊以前在英国的农场里劳动过，懂得一些农业技术，于是他给自己盖了一间茅屋，在屋后开垦了一大片土地，种植芋头作为基本粮食。有时候，他吃腻了芋头就跳到海里去抓“马虎”鱼来解馋。可惜他笨手笨脚的，偶尔运气好，扑腾半天才能逮到一条吓得昏头昏脑的“马虎”鱼。所以在鲁宾逊的食谱中，大概每吃10个大芋头，才有一条“马虎”鱼。

有一天，一个躲避仇敌追杀的夏威夷土人来到了岛上。鲁宾逊给他起名叫星期五。站在白人的种族优越观点上，鲁宾逊有点瞧不起星期五，不太理睬人家。于是两个落魄的男人各过各的。可是有一天，当鲁宾逊来到海边的时候，发现星期五正从水里钻出来，手里抓着两条活蹦乱跳的“马虎”鱼。这让他羡慕不已。

原来星期五非常善于抓鱼。他似乎总能找到鱼群的位置，而且身手不凡，每次扎下去总能抓两条上来。不过星期五并不懂得种植农业，当他想吃芋头的时候只能到树丛中去挖，跟鲁宾逊的小庄园比起来效率可低多了。因为吃的鱼太多，星期五总是上火，不是口腔溃疡就是牙龈出血。

鲁宾逊看星期五身强力壮，想强迫他当奴隶天天给自己抓鱼吃大概比较难，于是便很有风度地来跟星期五谈判。他们计算了一下：鲁宾逊每周可以收获40个芋头，4条鱼，可是如果把时间全都用在种植芋头上，每周可以收获80个芋头，全都用来抓鱼，每周也只能抓到10条“马虎”鱼；星期五每周可以挖到20个芋头，抓到20条鱼，可是如果天天挖芋头，每周可以挖到30个芋头，天天抓鱼，每周可以抓到50条“马虎”鱼。

也就是说，如果两个人各干各的，即使互相交换，每个人每周也只能享有30个芋头，12条鱼，可是如果两个人合起伙来，各自从事自己最擅长的职业，再互相交换的话每个人每周就能享有40个芋头，25条鱼。

鲁宾逊虽然傲慢，但是也很聪明，于是跟星期五说出了分工合作的建议。星期五很痛快地答应了。两个人发挥自己的优势，一个专心专意地伺候芋头地，一个全神贯注地到海里摸鱼，劳动变得轻松了很多，更重要的是，收获比以前丰富多了，两个人的食谱也显得合理了。荒岛上的生活在分工合作、优势互补之中变成了悠闲的度假。

“比较优势”让每个人受益

分工合作和交换贸易可以使每个人获益，原因就在于它使人们可以把全部精力和时间投入到他们具有比较优势的活动中去。

即使合作的双方之中，有一方是全能选手，样样精通，干什么都比另一方有效率，他仍然应该与别人合作，放弃自己相对较弱的工作，专心做自己最强的一行。比如说，如果鲁宾逊非常能干，不但芋头种得多，连鱼也比星期五抓得多，跟星期五合作对他来说仍然是有利的。

可以这样计算，假设鲁宾逊每周可以收获 40 个芋头，20 条鱼，可是如果把时间全都用在种植芋头上，每周可以收获 80 个芋头，全都用来抓鱼，每周能抓到 40 条“马虎”鱼；星期五每周可以挖到 20 个芋头，抓到 16 条鱼，可是如果天天挖芋头，每周可以挖到 40 个芋头，天天抓鱼，每周可以抓到 36 条“马虎”鱼。

也就是说，如果两个人各干各的，即使互相交换，每个人每周也只能享有 30 个芋头，18 条鱼，可是如果两个人合起伙来，各自从事自己最擅长的职业，再互相交换的话每个人每周就能享有 40 个芋头，18 条鱼，仍然是划算的。

所以如此是因为，任何人不论能力有多大，在两样工作之中，总会有一个更为擅长一些。如果他要兼顾其他的工作，就必然要牵扯时间和精力，降低了自己优势方面的投入，结果总体的产出也因此降低。如果能够分工合作，每个人都将自己的优势发挥到极致，那么总体的收获也就能够趋向于最大。

中国古代的劳动人民也认识到了这一点，于是在明清时期，通过发挥比较优势，进行了一场经济革命。

种粮食，种棉花，还是搞纺织?

当我们谈到中国古代的小农经济时，常常使用这样一个词：“男耕女织”。意思就是在一个农村家庭中，男性负责种植粮食，女性负责纺纱织布，于是一家人的吃穿用度全都能够自给自足。然而事实未必如此。中国人民大学的历史学家高王凌指出，至少在清朝的时候，不同省份的中国人已经开始利用“比较优势”进行分工合作生产了。而这一聪明的举动极大地促进了大清帝国的繁荣。

在清朝以前，全国各个地区的人们不论土壤肥瘠，雨水丰稀，气候冷暖，总是既种植粮食又种植棉花，而且还自己纺纱织布。然而到了清朝时期，由于人口大量增加，土地也开垦殆尽，投入也几近饱和，要想继续扩大生产，提高整体的产出，就只能最大限度地发挥土地的利用率。

在种粮食、种棉花还是搞纺织这三件事上，黄淮海、长江中游和长江下游这三个地区的人们似乎是自然而然地找到了对自己最为有利的选择。

棉花这种作物首先对自然条件有要求，在降水少，日照长，日温差大的地方生长最好，但是要对收获的棉花进行纺织加工，又需要一定的湿度，具备湿度条件棉纺织品的品质要更好一些。其次，无论是种棉花还是加工棉花，对劳动者的技术要求也都比较高，不像种粮食那么简单。

在中国，适于棉花种植的范围较广，黄淮海、长江中游和长江下游这三个地区都具备种植条件。黄淮海一带较干燥，湿度低，有利于优质棉的种植，但是却不适于棉纺织业。长江中游和长江下游湿度较高，既适于棉花种植又适于棉纺织，但长江中游开发较晚，在劳动者素质方面和长江下游相比有一定差距。

三个地区相比较，长江下游集自然条件和劳动者素质两方面条件于一体，在明清时成为棉纺织业中心。由于纺织获得的收入几乎是粮食生产的两倍，所以那里的人们既种植棉花，又大规模地从事棉纺织业，几乎家家户户都有织布机，不论男女都参加纺织生产，几乎将这个地区棉纺织业的优势发挥到了极致。所以当时有“衣被天下”的说法，意思是天下所有人家的衣服和被褥全都是他们生产的。

尽管长江下游地势平坦，水热条件优越，过去一直是粮食高产区，可是在明清时却失去粮食主产区地位，由粮食输出区转为粮食输入区，原因就在于那里的农民发挥比较优势，把原本用来种粮食的土地都拿来种棉花。不仅如此，因为棉纺织业太兴盛了，挤占粮食种植后迅速扩大的棉田所生产的棉花仍然满足不了棉纺织生产能力的需要。这样，长江下游一带不仅要输入粮食，而且还要输入棉花以供加工。这就给了黄淮海地区、长江中游地区发挥自己优势的机会。

黄淮海一带降水较少，不适于棉纺织业的发展，然而这种气候却有利于棉花的生长。加之这一带开发时间较长，劳动力素质较高，因之黄淮海地区便广泛种植棉花，通过京杭大运河南下，专门供应长江下游一带，但放弃了纺织加工这种费力不讨好的行当。

长江中游农业发展的自然条件优越，但由于开发相对较晚，所以产业优势首先体现为粮食种植。于是这里的农民便生产了大批的粮食，顺着长江直接输送到长江下游，供应那些只顾种棉花和纺纱织布的人们。

长江中游、黄淮海和江浙这三个地区围绕着棉花的种植和加工，依据自己的实际情况对产业结构进行了调整，形成合理的产业布局，使三个地区的经济都上了一个台阶。类似的情况还有广东。“东粤自来多谷”，一向作为中国稻谷主产区的广东，到了清代却变成了稻谷的大量输入地区。原因也同样是因为广东特别是珠江三角洲地区的农业，把粮食生产让给了别的地区，发挥自己的比较优势走上了一条收益较高的蚕桑、塘鱼、果品、甘蔗等生产的道路，终于成为一个“繁盛甲于中国”的省份。

大清帝国在不增加耕地、肥料甚至任何投入的情况下，仅仅依靠农业布局的调整，就大大地扩大了生产，提高了社会的整体收入，几乎可以说是一次经济革命。正是在这种比较优势指导下的经济革命诞生了“康乾盛世”的繁荣。高王凌教授认为，从这一点来说，中国传统经济的发展并不是如某些人所说的那样“长期停滞”，而是在向着更高水平迈进。直到现在，“比较优势”的生产仍然具有很大潜力。

由此看来，在经济生活中，找到自己的优势，发挥自己的优势至关重要，在荒岛上是这样，在清朝是这样，在今天的社会仍然是这样。

美洲农作物与中国人口大爆炸

漂洋过海来到中华大地的美洲农作物改变了中国人的生活，引发了一次影响深远的人口大爆炸。

提起哥伦布发现美洲新大陆，大概你首先想到的是大批印第安人被屠杀，大量的黄金和白银从美洲源源不断地运回欧洲，从而为欧洲资本主义的勃兴提供了宝贵的资本积累。整个西方世界因此为之一振，并从此走上了近代富强之路。

表面上看起来，这次地理大发现好像跟中国没什么直接的关系。我们的老大帝国对哥伦布的壮举无动于衷。可是事实上，我们的祖先乃至今天的我们，却实实在在地受到了几位美洲来客的恩惠。它们的名字就是：玉米、番薯、花生、向日葵、辣椒、烟草等。

也许你会觉得此说故弄玄虚，因为这些都是现在看来普通得不能再普通的农产品。但是这些跟随欧洲殖民者的船只漂洋过海来到中华大地的美洲农作物却真实地改变了生活在清朝的中国人的生活，引发了一次影响深远的人口大爆炸，也创造了一个前所未有的康乾盛世，将一个飞跃的机会送到了中国人手中。可惜，那时的中国人没能把握住这个机会，让它轻松溜走了。

寻找“人口大爆炸”的原点

当你在上班的高峰期挤在密不透风的公交车厢里，当你在节假日因为买不到火车票而不得不取消探亲或者旅游的计划，当你为了一个读书或者就业名额费尽心思的时候，你一定会埋怨中国人口为什么如此庞大。然而在古代社会，海量的人口却绝对是一件好事。

维多利亚女王时代的英国人曾经形象地说，“上帝给人一张口，也给人一双手。”手能干活，口须吃饭。一方面是生产，一方面是消费。无论在中国还是在其他国家，古代人口的空前增长都可以使其拥有更多的生产能力，同时也拥有更强烈的消费需求。生产能力和消费需求可以刺激技术的革新、生产的发展，把一个国家的实力推上巅峰。

中国最后一个王朝——清朝的皇帝们就曾经幸运地拥有了令世界其他各国的君主羡慕不已的庞大人口。我们今天号称世界之最的13亿人口也是从那个时候起发展起来的。

中国最早的人口统计数字出自西汉末年。那时候中国只有接近6 000万的人口。这个数字一直到1200年之后的南宋时期才翻了一番，达到1亿人。又用了450年时间，也就是明朝灭亡的时候，中国人口增加到了1.5亿。然而在随后的100年中，也就是清朝康熙、雍正、乾隆三位皇帝统治的时期，中国人口出现了爆炸式的增长，首次突破3亿，直线上升。从此再也没有离开过世界第一的位置。

在西欧封建主们为田地无人耕种、工场无人劳作而苦恼的时候，康熙、雍正、乾隆父子三人却轻松地享受着人口增长带来的种种好处，轻松地实现了一个繁荣的传统盛世。

值得尊敬的地瓜和苞米棒子

如此大幅度的人口增长是怎么做到的呢？所谓“民以食为天”，要养活不断增长的人口，必定要有越来越多的粮食。在本文开头提到的美洲农作物就承担了这个重任。其中，最值得我们尊敬的应该数番薯和玉米，也就是我们俗称的地瓜和苞米棒子。

明末清初的时候，中华大地经过几千年的耕耘开垦，肥沃的地块早已被开发殆尽。农业生产的潜力似乎已经达到了极限。嗷嗷待哺的中国百姓看不到粮食生产大幅度提高的希望。这个时候，玉米和番薯这两种神奇的植物，在哥伦布发现美洲新大陆200年之后，经过漫长的传播之路，如同救星一般来到了中国。

玉米和番薯都是耐旱、耐瘠的作物，一般粮食作物难以生存的贫瘠土壤、深山苦寒地区均可种植，可以耕种的土地一下子增加了很多。再加上这两种作物产量都相当高，同样面积的土地，玉米就比大麦和高粱多产5%—15%。中国百姓的粮仓一下子扩大了好几倍。

贫苦的农民纷纷涌向荒野，将沙地、瘠壤、不能灌溉的丘陵、甚至高寒的山区开垦出来，在山坡上种玉米，在山脚下种番薯，依靠这两种作物就可以度过饥荒，养活全家老小。从清初至乾隆、嘉庆的100多年间，华中、西南各省耕地面积扩大近1倍（增加了约0.64亿亩），也正是在这一时期，玉米、番薯在这些省份迅速推广。

地里种出“无价宝”

人要健康成长，只吃粮食还不够。在明清以前，中国普通百姓普遍缺乏副食品，严重营养不良。花生、葵花富含油脂、蛋白质和其他各种营养，吃法多样，对土壤气候灌溉的要求也低，所以一经传入就受到中国人的喜爱，迅速发展并普及开来，逐渐成为中国人最主要的干果零食食品，也成了中国人重要的菜肴副食品和植物烹调油油料之一。

农民要想养活全家老小，不一定要种粮食。如果有一种植物种出来能够卖上个好价钱，也是一个非常好的选择。有两种美洲作物不仅能够为农民提高收入，甚至对中国人的文化都产生了深刻的影响。

辣椒就是其中之一。这种口味奇特的植物一端上中国人的饭桌就展示出异乎寻常的魅力，迅速风靡大江南北。巨大的消耗量使得种植辣椒成为一种有利可图的生意。

烟草的影响比辣椒更加深刻。这种植物虽然既不能当粮食吃，也不能做衣服穿，但作为一种有祛寒去毒作用的兴奋作物，自传入中国后发展迅速，并且培养出了一批又一批、一代又一代喷云吐雾的爱好者。种植烟草的农民获得了很高的利润，收入大大提高，自然也就有能力养育更多的后代。

曾经有一个机会……

美洲作物的引进和发展是中国古代社会的一次农业革命。飞跃的粮食产量养育了数量惊人的劳动力和庞大的消费市场。可以说，清朝的康乾盛世就是站在玉米和番薯袋子上实现的。

在这个时候，美洲作物同样也传播到了欧洲。欧洲也经历了与中国类似的人口爆炸。尽管增加的人口没有中国那么多，可是为资本主义的工业生产提供了大量的劳动力和消费市场。资本主义于是蓬勃地发展起来。

可惜的是中国却没能像欧洲那样走上资本主义发展的道路，一波又一波增加的人口都像他们的父辈一样到山坡上、河滩上，把所有勉强能够利用的土地都开垦出来，种植更多的玉米和番薯。中国的经济仍然局限在农业经济，中国的人口增长带来的仅仅是下一次人口增长。

100 年之后，美洲作物为中国农业所带来的推动力也渐渐达到“极限”，这时候国家经济民生就变得非常脆弱和危险了，清王朝的衰落不可避免了。

谁动了“康乾盛世”的奶酪？

“康乾盛世”的辉煌是建立在人口膨胀和白银激增的基础上的。但是人口和白银太多，国家同样会消化不良。

公元 1796 年正月，紫禁城皇极殿正在举行空前盛大的“千叟宴”。这次宴会在宫廷内外摆下宴席 800 桌，佳肴 63 道，耗银百万。皇帝向众人分颁无数赏赐：如意、朝珠、文玩、银牌、貂皮。晕倒、乐倒、饱倒、醉倒的老人不在少数。饱学鸿儒，当众吟诗联句。戏台前万头攒动，锣鼓喧天，争奇斗艳，到处是明黄色彩和五颜六色映照下的喜庆欢乐景象。

86 岁的太上皇帝乾隆沉醉在一片氤氲祥和之中。刚刚即位的嘉庆皇帝率领着从全国各地邀请来的5 000余名银须白发的耄耋老人山呼万岁，欢欣拜舞，为他祝寿。一时丹墀上下，紫垣内外欢声若雷。

没人知道此时已有老年痴呆征兆的乾隆在想什么。祖父康熙和父亲雍正将一个繁荣富强的帝国交给了他，而他又在长达 60 年的执政中将这个帝国推向巅峰。只是如今，这个帝国也如他一样正在急剧地衰老。盛世行将结束。

18 世纪的超级大国

从 17 世纪晚期到 18 世纪末的 130 多年，是康熙、雍正、乾隆祖孙三代皇帝统治大清帝国的时期，被很多人称之为“康乾盛世”，它的一系列成就显示了自己的辉煌。

康乾时期人口增长极为迅速。康熙六十一年历史上首次突破 1 亿，仅过半个世纪又突破 3 亿，占全世界 9 亿人口的 1/3。到 19 世纪初，全世界有 10 个拥有 50 万以上居民的城市，6 个在中国。乾隆末年，全国耕地面积已超过 10 亿亩，接近明末的 1.5 倍。全国粮食产量约计 2040 亿斤，居世界第一位。

当时的中国不仅是东亚的贸易中心，而且在整个世界经济中也占据支配地位。山西运往陕西、河南的煤和铁不绝于路。景德镇终年烟火相望，瓷窑里工匠不下数十余万。在四川盐都自贡，煮盐的黑烟遮天蔽日，天车傲耸云端；竹制的输送笕管纵横交织；熬盐的灶房星罗棋布，火光冲天；劳作的工人如蚂蚁一般。广州口岸各国商船蔽海，堆货如山。

一直到 18 世纪末，中国制造业总产量仍超过整个欧洲之和，大约相当于英国的 8 倍，俄国的 6 倍，GDP 在世界总额中占到将近 1/3，而今天的超级大国美国，在世界 GDP 中所占份额也不过 30%。

国家财政充足，施惠于民，康熙晚年宣布“滋生人丁，永不加赋”，从此不管人口怎么增加，政府的主要财政收入——田赋固定不变。乾隆先后 5 次普免全国 1 年的钱粮，3 次免除江南漕粮，累计约相当于 5 年全国财赋的总收入。

普通百姓似乎也迅速富裕了起来，从达官贵人、富商大贾到市井之民，男子俱是轻裘，女子俱是锦绣，即便娼优贱婢也是如此。坐拥千万的大富之家，比户相望，百万以下只能算小商。徽商黄氏夫妇为讨好南巡扬州的乾隆皇帝，曾经雇工数千，一夜建成“三贤祠”，乾隆见了感叹说商人太有钱了，朕都赶不上。

拥有强大的国力做基础，经过康熙、雍正、乾隆三朝的努力，清朝实现了对西藏、新疆和蒙古统一。历史上汉唐最盛时控制范围也都达到过西域，但两朝主要是以羁縻方式控制西域。只有清朝对边疆地区真正实现了长期的稳定的有效的管理，作为中央管辖的行政区划，派官治理，收取赋税，使之成为中国领土不可分割的一部分，这是以往任何朝代都无法望其项背的。

盛世的秘密

康雍乾时代已处于所谓帝王专制时代的末世，可能人们要问了，为什么在帝王专制穷途末路、气息奄奄的垂死阶段竟然出现了前无古人的盛世呢?

首先，我们得承认，清朝皇帝还是兢兢业业地在政治体制、经济发展方面做了许多工作的。这些工作最集中的体现就是，实现了一个持续百年的政治安定和社会稳定的局面。中国历史上被传为美谈的盛世，其实持续的时间都不很长。汉初文景之治 40 年，中间还有吴楚七国之乱；唐贞观之治，不过 20 几年光景；开元盛世最为人们称道，大约 40 几年。康雍乾时代中原承平 130 余年之久，实为几千年历史所仅见，也只有在这种和平条件下，国家才可能繁盛。

其次，我们得感谢一批“美洲来客”。18 世纪，高产、耐旱、对土地适应性强的美洲农作物新品——玉米、番薯在欧亚非各洲得到推广，成为嗷嗷待哺的饥民们的救命粮。于是全世界的人口都开始快速膨胀。中国人口的增速比世界平均水平还要高。人口的空前增长可以使大清帝国拥有更大的生产能力，同时也拥有更强烈的消费需求。这是康乾盛世之所以会出现的重要基础。

最后，康雍乾三帝还得益于源源不断流入的白银。哥伦布发现美洲之后，在那里找到了丰富的银矿。西方等国来华商人为购买品质上乘的绸缎、生丝、瓷器、茶叶等中国产品，便将整船整船的美洲白银运往广州等东南沿海通商口岸，以至许多历史学家把中国描写成吸引全世界白银的唧筒。18 世纪 100 年间有数以亿计的外国银元（1 枚银元约重 7 钱）输入中国。

白银内流使中国出现温和通货膨胀，通货膨胀率约为 1.1%。这种通货膨胀可以刺激经济的增长。因为提高物价可以使商人多得一点利润，刺激投资的积极性，像润滑油一样刺激经济的发展，同时又不会引起社会太大的动乱，促进了康雍乾时代经济的复苏和增长。

嘉庆皇帝的苦恼

然而，这场美妙的盛世到乾隆末年便如同盛宴后的残局一样迅速走向衰败，康熙、雍正辛苦积累的“家底”很快被消耗殆尽。贪腐舞弊也时有发生。各地民变四起，大有分崩离析之势。1795 年，乾隆把宝座禅让给儿子嘉庆皇帝，同时也丢给他一个烂摊子。

嘉庆在位 25 年中一直忙于平乱。嘉庆元年，川楚陕边境地区爆发了白莲教起义，历时 9 年，波及 5 省，全国 4 年的财政收入都充当了军费，帝国元气大伤。嘉庆十八年的天理教起义更是一度攻入皇宫，在城楼上插反旗，连皇子们都拿着鸟枪和腰刀在养心殿迎战。此外，闽浙海盗、苗民起义、云南夷变等各地起义和动乱都令朝廷疲于奔命。

乾隆刚一辞世，嘉庆就一举粉碎祸国殃民的和珅集团，没收其家产折合白银 10 亿两，相当于清政府 20 年的财政收入。但这只是开始。随着一个个贪污大案被揭露出来，嘉庆发现不仅是朝廷有几个蛀虫污吏，整个大厦的根基都在腐烂。各地官吏，对上想方设法侵吞公款，利己肥私，对下则下方百计敲诈勒索，骚扰民间。嘉庆时时刻刻挥舞着惩治大棒，可丝毫不见奏效，反贪愈贪，反腐愈腐，百思不得其解。

农民的消费水平下降得也很厉害。一个长工，每年的收入除了他本人吃喝以外，根本不能维持一家人的最低生活，多半不能娶妻生子。来访的英国特使马戛尔尼说：“遍地都是惊人的贫困”，“很多人没有衣服穿”，“像叫花子一样破破烂烂的军队”。

清王朝国家机器的运转也开始失灵。黄河河政混乱，常常是工程刚刚竣工，洪水一来就又垮了。占朝廷收入很大一部分的食盐专卖，也因为官盐价贵，不如私盐畅销，大为缩减。从江浙、湖广、河南、山东向京师输送钱粮的运河时常浅阻，输送艰难，漕粮频繁被盗卖、掺假，以致京城粮食紧张，而漕船上夹带的私货居然比官府漕粮还要多。

财政状况一步步恶化，各级政府出现大量赤字。嘉庆皇帝因此大力提倡节俭，禁止地方官进京时呈献宝物，甚至在自己生日时也提前打招呼，只准地方官呈献一些字画，而珠宝玉器等一概不予收纳。像他父亲那样的“千叟宴”从此再也没有举办过。

谁动了清王朝的奶酪

从“康乾盛世”到“嘉道中衰”，这如同魔术般的变化令人惊叹。究竟是谁动了清王朝的奶酪？正是那造就了“康乾盛世”的两大支柱——人口和白银。

膨胀的人口除了能够生产和消费，还需要吃饭和就业。粮食供应越来越紧张，清廷甚至开始从泰国进口粮食。清朝皇帝看着这些好似从地底下召唤上来的子民们心中发愁，怎么养活这么多张嘴呢？其实当时的西欧同样面临着这样的问题。他们采取的办法一是发展海外贸易和殖民，大规模地向亚洲、非洲、美洲扩张，二是走工业化道路，最终在工业革命中实现了飞跃。

但是清朝皇帝不可能懂得这些办法，只能仗着国家广袤，不断地开垦更多的土地。大量农民为谋求生路，扶老携幼向边远省份以至广阔的边疆地区流迁，“湖广填四川”、“闯关东”、“走西口”。山区、半山区、丘陵和海岛，以及水淹沙塞、石多土薄的荒田弃土，被大量辟为耕地。

土地面积的增加不可能比人口增加得快，100 多年之后，再没有那么多耕地可以开垦了，社会危机也就到来了。越来越多的底层人口陷入了绝对贫困化，四处游荡，为了谋生铤而走险。在湖北、四川、陕西毗邻的深山老林里，聚集起以数百万计的无业流民，借助白莲教呼啸而起，无情地撕破了康乾盛世华丽的外衣。

大量白银内流制造的通货膨胀虽然温和，但 100 多年间积累起可怕的负面效应，导致货币大幅度贬值，价格总水平上涨了 300%。结果清政府的财政收入比 100 年前缩水了 2/3。为什么清政府不相应的提高税收呢？因为清政府收入的 7 成都是农业税，早在康熙宣布“滋生人丁，永不加赋”的时候就固定下来了，数以亿计的新垦地亩，按照国家政策，永远不升科纳税。后代皇帝严格恪守祖训，他们还清楚地记得明朝末年苛捐杂税引发民乱最后灭亡的故事，生怕重蹈覆辙。

税收不能提高，政府开支自然也维持在 100 年前的水平。国家公职人员首先受到冲击。昔日一两银能买大米 200 斤，如今恐怕连 70 斤也买不到了。养廉、俸饷不敷日用、办公之需，文官武弁只好“设法”另谋生财之道，以致贪风大炽，陋规泛滥。河政，漕运，盐政，一切关系重大的国家事业受到成本日益上涨的强烈冲击，朝廷议准的夫、工、木、石、口粮等价格严重背离现实价格水平，难以为继，国家机器也运转艰难。

虽然朝廷规定不加赋，但为了弥补财政缺口，各地政府还是利用各种借口拼命地向老百姓层层加码，于是各种千奇百怪的收费项目出现了。农民承担的额外赋税比正税要多出数倍、数十倍。各地百姓上访的案卷堆积如山，然而官员们根本不以为意，于是民乱蜂起，国家岌岌可危。

从世界历史的角度看，“康乾盛世”的辉煌是建立在人口膨胀和白银激增的基础上的。但是人口和白银太多，国家同样会消化不良。延续了 100 多年的盛世总有一天会走到尽头，那时国家将付出沉重的代价。

乾隆皇帝死后仅 40 年，广州珠江口出现了英国人的坚船利炮，鸦片战争爆发。大清帝国 200 年无人挑战的历史结束了。

库克船长之死与马戛尔尼使华

无论吃掉库克船长的菲律宾人，还是拒绝英国使团的清朝皇帝，其实都是按照自己的思考，做了他们认为正确的事情。

自从16世纪地理大发现以来，西方殖民者倚仗坚船利炮，踏遍了全世界每一个角落，强行敲开了每一扇紧闭的大门，把安居乐业的土著居民们拉出来屠杀掉，或者扔进矿井和种植园里。奇怪的是，尽管我们的历史教科书常常悲愤地为亚非拉的第三世界人民鸣不平，谴责殖民者的残暴，却总不忘了强调一下殖民地居民是愚昧的、野蛮的、缺乏理性的。

这种论调明显是以欧洲为中心看历史的人说出的。我们的教科书自以为是在为第三世界人民说话，其实却不知不觉地把欧洲当成了历史舞台的中心，以欧洲人的眼光看待世界。有些历史学家敏锐地觉察到了这一点，便开始努力克服这种倾向，用殖民地人民的眼光来看待历史事件，结果历史就变成了另外一个样子。

一个探险家的悲剧

库克船长是18世纪英国最伟大的航海探险家，他曾经3次远渡重洋来到南半球，他不但发现了澳洲大陆，也发现了新西兰和夏威夷等太平洋的众多岛屿。

1778年11月，库克船长率领船员来到夏威夷群岛最东南部的岛屿——夏威夷大岛。登陆后，他们简直不敢相信夏威夷土著居民对他们的热情。慷慨的礼物，隆重的礼节，丰富的食物，国王的接待，使得他们宛入仙境，到了童话般的国家。土著少女们甚至纷纷以身相许，陪水手们睡觉。作为回报，库克也送了土著人一些礼物，这也是人之常情。过了一段时间，库克就离开了。航行之日，又是盛大的节日，隆重的仪式和众多的礼物。在一片欢呼声中，库克一行恋恋不舍地离开了这片美好的土地和友好的主人。

库克的船队向阿拉斯加前进，可是途中遭遇了风暴，其中一条船折断了桅杆，无法远航，库克不得不中止探险，找一个地方休整，修理船只。什么地方比美妙的夏威夷更合适呢？于是库克的船队又返回了夏威夷。

让人意想不到的是，当库克这次回到夏威夷的时候，当地的百姓一片惊恐，人人面有惧色，仿佛天塌了下来。国王也派人前来观察，来人也心神不定，战战兢兢。当库克的船员和土著居民交涉时，土著居民判若两人，什么也不愿提供。几番交涉，几番冲突，最后居然演变成了战争。土著居民个个争先，和库克的船员打了起来。库克的船队虽然有火绳枪，可是也架不住对方人多不怕死。混乱中，库克被人围住，一个酋长用匕首扎了他好几下。库克掉进了水里，几番沉浮，死死地被土著按了下去，最终魂散西天。不仅如此，库克的尸体还被土著人大卸八块，分而食之。

库克船长的悲剧成了菲律宾土著人野蛮愚昧、反复无常和缺乏逻辑思考能力的证明。

土著人是这样思考的

难道菲律宾的土著人真的如同库克船长的同胞们想象得那样不可理喻吗？一位名叫萨林斯的人类学家从菲律宾土著人的视角对这场悲剧给出了另一种描述：

夏威夷王国信奉两种神，一种叫做库神，象征暴力和头人的权力；一种叫做罗诺神，掌管生育与丰收。这两个神交替掌管夏威夷王国。每年随着冬雨的来临，罗诺神便开始了他在夏威夷群岛长达四个月的旅居时期。这一段时期被称为玛卡希基，库神的祭祀停止了，头人的权力也暂时休眠，整个王国禁止战争和武力冲突，举办很多活动庆祝丰收，抬着罗诺神像在岛上顺时针巡游。玛卡希基接近尾声的时候，罗诺神就又回到他出发的地方——卡希基（肉眼看不到的土地），被禁闭的库神及其世俗代表人——掌权头人便重新恢复其作为统治者的地位。

库克船长的船队恰恰在玛卡希基节庆期间到达夏威夷岛，诸多的巧合给库克船长的故事带来了神秘的色彩，最终也导致了库克船长的悲剧发生。

1778 年的“玛卡希基”大约是 11 月 18 日开始。库克于 1778 年 12 月 2 日开始进行环绕夏威夷岛的航行，而且是“向右巡游”，与罗诺神在岸上巡游的方向相同，库克最后抛锚的地方也是传统上罗诺神开始和结束自己巡游的地方。因而，库克船长在登岛之时就被夏威夷人认为是罗诺现身，一上岸，就立即被祭司护送入希基奥大庙，以罗诺神的规格接待。当然，库克船长及其随行并未意识到这一点，只是对于土著人“超常”的接待稍感惊奇而已。

夏威夷人每天给船队的供给中都包含着与献祭罗诺神相同的小猪。而在玛卡希基仪式快要结束的时候，库克的一名船员沃特曼去世了，而这正与玛卡希基的结束仪式（献人牲）相吻合，而对沃特曼尸体的处理也正好与土著的仪式相仿，当然，是在土著人的参与下。

最后，玛卡希基仪式结束，也预示着罗诺神的离去，但是库克船队却与夏威夷人的思维模式发生了偏差，迟迟没有动身。因此，开始有夏威夷人询问他们离去的时间，而且急切希望他们赶紧走。最终，库克还是率领船队在“延期”不久的情况下离开了夏威夷岛，并且答应明年还将回来。发生的这一切巧合，正好按照祭祀罗诺神仪式的预定顺序进行。库克船队在夏威夷岛的停留仿佛就是为夏威夷人的宇宙模式提供一种当下的证明：罗诺神确实存在。

巧合总是有限度的，当夏威夷人坚信库克就是罗诺，并期待着他在下一个玛卡希基节期间再次来到夏威夷岛的时候，库克却突然返回了，因为风暴折断了桅杆。然而这时夏威夷人的生活已经由神圣复归于世俗，因为国王已经从神的手中夺回了权利，“神”却突然回来了。在他们的宇宙模式中，神和人本就是相互竞争的关系，因而神的返回自然地被夏威夷人理解为“神要夺回权力”。于是在政治性、宗教性的目的下，神圣与世俗的斗争发生了，并以库克的死亡告终。

库克死了，但并没有改变夏威夷人库克是罗诺神的观念，这场争斗只是人神为权而争最终人战胜了神，他们把库克事实上的死亡当做是罗诺神的年度仪式性死亡，他们吃掉库克的心和肉，把他的骨头和头发放进祭坛用来祭祀上天，使酋长们吸收上天的力量。最后，当他们把库克船长的部分遗体和几根腿骨装入一个匣子归还给英国人的时候，甚至还问他们罗诺神来年是否再能返回。

夏威夷人拥有自己独特的宇宙观和哲学。他们与神朝夕相伴，周而复始，生活在神话之中。库克船长在一系列巧合中参与到了夏威夷人的神话世界中，夏威夷人便按照既定的程序和逻辑把他当神一样对待。所以说，从夏威夷人的角度看，对库克船长的先礼后兵，乃至后来的残杀分食完全合乎逻辑，具备充分的理论基础，是合理的。

大英帝国的祝寿使团

英国特使马戛尔尼对中国的访问是另外一个例子。

1793 年，一支庞大的外交船队出现在澳门外海的洋面上。这支 800 多人的外交使团，由马戛尔尼勋爵率领，受英国国王乔治二世派遣前来祝贺乾隆皇帝 80 寿辰。祝寿只是任务之一，使团千里迢迢来到中国，最重要的目的是请求扩大通商，以及建立和平、平等、长久的外交关系。这是当时东西方两个大国一次重要的官方接触。

相信如果现在的史学家回到那个时候，一定会激动不已。因为这意味着中国在鸦片战争爆发之前，获得了一个和平、健康地对外开放的机会。可惜的是，历史常常不会向人们希望的那个样子发展。

马戛尔尼与乾隆皇帝的见面从一开始就很不顺利。清统治者沿袭中国和周边各国传统的朝贡关系的惯例，把英国等同于周边的藩属国家，视其使团为“航海向化”的“贡使”，要求使臣在觐见皇帝时行三跪九叩首之礼。而马戛尔尼则认为，英国与中国是对等的国家，向清帝行三跪九叩礼有损英王尊严和英国声誉，不同意向中国皇帝执行这种属国使臣觐见的礼节。为了避免在礼节问题上陷入僵局，马戛尔尼提出让乾隆皇帝钦派一位与他地位身份相同的大员，穿着朝服，在英王画像前行同样礼节。但这一建议未被中国方面接受。

双方几经交涉，最后乾隆皇帝勉强同意马戛尔尼以谒见英王的免冠单腿跪地之礼谒见自己。尽管“礼仪之争”以这种方式解决了，但是这个疙瘩直接影响了乾隆皇帝对英国使团的态度，矛盾和冲突还在后面。

中国皇帝对英国人的礼物火枪毫无兴趣，在圆明园参观英国人送来的地球仪的中国人也深表不满——中国竟然这么小，而且不是处于中心位置。觐见礼毕后，英国使团由热河避暑山庄回到北京。清政府认为祝寿完毕，使团的使命已经完成，应当立即回国，而马戛尔尼则认为事情尚未开始，急切地要求和等待与中国官员进行谈判，提出了六条有关通商、划地、减税、传教的要求。令他没有想到的是，这些要求立即被乾隆皇帝断然拒绝。随后清政府便催令英国使团迅速起程回国，并且派出钦差专门护送英国使团直到广州。马戛尔尼的外交使命就这样失败了。

喜欢假设的历史学家们常常为此深切惋惜，认为中国失去了一次平稳过渡到近代的机会，因为不到50年之后，鸦片战争就爆发了。而马戛尔尼的同胞们对中国的印象也由赞美和羡慕转变为嘲讽和抨击。他们共同的看法都是，这是外交史上的一个笑话。中国仅仅因为所谓的“礼仪之争”便放弃了与当时最为强大的西方国家建立外交关系的机会，充分证明了中国的傲慢无知，冥顽不化，保守封闭。所以清朝政府既要为它自己的崩溃负责，也要为西方的炮舰外交负责。然而事实上，乾隆皇帝和他的臣子们又是怎样想的呢?

中国人是这样思考的

有一位专门研究中国的美国历史学家何伟亚认为，清朝人对大清帝国的想象是这样的：世界是由大大小小很多君主统治的，而满族皇帝是最高的一个。清朝皇帝与他的藩王们交往，采取的方式不是当时欧洲各国和今天的人们所熟悉的国与国之间的“外交”，而是“宾礼”。所谓“宾礼”，就是清朝皇帝接见各地藩王的一整套礼仪，每一个步骤都具有强烈的象征意义。在举行宾礼的过程中，清朝皇帝成了被藩王环绕的中心，形成一种等级森严的关系。清朝皇帝展示了他的权力，藩王们则展示了他们的驯服。

当马戛尔尼提出访问要求的时候，乾隆和他的臣子们很认真地以正式的宾礼来接待英国使团。从下船伊始，陪同使团的清朝官员便想尽办法对马戛尔尼一行进行必要的礼仪培训，让他们演习磕头，可是失败了。这种破坏宾礼的行为令乾隆皇帝很不满，后来勉强同意马戛尔尼行英国的礼节，好把这次宾礼继续下去。

在承德的大帐中，乾隆皇帝像对待蒙古王公一样，问候了前来觐见的马戛尔尼，并且举行祝酒仪式。整个使团包括最普通的水手都获得了乾隆赐予的礼物。而乾隆皇帝也以最高君主的身份对英国使团赠送的礼物表示了并不热情的欢迎。在随后的日子里，英国使团还参加了很多次宴会。

似乎英国使团终于融入到了宾礼当中，成为清帝国等级秩序的一部分。但这时，马戛尔尼又很不知趣地提出了通商、划地等要求。乾隆皇帝和他的大臣们意识到这次宾礼出现了严重的错误。马戛尔尼从一开始就并不是诚心诚意地加入到这个仪式中来的，而是怀有虚伪的目的。不守既定礼仪，就是藐视皇权，就是对中国宗主地位的挑战。于是中国人改变了态度，拒绝了马戛尔尼所有的要求，让他们在最短的时间内离开中国，匆匆完成了这次不成功的宾礼。

恐怕乾隆皇帝自己对这次英国使团的来访也很烦恼，他对马戛尔尼的印象正如同这位郁闷的使臣对他的感想一样：愚昧无知。双方各自遵守着自己与外人打交道时的规矩，这样的接触当然不会愉快。但是公平地说，清王朝在这个事件的处理上绝对不是冥顽不化的，它只是遵循自己的思想体系行事而已。

不同的文化，不同的合理性

有一批学者都在思考这样一个问题，不同的文化是否如同温度计上的刻度一样，有着先进和落后的差别？对于我们大多数读者来说，这似乎是理所当然的。因为西方人在近代按照自己的面貌去改造世界的时候所向披靡，所以我们现在普遍接受西方文化是先进的这一论调，并且用西方文化的标准去衡量其他文化。于是，菲律宾人是野蛮的，清朝人是愚昧的，几乎成了真理。

但是，偏偏有些学者声称，所有的文化都是平等的。任何社会或文化，只要其正常运作，便应视为合理。如果想要理解某一个民族的行为，就应该从它自身的文化范畴中去理解，万万不可拿西方的思想意识做标准，轻易地对别人作出判断。因为不同的文化有着不同的合理性。无论菲律宾人还是清朝皇帝，总是按照自己的思考，做他认为正确的事情。

鸦片战争时我们的武器不算差

中英双方武器杀伤效果的差距远比武器性能悬殊得多。清朝的失败，首先是制度上的失败，然后才是技术上的失败。

鸦片战争是资本主义列强对中国发动的第一场侵略战争。当时中国虽有 80 万兵力，却没能抵御住起先不过数千、后来也只有 2 万的英军进攻。曾经南征北战、不可一世的八旗铁骑为什么会输给数量处于绝对劣势的英国人？很多人都说是我们在武器装备上太落后了，清军拿着大刀片和弓箭与扛着机关枪的英国鬼子打，焉有不败之理？但真实的历史是这样吗？

糟糕的滑膛枪

鸦片战争时期，英军装备的标准的轻武器是前装燧发滑膛枪。说实话，这实在不是什么先进武器。近代步枪武器技术的几个重要发明起爆药、火帽、圆锥弹丸、击发机枪都才刚刚发明，还来不及用在这种枪上。而带有膛线，射程远、准确率高的线膛枪，也就是我们俗称的来复枪，也因为造价高，一直没有成为欧洲士兵的制式武器。

前装燧发滑膛枪的最大射程不超过 270 米（约 300 码），可以对人体进行瞄准射击的距离约 90 米（100 码）。英国陆军的汉格上校在 1814 年写下这么一段话："如果一个士兵的枪膛不是制造得很糟的话（许多都很糟），可以打中 80 码外的人形靶，甚至是 100 码；但是如果一个士兵在 150 码外被敌人用一支平常的枪瞄准并打伤的话，那么他真的就是非常倒霉了；至于想用一支平常的枪射击 200 码外的人的话，你不如改为射击月亮，反正命中的机会都是一样的。"

前装燧发滑膛枪发射的速度也不快，发射一次需要经过 12 个步骤，即使是技术纯熟的士兵每分钟射速也不过 3 发，这还是在没有战斗压力下的成绩。在实战时，由于种种因素影响，能够维持每分钟两发就算不错了。

而且士兵在战场上慌乱之际非常容易出错。最常见的错误之一就是在装填后忘了将通条抽出枪管，一扣扳机，通条就不知道飞到哪里去了，自然无法再装填。另一个常见的错误是在忙乱之间误将弹头而非火药先塞入枪口，造成不发弹，士兵只能退出行列到后面，使出吃奶的力气慢慢把弹头挖出来。更麻烦的是，当时火枪是队列齐发的，那么多枪一起发射的情况下许多士兵在战斗时根本就不知道自己有没有开枪，有没有哑火，往往多次装弹，把枪管塞得满满的。在 1863 年美国内战的战场上，人们发现有上万支步枪里塞了两颗以上的子弹，最多的一支中塞了 23 颗弹头。

清军武器不算差

中国第一历史档案馆专家吕小鲜说，清军在这时候虽然没有完全放弃冷兵器，但是也有一半的士兵在使用火器，主要是鸟枪和抬枪，其中数量最多的是鸟枪，也都属于滑膛枪，不过是用火绳发射，潮湿的时候不太方便。总的来说，鸟枪射程稍小于英国滑膛枪，抬枪射程要超过英国滑膛枪。鸟枪的射击速度，较之滑膛枪可能也不会相差很多，大约为每分钟 2 发。不过清军鸟枪、抬枪的命中精确度都较英军燧发枪为低。主要原因在于鸟枪、抬枪都是手工打造，较之英军燧发枪工艺粗糙，枪膛精度不高。

综上所述，便可以得出关于中英两军轻火器性能的粗略比较。条件：英军燧发枪每分钟发射 3 发，命中率 90%；清军鸟枪每分钟发射 2 发，命中率 70%。假设两军士兵各 10 名同时射击同样距离上的若干目标，在一分钟内，英军士兵可以发射 30 发子弹，击中 27 个目标，清军士兵可以发射 20 发子弹，击中 14 个目标。则燧发枪效能约为鸟枪的 2 倍。这样的差距完全可以利用清军的人数优势来弥补。

相比之下，双方的火炮性能差距可能更大一些。清军火炮的主要问题是侵彻力不够和命中精度不高。侵彻力不够主要是因为中国火药不好，命中精度不高主要是火炮机动性差造成的。同样口径的火炮，中国炮要重得多，又缺乏可以灵活转动的炮架。那些重达 3 至 5 吨的最大口径的火炮，要在英军猛烈的炮火下一点一点地挪动瞄准差不多是不可能的。但对英国军舰威胁最大的，恰恰是这些重炮。英军对中国火炮颇为畏惧，屡屡惊呼“猛烈”、“厉害”。

弓箭赛过枪

我们刚才提到，一半的清军在使用火器，为什么不是全都使用火器呢？原来清军还不愿意放弃自己的看家本领——弩弓，因为他们的弩弓在作战效能上可能还不比当时的火枪差呢。

古代弓弩的普遍最大射程为 300 米左右，《战国策》记载当时韩国的强弩“皆射六百步之外”。有人估算射程相当于 400 米。清朝的雍正皇帝更是自诩清军的弓箭为历代最强。弓弩的准确率很高，可以精确瞄准。一个训练有素的弩手可以准确地命中 200 码外一个人形大小的靶子。

弓弩的射速大约是每分钟 3—4 发，而且操作十分简便，简单到大家很难想象竟会有人能装错。唯一的问题是弓需要人手拉弦，发射次数太多容易疲劳，速度会减低。可是火枪连续发射以后一样会因枪管发热造成炸膛或者子弹威力减弱。

弩弓的穿透力甚至比火枪子弹更强，中世纪欧洲骑士们就对弩弓深恶痛绝，因为他们的铠甲挡不住弩箭的冲击。弩箭破坏力不如枪弹，伤口也比较容易处理，但是弩箭也有优点：可以涂毒或者加装炸药。

所以说这个时期的弩弓威力要超过火枪，甚至在英国军队中还常常有人提出要恢复传统的长弓，拒绝使用糟糕的滑膛枪。

刺刀改变了战术

说了这么多，清军火枪火炮跟英国比起来差不太多，弓箭还要更厉害一些，那怎么还输得那么惨呢？

首先得说说英军装备的一种不太起眼的武器——刺刀。滑膛枪是一种射程近、射速低的武器，战斗中白刃战常常是不可避免的。因此，在刺刀发明以前，滑膛枪兵必须有长矛兵保护。在刺刀发明以后，一个使用装有枪刺的滑膛枪的士兵，同时也就是一个长矛兵，使用冷兵器的士兵便不再是必需了，这又导致了战法和战术的进步。

英军作战一般排成两列横队，队列中的士兵不能做单兵机动，站立装弹，立姿或跪姿齐射。横队周围有由散兵组成的强有力的屏障，与敌保持接触，骚扰、杀伤敌军并分散敌方火力，以使己方队列不致过分暴露在敌人火力之下。

火器化的清军作战也须排成队列，又由队列组成各种不同的阵式。列阵时，通常是重火器在前，其次轻火器，再次冷兵器。临敌时，在远距离上以火炮轰击，稍近开放抬枪，再近则以鸟枪击打。三击不中，继之以冷兵器肉搏拼杀。结果清军打仗恨不得排出十几列队伍。这种阵形作战效能很低。由于清军只有半数多一点的士兵装备火器，而英军全部装备火器，且英军的枪支装有枪刺，当清军与同样数量的英军对阵时，实际是先用大约一半的火器兵对抗全部英军，再用大约另一半冷兵器兵对抗全部英军。

而且为了协调冷兵器和火器部队的步调，清军整个阵列只能以缓慢的速度移动，战术机动性相当差，很难运动到能够最大限度发扬火力和英军最难以杀伤的有利位置。而灵活的英军，则往往能够成功地通过迂回等机动动作对清军最薄弱处实施攻击。在镇江战役的几次战斗中，英军在尚未展开战斗队形的情况下受到清军的袭击，就遭到了大量伤亡。

以逸待劳的英军

当时清军的总兵力大约在 80 万左右（包括八旗、绿营兵），在鸦片战争中调集并先后投入战争的大约在 10 万左右，而英军最初派出大约海陆军 7 000 多人，后来增至最高达 2 万人，简单由数字上看，中方占绝对优势，但在具体的战役中，这种兵力上的优势却未能显现。英方船坚炮利的优势使其牢牢地掌握着制海权，也使其掌握着进攻的主动权，为了防御英军可能的入侵，清政府在从盛京到广东的七个省，几十个海口都得设防，分到每个重镇上驻守的部队也就在 4 000—10 000 不等，如此分兵，自然在每一处都难以集合优势兵力，中英间的多次战役，中方能投入的部队往往与英军相当甚至还处于劣势。

交通不便，调兵速度的缓慢更加重了中方的困境。1841 年 10 月 10 日英军攻占宁波后，道光帝调四川建昌、松潘两镇精兵 2 000 名，前往浙江征剿。等该部风尘仆仆，历经 4 000 余里赶至前线，英军已经在宁波休整近半年了。在自己的国土上打仗，对手居然以逸待劳，想怎么打就怎么打，怎么能不输呢?

在这场鸦片战争中，中英双方武器杀伤效果的差距远比武器性能悬殊得多。清朝的失败，首先是制度上的失败，然后才是技术上的失败。

难道林则徐错了吗?

这场因鸦片而起的战争，居然发生在两个同样反感鸦片的国家之间，如果林则徐禁烟稍微注意一下策略，这场战争可能不必发生。

鸦片战争是中国近代屈辱史的开端。然而 160 多年后，我们重新翻开当年的史料，却发现这场因鸦片而起的战争，居然发生在两个同样反感鸦片的国家之间，而如果我们的民族英雄林则徐的禁烟手段稍微注意一下策略的话，这场战争可能原本不必发生。

英国人也吃鸦片

在我们的教科书里，常常把英国描述成一个无耻的商人国度，认为这个国家为了赚钱什么都做得出来，包括向中国贩毒。不过事实并不是那么善恶分明。

其实在 19 世纪的英国，鸦片也曾经相当普及，据说当时曼彻斯特一带的工人因为工资低，买不起啤酒和威士忌，很多都染上了吸鸦片的习惯。一些重要的英国政坛人物也染上了烟瘾，比如印度的征服者克莱夫，就是死于过量吸食鸦片。英国甚至制造过相当多的含有鸦片成分的产品。例如一种常见的儿童鸦片糖“巴拉高利”，直到 20 世纪 20 年代还是使婴儿安静的家常药物。

1868 年英国制定了《毒品药店法案》，但即使这个专门管理毒品的法案，也只不过对英国本土的鸦片贸易给予一般性限制而已。真正的禁止鸦片法令一直拖到了 1914 年才颁布。

19 世纪世界上别的国家也有服食鸦片的吸毒者，但只有中国人发明了用烟枪吸食的法子，并且风靡全国，导致中国的鸦片市场需求巨大，吸引鸦片商人蜂拥而至。

英国人视为耻辱

但这并不意味着鸦片贸易在英国没有异议。英国许多有识之士早在 18 世纪 80 年代就十分强烈地谴责并呼吁政府取缔鸦片贸易，而且这个呼声一直不断。一个名叫赛华尔的牧师特地撰写了题为“鸦片贸易在中国的罪恶”的传单，得到广泛关注，在《伦敦泰晤士报》全篇转载。阿诺德博士称英国允许鸦片贸易“如此邪恶，以致它是最大的民族罪孽”。就连指挥打响第一次鸦片战争的英国驻华商务监督义律也认为这种贸易是一种罪行，是大英帝国的耻辱。

在这种道德压力下，英国东印度公司总是在加尔各答市场把鸦片出售给投机商，由投机商再船运到广州，再通过私人“港脚”商人销售，凭借这种方式把责任推得一干二净，否认与运抵中国的鸦片有任何关系。

在1820年以前，东印度公司小心地将输往中国的鸦片控制在5 000箱以内，并把价格保持在较高水平，使鸦片只在小范围内消费，不至于引起中国政府的关注。直到1833年，英国议会取消了东印度公司垄断的对华贸易权之后，自由商人开始疯狂地向中国倾销鸦片。他们不受任何束缚，不负任何责任，把数额巨大的鸦片运销中国。因此，鸦片贸易额很快就独占鳌头，超过了中英贸易额的一半以上，终于使清王朝下定决心禁烟。

强制收缴鸦片

1838年12月，林则徐被道光皇帝特命为钦差大臣赴粤查办禁烟。按说，有一个也主张禁烟的英国政府代表加以配合，清朝的禁烟获得完全成功应该是能在和平的前提下实现的。但是最后这次禁烟却演变成一场战争。这是怎么回事呢？

首先，关于这次禁烟是应该从禁绝鸦片进口入手，还是以戒绝国民的鸦片瘾为重，朝廷里曾经展开过辩论。林则徐认为如果能够禁绝吸食，无人买鸦片，就不会有人贩卖鸦片了。道光皇帝认同这种看法，所以才派林则徐到广州去。现在看来，全世界只有中国鸦片成灾，恐怕也的确应该从中国人自身找原因。

可惜1839年3月林则徐到广州不久就改变了想法，决心尽缴洋人之烟。这也无可厚非。但是他没有谋求与英国政府的合作，直接摆出战争的架势，将商馆中的外商一律扣押，强迫这些商人交出所有的鸦片，写下保证书，再有夹带，“人即正法”。有一些外商并未参与鸦片走私，却也被扣押。后来林则徐得知这种情况后也拒绝释放无辜，而要求他们开导鸦片走私商迅速缴烟。义律冒着危险到达商馆试图交涉，也和其他外商一样被禁锢。以今天的眼光来看，林则徐此种做法，实际上已酿成了一个不小的外交事故。这就好比如今广州有一些外国人从事贩毒，政府却直接把各国大使馆封查，并软禁所有人员。

当时的广州外国商馆可谓弥漫着“林氏恐怖”，有个中国船夫仅仅因为身边带着一封欧洲文字的信件就被处死。同时，食品，甚至于一桶水，都不能被带进商馆。交涉到矛盾激化时，林则徐还找工人去商馆周围砌墙，彻底将商馆变成监狱。

尽管如此，义律对林则徐收缴鸦片的命令还是相当配合，没有任何讨价还价就命令英国商人交出所有存货20 283箱鸦片，并代表英皇承诺赔偿英商的损失。此举令林则徐都感觉惊讶和满意，因为他的期望值是“六七千箱就足矣”。义律此举令英国朝野愤怒，不过他们愤怒的是：这些毒品贩子的损失凭什么由国家来赔？

不必要的僵持

对于林则徐要求的写保证书，义律也同意，只是不能接受“人即正法”这一条。因为英国人此时已习惯了人权的尊严，必须经过审判才能决定有罪，才能实施惩罚。而林则徐的“人即正法”没有提供相应的司法程序、公正审判及申诉渠道。林则徐还要求，保证书不但对签署者有效，对其船上所有人都有效。换言之，船主若签署这个保证书，等于是替将来所有在他船上的人都签署了“生死状”。这样即使有个别商人愿意写个人保证书，也被吓退了。

但林则徐却把签保证书看做禁烟斗争的成败标志，其实签了保证书追逐利润的鸦片贩子就能罢手吗？不签保证书中国就不能依法惩办他们了吗？僵持这个问题显然没有必要。

正巧1839年7月7日，一伙英国水手划船到九龙尖沙咀的小酒馆酗酒后闹事，当地村民林维喜伤重不治。林则徐按照通常的做法，要求那条外国船交出一个人来抵命。义律同意赔偿死者家属，并拘捕了五个嫌疑犯，拉开了调查的架势，说只要审出来了，犯了死罪的一定处死，但拒绝随便拉出其中一人顶罪，因为英国法律要求的是公正的审判，而不是抵命了事。

在双方僵持不下的情况下，林则徐非常愤怒，遂暂停贸易，将外商驱逐出广州、澳门，断绝英商的柴米食物和淡水，在沿海岸边的水井放毒，并派出水师袭击、烧毁停泊在大海上“带烟不缴之船”，一旦发现上岸的外国人，一律就地正法。这就无异于宣战了。

一直到开战之前，义律还不止一次地向林则徐提出包括运输、贸易以及限制鸦片的各种解决纠纷的方案。遗憾的是，林则徐除林维喜案的要求外，其他一概不予理会，基本上堵死了和义律这位原本可以和他联手完成禁烟事业的英国人进行任何合作的可能。

不是为鸦片而战

英国国内把当时的情形说成是“强行驱逐全部英国臣民”，在英国人看来，这已构成“对英帝国的极大污辱”，致使英国国内冀望武力解决问题的人逐渐占了上风。

事实上，英国国会在表决对大清朝的战争拨款法案时，600 名议员仅以 9 票的微弱多数通过这个法案。可见，如果中国的禁烟运动再注意一点策略，这一仗很可能打不起来。奉行重商主义的英国人并不想为鸦片贩子打仗，鸦片战争后签订的《南京条约》的条款中只字未提鸦片一事，但林则徐的举动让他们有了另一个理由——维护贸易自由这一神圣权利。

僵持至 1840 年 5 月，英军封锁珠江口。义律率舰 40 艘军舰北上，攻厦门、陷定海，直抵大沽口。清王朝在领教了洋鬼子的厉害之后，于 1842 年 8 月 29 日与英国签署了不平等的《南京条约》。战后，道光皇帝责备林则徐把“重治吸食”的既定方针丢在脑后，采取过激措施，给英夷发动侵略提供了借口，将他发配新疆。

林则徐错在哪里?

林则徐的禁烟行动尽管酣畅痛快，但实际效果并不好。走私鸦片的活动一天也没有停止过，只不过更加隐蔽而已。一个合乎经济学规律的现象是，林则徐销毁鸦片导致鸦片价格飙升，铤而走险者不仅大有人在，而且变本加厉。

写保证书和惩办凶手问题都不是禁烟斗争中的主要问题，甚至可以说，对禁烟斗争没有影响。但是林则徐却将它们纠缠在一起，不依不饶，最终连中英贸易都被宣布中断，这实际上是倒脏水的时候连婴儿都被倒了出去。

国际贸易完全可以采取相互竞争的办法解决。英国从中国进口茶叶大量出超，但英国没有禁止茶叶，没有销毁茶叶，而是找到鸦片，在贸易战上打败中国。中国为什么不能想办法在贸易战中还击呢？

即便严禁“鸦片贸易”，但也不需要在两国民众之间发动战争，因为贸易上的事情都是可以相互协商的。但林则徐却采取了极端简单粗暴的方法，结果适得其反，把贸易争端变成了一场贸易战争。

就林则徐的一生来看，不失为慷慨磊落、高风亮节的一代杰士，但在这次禁烟运动中举措僵硬、偏激，拉开了近代中国耻辱史的序幕。

太平天国的摧心掌

太平天国这一记重锤，在清帝国瓷器般光鲜的肌体上敲出了一丝裂痕，在以后的50年里，这条裂痕越来越大，清帝国就此瓦解了。

公元1864年7月19日，太平天国的天京城内外弥漫着一片不祥的寂静。伴随着天崩地裂的一声巨响，20余丈的城垣被埋在地下的火药轰塌，湘军如潮水般涌向缺口，城内的太平军殊死抵抗，但是他们早已在长期的饥饿困守中筋疲力尽，终于被敌人摧毁。与大清王朝整整对峙了11个年头的太平天国在壮士们的血肉中划上了句号。

大清朝的统治者们松了一口气，江山转危为安。但是令他们没有想到的是，太平天国这一记重锤，仍然在清帝国瓷器般光鲜的肌体上敲出了一丝裂痕，在以后的50年里，这条裂痕越来越大，终于无法收拾，清帝国就此瓦解了。

清朝皇帝的金字塔

在中国历史上，历朝历代的皇帝最担心的就是那些各镇一方的军队将领、地方贵族有可能倚仗控制在他们手中的部队和财富与中央抗衡。西汉的七国之乱、西晋的八王之乱、中晚唐的藩镇割据都是前车之鉴，很多显赫一时的帝王都被搅得焦头烂额。

清王朝的先祖们在入关伊始，谋划建立一个崭新帝国的时候就特别提醒自己，万万不要重蹈中央受制于地方的覆辙，于是特别在国家制度建设上下了一番工夫，为子孙们建立起一座极端中央集权的权力金字塔。

这座金字塔是这样的：最高的权威当然就是皇帝。皇帝以下，主要有内阁、军机处、六部、都察院、理藩院以及管理皇族宫廷事务的宗人府和内务府。这些机构虽然各有分工，但实际上互相牵制，便于皇帝的直接控制。全部军事、行政、财政最终几乎完全集中在军机处，而军机处的一切政令都要听从皇帝的安排。

省一级最高军政和行政长官为总督和巡抚，他们掌管一省或数省，但是管理省级财政、民政、司法的藩司、臬司却不归他们管，而是直接听命于中央六部中的吏、户、刑部，可以直接向中央汇报，职务也由皇帝任命。总督和巡抚也就能监督监督。通过这种相互牵制的制度，地方权力为清廷牢牢控制着。

清王朝的军队主要由八旗和绿营组成。八旗兵主要负责宫廷和京师的守卫和各地重镇的驻防；绿营兵是汉人组成的，分布在全国各地驻防。所有军队的调遣和指挥都要完全听命于皇帝，以加强清政府在地方的政治威慑，防止任何叛乱发生。

这样一座权力金字塔使清王朝在 19 世纪中叶以前一直非常漂亮地实现了中央集权统治，保证了清王朝的江山稳固。然而随着太平天国运动愈演愈烈，这座金字塔却悄然发生了变化。

太平天国的摧心掌

在武侠小说中，有一种非常可怕的武功，名叫摧心掌，一掌拍上去，人表面上看起来没事儿，可是五脏六腑都受了重伤，过不了几天人就不行了。太平天国运动就是这样，虽然表面上被清朝镇压了下去，却使清王朝的权力金字塔发生了根本性的变化。

太平天国早期，洪秀全揭竿而起，一呼百应，出全州，入两湖，进三江，以摧枯拉朽之势席卷江南。号称 80 万的清朝八旗、绿营兵居然拿太平军没有办法，前追后拥“护送”太平军到了天京。咸丰皇帝使出了浑身解数，不断派遣重臣督师，但八旗、绿营仍然落入溃不成军、兵饷两穷的绝境。

战区各省督抚看到正规军不管用，不能保卫辖区的安全，便纷纷自己组织军队，其实就是民兵，以解燃眉之急。要是在过去，这绝对是犯了皇帝的大忌，然而此时的咸丰皇帝黔驴技穷，再也顾不上祖宗是怎么规定的了，只求能保全大清江山，所以对总督、巡抚们的所作所为都表示许可。曾国藩的湘军、李鸿章的淮军就是借这个机会崛起的，成为镇压太平天国的主力。八旗、绿营这样的正规军被湘军、淮军这样的民兵取代，皇帝对军队的指挥权也就顺理成章地转移到了招募民兵、自行训练的地方大员手里。

兵权丢了，财权也保不住。太平天国占据的是中国最富庶的江浙地区，源源不断向北京输送赋税的大运河中断了，清朝中央根本筹不到足够的钱来供应这场平叛战争，无奈之下，只好告诉总督和巡抚们自己想办法。于是大员们各显神通，到处搜刮，将地方上的财富掌握在了自己的手中。

一手握着兵权，一手握着财权，地方督抚们的权势越来越大，不断地培植自己的党羽，随心所欲地向朝廷推荐“人才”，紫禁城里太后和皇帝们根本奈何不了他们。清朝先帝们担心的事情终于出现了，中央与地方开始分裂，而且地方正在变得越来越强大。

皇帝被抛弃了

太平天国灭亡后的 50 年，几乎可以被看做是清朝皇帝逐渐被他的臣子们抛弃的 50 年。曾国藩无疑是清王朝的忠臣，他其实已经睿智地看到自己和门生们一手创办的湘军、淮军正在摧毁清帝国的内部结构，于是竭力克制湘、淮将领们日益膨胀的权势，甚至主动裁撤湘军，自己也尽量抑制地方与中央的对抗。然而当他死后，他的旧属们却没有跟朝廷客气。

在洋务运动中，这些地方督抚的权力进一步膨胀，俨然成为集军事、政治、经济、外交诸权于一身的军阀。自19世纪60—90年代，他们先后在各地举办了大约20多个制造枪炮、船舰和弹药的工厂，全都作为个人政治资本，牢牢控制在自己手中。李鸿章、刘坤一、张之洞分别担任直隶总督、两江总督、湖广总督达数十年之久，并左右清廷的内政外交，成为清政府最为倚重的地方实力派。

到了19世纪的最后两年，以慈禧太后为首的清王朝中央政府利用义和团向列强宣战。列强当然也不含糊，组织起八国联军大举进攻。让中外人士都意想不到的是，这些地方督抚们非但没有跟着中央一齐对外开战，反而宣布“东南互保”，在朝廷与洋人的战争中不偏不倚，保持中立。孤立无援的老佛爷和光绪皇帝只好坐着小驴车狼狈地逃出北京城。

就算慈禧太后同时向八个强国宣战的事情做得不明智，在外国侵略的时候保持所谓的“中立”也是令人匪夷所思的。慈禧太后实在咽不下这口气，还没回到北京就宣布“变法”，这其实是打算教训教训那些不忠不义的地方大员。变法包括统一全国军队的编制番号、领导指挥和军事装备，用意非常明显，即收回地方督抚的财政权和军权，重新恢复旧日的中央集权。

但是这个举措严重触犯了地方督抚们赖以自重的根本，导致了中央与地方的严重对立。1911年，四川地方政府因“铁路国有”政策与朝廷直接发生对峙，拒绝镇压保路运动。朝廷没办法，只得自己动手，从湖北调遣新军入川。谁知新军刚走，革命党的武昌起义就爆发了，对中央积怨已久的各省趁机纷纷宣布独立，脱离清政府。

孙中山领导的革命经过十几次起义都败得很惨，这一次终于借着清朝地方督抚对中央的不满取得了成功。可惜的是，这革命很大程度上不是革命党自己打下来的，军事力量仍然掌握在地方军阀的手上，胜利果实很快被他们篡夺也是自然而然的事。

太平天国被清王朝镇压下去了，却也给他的对手留下了致命的内伤。这个内伤击垮了大清帝国，也给近代中国留下了后遗症。在后来的岁月里，这些军阀根本不服从任何中央权威，彼此混战，酿成了中国近代的无数悲剧，直到 1949 年新中国成立。

太平天国宝藏引发的奇案

在清王朝的最后 50 多年，中央逐渐对地方军事势力如湘军、淮军失去控制力。“刺马”案就是一次中央与地方的较量，结果以朝廷的失败告终。

两江总督之死

公元 1870 年 8 月 22 日，也就是大清王朝的同治九年七月二十六日，两江总督马新贻又来到总督衙门校场阅兵。当仪仗队伍经过督署便门前时，人丛中黑影一闪，一条 30 多岁的精壮汉子饿鹰般扑到轿前，寒光飞处，一柄四寸长的匕首已插入马新贻胸膛，没及入柄。马新贻惨叫一声，仰倒轿里。差弁们一拥而上，将刺客扭住。那刺客却并不逃跑，高声嚷道：“刺客就是我张汶祥。”说毕仰天狂笑，从容就缚。

光天化日之下，总督遇刺，凶手当场被逮，按理说事情很快就会水落石出。但意想不到的是，在漫长的审理过程中，案犯张汶祥供词闪烁，主审大员奏案含糊，怎么也弄不清张汶祥为什么要刺杀两江总督，背后究竟有没有人主使。清廷曾一天连下四道谕旨，前后更换审案官员多达 50 余人，长达半年之久不能结案。直到第二年 10 月，刺客张汶祥在疑云重重之中被剖腹挖心，祭奠马灵。

于是各种传言风闻迭起，飞短流长，更使得案情扑朔迷离。后人将“刺马案”与“杨乃武与小白菜案”、“名伶杨月楼案”、“太原案”并称为“清末四大奇案”，而且是至今唯一没有定论的一宗。

奸人报复？义士锄奸？

张汶祥为什么要刺杀两江总督马新贻？在市井和史学界流传的说法有五种之多。

有人说，是江苏巡抚丁日昌的儿子幕后操纵了这场谋杀。这位丁衙内豢养打手，酗酒闹事，在秦淮河上因为争夺妓女打死了人。身为总督的马新贻过问此事，丝毫不给面子。丁日昌只好找了个打手顶罪充军，并且同意革除儿子的官职。马新贻被刺，距丁衙内结案仅40余天。那天阅兵，按照惯例总督和巡抚都要参加，但江苏巡抚丁日昌却并不在场。于是引起人们很多联想，莫非是那个无法无天的丁衙内所为？但历史上没有更多的资料给以证明，只是留下了上述影迹，供人猜测。

有些审讯官员这样说：凶犯张汶祥参加捻军，后来又当过海盗。马新贻以前任浙江巡抚时，曾经力剿海盗，捕杀不少张汶祥的同伙。后来张汶祥的妻子被别人诱拐，张汶祥又曾经告状，马新贻却并未受理。因此张汶祥更是怀恨在心，既要为同伙复仇，又要为自己泄愤，因此便有刺马一案。虽然这种解释顺理成章，但即使当时的朝廷也不相信这种解释，认为刺马一案必然另有隐情，幕后必有主使。

而张汶祥自己的供词却又俨然把自己说成是一个锄奸的义士。传说马新贻其实是陕甘一带的回部首领后裔，年轻的时候能够在剿灭太平天国和捻军起义中屡立战功，官运亨通，全靠回部暗中提供军饷和枪械。后来甘肃回部准备发动叛乱，计划让马新贻在东南遥相呼应，推翻清廷后东南几个省全都归马新贻统治。张汶祥不知怎么听说马新贻私通回部蓄谋造反的事情了，便决心为国家除害。

然而马新贻虽是回教家世，但他家从明朝初年便迁居山东曹州府，到马新贻已传了18代之久，是道道地地山东土著，与陕甘回民风马牛不相及，可知这完全是诬蔑。

兄弟与女人的恩仇

市井流言的想象力总是非凡的。早在“刺马”尚未结案时，上海就演出了“刺马戏”，把一场谋刺演绎成了一段曲折离奇的情义恩仇剧。

传说马新贻在安徽合肥任知县的时候，曾经为捻军所擒，擒获他的就是张汶祥。张汶祥早就不想在捻军里干了，不但不向捻军头脑报功，反而加以结纳，为他引见了好朋友曹二虎，三人拜了把子。马新贻回去以后，便介绍张、曹二人投降。后来，马新贻依靠张汶祥手下的部队屡立战功，升官发财。张、曹二人也升了军官，与马新贻兄弟相称。

但马新贻却是一个渔色之徒，见曹二虎的妻子生得美貌，便支使曹二虎出外办事，将曹妻奸占。张汶祥把这一切看在眼里，渐渐识破了马新贻的鬼蜮面目，并且将事实告诉了曹二虎。谁知曹二虎反而遭到马新贻暗算，被以“私结捻匪”之名处死。

张汶祥闻讯连夜逃走，决心复仇。传说中的张汶祥，被描画成史记《刺客列传》式的人物。据说，他用精钢打造了两把匕首，用毒药淬过，每天夜深人静后，勤练刺击的手劲，叠起四五层牛皮，用匕首去刺，起先因为手腕太弱贯穿无力，这样两年，练到五层牛皮一刃洞穿，哪怕马新贻身着重裘，亦不难一刀就要了他的命。

自从练成这样一番功夫，张汶祥暗中跟踪了马新贻几年，终于得手。有人说，马新贻被刺时大喊一声“扎着了！”其实是“找着了”，意思是说冤家路狭，终于被找到了。还有人说，马新贻被刺，看清凶手是张汶祥，说一声：“是你啊！”接着便吩咐左右：“不要难为他！”

这些传说，绘声绘影，言之凿凿。案发以后，张汶祥被凌迟剖心，极为惨烈。故而一般舆论均同情于张汶祥，对于马新贻背信弃义，强占人妻，因奸逼命的行为，众声愤恨，并宣扬张汶祥为友复仇的义勇行为。1973 年，台湾最先将其搬上银幕。到了八九十年代，马新贻“渔色负友”之说越炒越热，各种以此为底本的小说、电影、电视剧纷至沓来。2007 年的《投名状》一片也是以这个故事为蓝本。

有趣的是，在后世诸多版本当中，虽然故事大同小异，但“妻遭马占”的这个绿帽倒霉蛋却不断更名，比如京剧有一个版本叫陈金威，另一个版本则是张汶祥自己。平江不肖生武侠名作《江湖奇侠传》中唤郑时，张彻的电影版名为黄纵，电视版则叫关云宝。由此也说明这个传奇故事纯属捕风捉影。

太平天国宝藏之谜

而历史学家们最感兴趣的解释则与一笔太平天国的宝藏有关。

马新贻遇刺的时候年仅 50 岁，却能够接替曾国藩担任两江总督。两江总督是一个什么样的概念呢？有句老话：“国家财富，悉出两江。”在清代，两江总督下辖的省份是清廷财源的主要来源，因此尽管名义上位在直隶总督之下，实权却是最大的。

从战功和资历上看，马新贻与前任曾国藩相比实在差得太远。他有何德何能坐上这么重要的职位呢？原来他负有一项非常微妙的使命。

据说同治七年，马新贻奉旨接任浙江巡抚时，曾经进京请训。当他从养心殿出来时，大汗淋漓，惊恐万状。据马新贻的后人讲，慈禧太后授他密旨，要他秘密调查金陵陷落后太平天国国库的金银财宝的下落。

太平天国立足江浙 10 年，各种粮饷自不必说，天王府金银财宝堆积如山，其他王府、将军府也有不少收藏。湘军攻陷天京后，抢掠数天。为了灭迹，又放了一把火，大火烧了几天几夜不息。将领们均饱私囊，大车小辆向湖南老家运送财物，几年中湘军子弟抢购土地遍及湘鄂。朝野议论纷纷，慈禧太后心中不快。

尤其令朝廷坐卧不安的是，十几年来湘军的实力迅速膨胀。太平天国失败后，人们传言曾国藩有野心，其实他的部下早就怂恿他谋取帝位。在与太平军作战时，清廷不得不倚重湘军，但是如今太平军被“荡平”了，还能允许曾国藩在江南坐大吗？于是，朝廷把曾国藩调离两江总督的位置，改做直隶总督，想将其调离老巢，以便监控。马新贻虽说资历不高，但做事精明干练，不属于任何派系，让他继任两江总督也算是慈禧的高招。

江宁是湘军攻下来的，两江一直被湘军视为私地，他们在那里经营了数年，岂能轻易让给别人。马新贻孑然一身来到江宁，如入龙潭虎穴。马新贻似乎深知这个任务的凶险，在去江南的路上曾经请假回家祭祖，秘密叮嘱二位兄长："我此去吉凶难料，万一有不测，千万不要到京告状。要忍气吞声，方能自保。"马氏兄弟听后，惊恐万状。

马新贻上任以后，果然尽心尽责，严密追查太平天国宝藏的下落。朝廷改革兵制，几万湘军士卒被裁撤，其中不乏将领。散兵游勇又与哥老会黑势力结合，成为社会的一大公害。马新贻抓到为害百姓、有非法行为的散兵游勇即就地正法。湘军和黑势力对他恨之入骨。于是就在马新贻即将弄清太平天国财富去向的时候，"刺马"案突然发生，而且是在警卫森严的督署重地一击致命。

马新贻被刺后，江宁地方官审来审去，最后编出一个海盗报复的故事对付朝廷。心知肚明的朝廷不相信，认定刺马案另有主使，不断降旨推动审讯工作，前后轮番参加审讯的官员多达 50 余人也没有进展。朝廷急眼了，把湘军领袖曾国藩也找来审这个案子。尽管曾国藩也非常关心那个幕后主使人有没有审出来，可抵达江宁后他却并不着急审案，每日里不过是聊天、会客、读书。这种消极态度让人非常疑惑。直到最终，官员们也没有审讯出朝廷所谓的幕后主使，朝廷迫不得已接受了审讯结果。

看来湘军的气焰和实力已经难以驾驭，为了不致激起兵变，动摇清王朝的统治，慈禧只得让曾国藩再次担任两江总督。从此，两江总督宝座长期掌握在湘系手中，其他人不敢问津。而太平天国的宝藏也永远不知所踪了。

在清王朝的最后 50 多年里，中央政权逐渐对在镇压太平天国中壮大起来的地方军事势力如湘军、淮军失去了控制力。朝廷也曾经努力改变这种地方坐大的局面，地方军阀们自然也竭力抵抗。马新贻被刺案就是一次中央与地方的较量，结果以朝廷的失败而告终。清帝国从此一步一步走向崩溃。

谁毁掉了圆明园？

> 外国侵略者抢都抢了，还非要不辞辛苦地再放一把火？烧过之后的木质结构当然不复存在，但很多的石质建筑应该还在啊？莫非圆明园遭焚之外还有别的厄运？

公元1860年10月6日，攻入北京的英法联军在大肆抢劫之后火烧圆明园。士兵们奉命前往各个地点，纵火焚烧。浓密的山林、漫山遍野的宫殿、连绵起伏的山冈丘壑，到处是滚滚烟云，火光冲天。华丽的屋宇、美丽的园林、精美的建筑、精巧的雕塑和无数的艺术珍品、成千上万的皇宫珍藏，统统在顷刻之间付之一炬。

150年后的中国人再次瞻仰那片残垣断壁的时候，脚下的土地似乎依然滚烫。这座皇家园林的毁灭成了中华民族难以抚平的伤疤。但是外国侵略者为什么如此野蛮，抢都抢了，还非要再放一把火？毕竟圆明园占地5 200余亩，总面积等于8.5个紫禁城，要烧个遍也不是件轻松的活。另一个疑问就是，烧过之后的木质结构当然不复存在，但很多石质建筑应该还在啊，怎么如今的圆明园遗址完全成了荒郊野岭了呢？莫非圆明园遭焚之外还有别的厄运？

战争这样爆发

第二次鸦片战争的起因是英国想要修约。1854年、1856年，英国连续两次提出“修约”要求，目的当然是想要扩大侵略，但是毕竟是想用“和平”的手段来达到目的，可见侵略者并不希望事事都诉诸武力。在当时的历史条件下，如果清政府主动接受谈判，与英国讨价还价，和平缔结一项对自己相对有利的和约，避免战争，不是不可能的事情。但咸丰皇帝却认为“夷人”无理取闹，心存叵测，坚决拒绝。于是英国决心与中国开战。

英国一国发动这场战争，力量尚小。但法国以“马神甫事件”为由，也加入了进来。法国天主教神甫马赖 1842 年起进入非通商口岸的广西西林县传教，违反了中法《黄埔条约》。但是 1856 年当地中国官员将其处死，也违反了应将拘捕的法国人解送领事的条约义务。直至现在人们仍无法确定马神甫究竟犯了什么该处死刑的罪。按照程序正义优先的法学观点，中方无疑理亏。这成了法国与英国联手的借口。

1857 年，英法联军攻占广州城，又沿海北上占领大沽口，兵临天津城下。清政府被迫签订《天津条约》。《天津条约》的签订，虽然丧失了不少权利，但事情总算有个着落，双方还议定翌年在北京互换批准书。如果照双方的协议办理，战争也就结束了，导致火烧圆明园的英法联军再一次入侵也不会发生。可是，谁也没有料到最后一步还会节外生枝，招来更大的灾祸！

1859 年，英国公使和法国公使各率一支舰队北上大沽口，准备按照协议进京换约。清政府要求英法公使绕个大弯，由北塘登陆进天津，再经天津至北京。但英法公使却坚持要从大沽口沿白河进北京。不过他们并未宣战，只是要求谈判。可是中国守军却先开了炮，击沉敌舰四艘，击毁六艘，英法死伤几百人。

这场“大捷”以反抗外国侵略的民族主义精神来看，可以说是令人振奋。可是从后果来看却莫名其妙。人家是来谈判的，你打人家做什么？况且条约签都签了，公使走哪条路进京，真有那么重要，不惜一战？结果被激怒的英法联军第二年重开战火，清军在八里桥大败，北京被占，圆明园被烧，继订《北京条约》，不但原订的《天津条约》继续有效，还招致更大的损失。如果不开那几炮，不是对中国更有利吗？

可以说，第二次鸦片战争原本可以不打，即使打也可以避免损失扩大。面对咄咄逼人的强敌，作为弱势的大清帝国一方，尽管悲愤，但明智的选择是严格执行现有条约，避免与敌正面冲突，争取时间，发展自己。而当时的清政府及其个别官员，完全被极端的情绪支配，在小事上制造违约的蠢行，结果酿成大祸。

中国天牢的滋味

圆明园之所以被英法联军焚毁也有清朝处置不当的因素在里面。1860 年，侵略者卷土重来，长驱直入。咸丰帝派怡亲王载垣等人与英法谈判代表在通州谈判。对于联军提出的那些真正危害中国主权的条件，中方都轻易地接受，却在外方代表是否觐见皇帝、亲递国书这一本来无关宏旨的事情上绝不让步。谈判就这样破裂了。怡亲王载垣一怒之下命令将英法谈判代表巴夏礼等 39 人抓了起来，有的关进北京的刑部大牢，有的关押在圆明园。

清廷以为巴夏礼是这场战争的“谋主”，所以擒贼先擒王，期望英法联军群龙无首，自乱阵脚，然后乘机大举进剿，稳操胜券。不料英法对于清政府扣押人质做出了强硬的反应，一面威逼释放人质，一面迅速进攻，在八里桥大败清军 3 万精锐。

咸丰皇帝扔下圆明园，带上他的后妃和宠臣一溜烟逃到承德避暑山庄，却忘了那些人质。据生还的英法谈判人员回忆，关押他们的大清天牢比但丁《神曲》描绘的地狱还要恐怖。被关在圆明园的俘虏双手被捆，整日下跪，手腕处被皮绳勒得生出蛆虫。《泰晤士报》记者鲍尔比第四天死去，尸体在牢房里放置三天，后被扔到野地里，让野狗吃了；安德森中尉，手脚被勒得生出了蛆虫，他看着手上的蛆虫满身蔓延，精神错乱，大叫三天，死去；一位法国犯人，蛆虫进了他的嘴巴、耳朵、鼻子，也疯了……一个幸存者居然还在狱中数蛆来着，说一天可繁殖 1 000 只蛆虫……短短 25 天里，17 人在天牢中被折磨致死，3 人被杀，好几个人连全尸都没留下。当英法联军攻入北京，清政府被迫释放他们的时候，生还者只剩 19 个。

其实，大清天牢里发生这样的事实属司空见惯，狱卒们未必因为他们是洋人就格外虐待。中国犯人恐怕也都是这个待遇。但是经过了启蒙运动洗礼的欧洲人实在接受不了这个。况且清廷拘禁、虐杀英法外交官的行径，不仅违反西方的国际法，也同样违反中国自古以来“两国交兵、不斩来使”的行为准则，理亏得无话可讲。

火烧圆明园

当英军统帅额尔金闻知人质已死去大半，首先死于天牢的竟是《泰晤士报》记者，他意识到麻烦来了。作为英内阁任命的对华战争全权专使，额尔金没能保护外交官员，没能保护新闻界著名记者的生命，他怎向女王、政府和公众舆论交代？他必须向英国议会和媒体表明他已对清朝皇帝的野蛮行为实施了报复。

额尔金的意见是：既然皇帝绑架虐杀英法人质的命令都由圆明园发出，这些可怜的俘虏也是在圆明园内受到虐待的，那么我们就必须将这个园子夷为平地。而且圆明园在西方世界如此著名，摧毁它可以让英国人的报复公之于天下。法国公使葛罗表示反对：圆明园没有设防，严格说来是非交战区，烧掉它属于无益之报复。实在想报复，咱就烧北京的皇宫吧，这比烧一个园子更能让清朝统治者印象深刻。

额尔金说，进京前答应留京王大臣了：人家和平开放永定门，咱进去后不扰民不烧抢。现在烧人家皇宫，不是咱不讲信用了吗？再说了，北京居民没惹咱，烧皇城，相当于烧北京，何苦跟人家的百姓过不去呢？圆明园是大清皇帝最为倾心的住所，他的三分之二时间都在这里度过的，毁灭圆明园是对皇帝一人的惩罚，是对他的尊严和感情最强有力的打击，实则是"害最小而最可行之策"，所以坚持将已经抢劫过的圆明园烧掉。

最后，额尔金一本正经地在北京张贴告示，公布了放火的时间，并向北京人民解释烧园只是为了惩罚皇帝，不是报复老百姓，然后才动手。法国人参与了之前的抢劫，不过没参加放火。

1861 年 4 月 16 日，额尔金回到英国。大家都认为火烧皇帝园子太好了，70 多岁的英国首相巴麦尊说：为什么不连中国的皇宫一块儿烧掉呢？只有维多利亚女王和她的丈夫深感不安，也许是因为这场行动侮辱了另一个大国的皇帝，同为王室，兔死狐悲。

中国人彻底毁掉圆明园

英国人的大火并未把圆明园夷为平地，许多建筑还算完整。园内珍贵花木仍在，假山园林仍在，山形水系仍在，园墙仍在，仍为皇家禁园。1870 年，有一位德国人拍的西洋楼景区 12 幅照片显示“虽惨遭破坏，依然楚楚动人”。1895 年，康有为游圆明园时，看到“虽蔓草断砾，荒凉满目，而福山寿海，尚有无数亭殿，有白头官监守之，竟日仅能游其一角。”

但是 1900 年八国联军侵占北京后，清政府对圆明园失去了控制。附近居民进入园内，把火劫之余的建筑、木桥的柱子锯断，用大绳拉倒，园内大小树木也被滥伐殆尽。大料卖做木材，树枝、树根全被烧成木炭。当时清河镇上木材堆积如山，交易繁忙，而园内则炭厂林立，不出数月，满园古树杂木便荡然无存。

经过此劫的圆明园，仍保有山石湖泉。大水法、远瀛观、西洋楼等石质建筑也还在。但辛亥革命后，走马灯般更迭的军阀，都把圆明园作为取之不尽的建筑材料场，每天都有几十辆由军人押运的汽车出入于园内，拉运园内的太湖石，砖瓦等。园内凡是能够作为建筑材料的东西，从地砖、墙砖、屋瓦、石条到地下的木桩、铜管道，全被搜罗干净运走。1929 年，张学良为其父建陵园，所用的石料不少就出自圆明园。断断续续拉了 20 多年，大水法、远瀛观、西洋楼也全成过眼烟云。

1940 年以后的日军占领时期，北京粮食紧张，奖励开荒，当地农民陆续入园平山填湖，耕田种稻。清朝历经 150 余年苦心经营的圆明园湖山之胜，遂面目全非，荡然无存，沦为我们今天看到的这个样子。

毫无疑问，中国是第二次鸦片战争的受害者，遭受了惨痛的欺凌，但这并不意味着我们的所作所为都是明智之举。而遭焚之后的圆明园在中国人自己手中彻底消失，更是一件令人叹息的事情。历史不忍卒读。

大清帝国曾经很有希望

大厦将倾的清王朝不但没有土崩瓦解，反而顽强地继续挺立了半个世纪，甚至一段时期里还显示出勃勃生机，是“中兴”还是回光返照？

1861 年 8 月，大清帝国的咸丰皇帝在热河避暑山庄的惨淡愁云中驾崩了。美轮美奂的皇家离宫——圆明园一年前被英法联军抢掠焚毁，灰烬犹温；而他的弟弟恭亲王奕䜣还要与那两个强盗议和，割地赔款、开放口岸，俄国也趁火打劫，讹诈大片土地；洪秀全的太平天国已经兴起 10 年之久，蔓延 18 个省区，清军屡战屡败。与此同时，淮河南北的捻军、东南数省的天地会、陕甘回民起义、云贵苗民起义也都是烽火连天。

大清国完了！咸丰皇帝临终前心里很可能这样念叨。不仅是他，恐怕朝廷上下都已惶惶不可终日。然而令人惊讶的是，当 6 岁的同治小皇帝继位之后，大厦将倾的帝国居然并没有就此土崩瓦解，反而顽强地继续挺立了足足半个世纪，甚至在相当长的一段时期里还显示出了勃勃生机。这就是历史学界所说的“同治中兴”。

再造国泰民安

在同治朝，曾国藩的湘军、李鸿章的淮军终于开始扭转令咸丰皇帝如坐针毡、夙夜痛哭的全国战局。天地会被镇压了，太平天国被肃清了，捻军被剿灭了，苗民起义被扑灭了，回民起义结束了。一时间，整个中国一片宁静，硝烟散尽。

在清军与太平军十几年的来回拉锯战中，长江流域满目疮痍，14 年的战乱导致全国人口减少了四分之一。任何一个统治者面对这样的焦土都难免绝望。不过清政府还是采取了一系列我们今天看起来相当明智的政策来恢复社会秩序和经济生产。

荒芜的土地被收归国有，然后以合理的价格重新出售，优先照顾那些有现款直接购买土地并立即耕种的人。其他难民则通过贷款获得土地、种子和农具。贷款的条件不太苛刻，3 年内就能还清。有时土地还被无偿地分配给农民。新设的招耕局负责鼓励互耕、分发种子和农具，每月给难民提供定量的口粮直到新粮收获。

政府拟订了一个旨在增加粮食和棉麻亩产量的计划，对棉花、小麦、水稻、花生、烟草、禽畜、林木进行农产品的改良和引种。这个计划使中国农业形成了一种非常高效率的专业化区域生产。长江、黄河、淮河和汉水流域形成了四大棉花集中种植区；江苏、浙江为蚕桑养殖带；山东、河南是闻名全国的烟草产地；东三省出产的大豆占全国总产量的 60%—70%。即使在今天，区域化种植仍然是我国乃至世界各国大力提倡的农业政策。

朝廷对农民的负担非常敏感，不断发出“上谕”，竭力豁免那些遭受水旱和战争破坏地区的赋税。在苏松太地区，减税的“上谕”甚至是用一天 500 里的速度送达的，通常给前线军队的紧急命令才用这种速度。当时，长江流域 6 省的土地税每年减少了 1 000 万两。

这些工作卓有成效。美国传教士写道：居民不仅恢复了旧业，而且重建了住所，整顿了贸易，恢复的速度甚至使那些一贯诋毁他们的西方人也感到吃惊，并转而赞誉很被人瞧不起的中国文化所显示出的复兴活力。

欣欣向荣的洋务运动

朝廷大胆地学习西方，在全国先后建成 14 个兵工厂。李鸿章创办的江南制造总局能够生产西方国家的军火换代产品，仿制当时最先进的后膛枪炮，成功研制栗色和无色炸药，拥有 10 多个分厂，是当时东亚最大的兵工厂。1868 年该厂制造出中国第一艘载重 600 吨的明轮兵船，自己设计木质船壳，安上了自己造的汽炉和从国外购买的旧机器，从浦江出发，驶至美英两公馆时，开炮庆贺。

张之洞创办的汉阳兵工厂在创办时，除了步枪制造设备以外，还引进了炼钢以及重炮制造设备，成为当时中国少有的可以生产各式枪支火炮弹药的兵工厂，其引进德国技术生产的“汉阳造”步枪一直生产到半个世纪后的 1944 年，其服役期超过了任何一种曾在中国生产过的武器。

一位驻中国的外交官在 1872 年写道，中国正在迅速地成为一个令人生畏的对手；整个官僚阶级都决心恢复中国的国际地位；兵工厂和造船厂的产量给人以深刻的印象；中国建造的军舰不久就将达到欧洲的最高水平……

随着军事工业的创办，民用工业也发展起来。洋务派创办的第一个民用企业轮船招商局开办仅三年时间，就为清政府回收了 1300 多万两白银。1877 年，轮船局购并了美国旗昌轮船公司，接着与实力强大的英国太古、怡和两家轮船公司展开竞争，迫使太古、怡和签订了三家同价运输合同。

张之洞为了抵制洋铁入口，开工兴建汉阳铁厂，该厂设备先进，拥有 10 个分工厂，3 000 多工人，所生产的铁除了供应本国外，还出口到美日等国。英国报纸马上惊呼，想不到中国人掌握技术如此之快，这个醒狮将来要站起来，那不得了了。

1880 年开始，李鸿章等人积极开办电报事业。到甲午战争以前，全国除了西藏等几个少数地区外，沿海、沿江各省和重要的商业城市都架设了电线，总长度达到一万数千里，连厦门、台湾之间都架设了海底电缆，初步形成了四通八达的电讯网络。

1882 年，广州开始有了自来水，稍后，武昌、上海也相继办起了自来水厂。1885 年中法战争后，洋务派成立了中国第一个铁路公司——开平铁路公司。1887 年，两广总督张之洞在总督府安装了第一台发电机，开始了中国电灯取代油灯的时代。

中国商人也很快学会了与外国人竞争。他们开始包租自己的轮船，并参加了海上保险，稳健而迅速地打入沿海贸易。清政府还为部分官僚、商人、地主投资近代企业创造条件和机会，贷款、垫款，解决企业资金不足。1883 年到 1894 年民间出现的商办工厂达到 74 个以上，产业工人近10万。当时的外国报纸报道：“现在我们遇到了中国商人激烈的竞争，他们已完全控制了天津的贸易，并正逐渐地把我们挤出长江流域的贸易。”

国家显然从发展工商业中获得了巨大的收益，同治末年，清政府年财政收入达到6 000万两左右，比道光时期提高了50%。洋务派基本上实现了他们的“富国”目标。清廷的财政收支又出现了盈余，仿佛一间东倒西歪的破屋，经过补漏裱糊之后焕然一新，北京城中茶馆、酒楼、饭庄、戏园、妓院、宝局比比皆是，吹拉弹唱，彻夜不息。

渐露强国气象

有了工商业作基础，清政府终于可以试着重振声威。

各省督抚纷纷编练新军，易弓箭为枪炮，聘请洋教练接受洋操训练。到了甲午中日开战之前以湘军、淮军为代表的各省防军、练军普遍装备了后膛枪炮，比之西洋各国毫不逊色，战斗力有了质的飞跃。

北洋海军、南洋舰队、广东、福建四支舰队等几乎都配备了几艘千吨级的军舰（铁甲巨舰、主力舰、炮舰等），共计大小舰船80多艘。到甲午战争之前，中国舰队规模已居世界第四，其中定远、镇远二巨舰给日本以很大的威慑。

19世纪80年代开始，清政府还以巨资修筑了旅顺、大连、威海、烟台、吴淞、马尾、黄埔等海防基地，装备了最新式的自动回转射击大炮，以及深水军港、船坞等配套设施，使中国拥有了当时远东规模最大的军港、船坞、炮台防御体系。仅在旅顺一地，就装备了数百门德国克虏伯大炮，成为世界著名军港之一。

这些军事变革绝对不是我们今天想象的那样徒有其表。1874年，日本入侵台湾，沈葆祯动用福建船政局的舰只巡弋台海，转运兵力，建造炮台，敷设海底电缆，短时间内使守台清军达到万人，大大超过日本兵力，最后迫使日军拿了清朝给的50万两军费退出台湾。1876年左宗棠率军横扫天山南北，平息阿古柏叛乱，随后虎口夺食，迫使沙俄在谈判桌上归还伊犁。

如果说这两次还只是中国以武力迫使对方坐到谈判桌前的话，1885年的中法战争则是不折不扣的一次军事胜利。镇南关之战，清军激战数日，乘胜追击，毙伤法军精锐近千人，缴获了大量枪炮和干粮。法国在越南陷入困境，不得不主动向中国政府求和，这是中国近代史上唯一的一次。英国人评论说："黄种人的军队第一次同欧洲人短兵相接而没有丢脸。"

可想而知，没有相当的军事实力和经济实力作后盾，左宗棠不可能在新疆纵横几千里，日本、沙俄也不可能轻易地坐下来跟你和平谈判，中法战争更会是另一番我们熟悉的结局。而这也正是1895年中日甲午战争之前，世界舆论普遍认为日本不是中国对手的原因。

谁毁掉了中国？

你一定会问，既然中国那时候这么强大，后来怎么会在甲午战争中一败涂地呢？这还是太平天国留下的遗患。

在咸丰皇帝殚精竭虑镇压太平天国起义的时候，最大的忧患就是兵力不足、国库空虚。因为当时太平天国占据了江浙湖广这些最为富庶的省份，大半个中国早已无法征收赋税。迫不得已，咸丰皇帝只得要求地方督抚们自己组织军队，自己筹措粮饷。

以前，国家的军权、财权都是紧紧掌握在朝廷的手中，太平天国被灭之后，军队、赋税全都落到了地方大员们的手里。李鸿章的北洋、淮军，张之洞的南洋，曾国藩、左宗棠的湘系，各据一方。他们把各自的军队和军事工业作为本集团的私产。朝廷很难进行统一的协调和指挥，甲午战争惨败也是理所当然的事情。

地方大员们与朝廷的离心离德愈演愈烈，八国联军侵华时，东南几省甚至眼看着老佛爷逃难不救。1911年一次非常偶然的起义在武昌爆发，各省大员们便纷纷宣布独立。清王朝覆灭了。

就这样，一个看似很有希望的清帝国失去了最后的机会。它表面上从太平天国的浩劫中恢复了生机，可是太平天国给它留下的内伤却是缓慢而致命的。尽管它在垂危之际奋发图强，一度找回了尊严，可是内伤发作使它最终还是颓然崩溃。

这场被历史学家称之为“同治中兴”的改革，与差不多同时的日本明治维新一样，似乎标志着一个古老文明面对现代挑战的应变。然而就一个5 000年历史的泱泱大国来说，转型谈何容易，终因内伤不治而颓然垮塌。不过“同治中兴”毕竟走出了中国近代化的第一步，沿着它的方向100年以后的中国人仍然在为这个伟大的目标艰难跋涉。

牵制与反牵制的中法战争

> 战争不仅在一个战场发生，聪明的战略家懂得借助一切力量，从意想不到的地方牵制对手。在这场战争中，清政府交出了一份令人满意的答卷。

从19世纪中叶开始，法国加紧了对越南的侵略，将越南变为法国的保护国，并且预备以越南为跳板，向中国发动新的侵略。中法战争由此展开。这场战争是中国近代历史上少有的胜仗，可是最后却以言和告终，时人用“法国不胜而胜，吾国不败而败”来总结战争的结局。

清政府为什么会在打了胜仗之后跟敌人停战议和呢？难道它天生就是贱骨头？如果我们从战争双方战略的角度来观察这场战争，就会发现，清政府这样做实在有不得已的苦衷，而它的所作所为已经为中国争取到一个相当不错的结果了。

法国人需要一个抵押物

中法战争因越南而起。中越两国有着传统的藩属关系。法国要将越南变成它的殖民地，就必须消除中国在越南的影响。可是在中法战争爆发之前，法国刚刚在1870年经历了普法战争的惨败，又是割地，又是赔款，实力大不如前。这次远离本土对中国开战，法国面临着兵力不足、战线太长的困难，开展一场全面对华战争是不可能的，只能对清政府诱胁迫和，迫使其承认法国对越南的保护权。

1883 年底，法国向驻扎越南的中国军队发动大规模进攻，在不到 5 个月的时间里，全部占领了红河三角洲，逼得清军退守中越边境一带。但法国人却并不满意，因为清军仍可恃中国境内广阔纵深的地域为依托，凭借人数优势和有利地形持久地与法军对垒抗衡，伺机攻守。

如何才能迫使清廷在政治上妥协屈服呢？法国人的想法很毒，争夺越南，可是战场不一定要在越南，而应该在中国东南沿海开辟海路战场，占领一两个口岸，作为清廷接受法国谈判条件的抵押物。

它选择了台湾。这是一个非常聪明的选择，因为攻占长江口以北的沿海口岸，法军兵力不足，且因为列强利益集中，可能引起干涉。台湾战略地位重要，进可控制东南沿海，威逼江浙津沪，退可据岛固守成为海上基地；而且台湾孤悬海外，守御薄弱，易于攻占，而法国正可扬长避短，发挥其优势的海军力量。

1884 年 8 月，法国远东舰队袭击马尾，福建水师全军覆没。清政府正式对法国宣战，中法战争在越南北部和台湾海峡同时展开。

中国人在越南保卫台湾

当法国人进攻台湾的时候，清政府其实已经对保卫越南没什么兴趣了。早先，越南国王阮福莳为了不沦为法国殖民地，吁请清政府出兵援助，但不久就去世了。继任的国王惧怕法国侵略者，在清朝和法国之间首鼠两端，甚至不敢接见清朝官员，1884 年 6 月更公开宣布断绝与中国的藩属关系，接受法国的保护，并将象征中越藩属关系的由清朝颁发的国印、封册等送交法国代表当众销毁。阮氏王朝甚至明令禁止百姓与清军往来，鼓励军队开城降敌。清军不但得不到越南官军的配合，相反受到了法、越军队的联合夹击。

清政府既失去了出兵的理由，十分尴尬，也感到打这场战争非常不值。可是当它发现法国人在进攻台湾的时候，却决定增兵越南。这又是为什么呢？原来清政府制定了一个叫做“战越牵敌”的战略。

这也是相当高明的一招。滇、粤、桂三省官军奉命入越主动攻击法军，侵越法军因此受到牵制，不能调援侵台法军。当法国舰队进攻台湾淡水，被中国守军迎头痛击大败而回之后，曾请求国内增派3 000名援兵，以便占据台湾，再北上骚扰直隶等地。但是，兵力拮据的法国政府却只能全力增援在越南与清军作战的陆军，无法顾及他们。清政府这一战略极大地减轻了国内的战争压力。

中国的敌人不止一个

法国用进攻台湾来牵制中国，中国用进攻越南来牵制法国。看起来双方各有千秋，可惜法国还有更毒的一招，用中国北方的敌人来牵制中国。

在西北，中法战争爆发之前，左宗棠刚刚率领大军成功地收复了新疆，粉碎了俄国强占伊犁的企图。正在扩张势头上的“北极熊”咽不下这口气，时刻都在伺机报复，对法国侵华大力支持。法国突袭福建水师后不久，俄国报纸就声称：“将来法国攻打中国，俄国也可以趁机夺取中国的疆土。”

而在东北，清王朝另一个藩属国朝鲜同样面临着一场危机。法国知道日本图谋朝鲜已久，决心用好日本这张牌，不仅向日本提供100万日元，作为日本在朝鲜扩张的费用，还表示可以向朝鲜派遣舰只配合日本行动。1884 年 12 月，中法军队在越南激战正酣之时，日本策动朝鲜亲日派官员发动了“甲申政变”，虽然被朝鲜国王和清军镇压，也惊出清政府一身冷汗，不得不把北洋水师刚刚派赴台海的两艘战舰紧急从途中调回应急。

清廷军机处甚至得到消息，说法国与俄国、日本已经秘密约定，如果法国进攻北洋，俄国将出兵吉林，日本也会攻打朝鲜，以牵制中国兵力。尽管不知消息虚实，但已经使清政府惊骇到了极点。

可见，清政府面临的是十分险恶的国际环境。中国海关总税务司、英国人赫德分析：“中国如仅单独对付法国，我以为它能够好好地打一阵，但是一旦中法真正开火，日本就会跟法国合作，在法国所能派出的1万人之外，再添上3万兵力，朝鲜也许会叛变，三合会等也许会在内地造成扰乱，俄国也许又在边境上拿去一大块，前途真是够严峻的！”

寻找谈判的最佳时机

越南虽然是中国的传统藩属，但其地位远不如朝鲜重要，更比不上台湾。权衡之下，清政府作出了弃越南，保台湾，集中力量护卫朝鲜的策略。中法战争必须结束。但是何时结束，结果大不相同。如果能在战场上取得一定的胜势，然后再谈判势必会有利得多。

于是，下决心停战的慈禧太后要打一场漂亮仗。她撤换了以奕䜣为首，犹豫不决的全班军机大臣，对法国采取了更为强硬的态度，同时果断地启用赋闲在家的刘铭传和冯子材到重要的军事指挥岗位。

决意反击的清军一改鸦片战争时的颓势，打出了自己的尊严。在海上，法国远东舰队进犯台湾淡水时被刘铭传指挥的清军击退，北犯镇海时又遭到中国守军的炮击。舰队司令孤拔受伤毙命。在陆上，1885年3月下旬，老将冯子材指挥清军，在镇南关大败法军主力，随后乘胜追击，克复谅山。消息传至巴黎，法国茹费理内阁立即垮台。

这显然是谈判的最佳时机。于是清政府宣布停战。战后签订的《中法新约》现在来看基本都是一些空话和废话：规定法国是越南的保护国，这一条在战争之前就已经确认了；规定边界开放贸易，这是双方互惠的事情；“货物进出应纳各税，并且在一定程度上较减”，这一条也只是正常的通商条款；“日后中国修铁路，应向法国业者之人商办”，更是空话，日后我就算是要修铁路，不用法人又如何？最有意思的是，开战之初法国曾提出2.5亿法郎的赔款要求，后减为8 000万两，最后在和约中只字未提。

若与两次鸦片战争期间订立的《南京条约》、《天津条约》和《北京条约》相比，《中法新约》既没有割地，也没有赔款，是损害最少的条约。

120年之后，当我们重新审视这场怪异的战争时，不得不为双方谋略上的你来我往而感叹。法国为了占据越南，绕了个大圈攻击台湾，逼迫清政府就范，更联络中国北方的俄国、日本牵制中国的力量。而清政府为了保住台湾，则在已经准备放弃的越南加强进攻，牵制犯台法军，并且审时度势，抓住胜利的时机停战谈判，最终将损失减少到最小。

清政府要对付的不止一个法国侵略者，更不只保卫一个方面的边境，它的战略决策必须照顾全局的平衡与安全。战争不仅仅在一个战场发生，聪明的战略家懂得借助一切力量，从意想不到的地方牵制对手，达到自己的目的。在这场牵制与反牵制的战争中，清政府交出了一份可以接受的答卷。

破解北洋舰队覆灭的谜团

北洋舰队的失败也许不应该用简单的“腐败无能”来解释，不论是炮弹的质量还是朝廷的内斗，很大程度上都是我们的体制出了问题。

1894 年 9 月 17 日，人类战争史上第一场完全由蒸汽动力铁甲军舰参加的大规模海战在两个亚洲国家之间爆发了，史称甲午海战。这是人类海战历史上空前惨烈的一次标志性战役。参战双方，中国和日本的近代历史也因这场海战发生天翻地覆的变化。

被误解的慈禧太后

100 多年来，甲午海战的败北一直是中国人历史记忆中一道难以抚平的伤疤，人们无数次地追问究竟是什么导致了这场失败。最令人愤慨的，也是最为人们熟知的一条原因可能就是慈禧太后挪用了海军军费修建颐和园，海军没钱造军舰还打什么仗？

根据历史学家们的考证，慈禧太后的确曾经为了自己的 60 岁诞辰在颐和园大兴土木，动用了海军衙门的银子，不过请注意，海军衙门跟北洋水师是两个单位，不是一回事。颐和园也并非新造的，而是在早前的清漪园基础上修缮的，也就花费了几百万两银子，根本不是传说的几千万那么吓人。而且这些钱根本不是什么军费，而是各地督抚孝敬的银子，本来就是给慈禧过生日的专款，只是借用海军衙门的名义放在那里，实际上和海军没有关系，和北洋水师更是风马牛不相及。

北洋水师从筹建到成军的27年间，清政府共投入海军经费1亿两白银。甲午海战前的5年间，北洋海防协饷收入甚至还要高于前14年的平均数。而同期日本政府向海军的拨款仅相当于清政府对海军投入的60%！

巨人般的北洋舰队

既然北洋水师的经费上不存在什么困难，那么有些人抱怨的北洋水师武器落后，实力不济也就不是问题了。甲午海战前，无论从数量上看，还是从质量上看，北洋舰队的装备都不比日本联合舰队差！

当时，北洋水师与联合舰队铁甲舰方面的数量比是6:1，中国遥遥领先。北洋舰队的定远、镇远两艘铁甲舰，各装305毫米口径的大炮4门，装甲厚度达304毫米，堪称当时亚洲最令人生畏的铁甲堡式铁甲军舰，在世界也处于领先水平。日本方面即便是威力最大的“三景号”舰也缺乏北洋舰队这样较大规模的装甲防护。

战斗中，定远、镇远两舰的装甲及炮塔护甲被日舰炮弹击出的弹坑密如蜂巢，但无一穿透，令敌方将领徒呼奈何。而日军旗舰重巡洋舰松岛号被定远舰主炮击中一发炮弹之后，立刻丧失了战斗力。由于定远、镇远两舰的优异表现，甚至引发了此战后世界列强争相发展大炮巨舰的军备竞赛。

就火炮而言，无论大口径火炮，还是小口径火炮，北洋舰队均占优势。200毫米以上大口径的火炮，北洋舰队与日本联合舰队的比例是26:11，我方遥遥领先。就平均船速说，日舰每小时比我舰快1.44节，也不比我们快多少。

清朝政府正是基于这种力量对比，才毅然对日宣战。可是北洋舰队还是以自己4艘沉没，而日舰全员返航的战绩输掉了这次海战。这是为什么呢?

打不准和不爆炸

你可能想象不到，北洋舰队的大炮居然打不准。镇远、定远二舰的巨炮，射程相当远，完全可以先敌开火，而且只需命中一两发即可使日本任何一艘军舰失去战斗力。如果命中率为1/8，则只需12个齐射就可以让日本所有12艘军舰瘫痪，然后其他小舰再上前逐个击沉即可。可是直到开火14分钟以后，才有日本军舰被305毫米炮弹击中。在5小时40分的黄海海战中，没有一艘敌舰被这8门巨炮击沉。而日本军舰则频频命中中国军舰。中国比较小的军舰很快被击沉或重创。

可见北洋舰队的准头有多差，士兵训练存在很大问题。清军虽然装备了大量的西方和国产的先进武器，但部队中绝大多数士兵是文盲，缺乏使用和维护近代先进武器所需的基本的科学技术知识，以致平时操练不熟，保养无方，到了战场上，拼老命也打不中敌人。

更让人泄气的是，北洋海军频繁出现炮弹击中日舰不炸的现象。在丰岛海战中，济远舰用150毫米口径火炮发射炮弹，击中日舰速度最快的吉野号右舷，击毁舢板数只，穿透钢甲，击坏其发电机，坠入机舱的防护钢板上，然后又转入机舱里。可是，炮弹居然没有爆炸，使吉野号侥幸免于沉没。据统计，定远和镇远发射的197枚305毫米口径炮弹中，半数是未装炸药的实心穿甲弹，只能穿透船体装甲，不可能爆炸。为什么北洋海军不使用最具威力的开花弹?

有学者认为，不是北洋舰队没有。那些开花弹都被存放在弹药库里睡大觉，北洋舰队中装备数量最多的是天津机器局生产的炮弹，最初津局主要生产实心弹，后来因为外购炮弹无望，便赶鸭子上架，让他们生产开花弹，因为技术不过关，造出来的炮弹质量问题太多。对于这些炮弹，北洋水师本是不会接收的，但炮弹短缺实在太严重了，只能下令分批退回津局返工后再运来，结果极大地影响了北洋舰队战斗力的发挥。

拖后腿的主战派

战争不只是前线浴血奋战的将士们的事情，后方朝廷的一举一动也深刻影响着战局的发展。在整个甲午战争期间，以光绪皇帝的老师翁同龢为首的帝党，或者说主战派，与慈禧支持的李鸿章为首的后党，也可以说是主和派，发生了激烈的争执，严重地削弱了中央作为战争系统中指挥中枢的主导作用。

以道德高标自居的主战派不分青红皂白，无端指责李鸿章的淮系将领怯战无能，甚至对他们全盘否定。将领们个个提心吊胆，如履薄冰，有动辄得咎之感，丁汝昌背上了沉重的心理包袱，以至于意志消沉，结果作战中需要灵活配合的时候却忙着请示汇报，白白丧失了战机。

翁同龢一方面大义凌然地要求开战，另一方面却对朝廷给北洋水师的拨款横加阻挠。他的学生劝阻说，我们实力不如人，开战哪里有胜利的希望呢？翁回答说，我正想让李鸿章到战场上试一试，看他到底是骡子还是马，将来就有整顿他的余地了。后来，敌人打进来了，慈禧命令翁向李问策。翁一见李就问，你北洋的军舰在哪里？李气得半天说不出话。后来李转过头去说，翁师傅，你是总理度支，管钱的，平时请你拨款，你没一回不给驳了。现在出事了，你来问兵舰了，兵舰果然可以依靠吗？翁说，唉，过去的事情嘛，我们当臣子的，以节约用钱为尽职尽责啊！这就是主战派为战争作出的贡献。

给李鸿章找麻烦的不只是那些喜欢空谈的主战派，还有他的那些友军。清朝北洋舰队由李鸿章遥控，南洋水师、福建水师、广东水师也分别由地方大臣控制。本来中国海军四支舰队的实力是大于日军两支舰队的，可是在战争中北洋舰队独自和日本联合舰队作战，其他三支舰队却作壁上观，置身事外。北洋舰队全军覆灭之后，唾骂之声纷至沓来，李鸿章委屈异常，说就靠北洋水师一支部队，与日本全国的力量搏斗，能赢才怪。

北洋舰队的军旗早已消失在海面上，它的失败也许不应该用简单的“腐败无能”来解释，不论是士兵的素质，还是炮弹的质量，或者是朝廷的内斗，很大程度上都是我们的体制出了问题。

大炮巨舰的制胜秘诀

黄海大战中，丁汝昌其实是想破解日本舰队的“T”字形战术，可惜他还是失败了。

1905年5月，俄国与日本在太平洋上展开了人类进入蒸汽钢铁时代以来最大的一次海战，史称对马海战。这是老牌欧洲列强与新兴的亚洲国家的一次较量。在那个欧洲殖民者横行亚非的时代，没有人相信日本能够取得胜利。

此役俄国派出的是一支无比强大的舰队，拥有多达38艘战舰，其中有8艘战列舰，大口径火炮占明显优势。日本海军有28艘战列舰，另有21艘驱逐舰、57艘鱼雷艇，小口径火炮稍占优势。当双方在对马海峡相遇的时候，日舰采取了“T”字形战法，抢占“T”字横头阵位，从而使所有战列舰的火炮都可以持续发挥威力，连发炮击，使敌舰燃烧，而后伺机将其击沉。于是日舰很快占据上风。面对日舰的持续射击，俄舰一时无法有效组织还击，明显处于不利的态势，最终战舰或沉或降，只有1艘逃回俄国。而日本仅付出了3艘鱼雷艇沉没的微弱代价。

曾经是世界第三的俄国海军沦为三流海军。日本通过此战，从此进入了世界海军强国的行列，成为远东地区首屈一指的国家。

海战的胜负要取决于很多因素，但此战日军成功地运用了“T”字形战法是以弱胜强的关键。所谓“T”字形战法，是大炮巨舰时代的一种海战方法，就是当敌方舰队排成单路纵队时，我方排成横队舷侧对准敌舰队，两只相互作战的舰队就形成了“T”字形。因为当时战舰的火炮都是布置在军舰的两舷，船头对准敌舰时，自己的火炮几乎无法向对方射击，只有侧面对敌时，火炮才能全数开火，发挥最大威力。所以，舰队在作战时要尽量排成一线，以全舰队的侧面面对对方的纵队，打击其先导舰，便可以产生可怕的效果。

近代海战中有很多著名将领都具有“T”字形情结。著名的英国将军纳尔逊在特拉法尔加战役中勇占“T”字形阵位，狂扫法国和西班牙联合舰队；“一战”的日德兰海战中，英国杰利科将军也将6路、24条战列舰大规模转向，对德国舰队摆出了历史上最大的“T”形阵。此种战术一直使用到“二战”后，直到导弹代替了火炮成为主要打击的手段为止。

日本海军在对马海战中的胜利大概是“T”字形战术最大的一场胜利了。不过在战胜俄国之前，日本海军还利用这种战术打败了我们的北洋舰队。

关于北洋舰队在黄海大战中的失败，人们历来对当时北洋舰队摆出的八字雁行阵持批评态度，认为海军提督丁汝昌不懂战法，没有积极抢占“T”字的那一横，反而摆出个怪阵，失掉了先机。

近几年有些学者如萨苏则认为，其实丁汝昌是想破解日本舰队的“T”字形战术。他计划以镇远、定远两艘最坚固、最能够承受打击的铁甲舰突前领队，形成“八”字形阵列，突向日军的“一”字横队，在最短时间内切割日舰编队，随后转向，实施左右包抄。切割日舰队形后，定远、镇远分别左右转，兜转至日舰左舷，使日舰本队先导舰同时承受前方、左方、右方的夹击。

按照这样的作战计划，北洋水师的舰队最终会形成一个躺倒的H型，夹住日舰，使其无法机动，如果日舰突围，就可以集中优势兵力至少先歼其一队。如果日舰拼死合龙集中战力，则位于中央的中国军舰可以让开一条大路让日舰完全位于内线，而形成一条长长的海上火胡同，这显然是一个全歼日舰的富有野心的作战计划！

只可惜这种“考虑周密”的复杂的作战计划在实战中往往难以实现，再加上对日军密集而准确的炮火、精确的指挥估计不足，最后双方打成的阵位后来更像一个“六”字。北洋海军最终还是败在了“T”字形战术的手下。

义和团的魔法战争

> 义和团运动居然是一场《指环王》式的魔法大战。不幸的是，义和团的法术没能抵挡住同样祈求神助的传教士背后的枪炮。

关于1899—1900年席卷华北大地的义和团运动，我们的教科书上通常是这样说的：这是一场震撼世界的爱国主义运动，是一场顽强而英勇的反对帝国主义侵略的斗争。它之所以会兴起，是因为洋人及教民倚仗自己的“国际背景”在乡间胡作非为，清朝各级政府往往偏袒传教士或教民，乡民忍无可忍，最终形成大规模的反帝爱国运动。

可是当你细读史书，这种说法却经不起推敲。众所周知，在鸦片战争爆发之后，整个19世纪下半叶，进入中国传教的教士早已遍及全国各省，几十年来，各省百姓和外国传教士之间基本相安无事，为什么偏偏在19世纪末的山东、河北忽然发生大规模冲突，进而波及整个华北？是华北的教堂和教民欺男霸女太甚，还是那里的农民觉悟特别高，具有其他省份老百姓所不具备的爱国主义精神？

在山东，胶东半岛经济发达，有优良的港口，因此洋人最多。按理说，华洋冲突应该最为激烈，但是后来发生的事实恰恰相反，胶东半岛没有义和团的任何活动，反倒是远离沿海的鲁西北，洋人势力相对薄弱的地区成为义和团的发源地。这又是为什么？

干旱制造的恐慌

如果我们放弃将义和团美化成崇高的爱国主义战士的想象，只把他们看做是需要衣食果腹，难免被历史和命运玩弄于股掌之间的普通百姓，也许更容易为他们的所作所为找到答案。

史书记载，1895至1898年，中国北方洪涝成灾，1898年更是造成黄河决口，鲁西北及其邻近地区一片泽国，成为重灾区。大水之后紧接着大旱，从1899年开始，老天爷又突然不下雨了。干旱持续的时间越长，遭饥荒的人口越多。许多年轻农民无活可干，他们整天无所事事，忍受着饥饿的威胁，前途一片渺茫。

当时的美国公使在一份函件中描述当时河北的形势说：老百姓非常可怜。将近一年时间里滴雨未下。土地荒芜，根本无法开耕，庄稼也种不上，地太干太硬。其结果是，许多中国人无事可做，陷入了饥饿、不满和绝望状态，他们愿意加入任何组织……

这时候，一种综合了中国气功、巫术和本土宗教的所谓“神拳”出现了。推广神拳的师傅设立拳场，告诉人们只要学会神灵附体，你就不是你自己了，你就变成了某个神，比如孙悟空、猪八戒、关羽、赵云、姜太公等，可以想象，学会神灵附体之术的人们，将会得到多么巨大的精神愉悦。曾经是饥肠辘辘，生命低贱得如同蝼蚁的青年，由于学会了神拳，人们开始对他们刮目相看，甚至是崇拜。这些练习“神拳”的年轻人就是后来的义和团。

但是只有精神满足是远远不够的，如果吃不饱肚子，每天被饥饿所困扰，这种精神满足也不能长久。义和团恰恰拥有充足的粮食和食品。有充足的资料表明，义和团初起之时，其重要活动之一便是对信奉了天主教的教民实施偷窃、敲诈、绑架和纵火，这是最能吸引饥民的行动。教堂里面有洋人洋枪，一般是惹不起的，而手无寸铁的教民，自然就成为拳民最好的攻击目标，殃及普通平民的事情也时有发生。当义和团的势力越来越大，有些富家大户为了寻求保护便被迫献出粮食，很多支持义和团的民众也主动捐献，既然可以填饱肚皮，人们参加义和团的热情就更加高涨了。

这就是义和团兴起的原因。要想从19世纪的普通中国农民的脑子里强行找出“爱国”这个概念来恐怕是很难的。只有饥荒造成的普遍绝望，才会让他们聚合成一种力量。英国驻华公使曾说：“我相信，只要下几天大雨，消灭了激起乡村不安的长久的旱象，将比中国政府或外国政府的任何措施都能更迅速地恢复平静。”山东义和团的消散，就是因为一场雨。1900年4月，山东下起大雨。长期遭受干旱的山东农民纷纷脱下义和团“团勇”装束，走向广阔的田野，侍弄他们的庄稼，迅速再度成为帝国最为温驯的良民。河北没有下雨，所以河北农民就成了后期义和团的主力，并延续了两年。

义和团的魔法

促使义和团向所有的洋人、教民，以及一切与外国沾边的人开战的也是这场旱灾。义和团把旱灾归咎于外教入侵，认为是天主教招致了天怒。当时华北各地都流传着这样的帖子：“洋教闹中原，佛祖受欺压，圣贤亦蒙羞。佛法五常不再尊，天地一怒止住雨，八百万神兵下天庭，除尽洋教送甘霖。”

义和团民们真诚地相信正是由于洋人的存在才使得天旱无雨，使得他们生计无着，面临破产和死亡。他们需要与洋人打一场宗教战争，而他们的武器就是法术。

义和团最有名的法术是降神附体后可以刀枪不入。许多天津居民相信：当义和团成员受了枪伤或炮伤，义和团的领袖只要在伤口上一抹，伤口立即复原；或者当义和团成员牺牲了，只要默诵咒语，就能起死回生。

天津的义和团领袖声称自己有特别神奇的法力，如隐形、入地及分身术等。睡着的时候，他们的灵魂可以离开肉体，到外国军队中去侦察敌情。义和团的女子后备军红灯照则擅长纵火术，能在空中飞行，并控制风势和风向，只烧教堂，不烧民房。

义和团就是要和洋人、教民比试一下谁的神法力更大，谁更能占得上风。因此，当义和团遭受挫折时，不是把失败原因归于对方的先进武器，而是归于对方更有效力的法术。义和团有一次攻打教堂几星期未能得手，就把教堂里留着白胡子的主教说成是年约200岁的“鬼王”，并说他擅长谋略、巫术，还精通占卜。还有一个故事说天津租界屋顶上架设的每一尊大炮上都骑坐着一个裸体女子，义和团“避炮之法”就失灵了。

传教士也有魔法

你可能会嘲笑义和团这些愚昧的迷信行为，可是他们的对手，那些传教士也同样煞有其事地以宗教的方式抵御义和团的进攻。当义和团杀来的时候，他们这样安慰自己，上帝没有普降甘霖，而是允许义和团起义发生，自有他的道理。

1900 年 7 月，当义和团威胁着要征服直隶东南的一个天主教教民村时，当地一位传教士祈求下场暴雨，让大水环村形成一道防线，阻止义和团的进攻。他的祈祷得到了响应，下了一场极大的暴雨，正达到了期望的效果。人们肯定相信这场雨是圣母玛丽亚送来的。

传教士受到火灾威胁时，也常把因风力或风向的改变而得以逃生的现象归功于上帝的力量。他们说："我们的祈祷多次得到神奇的响应。至少有两次，正当房子要着火的时候，风向就改变了。"一位传教士总结说："那个夏天留给人最深刻的，一生难忘的印象是上帝的力量无处不在。最终的结局就是上帝的意志。"

在这场宗教冲突中，每一方占上风时都认为自己得益于上帝或者神的援助和保护，并且强烈地诋毁对方的宗教和法术。从这一点上看，义和团运动居然就是一场《指环王》式的魔法大战。不幸的是，义和团的法术没能抵挡住天主教背后的枪炮，一场干旱导致的动乱让中国人民付出了惨痛的代价。

百变义和团

清末的文人把义和团视为暴徒。新文化运动时期，义和团被当做迷信、愚昧的象征。20 世纪 20 年代反对帝国主义的浪潮中，义和团运动又被神化为爱国主义的民族革命。历史看起来似乎像一块橡皮泥，想捏成什么就捏成什么。

100 多年来，"义和团"如同阳光下的多棱镜，展现出五彩斑斓的影子，让人难以分辨历史的真相。我们不得不问这样一个问题：真实的历史是否存在？

当事人的经历

1900 年卷入这场动乱的很多中国人和外国人都写过信函、日记和书籍，详述他们的亲身经历。如前文所述，很多人把干旱列为造成鲁西北拳民骚乱愈演愈烈的一个原因。

1900 年的华北将近一年时间里滴雨未下。土地荒芜，根本无法开耕，庄稼也种不上。很多农民参加义和团仅仅是为了获得吃饭的机会和无事可做。1900 年 6 月末，鲁西大旱之际，直隶的大刀会首领韩姑娘来到山东巨野县龙涸集，很短时间内就有上千人加入了她的大刀会。有人回忆说："过了两三天，下了场大雨，第二天就不见大刀会的人了，都没了，原来那些人是来吃饭的，天一下雨都各自回家种庄稼去了。"

而义和团之所以对洋人发起攻击，很重要的一个原因就是他们认为天不下雨是外国人造成的。一位传教士到天津城内听到街上有个男孩在喊："洋鬼子来了，老天就不下雨了"。

而义和团在这场战争中的武器主要是法术。有中国士绅记载说，义和团首领把黄纸符粘贴在教堂门上，摇动红旗，高喊一声"烧"，火就立刻烧了起来。他们还声称有神功护体，刀枪不入。可是美国传教士麦美德记述：当海军陆战队开火后，三四十名拳民立即作鸟兽散。她讽刺道："这些刀枪不入的拳民似乎不喜欢洋火药的气味！"

目击者的记述说明义和团也像八国联军一样做了很多残忍的事。据当时记载：义和团在城中每天焚烧劫掠，火光日夜不息，平时有怨恨的人都被指为教民，全家被杀，连未满月的婴儿也不放过，死者十多万。义和团还采用包括剉舂，烧磨，活埋，炮烹，肢解，腰杀等酷虐方法杀害教民。

从愚民到英雄

这些当事人的记载非常生动，不过如果他们能够看到 10 年、20 年、50 年、100 年后人们对这场战争的评价，大概会惊诧地发现，原来“历史”跟他们经历的完全不同。美国历史学家柯文对此作了一番有趣的研究。

清末的改良派们给义和团贴上了残暴的标签。一项研究表明，义和团运动期间和其后一段时间，中国文人写了 5 000 余首诗，其中 90% 对义和团采取蔑视的态度，用“盗贼”、“乱民”、“暴徒”等贬义词描述他们。早期的革命派邹容也把义和团运动说成是“野蛮之革命”的典型例证，进行毫无意义的破坏，只会加重人民的痛苦和灾难。

清朝灭亡之后，新文化运动中的知识分子们认为，中国苦难的根源深藏于中国文化，于是他们开始从愚昧和迷信的角度批评义和团。义和团的法术被当做中国传统文化的负面典型，遭到站在西方的科学和理性角度的知识分子们居高临下的贬低。鲁迅就认为中国文化深陷于迷信和非理性的泥潭中，并坚信中国复兴的前提是根除这些陈腐的东西。

然而，当 1925 年上海发生“五卅惨案”，赤手空拳的示威学生遭到了英国巡捕的枪杀时，愤怒的中国人发现义和团运动的积极意义——反帝。陈独秀说义和团排外的根源在于外国的压迫和剥削，义和团的凶暴根本比不上外国帝国主义的野蛮残忍。他甚至把义和团运动与戊戌变法、辛亥革命和“五四”运动相提并论，说成是中国处于小资产阶级发展阶段的四次重要国民运动。

瞿秋白也反对给义和团贴上“野蛮的排外主义”的标签，他说义和团运动是反帝国主义的民族解放运动，他们的反抗精神是值得敬佩的。五卅惨案发生后，反对外国势力的湖南学生更公开宣称他们是义和团的继承人。

文学界对义和团的积极评价在 1949 年以后达到了高潮。1961 年在一本为青年读者出版的义和团故事集中，编者强调了义和团的“英勇、顽强、朴素和机智”，希望青少年读者“从这些作品中受到鼓舞，汲取力量，准备着投身于祖国的社会主义建设和保卫事业！”著名作家老舍于 1960 年创作了一个名为《神拳》的剧本，主角是京城以西某地的贫苦农民高永义。他受到了当地天主教堂和洋神甫的残酷剥削，他的侄女因不堪当地恶霸的欺压而含冤自杀，因而，他设坛组织义和团，向压迫他和村民们的恶势力复仇。

老舍把义和团美化为勇敢的英雄、反对帝国主义的爱国者和罗宾汉式的劫富济贫者——烧毁天主教堂后，高永义属下的义和团把粮食和衣物分给了穷人。

意外得宠的“红灯照”

“红灯照”是义和团中的一种女性组织，参加者以青年妇女为主，入会者统统穿了红衣红裤，右手提红灯，左手持红折扇。红灯照的大师姐林黑儿据说功法了得，能够飞升空中，掷火焚屋。这些妇女在战争和历史中起的作用显然十分有限，有关义和团运动的严谨的历史文献也只是偶尔提到她们。

但是在20世纪六七十年代的“文化大革命”中，“红灯照”却意外地获得了与真实历史并不相称的地位。在1967年批判刘少奇的浪潮中，报刊上大量出现了评论红灯照的文章。为什么这个女性组织如此受关注呢?

最显而易见的答案是，红灯照与红卫兵有许多相同的特点。两个组织的名称都是三个字，都以“红”字打头。红灯照着红衣、戴红帽、拿红枪、提红灯……同红卫兵一样，红灯照主要也由十几岁的青少年组成，都是造反派，尤其喜欢打碎一切偶像。

有些作者指出，红灯照和红卫兵是“亲兄妹”，都是“敢于造反的英雄”，红灯照拿大刀长矛奋起反抗帝国主义侵略者，我们红卫兵拿起笔做刀枪，大造党内走资本主义道路当权派的反。“红卫兵战士永远继承和发扬‘红灯照’女儿们的革命造反精神!”

1968年底，红卫兵运动销声匿迹。但是红灯照却于5年后再次受到青睐。始于1973年夏末的批孔运动号召根除与儒家思想有关的官僚主义、蔑视劳动者和歧视妇女等陈规陋习……正是由于与“歧视妇女”的问题有关，红灯照再次受到了重视。

人们被告知，千百年来，中国反动的封建统治阶级为维护其统治地位，企图用“三从四德”的精神锁链束缚和压制妇女。红灯照的女英雄们不愿再忍受这种可怕的现状，勇敢地抨击“孔孟的卖国之道”，挣脱儒家封建礼教的束缚，“在我国妇女革命斗争史上写下了光辉的一页”。

红灯照首领林黑儿被塑造成了传奇人物，成了爱国主义和妇女解放的象征。她勇闯总督衙门，教训裕禄，在运河上巡逻时训斥卖国贼李鸿章之子，在许多重要战斗中，她们披挂上阵，杀上前线，一身穿红，像一团火焰，义愤填膺地喊出了响亮的口号……侵略军吓得腿肚子都转筋。当时的作家抒情道：“红灯照的红灯啊，是中国妇女战斗的象征；红灯女儿们啊，是中国妇女反帝的先锋！山可平，海可竭，革命的红灯永不灭！”

历史的真相何在?

义和团的师兄师弟们不知道什么是现代化，也不知道与之作战的是帝国主义，而利用他们的是封建主义，他们只知道神拳附体、刀枪不入，他们只知道驱杀“洋鬼”后，便将迎来风调雨顺。然而，在后人的记述中，他们经历过的可怕干旱被彻底忽略，他们的暴虐和迷信有时被夸张为整个民族文化的形象，有时又被一笔带过。

清末的文人把义和团视为暴徒。新文化运动时期，在科学与理性的光照下，他们又被当做迷信、落后、愚昧的象征。20 世纪 20 年代反对帝国主义的浪潮中，义和团运动被神化为爱国主义的民族革命。“文化大革命”中，义和团又被神化为“哪里有压迫，哪里就有反抗”的革命榜样，一个并不起眼的女性组织“红灯照”两次被赋予重大的历史意义，而且两次的意义都不一样。历史看起来似乎像一块橡皮泥，想捏成什么就捏成什么。

更奇怪的是，似乎所有人说的都没有撒谎。即使是在“文化大革命”这样情绪化的时代，歌颂“红灯照”的作者们仍然相当严肃地遵守学术规范，引用大量文献资料支持自己的论点。《光明日报》甚至曾用一个整版的篇幅刊登了摘录自历史文献的有关资料，并注明了出处。然而，其他时代的历史评论者又何尝不是如此呢？无论是鲁迅、陈独秀还是红卫兵，都慷慨激昂地塑造了自己认为的“义和团”，但是，就像挂一漏万的照片一样，这些义和团形象所反映的事实是根本不符合历史的，是主观的、片面的和极不完善的。

历史的真相究竟何在？我们只能说，真相根本不存在。人们总是以为，历史学家应该尽可能真实地记录历史，但是完全恢复人们经历的过去的本来面目是不可能的。在任何历史环境里，只有一部分人的经历被记录下来，传至后世。即使是亲身经历者的记载，也顶多是对亲身经历的概述、描绘和有水分的重塑，不能全面和准确地再现过去。结果历史学家在从事研究时不得不面对严重残缺不全的史料。

况且，历史学家们自己也是历史的一部分，也受个人的文化、社会、民族背景的制约，会以不同的方式阅读史料，并赋予其不同的意义，就仿佛拖网装满鱼后，渔夫把网拉上来，进行挑选和分类，把他认为不好的扔掉，好的贮存起来，最后再按他的刀法切成鱼片出售。鱼片与整网的鱼差别有多大可想而知。

既然真实的历史并不存在，那历史学家的存在还有什么意义呢？也许，历史学家更有意义的工作是理解和解释历史。每一个时代的人对历史都有自己的见解，每一个时代最伟大的历史学家就是从当时的眼光来看对历史的解释最为合理的那个人。正是因为如此，前人论述过无数次的历史事件还要被后来的人们继续津津有味地谈论下去，历史学家永远不会绝种。

慈禧太后立功了

> 慈禧太后非但不是什么逆潮流而动的保守派、顽固派，反而堪称是晚清改革的推动者。

慈禧太后通常被人们视为一个昏庸、腐朽、专横、残暴的妖后、近代中国受灾难的祸根，“操弄权柄”、“丧权卖国”几乎成了钉在她身上的标签。尤其是被她亲手掐灭的“百日维新”，原本可能是衰朽中国的一次复兴机会，结果却只换来光绪皇帝被幽禁至死，六君子喋血菜市口。一说起这个，慈禧太后简直就是中华民族的千古罪人了。

然而，历史上真实的慈禧太后真的是这样一个妖魔吗？从有些资料中看，她非但不是什么逆潮流而动的保守派、顽固派，反而堪称是晚清改革的推动者。

洋务运动的掌舵人

1861 年，咸丰皇帝驾崩，慈禧被尊为皇太后，代年仅 5 岁的小皇帝同治暂掌朝政，从此开始了长达 48 年的统治。与此同时，一场对近代中国影响深远的改良运动——洋务运动也拉开了序幕。

洋务运动与慈禧的执政几乎同时开始。奇怪吗？提起这场中国近代史上第一次大规模向西方学习的运动，我们总是首先想到李鸿章、左宗棠、张之洞这些封疆大吏，却常常忽略在紫禁城里有一个女人在为他们掌舵。

兴办洋务是慈禧太后取得政权后支持的第一项重大政治举措。1867 年，恭亲王奕䜣要求在同文馆内专设天文算学馆，以培养科学技术人才，遭到顽固派的反对。慈禧对洋务派官员大加赞赏，同时强烈地斥责了反对西学的顽固派。半年内，她以皇帝名义发出的书面和口头谕旨多达十道。在慈禧太后的支持下，天文算学馆得以开设。这是中国第一个学习西方近代科学的新式学堂，首次把西学引入正规教育。随后，在慈禧太后的支持下，上海广方言馆、广州同文馆、福建船政学堂、天津水师学堂、广东水师学堂、湖北武备学堂、上海南洋公学等一批新式学堂相继成立了。

19 世纪 70 年代，慈禧太后同意曾国藩、李鸿章等人派遣幼童赴美留学计划，虽然由于顽固派的阻挠，这批学生留学的目的未能达到，但它开创了我国公派留学的历史。随后，慈禧太后加大留学生的派出力度，命令各省督抚都选派学生，公费出洋。她还嘱咐不要为了省钱只派学生去日本，西洋各国都要派，各门学科都要学，留学生回来就是进士。对自费留学的也大加鼓励。

1875年初，慈禧太后的独生子、不到20岁的同治皇帝驾崩。忧伤的慈禧开始第二次垂帘听政。参加葬礼的李鸿章在陛见皇太后时，提出了开煤铁矿、架电报线、修铁路、办学校、开发台湾、办外交等等一系列洋务改革的建议。慈禧太后为此六次召见李鸿章，悲伤迫切之中，大有励精图治之意。洋务派兴办的实业也成为慈禧关注的事情。

洋务派创办的企业——江南制造局、金陵制造局、福州船政局、天津机器局都是在"奏准"、"奏请"朝廷之后建立起来的，先后共用费近900万两。当时清政府财政困难、军备浩繁，可是在这些实业上拨款甚至比计划的还要多。李鸿章在上海创办轮船招商局时，由于受到外国轮船运输公司的极力排挤和打击，损失很大，处境十分困难。慈禧知道后，便从政策上加以支持，允许招商局轮船承运国家漕粮，要求各省海运粮米要多用轮船运输，并允许招商局轮船到不通商的口岸起卸官物，而不允许洋人前往。此外，轮船招商局还享有一定的免税特权。由于慈禧的支持，轮船招商局竞争力大大加强，得以生存和发展下来。

推而言之，洋务运动得以开展，除有李鸿章等人的苦心经营外，根本之处在于有慈禧太后的大力支持。试想，如果没有慈禧太后的同意，靠几个地方官自己折腾，洋务运动能持续这么长时间？

镇压与维新无关

既然如此，戊戌政变又是怎么回事呢？首先我们得说，年轻气盛的光绪皇帝要搞维新变法，慈禧太后并不是不支持。

历史学家袁伟时认为，在1898年戊戌变法前的三年间，清帝国在学习西方、除旧布新方面已经迈出了切实的一步。中国通商银行经清政府批准成立，中国从此有了国人自办的现代银行。各地正在逐步设立促进工商业发展的商务局。90种报刊破土而出，并出现了举办新式学堂的热潮。科举制度的改革日益成为大臣们议论的焦点之一。大体说来，戊戌变法期间光绪皇帝打算推行的各项改革措施，除政治体制和政府机构改革等内容外，大都已着手进行。而这些变化是在慈禧卵翼下实现的。

而慈禧太后与光绪皇帝之间也没有什么不可调和的矛盾。作为儿皇帝的光绪亲政不久，对“圣母皇太后”唯命是从，大事都及时请示报告，没有留下什么对抗的记录。在甲午战争的和战问题上两人态度也是一致的。

没有慈禧首肯，光绪皇帝根本不敢干变法这么大的一件事。他的不少“圣旨”，包括宣布变法的《定国是诏》在内，下达前都曾送慈禧审定。康有为等人呈递的变法条陈，也要由光绪帝恭恭敬敬地呈递给慈禧太后审阅。百日维新期间，光绪帝曾 12 次专程赴颐和园朝拜慈禧，显然是要汇报情况。也就是说，维新变法都是在慈禧太后的监督下进行的。

而当慈禧以霹雳手段镇压了维新派，砍掉六个脑袋，幽禁一个皇帝之后仅仅三年，也就是 1901 年，她居然又提出要实施新政，涉及清末中国政治、经济、军事、文化教育以及陋习等诸方面的改革，戊戌维新的各项未能实现的改革一一付诸实施，有些方面且已远远超过当年的预期，比如说彻底废除了科举，编定和颁布了包括刑法、民法在内的一系列现代法律等。

如果说慈禧反对变法，怎么会三年之中出现 180 度的转变？莫非她镇压维新派原本就与维新无关？

康有为坏了大事

戊戌变法之所以失败恐怕得赖“变法领袖”康有为。

在变法的具体操作中，康有为显得书生误事，不去琢磨怎么鼓励工商、富国强兵，整天张罗着剪辫子、易服饰、改纪元、变国号这些形式上的东西，徒然增加了变法的阻力。他不顾客观条件，不分主次，总想着短期内“全变”，以为只要皇帝驾临乾清门，召集各大臣宣誓，就可以一日之间风云俱变。百日维新期间发出有关的“上谕”竟达 110 多件，每一道变法法令都要求“速办”。绝大部分各级官员未必是抵制改革，很可能是不知如何操作，或者根本没办法理解这些法令。可光绪皇帝就是要求要快，谁不快谁就是顽固守旧，给以严厉警告乃至革职的严厉处罚。

在康有为的鼓动下，光绪皇帝没有通盘筹划和妥善安置、耐心说服，突然下令裁去一大批闲散衙门和冗员，失职失业者近万人，朝野震骇。一下子把众多官员推向反维新阵营。本已势孤力单的维新派，陷于日益孤立的困境。

各种矛盾被激化，已经影响到政府各部门的正常运转，管理秩序被打乱，在这种情况下，生怕全线出击会造成大厦倾覆的慈禧太后当然不能任凭局面继续混乱下去，于是出手进行了一些调整，至少要让变法稳步前进。不料，康有为不是冷静地分析全局，却把慈禧太后当做了变法最大的阻碍。

于是，一个铤而走险的密谋付诸实施：勾结武将，兵围颐和园，捉拿慈禧。康有为等人最初看中的是淮军将领聂士成，要维新派官员王照利用和聂的把兄弟关系去做说服工作，并允诺事成之后提拔聂士成为直隶总督。但王照不认为光绪皇帝和慈禧太后之间有势不两立的矛盾，拒绝见聂。以高官厚禄拉拢甘军将领董福祥的努力也失败了。于是，康有为只好将希望寄托在袁世凯身上。他和谭嗣同制定了一个起事计划：先让袁世凯在天津起兵，杀死荣禄；然后再令其率兵进京，包围颐和园；同时让湖南义士毕永年率领敢死队百人，乘机逮捕慈禧太后，将她杀掉。

可见，戊戌政变哪里是慈禧太后要镇压维新，分明是维新派要杀掉慈禧太后。慈禧太后得到消息之后，当然不会束手待毙，先下手为强，抓捕了戊戌六君子，幽禁了令她伤心的皇帝，只可惜让坏事的康有为逃了。

了不起的女人

在半个世纪当中，慈禧太后独自执掌着“大清王朝”这艘已经破烂不堪、摇摆不定的航船在中国封建社会末期的茫茫大海上艰难前行。在她垂帘听政后的20多年里，扰乱东南半壁江山的太平天国被剿灭了，捻军被消灭了，西北回民被镇压下去了，丧失10年的新疆也收复了，连洋人也不闹事了。洋务运动也开展得有声有色，办招商局、军工厂，开矿，练海军，派遣留学生，国势似乎又开始蒸蒸日上。从这点上来说，她是非常有魄力的。

而且我们可以说，从洋务运动一直到戊戌变法，慈禧太后都是改革的主要推动者。1901 年，慈禧太后开始了自己的新政。这是一场在中国政治、经济、军事、文化教育以及陋习等诸方面都具有根本性意义的改革，中国的现代化正式大规模地全面展开。尽管清王朝还是在 10 年之后覆灭了，但是新政并未因此而灭亡，它的各项改革措施依旧延续下来。一个崭新的中国从清王朝的最后 10 年中拉开了序幕。

奇异的维新领袖——康有为

历史学界的很多人提起康有为都纷纷摇头。在他们眼中，康有为的很多壮举都是值得怀疑的，甚至他的人品也不那么令人尊敬。

康有为作为清末戊戌变法的代表人物，早已成为一个神圣的符号。一提起他，人们总是联想到一个意气风发、奔走疾呼的维新领袖，甚至皇帝导师的形象。然而，历史学界的很多人提起他却纷纷摇头。在他们眼中，康有为的很多壮举都是值得怀疑的，甚至他的人品也不那么令人尊敬。《中国青年报》的高级记者张建伟在《温故戊戌年》一书中给出了一份有趣的历史报告。

康有为并非维新领袖

在康有为入朝做官，参与变法之前，曾经通过两件事情树立起自己维新人士的形象。一件是发表了《新学伪经考》和《孔子改制考》两本书，极大地震动了中国朝野。另一件是联合 1 300 多名举人，上万言书，即著名的“公车上书”。但是这两件事情的真相与我们想象的大不相同。

《新学伪经考》和《孔子改制考》这两部著作被人们视为康有为托古改制、推动变法的两本最重要的学术著作。可是有学者却考证，这两本书中的许多资料和论点都剽窃自张之洞的门生廖平的《辟刘篇》、《知圣篇》。廖平本人当年就提出了指控，说 1889 年冬至 1890 年春曾在广州的安徽会馆里会晤过康有为，将自己的手稿送给康有为看过。这件事成为晚清学术史上最大的版权官司。尽管康有为极力回避或否认，但剽窃的事情几乎已经成为学术界认定的事实。

而感动了我们一个多世纪的“公车上书”原来也并没有上书。1895 年清政府在甲午战争中战败，被迫与日本签订了丧权辱国的《马关条约》。正在北京参加会试的康有为连夜起草了长达 14 000 字的上皇帝书，提出了“练兵强天下之势，变法成天下之治”的政治主张。康有为在他的《自编年谱》中说，他发动 18 省 1 200 多举人联名上书。

然而事实上，万言书的确写了，但是却并没有递上去。原因是康有为从一个内线太监那里得知他考中了进士，如果他带头上书，眼看就要到手的进士功名可能就会取消，于是他临阵退缩了！

中了进士的康有为被任命为工部主事，一个小小的六品官，相当于现在的处级干部。此后，康有为在北京又是组织强学会，又是创办报纸，为自己赢得了维新人士的声名。1898 年，光绪皇帝在发布诏书，实行新政的五天以后，终于正式接见了他，并且让他“在总理事务衙门章京上行走”。这仍然是个六品官，不过给他调换了一个上班的部门。这次对康有为的召见，是第一次，也是最后一次。

康有为说，经过这次召见，光绪帝让他可以“专折奏事”，即不必经过任何部门或大臣的中转，要向皇帝说什么事情，可以直达光绪皇帝。但历史学家查阅了戊戌变法期间所有的康有为奏折，发现无一不是由总理事务衙门代递的！

所以，那些史书上写的、影视文学中描述的光绪皇帝和康有为促膝交谈、共商改革大计的场景，没有任何史实上的根据。最早在朝廷上呼吁变法的是监察御史杨深秀。而具体执行的是在军机处任职的四个章京：杨锐、刘光第、谭嗣同、林旭。他们都被光绪皇帝授予四品衔，代皇上草拟有关新政的诏书。康有为只是一个六品小官，显然没有受到特别重用，更谈不上维新领袖。

混迹官场的康有为

康有为的官虽然不大，当的时间也不长，可是官场倾轧的习气却沾染了不少。

在觐见光绪帝之后的第三天，他就给皇帝写了一份奏折，参劾礼部尚书兼总理各国事务大臣许应骙阻挠改革。如果是为了维护变法，那也就罢了。可是这个康有为偏偏跟这个许应骙早有夙怨。康有为在家乡设立广东会馆的时候，当时的地方官就是许应骙，他怕康有为聚众闹事，当然要管。二人当时就有了摩擦。后来，许应骙到北京做官，康有为也到北京求功名，曾请求许应骙看在同乡的分上提携一二。不料许应骙“鄙其为人”，对康有为再三的拜访“概予谢绝”。有这样一层关系，康有为的这次弹劾就显得不那么纯洁了。光绪皇帝见了这个折子，命许应骙说清楚。许大呼冤枉，说自己数十年“讲求西法、物色通才”，只是在改革中务求实际，不尚虚华而已。结果光绪皇帝也没有把许应睽怎么样。

创刊于上海的《时务报》，是一份办得很好的改革派报纸，舆论独立，多年来宣传维新变法思想，“举国趋之，如饮狂泉”，是当时全国发行量最高、影响最大的民办报纸。报馆总经理是汪康年，与康有为的关系不错。可是康有为还想把整个报纸都夺过来。

他先是致书汪康年，劝他把《时务报》总经理的职位让给自己的学生梁启超。汪康年当然不干。康有为便上奏折，请光绪帝下旨将《时务报》改为官办，派康有为督办。这等于把创办多年、影响巨大的民报变成官报，把老百姓的喉舌变成政府的喉舌。汪康年于是釜底抽薪，改办《昌言报》，只给康有为留下一个“时务报”的空名。怒气冲冲的康有为又致电两江总督，试图再次动用权势的力量治汪康年“抗旨不交之罪”。一时间，南方北方，大报小报，纷纷评议，无不赞同汪康年而指责康有为，令其大失体面。由于不到一个月后就发生了戊戌政变，此案未得结果。

康有为的私心坑了皇帝

康有为的维新变法是包含私心的。戊戌年的正月，他上了《统筹全局折》，吁请光绪皇帝在内廷设立制度局，作为变法维新的专门机构。谁来领导这个制度局呢？康有为的建议是“选天下通才”以掌管之。谁是天下通才呢？康有为没说，其实意思很明显。首先就是他自己，当然，还可能包括梁启超、谭嗣同等人。

康有为等了半年，没有任何音信。他觉得政见不被光绪皇帝采纳，是因为朝野上下存在一个阻挠改革的“保守派”。其实这个时候的中国经历了40年的“洋务运动”，改革变法已经是朝廷共识。关于改革的分歧无非是不管什么国情的“速成论”和强调符合国情的“稳健论”之争。慈禧太后是稳健派，常常提醒皇帝“不要太性急”。

可是在康有为眼里，不同意自己的改革速成论者，就是改革的敌人，就是顽固派、守旧派，新旧势不两立。为了使改革能够雷厉风行，康有为甚至建议皇帝采取“诛杀近卫大臣”的严酷手段。皇帝没有这样做，就是因为皇帝无权。而自己之所以没能升官，没能得到主持维新的权利，是慈禧太后在背后捣鬼。所以他要替皇帝把权力夺过来。

他开始酝酿一场连光绪皇帝都不知道的政变。在派谭嗣同夜访袁世凯、讨论刺杀西太后仅仅30多个小时后，康有为便去了天津塘沽，临走时连弟弟康广仁也没通知。一天以后慈禧太后发动政变，他立即搭上英国轮船出海。当“六君子”血溅菜市口的时候，康有为已经在落日余晖的笼罩下抵达香港。这种行为唯一合理的解释是：极力主张策划武装政变的康有为，其本人却极不愿意以身犯险。塘沽可进可退：政变成功，可以“光荣”返京；政变失败，也能够从容逃走。

流亡海外也就算了，为了掩盖自己的阴谋，康有为还篡改了光绪皇帝送给杨锐的一道密诏。密诏原意是希望杨锐想个办法罢黜旧臣，但是不能因此开罪慈禧太后，否则自己的帝位不保。大概是慈禧对激进式的改革有些不满，但是母子的关系还没有到决裂的地步。康有为把这道密诏篡改成太后欲加害皇帝，皇帝要他康有为设法相救。他密谋“围园杀后”因此也就有了正当的理由。

篡改的密诏被登载在全世界的中文报刊上。没人怀疑康有为就是光绪特派的到海外搬兵救驾的钦差大臣。光绪皇帝可就惨了。这份假密诏彻底破坏了他和慈禧太后之间的关系，成了慈禧心中永不能原谅他的一种愤恨。他被软禁起来，至死也没能离开瀛台。

关于康有为的八卦

还有一些八卦逸事可以透露康有为这个人的品质。

比如变法之初，孙中山曾与康有为联合在日本横滨创办大同学校。一天，孙中山到大同学校去看望教员们，却吃了个闭门羹。原来此时的康有为受到光绪皇帝召见，想起与革命党人合作办学之事一旦传入朝廷，于他的政治前途大大不利，便立即要与革命党人断绝往来。大度的孙中山从此不再进大同学校。为培养革命力量，孙中山千辛万苦才创办的大同学校，竟一下子被康党夺去了。

比如1923年他在西安卧龙寺参观，看到寺内所藏《南宋碛砂大藏经》，属海内孤本，奇货可居，便向主持定慧提出以正续藏经二部相换。经过一番“威逼利诱”，迫使定慧立下字据。当晚康有为便派人带兵前来拉运。定慧阻止不及，只能望着满载经书的大车扬长而去。第二天此事登诸报端。陕西士绅对此十分震惊，一再声讨，闹上法庭。更有一批莘莘学子摩拳擦掌地等候在康有为必经的东门外，准备在他离开时用武力解决。“康圣人”觉得大丢颜面，无可奈何之中将经卷归还，可惜的是在运输过程中有所遗失和损坏。这就是著名的“康有为盗经”。

比如他很好色。落魄上海时，他天天狎妓，却无钱付嫖资。惹得妓家一起到康有为所住的客栈索取，甚至在他想逃回广东的时候一直追到船上。康有为倡导“一夫一妻一世界”运动，提倡妇女解放和建立现代家庭制度，自己却是三妻四妾。在颠簸动荡的流亡生活中，康有为一共娶了6位太太，娶时大都为不满20岁的处女。其中有一位是美国华侨，一位是日本人。垂暮之年他还在西子湖畔看中一个十几岁的小姑娘，毫不羞耻地纳为小妾。

比如他很奢侈。辗转海外多年，他靠炒房地产和华侨捐款，积累巨额资产，回到国内置办多处豪宅，占地上十亩，花木成林，曲径通幽，堪比《红楼梦》里的大观园。康府中有10多个女仆，30多个男仆、厨师，还雇有两个头卷白布、满脸络腮胡子的印度看门人。生活算得上“钟鸣鼎食”。康家仆役每天采购日用品、副食品多用汽车运输，每月单伙食费就要花费400银圆以上。

康有为究竟是个什么样的人？一个不惜伪造皇帝密诏达到目的的政客？一个敢作不敢当的改革者？一个抄袭别人学术成果的学者？一个满口仁义道德，其实卑鄙龌龊的小人？他无疑在中国近现代历史上占有一席之地，但是当历史的面纱被揭开，100多年来笼罩在康有为身上的神圣光环也就破灭了。

大清海关的洋管家

一个外国人掌管大清海关半个世纪之久，不仅对中国施加了全方位的深刻影响，还赢得了清廷勋贵的尊敬，被誉为“我们的赫德”。

1908年4月13日上午，十几个西方国家的驻华使节，清廷各部臣僚及名流士绅、工商买办、各界人士上千人聚集北京车站，为他们共同的朋友——大清海关总税务司赫德送行。乐队反复演奏各国国歌，气氛沉重、伤感。赫德在《友谊地久天长》的乐声中与送行的人们一一道别，灰色的目光中满是失意。

赫德是何许人也？他是在大清王朝岌岌可危的岁月里，掌管中国海关长达46年的英国人。在中学教材上，赫德被斥为英国侵略者的代表，不折不扣的奸角。可是这个坏蛋离开中国的时候怎么还会有那么多中国人去为他送行呢？莫非都是汉奸？

真实情况可能没有这么简单。赫德能令这么多清廷勋戚权贵依依不舍，是因为他的确为中国做了不少好事。

海关成为中国最早的现代化机构

赫德 1835 年出生在英国北爱尔兰，15 岁时考入有名的贝尔法斯特学院。1854 年初春，英国外交部招收驻华领事馆工作人员。正在攻读硕士学位的赫德毅然放弃学位，提出赴华申请。

初到中国时，他不过是一名无足轻重的额外翻译，但没多久就升为助理翻译，后又任广州领事馆第二助理。他操一口流利的汉语，为人自制、沉着、圆通，又熟悉中国官场礼节和士大夫的习气，经常主动地提供税务、洋务、外交等方面的意见，出谋献策，因此深得恭亲王、文祥等朝廷重臣们的赞扬。

在赫德来华的前一年，即 1853 年，上海发生小刀会起义。英、美、法以此为由插手和控制中国海关，从此以后清政府的海关总税务司一直都由英国人担任。首任海关总税务司李泰国骄纵跋扈，毫不尊重中方权益，很快被清政府解雇。年仅 28 岁的赫德继任成为清朝中国海关的总税务司，并且在这个位置上一待就是 48 年。

清朝的旧海关制度虽然独立自主，但体制落后，吏员无能，且因舞弊行贿、陋规盛行而声名狼藉。鸦片战争前，海关每年的税收不过 150 万两上下，比起当时清政府的主要收入农业税来微不足道。

赫德上任后，采用了先进的西方行政管理制度，实行全国海关垂直统一领导，从船舶货物的申报、查验、估税、审核、征税、交款直至验放等各个环节，都有制度保障，防止舞弊。每一个新人的录用都要通过考试。即使有赫德的介绍，亦不例外。有贪污舞弊行为的人员，会受到立即开除的处分。同时又实行高薪养廉，使大家能安心本职工作，勤勉奉职。大清海关很快面貌一新。

海关主权的旁落，是一个主权国家的耻辱记录。讽刺的是，在萎靡腐败的晚清行政体系中，赫德管理的海关却是最高效、最廉洁的一个机构，数十年间很少发生舞弊行为。这套机构和制度被历届中国政府全盘继承，一直运行到 1949 年。

赫德曾经告诫自己的属下：“我们必须毫不含糊地、经常地牢记：海关税务司署是一个中国的而不是外国的机构”，所有成员都是“中国政府的仆人”。在这个宗旨之下，海关为清政府集纳了大量的税收。1860 年第二次鸦片战争之后，清政府被迫向英、法两国共赔款 1 600 万两白银，用海关关税支付，6 年之后就全部清偿。在太平天国战乱时期，海关还为朝廷提供了巨额的财政支持。清政府对此大为赞赏。1875 年，海关税收达到 1 200 万两，1885 年增加到 1 450 万两，1902 年已达到 3 000 万两，占财政收入总数 1/3 左右。原本不起眼的海关居然在不到 20 年的时间里就成为帝国最重要的，同时也是最稳定、最可靠的财源。

赫德与中国现代化

赫德所处的时代正是传统中国逐步开始近代化的时代。对于衰弱的清政府来说，没有钱，什么洋务、什么西学都是空谈。赫德治下的海关恰在此时提供了非常宝贵的经费。当时的江南制造总局、金陵机器制造局、福州船政局及船政学堂、天津机器局、天津武备学堂、长江口至南京下关等九处炮台，以及后来的幼童赴美留学、闽广学生赴欧洲留学等涉外交流项目，其经费均来自海关。

不仅如此，赫德还直接参与到中国洋务运动中来。1865 年，他呈递了一个名为“局外旁观论”的报告，提出了一系列改革建议，除了没有提出君主立宪的政改主张之外，它几乎涵盖了后来洋务运动、戊戌变法的所有变革内容。这篇报告打破了清政府内部讳言洋务、万马齐喑的局面，引起清廷最高层的极大关注，下旨令封疆大吏讨论，为洋务运动的启动推了关键的一把。

赫德有过这样一句口头禅：“尽可能为中国多办好事”。在赫德的治理下，海关成为一个地位极其重要、涉足范围惊人广泛的机构，兼管了海务、港务、检疫、引水、气象等事务，甚至还办理专利、版权及商标注册等事业。

1868 年海关奉命开办同文馆。学生除学习英、法、俄 3 种外语外，兼学天文、法律、格致、算术等自然科学。赫德参与同文馆的行政管理，还亲自过问教学质量和教习待遇，在欧洲代为招聘自然科学教习。介绍西方的科技和学术，这在中国是首创。同文馆在海关编制之内长达30余年，为我国培养了第一批西文翻译和中外思想文化交流人才，1902年并入中国第一所现代意义的大学——京师大学堂。

1866年，清政府把递寄各国驻华使馆往来邮件的任务交由海关负责。海关引进国外先进的邮政运作制度，不仅保证了邮件迅速安全传递，而且与国外联网，通邮至世界各地。中国第一套邮票“大龙票”就是在海关诞生的。到1908年4月赫德告病回国前，全国共设有邮局44处，加上分局、代办处，共计2 803处。邮政里程、邮差线、航路线共计20万里。1911年以后，中国的邮政才从海关中独立出来。

1868年海关成立海务部门，开始进行海务设施和海关气象站基本建设，勘测、疏浚航道，绘制航行图表，制定航行规程，建筑灯塔等助航设备。它还负有港区规划管理、航行气象保障等任务。同时，在港口均设有检疫站，监控疫情。经过海关的精心管理，我国一些沿海港口的海务水平达到相当高的程度。在日本入侵之前，中国沿海许许多多的最现代化灯塔和无线电信号灯被公认是世界一流的。

1874年，李鸿章提出每年从海关税收中拨出400万两作为海防经费，筹建北洋海军。赫德作为中间人，协助清廷购买了八艘军舰，成为北洋海军的起源。赫德还为李鸿章招来了英国海军军官琅威理来担任北洋水师总查，负责训练舰上人员。新疆局势吃紧以后，清政府又用这笔款项支付左宗棠在西北用兵的军费。

“咱们的赫德”

清王朝专门管理外交和通商事务的机构——总理衙门于1861年才成立，缺乏经验，从商议一个条约到解决一个领土纠纷，都常听取赫德的意见，并要求他的帮助。中国近代第一个外交使团是在赫德的“发动”和“倡议”下成行的，设立驻外使节也是赫德促成的结果。通过他公开或幕后策划的中外不平等条约有10多个。赫德尽管是一个英国人，却常常尽可能地维护中国的利益，帮助清政府抵拒外国无理的要求。恭亲王因此亲切地称他为“咱们的赫德”。

1868 年中英双方就《天津条约》修约问题进行交涉。赫德作为清政府的代表参加会谈，帮助清政府解释中方的困难，劝说英方在某些问题上让步。英国驻华公使阿礼国私下对赫德说，他不喜欢新修订的条约，因为它“过于袒护中国”。英国商人们对新修订的条约也强烈反对，一致认为还不如原来的条约有利。结果英国政府在英国商人舆论的压力下不得不拒绝批准修订之后的条约。当时的英国媒体说，赫德在对华政策上“束缚英国政府的手脚整整一代”。

1885 年中法战争中，法国海军袭击了基隆、福州等地。赫德予以强烈谴责。中方取得局部胜利之后宣布停战。赫德积极从中斡旋，阻止了法国挑起新的更大的战争，促成中法之间的谈判。在谈判中，法国提出了很疯狂的商务和赔款要求，但在赫德的调停下，法国最终放弃了赔款。

义和团运动爆发以后，尽管赫德也在使馆中受了义和团长达 8 个星期的围攻，住宅与所有东西都被付之一炬，个人损失极大，仍然公开对中国抱同情态度。他评价义和团运动“是一个纯粹爱国主义的自发自愿的运动”。对八国联军的疯狂屠杀和野蛮洗劫，赫德颇为愤慨。他的言论在西方引起了很大轰动，遭到《泰晤士报》的严厉批评。

1900 年 8 月中旬，八国联军侵占北京，慈禧光绪仓皇出逃。失魂丧魄的清政府寄希望于赫德出马从中斡旋。当时，各国侵略分子在如何处置中国的问题上争议很大，一些侵略分子主张“瓜分”中国，另一些则主张“改朝换代”。不管哪一种方式，中国都面临着彻底沦为殖民地，甚至亡国灭种的危险。赫德极力劝阻各国，把清王朝保全了下来。在议和谈判中，赫德劝说列强在赔款问题上“接受中国所愿承担的赔偿”、“维护中国的行政管理完整和维护其领土完整”，尽一切努力设法使中国少赔款，少受损害。他还在中英谈判中建议英国在中国整顿和完善了法律体系后，放弃治外法权。他关于赔款及其担保办法的意见，绝大部分被采纳，写入《辛丑条约》。

赫德究竟是什么人？

赫德在中国近代史上是一个十分奇特的人物。从来没有哪一位外国人像赫德那样，对中国海关和外交、政治、经济与文化教育等各方面，施加了如此全方位的、深刻的影响。清政府对赫德宠信有加，先后授予他“按察使”、“布政司”、“太子少保”衔；并赏“花翎双龙二等第一宝星”、“三代一品封典”，死后还追封为“太子太保”。这种对外国人的恩遇可谓是绝无仅有。

不可否认，在很多时候他对自己的祖国英国还是有一定偏袒的，但是我们不该因为他的英国人身份，就简单地将他划为殖民强盗。他并非英国委派，而是由中国聘请；其言行也并非为谋求英国的殖民利益。有人说，应该比照春秋战国时代在自己的母国之外成就事业的苏秦、张仪，称他为清王朝的“客卿”。他为近代中国所做的好事不该被忘记。

1908 年，73 岁的赫德告假回国。他在中国前后生活了 54 年，似乎已经很难分辨自己到底是中国人还是英国人了。1911 年 9 月 20 日，赫德在英国白金汉郡去世。再过 20 天，辛亥革命在武昌爆发。77 岁的赫德终于没有看到他服务了半个世纪的帝国的灭亡，这也许是上天对他的最后一点赏赐。

第十章　民国谈往

袁世凯的奋斗

袁世凯早年的经历其实是清末中国精英阶层救亡图存的代表。他们竭力维持大势已去的中华帝国在藩属国的威严；他们潜心实干，试图以新政拯救国家的危局；他们放弃清王朝，尝试在中国实现共和。他们距离成功曾经只有一步之遥。

在中国的近代史上，有一位曾经叱咤风云的人物，那就是袁世凯。他既曾在晚清政局中一柱擎天，又曾一手开创了民国的政治版图。他曾是中国统一和稳定的强有力的象征，不管是土崩瓦解的大清王朝还是嗷嗷待哺的中华民国，都将他视为自己的救世主，但转瞬之间，他又成了“祸国殃民”的罪魁祸首。人生沉浮为何如此充满戏剧性？我们只有在传统帝国向近代转型的大历史背景下才能解释这一切。

袁世凯早年的经历其实是清末中国精英阶层救亡图存的代表。他们竭力维持大势已去的中华帝国在藩属国的威严；他们潜心实干，试图以新政拯救国家的危局；他们放弃清王朝，尝试在中国实现共和。他们距离成功曾经只有一步之遥。

少年英雄叱咤朝鲜

袁世凯于 1859 年生于河南省的项城县。祖父辈因镇压捻军起义有功而三代显赫。少年袁世凯生性浮嚣，只喜爱驾驭悍马，习练拳术，先后两次参加乡试，都名落孙山。于是，他带着几十个人跑到山东，到父亲的好友、淮军统领吴长庆手下当了兵。

当时还是大清帝国属国的朝鲜正处于李朝末年，国王高宗性情怯懦，他的妻子明成皇后与他的父亲大院君发生了激烈的权力斗争。1882 年，大院君发动兵变，闯入王宫，迫使明成皇后易装逃走，又纵火焚烧了日本公使馆，史称壬午兵变。朝鲜不得不请中国派兵戡乱。日本则以侨民被杀为由出兵朝鲜，结果这一场兵变变成了中日两国的明争暗斗。

吴长庆奉命紧急渡海平乱。入朝以后，毫无锐气的清军暮气沉沉，拖沓敷衍。袁世凯毅然下令斩杀七名行为恶劣的兵丁，立即军威大震，一路如疾风偃劲草，终于赶在了日本人的前面抵达汉城。袁世凯策划摆下了“鸿门宴”，智擒大院君，用一台小轿抬回保定幽禁起来，三年后才送回朝鲜。大院君一去，乱军无首，自然散去，一场惊天动地的“壬午兵变”就此结束。日本人师出无名，朝鲜局势随之平静了下来。

这一场事变其实是中日这一对百年冤家民族和国家较量的真正开始。削平壬午兵变为年仅 23 岁的袁世凯树立了在朝鲜的形象。汉城人为他立了生祠，时时瞻拜，以感谢他在平乱中治兵严厉，秋毫无犯。国王拜他为上将，帮助朝鲜编练新军。

1884 年，日本与朝鲜国内亲日派勾结发动政变，劫持国王，处决亲华派。这就是朝鲜的“甲申政变”。袁世凯一看情况危急，不等请示国内，一人带队直冲王宫，苦战一日一夜，将朝鲜国王救出带往清军大营。日本公使见大势已去，连忙狼狈出逃。朝鲜的亲日势力被一鼓荡尽。

甲申政变一役，若不是袁世凯一人临机应变，敢于负责，击败了亲日派的政变，“甲午战争”就要提前发生 10 年。这一次胜利，是中国在朝鲜和日本交锋的最后一次胜利。在平息这次事变过程中，袁世凯所表现出来的果断干练、临危不惧、临难不惊、勇于承担责任的魄力和左右逢源、进退裕如的外交才能，迅速得到了李鸿章的赏识，被正式任命为驻朝鲜总理交涉通商大臣。

从此，一直到甲午战争爆发前夕，袁世凯实际上控制操纵了朝鲜的内政外交。然而，咄咄逼人的日本给中国的压力越来越大。1894年，完成一切战争准备的日本借口朝鲜东学党起义，出兵朝鲜。李鸿章避战求和。朝鲜孤立无援，只好自行宣布独立，脱离中国。袁世凯也只能乔装打扮，黯然离开自己惨淡经营12年的朝鲜。

维新运动的实干家

中日甲午战争随即爆发，中国惨败。曾经帮助朝鲜王室编练新军的袁世凯大声疾呼编练新式军队的紧迫性，获得了朝廷的支持，从1895年底开始在天津小站练兵。

袁世凯所练新军统称“北洋军”，全军装备西化、齐一，一律习洋操，按照德国陆军教条进行训练。至1905年建成了北洋六镇，近9万人，成为北方最大的武装力量。北洋军是中国历史上第一支近代化的陆军，也是后来北洋军阀的渊源，其组织、制度、思想、军纪甚至一直影响到后来国共两党的武装。当年全国举行了一次新式陆军大演习。观摩的俄、德武官甚至认为，中国军队已可以与日本匹敌。

在袁世凯看来，中国的出路归根结底还是要变法自强，因此力主维新。1895年，康有为、梁启超等在北京发起成立强学会，袁世凯也捐款入会，被列为发起人。袁世凯表现活跃，走到哪里就和哪里的维新人士亲密接触，逢人大谈变法维新，练兵求强，尽其所能为康、梁、严等维新派掀起变法维新热潮做了不少协助工作。

这就是为什么当康有为等人孤注一掷地策划包围颐和园、抓捕慈禧太后时，会向袁世凯求助的原因。但是袁世凯似乎并不喜欢以流血的形式进行变革，拒绝了这个要求。他要以自己的方式把这场维新进行下去。

1899年袁世凯任山东巡抚，1901年又升任直隶总督兼北洋大臣。封疆大吏的身份使袁世凯有了实现自己想法的机会。天津几乎被他变成了一个新政中心。1901年，袁世凯在天津成立了中外合资的济安自来水公司。1902年，他在天津建立了第一家发电厂。1903年，他设立了天津电话局。1905 年，他设立了天津—北京电话交换局，开通了京津复式长途电话。同年他又开通了无线电报学堂。他在天津修筑公路，购置现代化交通工具，用电车把天津城区和租界连成一片，黄蓝白三色六路电车往来行驶，给天津市民带来极大便利。他还在天津采用西法，建造了大量工业建筑、公共设施，诸如衙署、学校、西洋住宅、洋行、教堂、俱乐部、影剧院。天津俨然成了现代意义的都市，也有了“万国博览会”之誉。中国人今天热情传诵詹天佑修筑京张铁路的功绩，但这条铁路的决策、资金筹措，包括决定用中国人和中国资金修建等，也主要是袁世凯的功劳。那时袁世凯几乎成了新政的楷模。

1905 年 7 月，袁世凯奏请大清国体实行立宪，西方舆论一派叫好之声。英国《泰晤士报》驻京记者莫理循撰文称“中国出现了改革的转机，大清国一个握有实权的改革家，他的名字叫袁世凯”。也是在这一年，袁世凯与张之洞联名上奏，废除了一千多年历史的科举制度。此举被认为是 1905 年中国最大的新闻，轰动国人，轰动世界。

这一切使袁世凯声望大噪，他已成为新政领袖人物，映亮了国人眼眸，袁世凯早已成为当时中国叫得最响的名字。

众望所归的大总统

1908 年，名高盖主的袁世凯受清皇室排挤，被迫下野，隐居家乡。但是 1911 年辛亥革命爆发，受国内外形式所迫，清廷又被迫重新起用袁世凯主持军政，镇压叛乱。

武昌起义之后，各省纷纷宣布独立，革命形势似乎是一片大好。但革命派内部成员复杂，许多旧官僚和立宪党人也混迹其中，各持观望态度，争权夺利。从欧洲匆匆赶回来的临时大总统孙中山根本无法节制。而清廷仍牢牢控制着东北三省、直隶、山东、河南，袁世凯刚一出山，立即就从革命军手中夺回了汉口、汉阳。假如清军胜利的话，中国的共和进程至少还要再拖后一二十年。即使革命军胜利，也必将是一场旷日持久的内战。无论哪种结果，广大黎民百姓都会遭受灭顶之灾，甚至会给中华民族带来亡国的危险。

但此刻的袁世凯却主张以政治手段解决南北问题，积极追求同革命党和谈停火。在袁世凯的强大压力之下，隆裕太后及王室在2月11日下退位诏。长达268年的清王朝便宣布结束。袁世凯通过和平的手段终结了中国几千年的封建帝制，避免了多少人的流血。

过去中国学者多认为袁世凯是周旋于革命阵营和清廷之间，玩弄权术在两边借刀杀人，最终夺权的“窃国大盗”，为孙中山轻易让出大总统职位感到惋惜。但是近年来，这种看法受到了若干的批评和修正。因为袁世凯在当时人们心目中威望实在太高了。不说列强各国、立宪派、清朝文武官员期待和欢迎袁世凯成为建立新秩序的领袖，即使是革命党领袖孙中山、黄兴等人对他也是相当地拥护和信任，甚至将他誉为中国的拿破仑、华盛顿。他被推举为临时大总统，是顺理成章的事。

1912年3月12日，袁世凯在北京正式就任中华民国临时大总统职。无论以后袁世凯如何，他作为第一任临时大总统，是按照当时的法律程序公开选举产生的，并得到国内外的支持和承认。

当土耳其、奥匈等老大帝国在近代化的浪潮中四分五裂的时候，清朝灭亡后的中国却免遭厄运。从传统帝国转变为近代国家，就如同在惊涛骇浪中将一条破旧帆船拆板卸缆，改造成一艘远洋巨轮，脱胎换骨之际可能就是万劫不复之时。

“袁大总统”的乐与怒

新生的“中华民国”立足未稳，就得面对国土分崩离析的大祸。蒙古、西藏在沙俄和英国的调唆下要求独立，日本又抛出了灭亡中国的“二十一条”。袁世凯用他特有的手段保住了中国的统一。

新生的中华民国立足未稳，就得面对国土分崩离析的大祸。蒙古、西藏在沙俄和英国的调唆下要求独立，日本又抛出了灭亡中国的“二十一条”。袁世凯用他特有的手段保住了中国的统一。

“独立”的蒙古重返中国

1911 年，武昌起义刚刚获得成功，外蒙古和呼伦贝尔就在沙皇俄国的支持下接连宣布“独立”，内蒙古的少数王公也蠢蠢欲动。袁世凯曾一再致电外蒙古首脑进行规劝或准备派代表前往谈判，并筹划以武力收复呼伦贝尔，均因沙俄的强行干涉、阻止而未果。

1912 年，内蒙古哲里木盟的乌泰等蒙古王公图谋起兵响应外蒙古“独立”。袁世凯即密电东北三省都督和热河都统，增派军队进驻蒙旗沿边各府厅州县。8 月 20 日，就在乌泰宣布“东蒙古独立”的当天，政府军便开始向蒙兵大举反攻。经过近一个月的激战，蒙兵彻底溃败，乌泰等人辗转逃往外蒙古。在这种形势下，10 月召开的哲里木盟王公会议和次年初召开的西盟王公会议，均通过并发出了拥护民国、反对外蒙古“独立”的通电，袁世凯政府确立了在内蒙古大部分地区的有效统治和管辖。

1912 年冬，外蒙古“独立”政权派兵分路大举南下，试图吞并内蒙古。内蒙古一时烽烟四起、战火弥漫，各地原来驻守的少量政府军纷纷溃败。袁世凯政府急忙从内蒙古沿边、京畿和内地陆续抽调大批精锐正规军投入战场。经过一年的反复争夺、激战，外蒙古进犯武装终于不敌数量和装备均占优势的民国政府军，败溃北逃。至 1913 年底，袁世凯政府进一步有效控制和稳定了内蒙古局势。

随着内外局势的演变，经过反复交涉，中国的外交官们做出了极大努力，终于迫使沙俄做出让步，承认外蒙古是中国的一部分，已经“独立”的外蒙古改称自治。尽管俄国享有的种种特权和实际控制状况并未改变，中国政府至少在形式上恢复了在外蒙古的主权。在当时的情况下得到这种结果已实属不易。1915 年 11 月，中国政府对呼伦贝尔的主权也正式恢复。

西藏是中国的一部分

民国肇建，辛亥革命的烽火也很快蔓延到西藏地区，清朝在西藏的统治全面崩溃，此时，西藏地方分裂势力在英国侵略势力的唆使下借机发布“驱汉命令”，拉萨人心惶惶，谣言四起。同时，西藏地方分裂势力派遣藏军东侵，攻占了理塘等地，并挑动在清末已进行过改土归流的西康藏区脱离中央。

近代西藏最危险的局面摆在了袁世凯面前。面对康藏的混乱形势，他先是采取了武力平叛的策略，下令川军自成都出发西征，不到两个月便成功收复失地，康藏边区形势趋于稳定。

这时，英国政府就西藏问题两次向袁世凯政府提出“五条抗议”，并说如中国不答应的话，英国当以实力帮助西藏“独立”。袁世凯令外交部加以驳斥，但是权衡利弊后，他还是决定取消了继续西征的计划并放弃了将西藏改为行省的策略，改“剿”为“抚’，利用和平手段安抚西藏上层，争取西藏内向中央政府。

袁世凯尽力争取与达赖喇嘛直接对话的机会，派专使取道印度准备赴藏册封达赖，阐明民国政府的对藏政策，以消除隔阂。同时也高度重视班禅在西藏政教势力中的作用，对他进行表彰和加封，安定边疆地区的人心。袁世凯还坚持吸收西藏地方的各界代表参加国家管理和政治生活。中华民国第一届国会第一期常会中，参议院的西藏议员有 10 人，众议院的西藏议员也有 10 人。1914 年以后，在袁世凯举行的“政治会议”和“约法会议”中，西藏均有代表参加。

1913 年，英国为了达到将西藏地方从中国分裂出去的险恶目的，阴谋策划了“西姆拉会议”。此会议争论的焦点，是所谓西藏的“范围”和“独立”问题。英国代表诱骗藏方代表以秘密换文的方式，在会下又搞了一条历史上恶名昭著的“麦克马洪线”，把中国西藏地方共约 9 万平方公里的土地划归英方管辖，还炮制了一个《西姆拉条约》。

为免于背负“卖国贼”的千古骂名，纵使压力再大，袁世凯仍始终令中国代表拒绝在《西姆拉条约》上正式签字，使所谓的《西姆拉条约》成为非法的、无效的废纸。西姆拉会议以后，十三世达赖通过对中央政府和英国的对藏政策比较，得出了英国靠不住、祖国不可轻视的结论，从而改变了一度亲英、与中央政府对抗的做法。

让《二十一条》作废

过去，我们常说袁世凯为了实现自己的皇帝梦而以国家利益为代价争取日本支持，不惜签订了灭亡中国的《二十一条》。真实情况又如何呢？

1915 年 1 月，日本向中国政府提出企图把中国的领土、政治、军事及财政等都置于日本的控制之下的二十一条无理要求。袁世凯知道后极为恼火。那么，他是否能拒绝日本提出的“二十一条”呢？不可能。因为当时欧战正酣，西方列强无法对日本进行牵制，中国没有力量与日本正面冲突。

袁世凯心神稍定，开始琢磨怎么和日本人周旋。首先，他把日本人竭力保密的这一条约捅出去，让新闻舆论界和列强外交界都知道日本人的这一侵略要求。当各国大使向日本使馆询问这一条约真假时，日本人措手不及，窘迫不堪，先是竭力否认有此条约，后来说日本提出的条约不是这样。日本人也知道自己提出的真实条件太不要脸，所以不好意思公开承认了。

接着，间谍来报，日本御前会议决定了对华要求最重要几点：（1）日本在满洲内地杂居；（2）日本人在满洲租地种地；（3）满洲警察局须聘用日本人为顾问。这三条中国若不答应，谈判即破裂，日本将以武力解决。预先知道日本人的底线，袁世凯在谈判中就对哪些可让哪些不可让很有把握。在这个过程中，袁世凯居然还收买了日本国内议会中的反对派对大隈内阁提出不信任案，将大隈首相吓出一身冷汗。

通过外交谈判和袁世凯的“幕后运作”，最后签订的所谓《二十一条》实际上只有“十二条”。第五项的七条根本没签订，第四项全部删除，第三项中的两条删除一条，第一、二项中的十一条最后签订的条文不是“留待日后磋商”，就是加进了限制条件。

即使是已经签订的几条，后来也大多被袁世凯破坏掉。袁世凯说：“购地租地，我叫他一寸地都买不到手；杂居，我叫他一走出附属地就遇到生命危险；至于警察顾问用日本人，我虽用他，每月给他几个钱罢了，至于顾不顾，问不问，权却在我。其他各条，我都有破坏之法。”

此后，在东北的日本人也曾说：“我们日本人在东北被囚禁于附属地界内，一步不敢出附属地。”至于向中国人购地、租地，更谈不上。日本受中国各机关聘雇人员也说：“我等名为顾问，其实绝无人顾，绝无人问。”日本继任首相也实事求是地说：“大限内阁向中国要求二十一条，惹中国人全体之怨恨，而日本却无实在利益。”说是灭亡中国的《二十一条》基本上成了一堆废纸。

陶菊隐在他的《袁世凯传》中写到：袁世凯在“二十一条”上签字后，仍好多天神志不宁。他让人撰写了一本书，叫《中日交涉失败史》，印刷了 5 万册，密存在山东模范监狱中。他经常对左右说：“勾践不忘会稽之耻，最后终于打败了吴国；那些咄咄逼人的人终有肉袒牵羊（战败投降的意思）之一日，到那时，此书就可以问世啦。”

袁世凯为什么要当皇帝?

似乎很简单，一个权欲熏心的坏人想当皇帝，结果失败了。但是，抛开袁世凯个人的野心不谈，他当皇帝还有没有别的原因呢？被皇帝统治了几千年的中国人，为什么能接受一个“终身总统”，却忍受不了一个立宪的“皇帝”呢？

袁世凯最遭人唾骂，同时也最没有争议的罪责就是“独裁”、“称帝”、“开历史的倒车”。是非似乎很简单：一个权欲熏心的坏人想当皇帝，结果失败了。但是，抛开袁世凯个人的道德品质和野心不谈，他当皇帝还有没有别的原因呢？被大大小小的皇帝统治了几千年的中国人，为什么能够接受一个“终身总统”，却忍受不了一个立宪的“皇帝”呢？中国人民大学教授张鸣说，袁世凯成了进化论的牺牲品。

被架空的大总统

1911 年 10 月 10 日，武昌起义爆发。1912 年元旦，孙中山就任中华民国第一任临时大总统时，实行的是美国式的总统制，把国家的行政大权掌握在总统手中。但是让位于袁世凯之前，孙中山却把总统制改成了英国、法国和日本那样的议会制，也就是架空皇帝或总统，由总理或者首相治理国家，明摆着是欺负袁世凯。

袁世凯只担任了个空有其名而无权的临时大总统，就任之后的第一年里，日子相当不好过。由于中国刚开始实行民主共和，各方面的经验尚不完备，政治中的冲突很大程度上并不是取决于国家的最高利益，而带有一种浓厚的政党偏见，甚至是私人成见。内阁总理唐绍仪就是如此。在执行袁世凯所制定的政策时，他更多地不是考虑国家利益，而总是考虑同盟会的向背。

而议会中更是如同大闹天宫一般混乱。当时参、众议员多是前清稍有新思想的半新人物，仍背着入朝做官的老包袱不放。他们看重的只是自己的政治前途，搞政治的目的是入朝为官，并不代表什么阶级。于是，千奇百怪的人相聚在一起，组成千奇百怪的党，提出千奇百怪的理论，有党与党之争，有党与非党之争，更有一党之中一部分与一部分之争，每每为了一件普通国事的表决争吵不休。

这种权力的多元化固然有助于防止个人独裁，但在中国急需恢复秩序与稳定之际，实际上却使政府的权威大部分抵消，并不利于中国的政治发展与经济繁荣，甚至有可能导致中国的分裂与灭亡。不堪忍受政治乱局的激进者们甚至主张取消国会和内阁，由大总统“便宜行事”。

袁世凯是一个有着非常政治抱负和政治手段的人物，他当然无法容忍做一个空头的虚君总统。于是，袁世凯开始利用自己的影响力和手段，逼走了总理唐绍仪，1914 年颁布《中华民国约法》，规定实行总统制，废除内阁总理，解散了国会，自己出任总统制的实权总统。

从总统到皇帝

袁世凯以为消除了议会和内阁对总统权力的掣肘，政府的决策易于贯彻执行，便有利于他实行自己的政治理想。但中国的问题并不是说他成为独裁者就可以解决的。

在“二次革命”中，他把国民党赶走，派一些悍将到地方当了督军，可这些督军一旦实权在握就不怎么听话。看起来大获全胜的袁世凯，实际上面对的是一个五代十国的局面，昔日言听计从的北洋诸将，甚至连上缴中央的款项也日益含糊起来。中央的权力还是很小。

而老百姓则习惯于过有皇帝的生活。清朝的皇帝倒了以后，老百姓说，皇帝没有了我们可以不交税了，就可以没有王法了。旧的制度几乎彻底破坏，而新的规则尚未确立，原来的土匪都是偷偷摸摸，现在直接出来了。卖私盐的以前偷偷地搞，现在在市场上公开地卖。进入民国之后人民的生活并没有改善，政府权威丧失殆尽，社会信仰混乱不堪，社会治安也没有变好，乱七八糟的事情特别多。

一个掌握了中央权柄的人，却发现自己什么事都做不了。社会道德、意识形态混乱，怎么办？没有君了、没有皇帝了、没有君臣之分了，怎么解决？总要有一个东西，一个精神的东西、制度的东西，把中国重新扶起来。于是，袁世凯就恢复了传统，尊孔、祭天、宣扬旧道德。

袁世凯还搞了一系列的制度变革，废督，虚省设道，实行文官政治，设立将帅团，创立了新的模范团，并以此扩编了几个师，希望能在北洋军之外重新打造一只军事力量来做制衡，统统都是冲地方的大小军阀去的。然而，这种与虎谋皮的举措障碍重重，推行得异常艰难，私下的抵制已经开始了。段祺瑞辞去了陆军总长的职务，冯国璋也躲在南京观望风色。这时，袁世凯想起了当年在大清国的情景，皇帝的权威之重，即使当年如他这样权倾朝野、盘根错节的人物，想要拿掉，一纸诏书也就搞定。也许，实行君主立宪就能够解决这一切？

当时看起来这似乎是可行的。当上终身总统之后的袁世凯已经跟皇帝没有什么区别了，全国似乎并没有什么反应。而他要是当皇帝，实行的也是“君主立宪制”。两千年的传统帝制，只有皇权一极；而君主立宪则由皇室、内阁、议会三极组成，根本上是有所区别的。当时主张帝制的人中还有这样一种看法，重建帝制反而会削弱袁世凯的个人势力，随着袁世凯居于皇帝的高位，政府将掌握在国务总理和内阁手中，他们将按照宪法继续掌管政府，并使之与立法部门协调一致，让袁世凯成为庙宇中的菩萨……

出于这种考虑，再加上国内外怀着各种目的的人不断地表示支持，或许也有一些个人的旧式皇帝梦，袁世凯欣欣然坐到了热锅上，成了洪宪皇帝，他以为这样可以重树国家的政治权威。不料那些散在各地的骄兵悍将，正苦于没有借口来反抗他重树中央权威的举措，现在就有了一个反复辟、反倒退的正当借口。

反对袁世凯复辟帝制的蔡锷在云南组织护国军。他仅有 3 000 名老弱残兵，仅仅打到四川，势力远远不如“二次革命”时的讨袁军。但各地北洋军阀们却以一种默许的姿态消极抵抗，甚至倒戈相向。袁世凯在四面楚歌之中只得通电全国取消帝制，从此一病不起。

时代的悲剧

在清末民初中国政坛上，袁世凯无疑是一个强有力的人物。他本可以成为中国历史上为数不多的杰出政治家，本可以成为他曾经期望成为的中国的华盛顿。

不幸的是，他处在一个激烈动荡转型的时代。中国人刚刚开始自己的西式民主制度实践。当时人们普遍认为，只要民主共和的招牌挂在了中国的国门之上，中国就像被魔棒点了一下，立即会发生变化，我们可以凭借最先进的制度一举赶超过去，成为最强的国家。

然而，民主共和的道路不止一条。总统制？议会制？君主立宪制？各种思潮风云际会。中国应该沿着哪一条道路走下去？其实民主共和的形式本不拘一格，并没有孰优孰劣之分，然而不幸的是，当时中国人的思想已经接受了西方的进化论思想：人类历史如同在一条直线上前进，后面的总比前面的好。从总统制转变为君主立宪制似乎就是一种倒退，在进化论里是不容许倒退的。于是，人们心中有了选择。

为了解决刚刚诞生的民主共和所带来的种种乱象，袁世凯不恰当地进行了一次政治体制的改革，开了历史的“倒车”。尽管他的帝制不过是君主立宪而已，可他还是一夜之间变得遗臭万年，成了中国人心目中的一个利欲熏心、狡诈阴险的小人。

君主立宪制随袁世凯之死而死。随后，共和也死了，中国陷入极度混乱中。新登台的政治势力既无共同的组织，也无国家秩序的共同构想。人们看到的只是一个个强权集团和动乱与内战的舞台——中国进入了军阀时代。

一个传统帝国想要谋求民主共和，却在刚刚起步的时候就迷失了。我们必须说，这种迷失是避免不了的。没有人能够轻松甩掉几千年的文化包袱，更鲜有人能够在光怪陆离的无数救国思路中保持清醒。袁世凯的境遇代表着当时所有中国人的困惑。

讨人喜欢的军阀

> 被脸谱化了的军阀当中，一生清正廉洁、两袖清风者有之；忧国忧民、苦心经营者有之；坚持民族气节、抵御外侮者更是大有人在。

几个兵痞前呼后拥，一群姨太太左拥右抱，抽着大烟欺男霸女、鱼肉乡里，碰到洋人立即卖国求荣。这就是大多数人脑海里的民国军阀的形象。不过当你拨开多灾多难的中国近代历史的迷雾，可能会发现，这些脸谱化的军阀当中，一生清正廉洁、两袖清风者有之；忧国忧民、苦心经营者有之；坚持民族气节、奋起抵御外侮者更是大有人在。现在就让我们一起来看看军阀们的另一面。

“六不总理”和“秀才大帅”

军阀似乎很难与清廉和气节两个词扯到一起去。可是北洋军阀中的两位领袖级人物段祺瑞和吴佩孚却堪称清廉的楷模。

在清末民初中国扑朔迷离的政治舞台上，段祺瑞曾经显赫一时。与他同时代的黎元洪等四大总统，再加上一个大元帅张作霖，谁也比不上段祺瑞这个国务总理的权势更大。

这么大的官，他的家教却严得近乎苛刻。他家的门房从来不收红包。如果哪个人敢像前清王府的门房一样勒索来客，马上拉出去枪毙。如果有人给他送礼，他要把礼物细细地看上一阵，然后只选一两样不值钱的留下，其余的一概璧还。只有冯玉祥送给他一个大南瓜他全都收下了，因为实在没有办法把南瓜再切一半还给冯玉祥。

段祺瑞不抽不喝不嫖不赌不贪不占，人称“六不总理”，除了躲在书房里下棋、打牌，没有别的任何嗜好。当时的有钱人，都喜欢在北戴河修建些别墅避暑，段祺瑞却连一间小屋都没盖，即使在老家合肥他也是一无房产二无土地，这在民国初年的所有军阀政客中是绝无仅有的。

从年轻到年老，段祺瑞穿衣服就没逃过邋里邋遢的样子。他在家里总是一件长衫，头上一顶瓜皮帽，任谁见了他也想不到他会是个国务总理。因为没有额外的收入，堂堂的总理之家居然常常会像平民小户一样，有经济周转不灵的时候。实在挺不下去了，段祺瑞也会写张白条，到金城或是大陆银行去借上个千八百元的。这一笔笔的账段祺瑞记得十分清楚，等到他有了钱去还款时，哪家银行想“赖账”都没门。

北洋军阀的另一位重要人物吴佩孚也是一个两袖清风的模范。吴佩孚喜欢读书，人称“秀才大帅”。他也的确颇有儒帅风范，生平最崇拜的就是关羽和岳飞。做官数十年，统治过几省的地盘，带领过几十万大兵，他却没有私蓄，也没置田产，比较他同期的那些军阀腰缠千百万，可谓难能可贵。

某先生曾在别处为官，名声不怎么样，得知吴佩孚主政直鲁豫，便托关系欲到河南谋个官职。报告呈上，吴佩孚批曰：“豫民何辜?”意思是俺河南老百姓有什么过错，竟要这样的人来当官，被他祸害。

还曾经有一个“下岗”的军佐，获悉吴佩孚帐下有一旅长出缺，拟了自荐书，里面大谈理想抱负志向，最后说“愿为前驱，功成解甲，退居故里，植树造林，福泽桑梓”云云。吴佩孚批示：“且先种树。”既然你有这种为人民服务的精神，先回乡种种树再说。

袁世凯也好，曹锟也好，张作霖也好，一个个都是三妻四妾，美女尽收床前仍嫌不足。而吴佩孚却从始至终只有一个结发的老妻相伴，从不拈花惹草。有位叫露娜的德国女郎慕吴佩孚之名，不远千里跑到中国来追求他，径直写信向吴佩孚求婚。结果吴佩孚在情书上批了四个字“老妻尚在!”，断然拒绝了这桩婚事。

吴佩孚以统一国家结束纷争为信念，视外国租界为耻辱，发誓一生不踏进租界，反对签署任何卖国条约，甚至不结交外国人，不举外债。1924 年败军之际，有人建议他逃入天津租界，他厉声斥之：“堂堂军官，托庇外人，有伤国体，乌可为者。”在那个纷纷借重洋人的时代，吴佩孚的气节可谓是绝无仅有。

争做模范省

军阀们也不是仅仅洁身自好就完了，他们中间的不少人也胸怀济世安民的抱负，有时候对自己治下的民众显得相当温情和开明。

1926 年的“三・一八惨案”中，段祺瑞得知卫队开枪打死学生之后，既也没有把责任推给军队，也没有把学生说成是暴徒，而是顿足长叹，随即赶到现场，面对死者长跪不起，之后又惩处凶手，抚恤死难者家属，并从此终生食素，以示忏悔。面对学校举行的各种悼念活动以及全市的“国民追悼大会”和各种报刊的广泛而详尽的报导，段祺瑞执政府也没有对参加游行的学生加以清算，而是默许了人民的各种抗议活动。

在北洋军阀统治时期，政府认错是常有的事，当时人民不仅有广泛的言论自由，而且还可以组织政党，因抗议政府被关押或被杀的人很少。正是因为宽容的缘故，孙中山才得以多次起来革命。清华和北大的学术自由，也是在北洋政府时期奠定的。

不过要说真正实业兴国，造福一方还是要数民国中后期的新军阀。其中“山西王”阎锡山成绩最为卓著。1917 年起担任山西省长之后的阎锡山，宣布要“保境安民”，多次拒绝参加军阀混战，使山西维持了数年的和平与安定。阎锡山在山西大搞实业，兴办银行、纺织、化工、机械制造等行业，建立起完备的工业体系；他修建铁路、公路，大搞义务教育，甚至搞起了相当先进的乡村民主自治。所以当时的山西被称为“模范省”。

另一个“模范省”是桂系军阀治下的广西。李宗仁、白崇禧等人为了实现所谓“建设广西，复兴中国”的主张，在全省范围内开展了政治、经济、军事和文教等方面的建设。使广西的农业、工业、矿业、交通等都有了较大的发展。文教事业的进步也比较明显。30年代的广西拥有全国最先进的省级高等教育体系，也是中国第一个强制推行小学义务教育的省份。这些在广西史上前所未有的成就，使它取得了“模范省”的美名。

坚决抗日的军阀

不管相互之间如何钩心斗角，刀兵相见，军阀们在对待日本侵略者的问题上却出奇的一致，那就是坚决抗日。

奉系军阀张作霖虽说是草莽出身，但在民族大义上从不含糊。“九·一八事变”以前，日本曾经想要胁迫张作霖在东北履行“二十一条”，如日人杂居、商租土地什么的。张作霖非但不应，反而先后发出严禁日人商租中国土地的训令达40多号。因为张作霖有如此严令，所以日本人虽屡次尝试向民间租赁房屋土地，却没有人敢租给他们，终使“二十一条”如同废纸。日本人最终只得暗中在皇姑屯将张作霖炸死。

吴佩孚也是因为不合作而死在日本人手上。1931年“九·一八事变”以后，日本人扶植溥仪搞伪满洲国，吴佩孚当即通电反对。1935年日本侵略者策动汉奸搞华北自治，请吴佩孚做“华北王”。吴佩孚愤然拒绝。1937年南京大屠杀的消息传来后，他绝食一天，以示抗议。1938年6月9日，国民党军炸开花园口黄河大堤，听说淹死许多日本人，他异常高兴；后又听说有140万人无家可归，他又为此失声痛哭。1938年，汪精卫公开投降日本，当了汉奸。为壮大声势，汪精卫极力拉吴佩孚下水，没料到吴“啪”地一拍桌子，毫不容情地破口大骂："谁跟汪精卫合作，这人必定下贱！"

1939年，吴佩孚被日本特务利用手术之机刺杀在手术台上。死讯顷间传遍了北平城，"大帅没有屈服于日本人"，这感动了北平的老百姓，人们纷纷为吴佩孚送行。

曹锟也是日本人物色的理想人选，日本政要不但亲自出马动员，而且让曹锟任总统时的代国务总理。曹锟刚开始想开门拒绝，夫人对他说：你这一开门，将来何以自辩，汉奸之名再也无法脱去，将被千万人骂之。于是曹锟坚决不开门。后来日本人和汉奸又多次前去劝说，都被曹锟闭门严拒。日本人无法，只好放弃了。

在抗日战场上与日本鬼子浴血厮杀的军阀也数不胜数。1937年"七·七事变"中首先在喜峰口长城和卢沟桥指挥军队抗击日军侵略的宋哲元将军就是一个地方实力派。日本人以为宋哲元的二十九军不是蒋介石的嫡系，便存有瓦解收买之妄想，在停火间隙多次与宋谈判，对其进行威逼、利诱，宋将军在其间虽然有犹豫，但最终选择了维护民族大义的正确道路。

著名的宁夏军阀马鸿宾、马鸿逵兄弟也曾经率领彪悍的"马家军"把日军打得落花流水。在绥西战役中，日军动用飞机、大炮、坦克、装甲车、汽车等机械化部队并配有化学武器配合作战，而马家军仅有一些旧步枪、旧式迫击炮，但他们仍然屡创日军，收复了被日军占领的大片国土，彻底粉碎了日本侵略者企图分裂中国、在西北建立"回回国"的政治阴谋。

武夫们的背影早已遥远。客观地说，他们中间的很多人不乏可爱、可敬之处。可是在那个割据争战的乱世中，不管他们个人的品德如何高尚、抱负如何远大，只要存着自雄一方的念头，就无异于中国体内猖獗滋生的毒瘤。这些野心勃勃的爱国者一定想不到，正是他们让那时的中国变得暗无天日。

“五四”运动前的狂欢

巴黎和会只不过把原来德国在中国的特权转给了日本，中国的处境没有进一步恶化，“五四”运动却爆发了。是什么让1919年成为中国的怒吼之年？

“五四”之谜

“五四”运动是1919年5月4日从北京发起的中国人民反对帝国主义、封建主义的爱国运动。起因则是以第一次世界大战战胜国身份出席巴黎和会的中国，要求取消列强在华的各项特权，归还大战期间日本从德国手中夺去的山东各项权利等，不料帝国主义列强不但拒绝中国的要求，还把德国在山东的特权全部转让给日本。于是，全国群情激昂，20多个省份、150多个大中小城市掀起了抗议示威、罢工罢课活动。从广大的青年、商人、工人、妇女、士兵、海外华侨，直到士绅、名流、基督教徒、省议员、国会议员，约有数千万人参加。一场声势浩大、规模壮阔的爱国运动，像火山一样爆发了。

近代中国饱受欺凌，“五四”运动的出现是中国人民觉醒的必然结果。但问题是，这场爱国运动为什么不早不晚恰恰在这个时候发生？

如果仅就民族危机来看，鸦片战争以来，民族危机一直处于不断加深的过程之中。1915年日本向袁世凯递交灭亡中国的“二十一条”，野心十足、危害极大，但当时中国社会的反应无论规模还是结果，都远远不能与“五四”运动相比。而巴黎和会不过是把原来德国在中国的特权转让给了日本，中国的处境尽管毫无改善，但也没有进一步加深，此时“五四”运动却爆发了。

究竟是什么让 1919 年成为中国人民的怒吼之年？北京大学的罗志田教授说，因为中国人在一场全民狂欢之后遭受了意外的挫折。

战胜国的狂欢

1917 年下半年战争接近尾声的时候，14 万中国人乘着英法邮轮登上了硝烟弥漫的欧洲大陆，加入协约国一方作战。他们不是全副武装的士兵，而是裹着粗布衣衫的农民，只负责筑掩体，挖战壕，搬运装卸军需物资。当战争结束时，牺牲在欧洲土地上的 9 000 多名中国劳工的鲜血为积贫积弱的中国赢回了一个“战胜国”的头衔。

只派出一些劳工，却因此而成了战胜国，当时的中国人颇有些喜从天降的感觉。更重要的是，战败的德国一切在华特权将不复存在，中国收回青岛为顺理成章之事。于是 1918 年 11 月，德国战败消息传来，举国欢腾。人们首先把耻辱的克林德（八国联军侵华时被击毙的德国公使）碑推倒并改建为“公理战胜碑”。北京旌旗满街，电彩照耀，鼓乐喧天，好不热闹；东交民巷以及天安门左近，游人拥挤不堪，商民笑逐颜开。

教育部特令各公立学校放假半天以参加游街会，并在天安门附近搭建一高台，供检阅和演讲之用。而北大主动将放假时间延长为一整天，要求学生与会时一律身着礼服，以示整齐。由于会议效果出乎意料的好，北大决定延长停课，要求教育部把临时讲台借给北大师生，继续演讲两天。校长蔡元培两日均有演讲，而文理科学长等教授也都有演讲，每人限以五分钟。11 月中下旬的北京已近严冬，演讲者在凛冽的寒风中站立高台之上，还要让尽量多的听众实有所闻，难免会在短时间内就声嘶力竭。以每人五分钟的时间而能连续两次演讲数天，参与者的踊跃可以想象。

中央政府定于 11 月 28 日在总统府举行欧战胜利庆典，并在天安门行阅兵式。教育部大概也感觉前次游街大会效果甚佳，故决定各校派学生 200 人参与 28 日的庆典，而全体学生都参加 30 日的提灯大会。据说参加庆典游行的学校有 60 余所，至少上万人，盛况空前。北大对此活动的具体规定颇有意思：凡因参与阅兵式和提灯大会之筹备、演习者，缺课均“不记旷课”；而不参与提灯会演习者，则反“以旷课论”。由于演讲“大受听者欢迎”，北大进而利用举行庆典的机会再次停课三天，参加中央公园举行的第二次演讲大会，各科教职员和学生均可加入演讲。

总统徐世昌的马车驶入天安门时，围观的“商民及各校学生鼓掌欢呼，声如雷动”。中央公园所开演讲大会，“环绕会场者何止万人”。众议院议长王揖唐主持大会，总统府秘书长吴笈孙代表徐世昌演说，总理钱能训和参战督办段祺瑞等要人也都有演说，尤其后者“引人奋发欢呼”，“其势若狂”。

这种举国狂欢庆祝胜利持续了六个月之久。

中国人的期望

然而，这场胜利并不是中国自己挣来的。积极参加庆贺的李大钊反思这场狂欢庆典时，说多少有些“强颜取媚，拿人家的欢笑当自己的欢笑，把人家的光荣做自己的光荣”。陈独秀则明言不欲参加活动，因为他“觉得此次协约战胜德国，我中国毫未尽力，不便厚着脸来参与这庆祝盛典”。

但不论如何，当时的中国人集体陷入狂热的亢奋之中，似乎一夜之间中国已经成为世界各国平等的一员。当世界性的欧战协济会发起全球募捐，以解决军人和劳工的善后问题时，中国立即表现出异乎寻常的热情和责任感。美国原拟在华募捐 10 万元，结果超过计划的 7 倍，而在日本只募到 30 万元，不到中国捐款的一半。

乐观、兴奋后面隐伏着对未来的无限希望。几乎所有人都相信中国在巴黎和会上必有一番作为。美国总统威尔逊提出的包括外交公开、尊重殖民地人民要求、大小国家互相保证政治独立及领土完整的《十四条和平原则》，更令中国人神往。要求中国在巴黎和会上收回青岛及各种主权的呼声成为社会的主流，工、农、商、学及士兵等各界人士参与的范围空前广泛，并且人们信念之坚强、陈词之慷慨同样也是前所未有的。

希望霎时解决将来和从前的所有问题，正是那时很多人的共同心态。时人根本是希望借欧洲战胜的东风，由外及内，一举解决中国的全部问题，从此进入大同境界。“公理战胜强权”等口号“激动了每一个青年的心弦，以为中国就这样便宜地翻身了”，至少不受日本人的气了，而世界也将保持永久的和平。再加上南北即将和谈，不仅国与国间没有战争，眼看国内也将和平统一，再加上徐世昌这样一个“文人总统”的上台，全国上下对国家前途都抱着莫大的希望。

这类“充满了快乐”的心情与北京庆祝“战胜”的愉悦遥相呼应，市场上景德镇瓷器盛行，大花瓶、大鱼缸尤为人所争购。乱世蓄黄金，盛世才玩器物，可见一般读书做官者的心态也很宽松。

巨大的挫折

社会心理学告诉我们，人们在遭遇挫折的时候常常会做出攻击性的行为。而且期望值越大，受挫之后的攻击行为也就越强烈。经过长达六个月狂热的庆典、讲演、游行，中国人对巴黎和会的期望已经膨胀到了极点。然而巴黎的电报传来，威尔逊的理想失败了，屈服了！强权主义胜利了，日本人自由支配山东半岛的要求居然到手！巨大的反差必然导致一个大范围的、人数甚多的“攻击性的反应”。

曾经高兴的“学生们十分愤慨”，大家争看言论最激进的报纸，“每当一件不幸的消息传来后，我们同学就在操场三三五五、议论纷纷，大谈国家大事”，终随北京学潮而“动起来了”。热血喷涌了，结果是“一个壮烈的爱国运动”。

当时的读书人感觉到前所未有的困境：美国的背叛凸显了“公理战胜”的虚幻，日本基本已成敌人，英国在退缩，法国指望不上，有着特别吸引力的社会主义俄国简直不容你不接近。中国思想界偶像从威尔逊一变而为列宁。同时，工人阶级也似乎成为民族的救星。“一战”的“战胜国”头衔原本就是参战的劳工挣过来的。蔡元培曾按捺不住激动的心情，振臂高呼“劳工神圣!”、“劳工万岁!”。在“五四”运动中，工人阶级也积极以罢工的方式显示了自己的力量。从此，马克思主义和中国工人运动相结合，成为中华民族自我拯救的必然之路。

狂印钞票辅助打赢抗日战争

自私的美国哄抬银价，逼迫中国废除了将近400年的银本位制度，而国民党政府却因祸得福，并靠大印纸币辅助打赢了抗日战争。

以邻为壑的美国

20世纪30年代初，全世界都笼罩在大萧条的凄风冷雨之中。1933年，美国罗斯福总统入主白宫，立即着手振兴经济，其中有一项重要的举措就是——大量收购白银。

美国是生产白银的传统大国，尽管白银工业在美国经济中并不占有很重要的地位，但是白银对于银矿比较集中的西部七州却很重要，而来自这七个产银州的参议员控制了参议院中1/7的投票权，是一支重要的政治力量。

当时罗斯福总统为了通过有关新经济政策的一系列法案，需要白银集团的支持。来自美国西部白银生产州的代表就开始跟总统讨价还价了：我们西部产银州数万从业者因为国际银价下跌，生产无利可图而下岗，要我们支持你的新政改革，你就要支持我们提高白银价格。

他们还将矛头指向当时唯一一个仍然使用白银作为货币的大国——中国，说因为银价低导致中国的购买力低，中国人只能购买本国的便宜货，促进了中国工业的发展，而减少了美国货在中国的销售，从而使中国成为美国“在世界市场上最具有破坏力的竞争者”。若提高银价将使中国货币升值，增加中国工业产品的成本，削弱中国产品的竞争力。同时，中国人的对外购买力也会增强，美国过剩的汽车和小麦也有了销路。

这与今天美国人逼人民币升值简直没什么两样。今天人民币的汇率美国没法左右，可是当年白银的价格美国却有办法操纵。

罗斯福是多么精明的政客，面对这一“政治讹诈”，当然知道不能因小失大，遂支持国会通过《1934 年购银法》，宣布美国政府将大量购买白银，直到白银数量达到美国货币储备金的 1/4，或者使国际市场上的银价飙升到 1. 29 美元/盎司，才肯善罢甘休。

中国被抽空了

美国大量高价收购白银，导致世界银价暴涨了几乎一倍。一时间投机商、冒险家趋之若鹜。在中国的外国银行家更甚，他们把大量银元熔化为银块，用轮船甚至兵舰装运，出口获利。中国人还没有看见自己购买力的提高，就发现中国的存银像潮水一样地外流出去。就连美国自己也说，“我们收购白银达到了敲骨吸髓的程度”。

半年内，中国白银外流总额高达 6. 45 亿盎司，约占中国当时白银流通量的一半左右。可以想象，当一个市场一下子少了一半的通货，那将是怎样痛苦的情景：上海各银行的存银大量减少，几乎是无论出多高的利息也借不到钱。生产成本加大，工厂亏本，纷纷停工减产，甚至关闭破产，大批工人失业。基础薄弱的银行抵挡不住危机的冲击，开始大量的倒闭。市场萧条，批发价格一下子猛跌下来，大批工商业者破产，中国乡村则发生了经济大衰败。

中国政府一方面呼吁美国结束这一以邻为壑的政策，另一方面下令限制白银出口，征收高额的出口税，但是根本没有办法控制住自己的金融边界。

这时候最开心的是占领东北，蚕食华北的日本人，他们乘机从中国大量走私白银，运至伦敦国际市场高价出售、牟取暴利。从 1934 年 10 月到 1935 年 8 月，日本从华北走私偷运的白银达 3 000 多万两，积累的巨额资金用来建造兵舰，以便与美国进行军备竞争。美国当初收购白银主要是为了补贴美国国内白银生产者，顺便提高中国的购买力，但怎么也没有想到真正的赢家却是日本人。

谁能力挽狂澜？

当中国发现无法争取美国的配合、无望稳定世界银价时，终于决心着手币制改革。很显然，乘着国际银价飞涨之际，放弃银本位，并把手中的白银换成外汇，作为新货币的准备金，不失为一项解决办法。1935 年 11 月初，中国政府宣布白银国有，并发行可以自由兑换外汇的纸钞——法币。人们必须在限期内用白银换法币，以后一律使用法币，禁止白银流通。

全国人民支持法币，踊跃地把白银兑换给政府，使法币推行相当顺利。国民党政府一下搜集到三亿元白银，两次出售给美国，共得到美金 2 600 余万元，用于购买战争物资，抗战初期的军费即来源于此。

法币政策实行后，随着银根松动、通货紧缩现象的消失，国内各大城市、各种商品的物价均有大幅度上涨，从而刺激了社会经济的恢复和发展。农村经济复兴，农民购买力恢复，国内各种新兴工业转危为安。改革之后的头几个月出现了前所未有的贸易顺差，出口超过了进口。

到 1937 年 7 月 7 日之前，中国是什么样子？在这一年，中国拥有了 3 935 家现代工厂，1 万余公里铁路，11. 6 万公里公路，12 条民航空运线路。中国棉稻麦也基本实现了自给，农民开始购买 1931 年以来从不敢企望的工业品。国家已经偿还 90% 的外债。中国债券在伦敦市场节节上扬，价格超过日本的债券。至这一年的 6 月底，国家税收总额达到法币 8. 7 亿元，是 8 年前的 2. 6 倍。而贸易逆差为 1. 5 亿元，不足两年前的一半。

有了这样的经济基础作底子，忙碌的中国陆军整理处处长陈诚，正致力于将 170 余万人的中国军队整训为一支现代化武装。按照他们的计划，到 1938 年底，中国将拥有 60 个具有现代作战能力的陆军师。在湖南和南京等地兵工厂，已经制造出德式 1924 式步枪，仿捷克式轻机枪，金陵兵工厂出品的重机枪性能与德国制造的一样好。到 1937 年 5 月，中国空军已有 600 多架飞机及 262 个机场。

1936 年月 12 月 1 日，陈诚讲道：“假如现在就发动对日本作战，一定会处于被动地位；再迟一年，最低可以争取到半主动地位；再迟两年，可以争取到完全主动的地位。”

法币改革的成果让日本人惴惴不安。他们已察觉到中国的种种变化，假如再给中国五到八年的时间发展，让中国的农业能够改造，工业能够建立基础，现代化的军队能够整编完成，那么中日战争应该就会出现极大的不同。因此先发制人，提早引爆中、日全面战争，摧毁中国刚刚形成的凝聚力，也就成为日本的战略选择。法币实行20个月后，日本终于打响了卢沟桥的第一枪。

一位外国学者曾著文说：“中日战争在中国来说是早了五年，在日本来说却是迟了五年。”如果再给中国五年时间，又会怎样？

货币的战争

抗战时期，由于沿海发达地区沦陷，国民政府财政收入锐减，军费开支激增。在这样艰难的情况下，庞大的战争费用如何筹措呢？收税和发行国债作用都很有限，国民政府只能靠推行通货膨胀政策，大量发行钞票，筹得巨额的战费，坚持了八年的抗战。《第二次中日战争史》评价，假如中国一直停留在银本位时代，中日战争一旦爆发，就会面临战费筹措困难，抗日战争恐怕无法支撑半年以上。

抗日战争是一场旷日持久的消耗战。在大后方，需要有一台强大的物资生产“机器”。“七·七”事变后，国民党政府花费巨额资金把沿海地区的工矿企业迁往内地，包括矿业、冶金、机器、造船、电器、化工、建材、纺织、食品加工、日常用品等民用工业和生产飞机、大炮、枪支弹药的兵器工业。重庆变成了一个巨大的工厂。民营工矿业在抗战期间增长14倍，堪称我国民族工业的又一个黄金时代。机关枪、迫击炮弹、手榴弹的产量分别比战前增长677%，867%、165%，舍此要维持国民党军队正面战场不致最后崩溃是很难设想的。而这些也都是建立在狂转的印钞机基础上的。

为了击溃中国的经济，日本侵略者对法币发动了大规模的货币战，禁止沦陷区人民保存和使用法币，甚至规定持有法币60元以上者处死刑的严刑峻法。同时日本人又利用种种手段搜集华北、华中地区的大量法币，运到上海、香港去套取外汇基金，再到国际市场上去购买侵华战争所需的军用物资。

面对日本人猖狂的货币战，国民政府想尽各种办法维持法币的汇率。从1938年6月开始，中国银行和英国汇丰银行投入了巨额外汇，进行市场操作以维持法币稳定。直到1939年9日第二次世界大战正式爆发，相对于美元和英镑的下跌，法币在上海市场上不跌反升。在与日战区联银券、军用票的较量中，法币始终处于上风，在沦陷区也仍然通行，而联银券在市场上却无法获取物资。

1940年5月初以后，国民政府又取消法币“无限制买卖外汇”。结果使日本侵略者无法通过搜罗法币去套汇，无法获得中国的大量外汇基金，造成其资金方面的困难，其宣传已久的伪中央银行很长一段时期内竟“无法成立，华兴伪币也不能大量流通”。日本帝国主义不仅没能在军事上取得胜利，在货币战中也没能战胜中国。

国民政府在法币方面作的这些政策调整是银元等硬币流通时所做不到的。有人甚至说，“法币更无疑的是抗战的重要支柱”，“中国如无一九三二年之币制改革，决不能有一九三七年之抗战”。中国虽然看起来虚弱，但在农村有游击队，在城市有法币，在国际上有外援，自从1939年起日本的高层人士就已经明白，自己陷入的是一场没有尽头的战争。

法币的崩溃

1945年，中国终于打赢了日本侵略者。然而大量发行钞票犹如武侠小说中的邪派武功，虽然能够在短时间内爆发出力量，对肌体却会造成致命的损害。国民党政府终于尝到了通货膨胀的痛苦。

常言道，通货膨胀要靠通货膨胀来维持，就是说通货膨胀到一定阶段，会不以人的意志为转移地自动加速，这个速度如此之快，连它的发动者都叫苦连天。国民政府的印钞机在胜利之后再也停不下来了。100元法币的购买力，1937年为2头牛，1938年为1头牛，1941年为1头猪，1943年为1只鸡，1945年为1条鱼，1946年为1个鸡蛋，1947年为1/3盒火柴，1948年连一根火柴都买不到了。法币终于崩溃了，一年之后，国民党在大陆的统治也崩溃了。

贪婪而短视的白银集团企图借提高银价为美国商品开辟中国市场，并增加白银的使用，结果却是摧毁了中国的长期进口能力，逼迫中国废除了将近400年的银本位制度。而国民党政府虽然利用法币打赢了抗日战争，最终自己也在恶性通货膨胀中崩溃。历史常常如同黑色幽默，令人难以释怀。

中国远征军血战缅甸

中国远征军在缅甸的胜利证明，中国人不仅仅是受害者，还是拯救者，不仅拯救了自己，也拯救了世界。

2009年3月，中国人的电视屏幕上掀起了一股“团长”旋风。电视剧《我的团长我的团》将无数如痴如醉的观众领进了一场非常奇特的抗日战争。这场战争仍然是发生在中国和日本之间，战场却搬到了东南亚的热带丛林之中；中国军人仍然是那么惨烈悲壮，但最终却是以强者的身份对敌人犁庭扫穴。这场胜利的远征究竟是怎么样的？让我们重新回到“我的团长我的团”浴血拼杀的那段历史去看看吧。

中国远征军初入缅甸

1941年2月太平洋战争爆发，日军很快席卷菲律宾、泰国、马来西亚、香港、印度尼西亚，东南亚最后一个尚未被日军占领的国家——缅甸几乎已经成为日军的盘中餐。中、美、英三国的神经立刻紧张了起来。

对中国来说，日本占领缅甸将切断中国最后的输血管——获取盟国援华的仅存陆路通道——滇缅公路，使中国丧失90%的军需品和工业必需品。从英国的角度来看，日军占领缅甸，等于打开了进攻印度的门户，英印政权危在旦夕。对美国来讲，缅甸的失守将导致太平洋战场上更大的军事压力。更可怕的是，日本拿下印度以后，更深远的战略目标是实现德日军队在中东大会师。当太阳旗和卐旗在中东飘扬的时候，世界便是轴心国的世界了。

此时英国在北非，美国在太平洋自顾不暇，能够拯救缅甸的只有中国。但是英国总是疑虑中国对它这块殖民地有领土野心，担心“请神容易送神难”，对蒋介石主动伸出的援手不情不愿，直到日本人打到了盟军重要的海上补给地——仰光，大势已去时才迫不得已同意中国军队入缅，贻误了打击日军的大好战机。

1942 年 2 月，滇缅公路上突然尘土飞扬，旌旗挥舞，中国军队好像一条望不到头的灰色长龙，开始向缅甸境内大规模挺进。浩浩荡荡，大有我武唯扬、气吞山河之势。这就是由第五军、第六军和第六十六军组成的中国远征军，国内舆论无不欢欣鼓舞，抗日战争打到现在，中国还有远征军出国啊。自从甲午以后，中国军队到国境以外去作战，这还是第一次……

然而摆在远征军面前的却远非胜利和荣耀。刚与日军交上火，日军便出动飞机 200 多架，摧毁了英军马革威空军基地，英军和美军志愿队飞机 40 多架，未及起飞全部被炸毁，从此日军在缅甸取得了制空权。

缅甸自 1885 年被英国武力侵占后，被划为英属印度的一个省。不少缅甸老百姓痛恨英国殖民主义者，视中国远征军为英国人的帮凶，却把日本人当成解放者，不断通风报信，提供情报，使得异国作战的中国军队举步维艰，处境险峻，多次遭日军伏击。

更不利的是，中国远征军原以为来缅甸是与英国盟军并肩作战，可是英国人却完全把中国远征军当成了掩护自己逃跑的盾牌。

1942 年 3 月 8 日，日军攻陷仰光后，兵分三路北犯，左翼直捣同古。当时驻守同古的英军一个师，不战而撤。远征军第五军戴安澜率第二〇〇师奉命接替防务并掩护英军后撤。日军飞机加大炮，以每小时成百吨炸弹、上千发炮弹的密度向同古城倾泻。城中建筑物成了一片焦土。第二〇〇师依托地下坑道与敌周旋，待敌炮火延伸、步兵出动攻击时，指挥士兵们冲出坑道，杀得鬼子尸横遍地。鏖战 12 个昼夜，日军各联队均遭挫折，进攻力量已达极限。我军原可乘势反攻，歼灭该敌，却由于英军运输不济，主力不能及时集中，而日军反得到增援，将我军重重围住，第二〇〇师不得不忍痛放弃同古，突围后撤。日军仅得空城一座。

当左翼日军在同古受到戴安澜将军的英勇阻击、苦战不下时，右翼日军却所向披靡，势如破竹。英国军队在日军的猛烈攻击下晕头转向，根本不敢接战，一触即溃，望风而逃。英军一个师和第七装甲旅约 7 000 余人想再往西北边向印缅边境撤去，不料才到仁安羌，就被日军一支为数不多的先头部队迅速迂回包抄。

日军眼看对方并不反击，就试着逐步把他们包围，待大部队来歼灭之。英军竟吓得不知所措而不敢突围，急乞中国远征军支援。第六十六军新三十八师师长孙立人率一个团仅用一昼夜时间就将日军全部击溃。日军丢下 300 余具尸体后仓皇向南逃遁而去。我方仅伤亡数十人。事后调查才知，日军仅有一个加强营，七八百人，却包围了英军 7 000 多人。可见英国绅士已经叫日本人吓破胆了，双方激战时英军甚至不敢前来配合。可是中国兵呢，没有摸清日本人是多少兵，通常包围 7 000 多人起码得上万人吧，中国兵用 1 000 多人就敢去解围，中国人这个胆量也是够大的。

太平洋战争爆发以来英、美军队接连失利，人心惶惶，唯独中国军队在仁安羌打了胜仗，声威大震。

翻越野人山

然而西线英军仍在没完没了撤退，使得东线中国军队的侧翼完全暴露。在日军截断中国远征军后路的严重形势下，孤军奋战的中国远征军只好且战且退。缅甸保卫战以失利告终。远征军主力退回滇西，《我的团长我的团》中的那些炮灰们就是这个时候逃回禅达的。

孙立人率领新三十八师根据地形和敌情，向西撤往印度。一路不断击败尾追的敌人，不但没有遭受重大损失，还收容了数以千计的难民和英印散兵，军容齐整地抵达印度的英帕尔，与衣衫褴褛、狼狈不堪的英军形成鲜明的对照。

第五军就没这么幸运了，归国道路完全被日军断绝。戴安澜率领的第二〇〇师与主力部队失去联系，孤军穿越日军各部队的间隙后撤，遭敌埋伏，戴安澜身负重伤牺牲。第五军面临的退路只有北进野人山，觅路归国。

野人山覆盖缅甸、印度、中国三个国家的边境，纵横千里，森林遮天，深谷错杂，气候恶劣，瘴气横生，渺无人烟，一切都保持混沌未开的原始状态。三国时期，诸葛亮率领大军10万出征南蛮，曾误入此死亡绝地，幸得孟获感念诸葛亮对他七擒七纵之恩德，率领当地土著把蜀军拯救出来，但已死伤半数。现在历史重演，浩劫难逃。

部队走在深山密林里，浑然不知世上月日，用缅刀披荆斩棘开路，有时一天的进程不过数里之遥。更有好几次，部队在丛林中摸索数天后仍回到原地。地图上不过三四百多公里路程，竟花去了三个多月的时间。热带雨林中，到处是各种千奇百怪的毒虫、蚂蟥，驱之不去。给养医药断绝，瘴气开始在军队里肆虐横行，成千上万名战士倒下了，一经昏迷不醒，加上蚂蟥吸血，蚂蚁侵蚀，大雨冲洗，数小时内就变为白骨。

后来，一架执行任务的美军侦察机偶然在丛林上空发现了中国士兵熏马蜂的烟火，运输机急急忙忙飞来投下粮食、衣服、药品、电池、电台、火柴、刀具等物资，受尽磨难的人们才绝处逢生。

整个部队直至这年8月，才全部转移到印度和滇西。据统计，在后撤行军途中，部队战士落伍、失踪、疾病死亡以及被敌追阻杀伤者比战场上死伤的多数倍。10万余众的远征军到此仅存4万余人，伤亡过半，正是丧师辱国，羞不可言。

中国军人拯救了世界

中国远征军第一次入缅作战，经历各种大小战斗都打得相当出色，但纵观整个撤退过程却是一次大惨败。有人总结说，这次惨败都是因为英美未能兑现空中掩护的承诺。

入缅之前，印缅英军总司令亚历山大将军亲口答应蒋介石，数星期后将有324架飞机投入缅甸战场。但是这些飞机直到缅甸战场全面崩溃时都不见踪影。哪儿去了呢？

原来当时德军在北非战场上连连得手，直逼英军北非最后一道防线——阿拉曼防线，英国和美国将原定用于缅甸战场的坦克、重炮和飞机全部调往北非，使那里的盟军迅速掌握了制空权，切断了德国非洲军团的装备和燃料补给。德军被迫孤注一掷，同英军在阿拉曼一线展开决战，最终惨败投降。两个月之后，英美军队以北非为跳板，不失时机地在意大利发动西西里登陆，沉重打击在希特勒“柔软的下腹部”上。

而此时也正是苏德战场双方争夺战略主动权的决定性时刻，库尔斯克坦克大会战到达顶点，苏德双方的统帅部都用上了最后的战略预备队。德军南面曼斯坦因集团已经占领上风，苏军最后一支战略预备队全部投入战斗，并遭受严重挫折。幸而英美军队在西西里登陆使希特勒惊慌失措，作出了立即撤出库尔斯克会战的愚蠢决定，放弃了快要到手的胜利，从此彻底丧失了苏德战场上的战略主动权。

也就是说，盟军放弃了缅甸战场的制空权，挽救了北非的英军，也挽救了库尔斯克的苏军。而中国远征军则在得不到空中支援的情况下，苦苦支撑着缅甸战局，以其悲壮的失败换回盟军在北非战场的决定性胜利，以及库尔斯克战役的大逆转。

“人猿泰山”计划

就在日军彻底将缅甸收入囊中的同一天，盟军中国战区参谋长史迪威将军提出了一个在印度和昆明建立基地训练中国军队并反攻缅甸的“人猿泰山”计划。

在这个计划中，撤退到印度的中国远征军被集中起来，加上从国内空运的兵员补充整编为两个军，组成中国驻印远征军，以收复缅甸北部为目标。撤回到国内的远征军则重新组建为中国滇西远征军，以收复怒江两岸为目标。东西两面的战斗同时进行，最终全面收复缅甸。

《人猿泰山》原是一部30年代风靡美国的电影，讲述一个被黑猩猩抢走的小男孩如何在原始森林里长大，并成为一个英雄的故事。这个代号意味着未来在缅甸进行的将是一场艰苦而漫长的原始丛林战争。史迪威决心对这两支中国远征军进行一番脱胎换骨的训练和改造。

美国人按着自己的模式，对中国官兵重新锻造。学习内容包括各种美式武器装备的性能、使用方法，射击技能，战斗战术，诸兵种联合作战。《我的团长我的团》中虞师长手下的精锐特务营都被送到印度训练过。一个教官就教一个动作，整个练兵场就是一条生产流水线，美国教官是操作工，中国兵是零部件。中国兵上了流水线，每一道关，合格的，前胸上贴个绿杠杠；不合格的屁股上打上红叉叉。连着两次不合格，就遣返回国。中国兵们铆足一股劲，拼着老命练。但每天还是有人哭哭啼啼地给送上运输机。

丛林战术是训练的主要课程。战士们都学会了“人猿泰山”的本领，像猴子似的在峭壁悬崖间牵藤附葛，上下活动；在不见天日的丛林根据松脂、蚁窝和青苔判别方向；在没有船只的条件下，全副武装，限时渡河；闭上眼睛，捏着鼻子，咽下丛林里一切能够维持生命的东西：毒蛇、老鼠、蚯蚓、蝴蝶……

每日天尚未亮，四野尚沉寂，就听到各部队早操跑步“嚓嚓”之声，如疾风阵阵吹过。日间刺杀声、枪炮声，不绝于耳，正是人忙马嘶，地皮都在震动。

胜利的第二次远征

1943年，意大利宣布投降并加入对德作战，苏军在欧洲战场上，美军在太平洋战场上，均转入反攻。美英都可以腾出较多力量来加强印缅战区，盟国驻印空军发展到67个中队，拥有作战飞机850架，日军飞机遇到盟军飞机时如老鼠见到猫，不是被击落就是望风而逃。

1943年10月，缅北山区的雨季已经结束，这是一年中最好的季节。印缅边界小镇利多一夜之间突然出现一支装备精良的大军，士兵们一律美式装备，头戴钢盔，脚蹬皮靴，着黄色卡其军服，手持汤姆式冲锋枪。队伍中还有各种新型的迫击炮、战车、轻型坦克以及刚问世的火焰喷射器……中国驻印远征军终于重返缅甸。

这是中国抗战史上第一场由中国人操纵的向日本人进攻的机械化战争。发动机的咆哮好像经久不息的雷声在空旷的河谷中震荡。数以百计的坦克和装甲车就好像一把尖刀插进敌人阵地，撕裂敌人防线，然后掩护步兵反复砍杀，并不失时机地向敌人纵深突进，驱逐他们，把他们杀得失魂落魄。

在原始森林中作战是一种特殊的战斗，敌人的防御阵地都设在要路两侧的密林中，阵地构筑成一个圆圈形，内中交通壕四通八达。在古老的大树上，还用沙包筑成一些小碉堡。由于森林中大树甚密，猛打猛冲是行不通的，连坦克也无法冲进去。我军凭借优势的火力，先用各种火炮进行广泛射击，把敌阵周围的森林炸得枝叶尽秃，只剩下一根根枯焦的木桩，如同大火烧过一样，使敌人的阵地完全暴露出来。在炮击的同时，步兵掘壕前进，围绕敌阵构筑包围工事。将敌阵围住后，集中火力向敌阵猛烈发射。这样才能彻底消灭敌人。

攻击部队的隆隆炮声刚过，修筑中印公路的机器和油管敷设工程队便开进野人山。开山机、推土机、碎石机、空气压缩机、抽水机，机声隆隆，马达轰鸣，吓得林中的鼠兔猿猴满地乱跑。工程队日进数英里，几乎是部队打到哪里，他们就跟到哪里。与此相呼应，1944 年 5 月中国滇西远征军也奋勇出击，渡过怒江，分别向松山、腾冲、龙陵等日军据点发起雷霆般的攻势。《我的团长我的团》中虞师上下誓死攻下的南天门就是以松山战役为原型的。

一路沿中印公路，从缅北往回打；一路沿滇缅公路，自滇西往外突，两路大军相向突击，互为呼应，炮声相闻。缅北、滇西战场连成一片，杀声撼地，立时成了二次大战中一个引人注目的大战场。

美军的飞机好像是故意欺负日军没有能力打击他们，每隔两三天就来空投一次。对地面无线电台有求必应，空投物品从炮弹、子弹、药品、饮水、粮食等军需品发展到大炮、睡袋、香槟、留声机和衬裤，几乎无所不包。有次从飞机上投下一门平射炮，不偏不倚砸在炊事班的汤锅里，致使一连士兵整整两天没有能喝上热汤。还有一次，美国飞行员同地面开了个小小的玩笑，投下一袋女人裸体照片和刮脸刀，弄得那些天阵地上人人失眠，脸上都有刀片刮破的痕迹。

飓风式、战斧式战斗轰炸机在敌人头顶盘旋，没遮没挡地“嗒嗒”狂扫，重磅炸弹劈头盖脸“嘭嘭”猛砸，打得敌军阵地一片火海，到处冒烟。美方把最新式的155毫米榴弹炮，最新式的火箭筒，也都配给了远征军；最新式的迫击炮更是装备到了连。中国军队从来不曾拥有如此强大的炮兵优势，敌炮兵发射一炮，便会遭到我军十倍的还击，对一个山头或一个据点炮击一千发或几千发，这是常有的。

中国军人也不再用血肉之躯硬冲敌人的子弹。每次攻山头，总是先用飞机大炮轰炸一番步兵再攻，如果上面还有敌军顽抗立刻退下来接着轰炸，然后步兵再上。火焰喷射器尤为神勇，躲在死角的明堡和躲在地下的暗堡，但凡枪炮无能为力，火焰喷射器便要大显神威，几乎攻无不克，成了远征军官兵的最爱。《我的团长我的团》中，突击队最后潜入敌堡时，也都装备了这些武器。战争制胜的天平完全倾斜在我军一方。

说到攻击精神，谁都知道日本军队的顽强，他们宁愿战到最后一个人，打完最后一粒子弹然后自杀，不肯投降。但是当他们一次次在中国军队的攻击下挫败之后，士气沮丧之极，常常三三两两弃枪乞降。我军士气却愈发旺盛，往往一个班攻击日军一个中队，毫无惧色，成功完成任务。

奇袭密支那

在攻占缅北军事重镇，日军防御中枢密支那的战役中，史迪威派出两支中美混合先遣支队，轻装穿越崇山峻岭，奇袭密支那机场。随后运输机、滑翔机，满载着增援部队和弹药给养，铺天盖地而降，好像一柄高高举起的战斧，越过激战正酣的前线，出其不意劈向敌人后方。

这是东南亚战场首次成功的空降。这是中国抗战史上第一次也是唯一一次对日大规模空降作战。欧洲盟军司令部立即派出观察员前来总结经验。仅仅过了一个月，一场更大规模的空降作战被运用在著名的盟军诺曼底登陆中。

夺取机场的初捷却变成旷日持久的拉锯战。密支那市区成了血与肉的磨坊。中美联合部队多次组织进攻无效。1944 年 7 月初，卢沟桥事变 7 周年之际，重新部署的远征军发起总攻。50 架轰炸机黑压压地布满密支那上空，地毯式的轰炸几乎把日军阵地犁了一遍。飞机刚走，“155”重型榴弹炮开始轰击，敌军阵地再重新犁过。我军步步为营，掘壕推进，紧缩火网，逐步进入密支那城中。新武器火箭炮也上了前线。敌军阵地一片火海，所有工事都被破坏无遗。敌我双方殊死搏斗，浴血奋战，场面极为惨烈。胜利属于中国远征军。用缴获的日军文件上的一句话来说：“支那军归国心切，锐不可当。”

1945 年 1 月 28 日，两支中国远征军共同攻占中缅边境敌军的最后据点——芒友。两股铁流终于汇合。中国期待已久的国际通道中印公路全线打通。从此每月有满载物资的汽车 3 000 辆，油料 1 万吨以上由印度输入中国。而日军则不得不收缩战线，全部撤出缅甸。至此，缅甸战事全部结束。

在中缅印战场上，中美英三国共同作战，歼灭日军 12. 5 万人，占太平洋战争中日本陆军死亡人数的五分之二。这场军事胜利尤其引起了世界的瞩目，以至在反攻前线美国高级将领都以争戴中国军帽为荣耀之事。

1944 年以后，日军在太平洋上虽屡遭美军沉重的打击，但它认为这仅是空中和海上兵力起主导作用的战役，对陆战实力尚存信心，缅北作战的结果从根本上动摇了日军的这种自信。而且由于中国远征军的奋战，日军 10 个师团及 1 个旅团兵力陷入缅甸调动不得，减轻了美军在太平洋战场上的压力，美军积聚起充分力量对日军进行反攻，攻占了日本的冲绳、硫磺诸岛，杀向东京。

提起抗日战争的胜利，国人常有底气不足之感，似乎整场战争大部分时候我们都是在狼狈败退，直到最后才借盟国之势迫使日军投降。但中国远征军在缅甸的胜利证明，中国人不仅仅在自己的国家里抵抗侵略者，还在世界反法西斯斗争中扮演了相当重要的角色。他们不仅仅是受害者，还是拯救者，不仅拯救了自己，也拯救了世界。

蒋介石："台独分子"的噩梦

败逃台湾的蒋介石始终没有失去他的民族气概，对企图分裂祖国的行径都毫不留情地予以打击，成为"台独分子"不堪回首的噩梦。

1949 年蒋介石败逃台湾，一直念念不忘"反共复国"，直到 1975 年逝世。尽管这个奢望不可能实现，蒋介石却始终没有失去他在抗日时期所拥有的民族气概，对任何企图分裂祖国的行径都毫不留情地予以打击，成为"台独分子"不堪回首的噩梦。

让美国闭嘴

"二战"刚刚结束的时候，台湾刚刚从日本的殖民统治之下解放出来，垂涎台湾战略地位的美国就打算直接插手。1947 年 8 月，美国总统特使魏德迈在对台湾进行多方考察后宣称："美国监护或联合国托管"台湾，台湾人是能"接受的"。蒋介石对此不能接受，随即命令台湾省主席魏道明以强烈措词进行驳斥，迫使美国驻台湾总领事克伦茨匆忙举行记者会予以辟谣。

1948 年，国民党军队在人民解放军的强大攻势下溃不成军。美国看到蒋介石将失去对中国的统治，又宣称：美国的基本目标就是不让台、澎落入共产党手中。为此目标，目前最实际可行的办法就是把这些岛屿与中国大陆隔离开来。美国还策划了好几种分离台湾的方案，不是说台湾地位还没有定论，就是主张由联合国对台湾进行托管。蒋介石对此均予以坚决抵制，他说："余必死守台湾，确保领土，尽我国民天职，绝不能交归盟国。"蒋介石的坚定立场与行动，使美国分离台湾的政策无法得以实施。

1955 年 1 月 28 日，在美英两国的策动下，新西兰向联合国提案，把大陆和台湾之间的军事危机说成是“国际冲突”，要联合国出面“斡旋停火”。在台湾当局看来，“停火”就等于为“两个中国”的合法化铺平道路，这对于台湾当局的打击远比丢失沿海若干岛屿要严重得多。为此，台湾当局开始强烈谴责美国的行为。蒋介石宣称大陆与台湾均是中国的领土，“绝不容许任何人割裂”，指责在外岛“停火”是“别有阴谋”。

蒋介石始终坚持抨击“停火”说与“两个中国”的谬论，新中国政府也坚决反对美国的分裂主张，迫使美国不得不有所收敛。蒋介石坚持“一个中国”的立场，在很大程度上与毛泽东达到了“共鸣”。1959 年 2 月，毛泽东在一次谈话中语出惊人：“台湾还是蒋介石当‘总统’好”。因为他在“一个中国”问题上的立场是“不含糊”的。

镇压“台湾自治运动”

顶住了来自超级大国的压力，蒋介石还得花费大量心思对付那些蠢蠢欲动的“台独分子”。

1945 年日本无条件投降，50 年前甲午战争中被割让出去的宝岛台湾终于回归祖国。正当国民政府准备接收台湾时，侵台日军中的一批少壮派军官，在日本台湾总督安藤利吉的默许下，串联了几个台奸，诈称天皇的投降全是有人伪造的，拒绝接受，筹谋“台湾自治运动”，企图利用台湾孤悬海上的地理条件，阻止中国政府接收台湾。

这些台奸是日本为实现“以华制华”豢养的“顺民”，享有种种特权，他们留恋日治时代的“恩宠”，又恐台湾光复后受到惩处，故而一拍即合，跟着叫嚷“宁为玉碎，誓与台湾共存亡”，四出奔走，物色拉拢人加入“台湾自治运动”。

为了弹压铤而走险的“台独”分子，国民政府派 6 个师、20 艘军舰、2 个飞行大队开赴台湾，迅速控制了台湾。“台湾自治运动”胎死腹中，参与“台独”的 5 个汉奸被捕，交军事法庭审判，其罪名是：拟定台湾自治运动草案，阴谋破坏国体，窃据国土。

打击恐怖“台独”

退据台湾以后，蒋介石为稳固统治，强行推行土地改革。这对台湾的社会稳定本是件好事，但一些被剥夺土地的地主、绅士却因此对国民党产生了怨恨。他们形成了另一股“台独”暗流。还有一批在美国留学的台湾富豪子弟。他们的上一辈是靠日本人发的家，因此对日本的殖民统治颇为怀念。在美留学期间，他们成立了诸多“台独”组织。今天的一些“台独”死硬分子，如蔡同荣、陈唐山、罗福全等人，均是当年在美国的“台独”组织的头面人物。

50 年代，“台独”组织经常秘密派人到台湾，挑拨族群矛盾，实施暗杀、爆炸等恐怖活动，使蒋介石对“台独”分子更为痛恨。他多次召开专门会议，研究、部署打击“台独”活动。

1950 年 5 月 14 日，在他的过问下，从事“台独”活动 3 年多的“台湾再解放同盟台湾支部长”黄纪南及其同伙被一网打尽。1952 年 2 月，“台独”分子史明、周浩等人在台秘密组织“台湾独立武装队”，并在岛内四处搜寻建立“台独”武装的武器。蒋介石获悉后，下令保安司令部火速侦缉。此案很快破获，该组织成员大部分落网，其主要头目史明秘密逃往日本，但蒋介石马上派特工前去跟踪，最终将史明抓获归案。这次漂亮的行动令潜逃在外的“台独”分子更加胆寒。

1959—1967 年，国民党当局先后破获了多起“台独”大案。这些行动基本铲除了岛内的“台独”组织，“台独”骨干分子不是落网，就是潜逃岛外。

妙手收服廖文毅

蒋介石对“台独”活动最有力的打击，就是用多种手段瓦解了“台独”元老廖文毅的“台湾民主独立党”。廖文毅曾在日据时期受过日本人的重用，台湾光复后虽然混入了国民党政权，但在政坛屡受挫折，便对国民党政权心生不满，企图利用“台独”活动来进行报复。

1950年廖文毅经菲律宾偷渡到日本，并在日本成立“台湾民主独立党”。第二年2月，他又纠集了一帮“台独”分子在日本成立“台湾共和国临时政府”。该组织成员大部分为日据时期的汉奸、地主及其后代，他们依附的是日本右翼政客，具有极浓的“皇民化台独”色彩，是当时海外最大的“台独”组织。

蒋介石得知廖文毅在日本组织了“台独政府”，极其愤怒。由于廖文毅“台独”组织的总部及主要成员不在台湾岛内，逮捕不太方便，蒋介石和蒋经国决定用软硬两手打击该组织。一面公开号召该组织成员主动投诚，并派特工到日本，打入廖文毅的“台独”组织内部进行策反；一面对其在岛内的同伙进行严惩，没收其所有财产。

经过艰苦努力，“调查局”的特工陆续策反了10余名“台湾民主独立党”的中央委员。蒋介石的攻心战术令廖文毅惊慌失措，他企图通过暗杀蒋介石使自己摆脱困境。谁知杀手行刺未果反而被台湾特工人员盯上，虽然逃回了日本，最后仍神秘地暴尸街头。这件事使廖文毅意志更加消沉。

台湾当局又将廖文毅的家人匿捕，并将其侄儿对廖文毅的讲话录音送往日本：“……叔叔，我母亲患心脏病快死了，我和您的部下黄纪男也被判死刑，即将被处决，国民党已保证，只要你回台湾，他们不但不追究您的罪行，我们也会马上得到释放……叔叔，请赶快回来救我们吧！”

国民党的恩威并用取得成功，廖文毅的“台独”调子越唱越低。台湾当局闻讯立即派高级官员秘密与廖会晤，作出善后安排。1965年，廖文毅终于同意向国民党当局服输。

廖文毅的投降使“独立运动一时顿失重心，整个士气遭受极大的打击”。此后，“台湾民主独立党”群龙无首，渐渐萎缩，少数死硬分子后来又成立了一个“台独”组织，但却难以为继，最后自行解散了。不久，海外许多“台独”头目和骨干纷起效法，放弃“台独”，回到台湾。

中华文化复兴运动

20世纪60年代末，日本的台独组织已经江河日下，台独大本营的地位已发生动摇，台独运动的中心渐渐转移到岛内和美国。对于岛内的台独活动，蒋介石历来毫不手软，他很有名的一句话就是“谁搞台独，我搞他脑袋”，一经查实便一网打尽。因此，岛内、岛外的台独案件接连不断，被逮捕判刑的“台独分子”数以千计。

蒋介石深知，反对“台独”仅仅把人抓起来是不够的，必须从文化思想上清除50年日本殖民统治留下的余孽，让重归祖国的台湾人民意识到自己是中华民族的一员。因此，在蒋介石执政的日子里，台湾当局始终在不遗余力地宣扬政治化了的中国传统文化——儒家文化的价值观。

蒋介石发起了一项“中华文化复兴运动”，倡导传统文化，增强大一统意识，亲自出任“中华文化复兴运动”推行委员会会长，全岛普遍设立推行“中华文化复兴运动”的机构，辅导国民生活，促进民族文艺研究，推行京剧等，出版机构出版了大量中国古籍书目。今天的台湾学者对国学的熟悉程度往往胜于大陆学者，不能不说是蒋介石的功劳。

与此同时，台湾媒体也大力倡导忠君爱国、国家至上、社会为先的价值倾向，激发民族精神，提高民族自信心、自尊心。国民党当局还通过中华民族的传统节日弘扬民族文化，进行民族精神教育。教育部规定各个中小学和大学都必须开设《生活与伦理》、《中国文化基本教材》、《国民思想》课程，进一步阐发中华文化思想与道德观念。

众所周知，欲灭一国家，先灭其文化，将陈水扁当政时为配合政治上的分裂路线在文化领域极力推行的“去中国化”的“文化台独”做法作一比较，更能显现出蒋介石坚持一个中国原则的可贵。

图书在版编目(CIP)数据

偷窥历史学家的书桌(中国卷)/笑阳著.
—北京:中央编译出版社,2011.4
ISBN 978-7-5117-0814-4
Ⅰ.①偷…
Ⅱ.①笑…
Ⅲ.①中国历史-通俗读物
Ⅳ.①K109
中国版本图书馆CIP数据核字(2011)第045307号

偷窥历史学家的书桌(中国卷)

出版人	和 龚
责任编辑	李小燕
责任印制	尹 珺
出版发行	中央编译出版社
地 址	北京西单西斜街36号(100032)
电 话	(010)66509360(总编室) (010)66509350(编辑室) (010)66509364(发行部) (010)66509618(读者服务部) (010)66161011(团购部) (010)66130345(网络销售)
网 址	www.cctpbook.com
经 销	全国新华书店
印 刷	北京中印联印务有限公司
开 本	787毫米×960毫米 1/16
字 数	358千字
印 张	25.25
版 次	2011年5月第1版第1次印刷
定 价	48.00元

本社常年法律顾问:北京大成律师事务所首席顾问律师 鲁哈达
凡有印装质量问题,本社负责调换,电话:(010)66509618